실무에 바로 쓰는

일잘러의 챗GPT 프롬프트 74가지

실무에 바로 쓰는
일잘러의 챗GPT 프롬프트 74가지

ⓒ 2025. 이석현 All rights reserved.

1판 1쇄 발행 2025년 10월 23일

지은이 이석현
펴낸이 장성두
펴낸곳 주식회사 제이펍

출판신고 2009년 11월 10일 제406-2009-000087호
주소 경기도 파주시 회동길 159 3층 / **전화** 070-8201-9010 / **팩스** 02-6280-0405
홈페이지 www.jpub.kr / **투고** submit@jpub.kr / **독자문의** help@jpub.kr / **교재문의** textbook@jpub.kr

소통기획부 김정준, 이상복, 안수정, 박재인, 박새미, 송영화, 김은미, 나준섭, 권유라
소통지원부 민지환, 이승환, 김정미, 박예은 / **디자인부** 이민숙, 최병찬

진행 및 교정·교열 나준섭 / **표지 및 내지 디자인** 다람쥐생활
용지 에스에이치페이퍼 / **인쇄** 한승문화사 / **제본** 일진제책사

ISBN 979-11-94587-79-8 (13000)
책값은 뒤표지에 있습니다.

※ 이 책은 저작권법에 따라 보호를 받는 저작물이므로 무단 전재와 무단 복제를 금지하며,
　이 책 내용의 전부 또는 일부를 이용하려면 반드시 저작권자와 제이펍의 서면 동의를 받아야 합니다.
※ 잘못된 책은 구입하신 서점에서 바꾸어 드립니다.

제이펍은 여러분의 아이디어와 원고를 기다리고 있습니다. 책으로 펴내고자 하는 아이디어나 원고가 있는 분께서는
책의 간단한 개요와 차례, 구성과 지은이/옮긴이 약력 등을 메일(submit@jpub.kr)로 보내 주세요.

실무에 바로 쓰는

일잘러의 챗GPT 프롬프트 74가지

이석현 지음

Jpub
제이펍

※ **드리는 말씀**

- 독자의 이해를 돕기 위해 생성형 인공지능의 결과물을 일부 교정 및 윤문하였으며, 용어 표기는 프로그램이나 화면에 표시된 단어를 우선으로 하였습니다.
- 생성형 인공지능의 특성상 같은 프롬프트를 입력하더라도 결과가 다를 수 있습니다.
- 이 책의 집필 시점과 학습 시점에 따른 프로그램 버전 차이에 따라 일부 기능은 지원하지 않거나 책의 내용과 다를 수 있습니다.
- 이 책에 등장하는 각 회사명, 제품명은 일반적으로 각 회의 등록상표 또는 상표입니다.
  본문 중에서는 ™, ⓒ, ® 마크 등을 생략하고 있습니다.
- 사용하지 않는 애플리케이션은 꼭 구독을 취소하세요. 구독을 취소하지 않아 발생한 요금에 대해서 지은이/출판사는 책임을 지지 않습니다.
- 이 책은 지은이가 조사한 결과를 바탕으로 집필되었습니다.
- 책 내용과 관련된 문의사항은 지은이 혹은 출판사로 연락해 주시기를 바랍니다.
  - 지은이: futurewave@gmail.com
  - 출판사: help@jpub.kr

 들어가며

챗GPT는 여러분의 일에 날개를 달아 줍니다

이메일, 회의, 보고서 등 반복적인 업무에 시간을 뺏기고 계신가요? 이런 일에 내 귀한 시간을 쏟아붓는 동안, 누군가는 더 스마트한 방법으로 빠르게 여러분을 추월하고 있습니다. 바로 AI라는 강력한 무기를 통해서 말이죠. 시대가 변하고 있습니다. 'AI가 내 직업을 빼앗는 것 아니냐'고요? 천만의 말씀입니다. AI는 경쟁자가 아니라, 문제 해결을 위해 협력하는 동료입니다.

이 책은 뜬구름 잡는 AI 이론서가 아닙니다. AI가 세상에 등장한 지난 몇 년간, 이를 직접 실무에 활용하며 터득한 가장 현실적이고 실용적인 'AI 업무 활용 전략서'입니다. 메일 작성, 보고서 요약, 발표 준비, 엑셀 분석, 회의록 요약 등 업무 요소는 물론이고, 동료와 업무 궁합 분석, 어색한 동료와 대화하는 방법, 번아웃 극복 등 나를 위한 업무 외적인 요소까지 여러분이 현업에서 마주하는 거의 모든 문제의 해답을 이 책에 담았습니다.

이 책은 단순히 '챗GPT 사용법'을 배우는 것에 그치는 것이 아닌, 여러분의 '일하는 방식' 자체를 바꾸게 될 겁니다. 불필요한 작업에 쏟던 에너지를 아껴 더 중요한 일에 집중하고, 남들보다 한발 앞서 성과를 내며, 마침내 '저녁 있는 삶'을 누리게 될 것입니다.

더 이상 혼자서 끙끙 앓지 마세요. 챗GPT가 옆에서 든든하게 여러분을 도울 준비를 마쳤습니다. 이 책은 챗GPT를 120% 활용하기 위한 가장 완벽한 가이드가 되어줄 겁니다. 자, 이제 여러분의 업무에 날개를 달아 줄 챗GPT라는 친구를 만나러 함께 떠나 볼까요?

 차례

들어가며 • 005
이 책의 구성 • 009

CHAPTER 01

8가지 예제로 챗GPT 시작하기 • 017
- 01 이메일 작성하기 • 018
- 02 기획안 만들기 • 020
- 03 텍스트를 표로 정리하기 • 023
- 04 보고서 빠르게 파악하기 • 026
- 05 영문 이메일 쓰기 • 028
- 06 긴 문서에서 핵심 정보 찾기 • 033
- 07 지루한 회의록에서 결론 찾기 • 036
- 08 챗GPT와 대화하며 아이디어 구상하기 • 039

CHAPTER 02

챗GPT로 문서 작성하기 • 041
- 09 아이디어를 제안서로 만들기 • 042
- 10 보고서 검토 및 수정하기 • 048
- 11 보고서 내용 검토하기 • 052
- 12 문서에서 키워드 도출하기 • 057
- 13 복잡한 자료에서 핵심 찾기 • 060
- 14 최신 트렌드 분석하기 • 065
- 15 여러 항목 비교 분석하기 • 068
- 16 자료 조사 및 출처 확인하기 • 074
- 17 선행 기술·연구 조사하기 • 077
- 18 베트남 문서 번역·검토하기 • 081
- 19 번역을 넘어 현지화하기 • 085
- 20 읽고 싶은 문서 만들기 • 090
- 21 설득력을 높이는 논리 구조 만들기 • 094

CHAPTER 03 팀 업무에 챗GPT 활용하기 • 099

- 22 아이디어 구조화하기 • 100
- 23 구조화한 아이디어를 마인드맵으로 시각화하기 • 103
- 24 회의 녹음 및 보고서 작성하기 • 107
- 25 센스 있게 업무 요청하기 • 113
- 26 역할극으로 대화 연습하기 • 116
- 27 나와 동료의 업무 궁합 분석하기 • 119
- 28 커뮤니케이션 가이드라인 만들기 • 124
- 29 우리 팀 업무 가이드 만들기 • 127
- 30 프로젝트 진행 상황 공유하기 • 132
- 31 정기 보고서 작성하기 • 135
- 32 잠재적 리스크 예측 및 대비하기 • 138
- 33 챗GPT 코치와 업무 회고하기 • 142
- 34 업무 취합 및 성과 보고하기 • 148

CHAPTER 04 챗GPT로 데이터 분석 및 시각화하기 • 153

- 35 데이터 분석 및 시각화하기 • 154
- 36 데이터와 대화하기 • 159
- 37 텍스트 데이터 정제하기 • 163
- 38 성과 데이터 분석하기 • 170
- 39 설문조사 데이터 분석하기 • 177
- 40 데이터 기반 보고서 쓰기 • 182
- 41 매출 현황을 피벗테이블로 구성하기 • 186
- 42 VLOOKUP으로 데이터 연결하기 • 189
- 43 데이터 정리 및 가공하기 • 194
- 44 데이터 추세 분석 및 시각화하기 • 198
- 45 시장 데이터 분석 및 인사이트 도출하기 • 201
- 46 교육 만족도 분석을 자동화하기 • 204
- 47 조건에 따라 목록 분류하기 • 210

CHAPTER 05 챗GPT로 프레젠테이션 자료 만들기 • 215

- 48 프레젠테이션 목차 만들기 • 216
- 49 목차만으로 발표 자료 만들기 • 219
- 50 내부 평가를 전략으로 바꾸는 기획안 작성하기 • 225
- 51 기획안으로 발표 자료 만들기 • 227
- 52 상황에 맞는 그래프 선택하기 • 234
- 53 아이디어를 다이어그램으로 만들기 • 238
- 54 발표 준비하기 • 242
- 55 엘리베이터 스피치 연습하기 • 246
- 56 텍스트로 이미지 만들기 • 250

CHAPTER 06 챗GPT와 함께 레벨업하기 • 255

- 57 할 일 목록으로 스케줄 만들기 • 256
- 58 업무 체크리스트 만들기 • 259
- 59 상사에게 보고하기 • 262
- 60 업무 몰입 환경 만들기 • 266
- 61 나의 업무 스타일 분석하기 • 269
- 62 챗GPT에게 공감받기 • 272
- 63 현명한 소비 습관 만들기 • 274
- 64 나의 강점과 잠재력 찾기 • 278
- 65 커리어 로드맵 만들기 • 281
- 66 나만의 커리어 스토리 만들기 • 285
- 67 챗GPT에게 모의 면접 보기 • 290
- 68 아이디어 브레인스토밍하기 • 294
- 69 성공 사례에서 전략 배우기 • 297
- 70 문제 분석 및 해결책 찾기 • 300
- 71 발표 자신감 키우기 • 303
- 72 조직 문화에 빠르게 적응하기 • 306
- 73 번아웃 진단 및 극복하기 • 309
- 74 나만의 동기 부여 루틴 만들기 • 312

찾아보기 • 315

 이 책의 구성

이 책에 나오는 모든 프롬프트는 '일잘러 프롬프트 정리' 페이지에서 찾아볼 수 있습니다. 프롬프트를 일일이 타이핑할 필요 없이 쉽게 입력하여 예제를 시작해 보세요.

01 '일잘러의 챗GPT 프롬프트 정리' 페이지(https://naver.me/G3PQfKXA)에 접속합니다. 그리고 1번 '프롬프트 정리'를 클릭해 주세요.

02 책에 표시된 프롬프트 번호를 노션에서 찾아 클릭합니다.

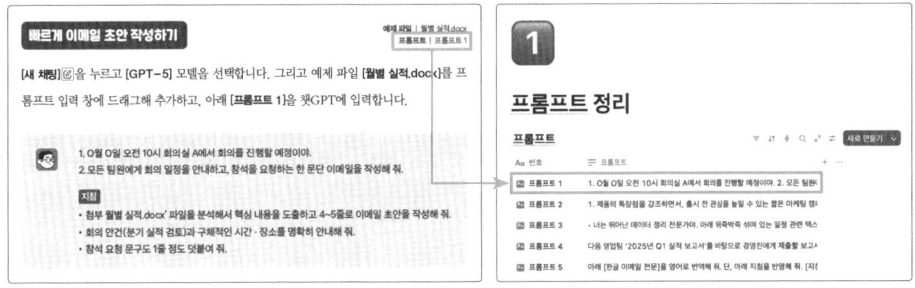

03 해당 프롬프트에 마우스를 대면 우측 끝에 나타나는 [클립보드에 복사]를 누르면 프롬프트 내용이 복사됩니다.

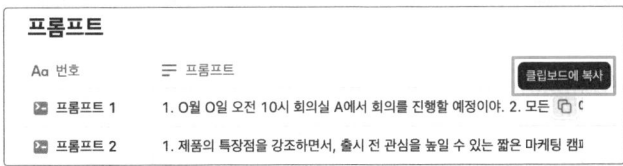

04 챗GPT 프롬프트 입력 창에 Ctrl + V 를 눌러 붙여넣기 합니다.

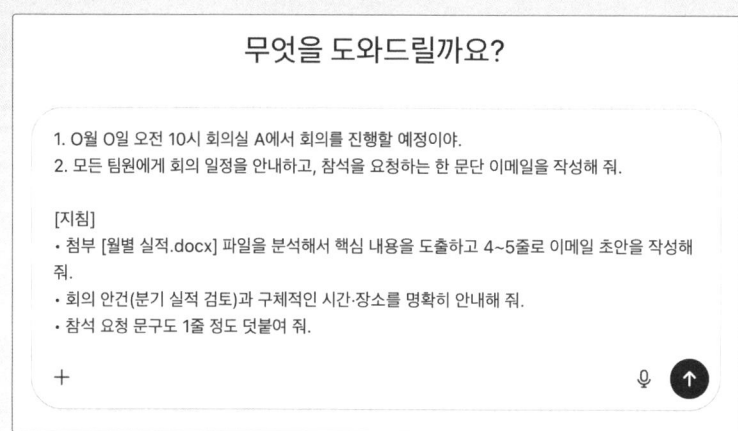

> **TIP** 예제 진행에 필요한 파일은 아래의 노션 페이지(https://naver.me/G3PQfKXA)에서 확인하실 수 있습니다. 아래의 노션 페이지를 방문해 보세요.

일잘러, 이제는 질문하는 사람이 돼라

2025년 8월, GPT-5가 출시되었습니다. Open AI는 GPT-5에 대해서 'GPT-5는 대부분의 질문에 답하는 스마트하고 효율적인 모델, 더 어려운 문제를 위한 심층 추론 모델(사고하는 GPT-5), 대화 유형, 복잡성, 도구 요구 사항 및 명시적 의도(예: "이것에 대해 열심히 생각해 봐"라는 프롬프트)에 따라 어떤 것을 사용할지 빠르게 결정하는 실시간 라우터를 갖춘 통합 시스템'이라고 설명합니다.

여기서 '추론'이라는 단어에 주목할 필요가 있습니다. 지금까지 사용자는 챗GPT에게 'A 보고서를 요약해 줘.'와 같은 명확한 지시를 내려야 했습니다. 하지만 추론이 고도화된 GPT-5의 출시로 사용자는 이제 '왜'와 '만약'에 대해서도 물을 수 있게 되었습니다. GPT-5는 흩어진 데이터들 사이의 연결고리를 찾아내고, 특정 현상의 근본 원인을 진단하며, 우리가 내릴 결정이 미래에 어떤 파장을 일으킬지 여러 시나리오를 예측까지 해 줍니다.

이것이 바로 GPT-5 시대를 살아가는 일잘러가 주목해야 할 핵심입니다. 더 이상 챗GPT를 '업무 도구'로만 대해서는 안 됩니다. 나의 사고를 확장하고, 복잡한 의사결정을 돕는 '전략적 협력자'로 인식의 전환이 필요합니다. GPT-5를 똑똑하게 활용하기 위한 4가지 방향을 제안합니다.

1. 지시가 아닌, '과제'를 던져라
이제 단순 지시가 아닌, 문제 해결 전체를 아우르는 통찰이 필요한 '과제'를 던지세요.

2. '왜?'라고 다섯 번 물어라
GPT-5가 내놓은 첫 번째 해결책에 만족하지 말고, 그 해결책에 대해 '왜 그것이 최선이야?', '그 방법이 실패할 가능성은 없어?'와 같이 끊임없이 '왜'라는 질문을 던지며 문제의 본질에 더 깊이 파고드세요.

3. 복잡한 시나리오의 '시뮬레이터'로 삼아라
과거 데이터와 시장 동향 등 다양한 변수를 담은 시뮬레이션을 요청하세요.

4. 나의 '생각 파트너'로 길들여라
여러분의 역할, 주요 프로젝트, 회사의 목표, 여러분이 중요하게 생각하는 가치 등을 명확히 알려주고, 대화의 맥락을 꾸준히 이어가세요.

GPT-5 시대의 진정한 일잘러는 챗GPT를 잘 활용하는 사람보다는, 중요한 질문을 던지고, 현명한 결정을 내리며, 인간다운 가치를 창출하는 사람입니다. GPT-5와 함께 '일'을 다시 정의해 보고, 한 단계 더 높은 곳으로 도약하시길 기원합니다.

챗GPT 실습 준비하기

검색 사이트에서 '챗GPT'를 검색하거나 다음 링크 https://chatgpt.com/를 직접 입력합니다. 챗GPT를 제대로 활용하기 위해서는 먼저 어떤 기능들이 있는지 이해하는 것이 중요합니다. 챗GPT의 기본 기능을 하나씩 확인해 보겠습니다.

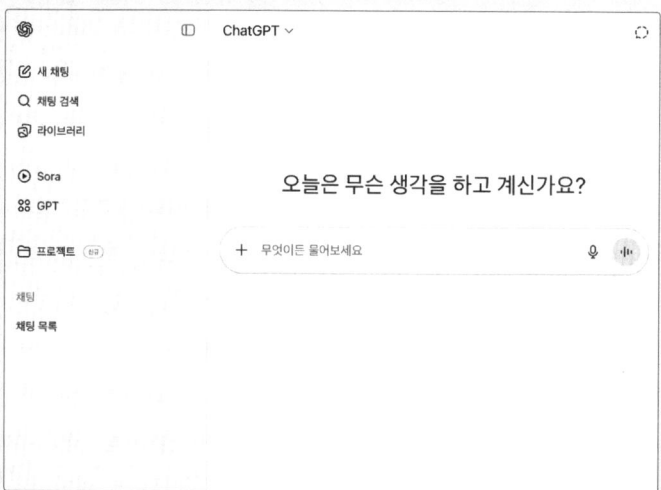

① **텍스트 입력 창: [텍스트 입력 창]**은 챗GPT와 대화할 수 있는 기본 인터페이스로, 사용자는 입력 창을 통해 챗GPT에게 질문을 던지고, 필요한 것을 요청할 수 있습니다.

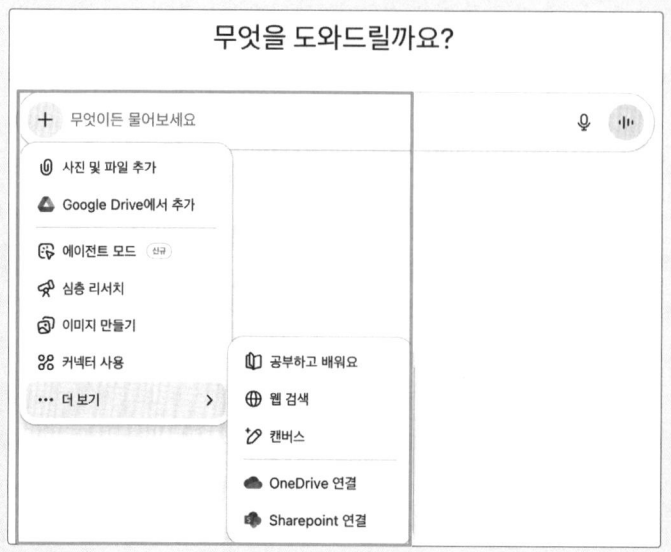

이미지, 파일 등을 첨부해 분석을 요청할 수 있고, 그 외에도 에이전트 모드, 심층 리서치, 이미지 만들기, 커넥터 사용, 공부하고 배워요, 웹 검색, 캔버스 등 다양한 기능을 선택해 사용할 수 있습니다.

에이전트 모드	여러 단계의 작업을 자동으로 수행하고 관리하는 모드
심층 리서치	다양한 자료를 분석해 주제에 대한 종합적인 리포트를 작성하는 기능
이미지 만들기	텍스트 설명을 기반으로 이미지를 생성하는 기능
커넥터 사용	구글 드라이브 등 외부 서비스와 연결해 문서나 데이터를 검색·활용하는 기능
공부하고 배워요	대화 내용을 바탕으로 학습해 맞춤형 도움을 제공하는 기능
웹 검색	최신 정보나 자료를 웹에서 찾아 답변에 활용하는 기능
캔버스	문서, 코드, 기획안 등을 시각적으로 편집하고 협업할 수 있는 작업 공간

② **챗GPT 모델 선택: [챗GPT 모델 선택]** 에서 챗GPT의 모델을 설정할 수 있습니다. 챗GPT 요금제에 따라 제공되는 기능과 모델 버전이 다릅니다.

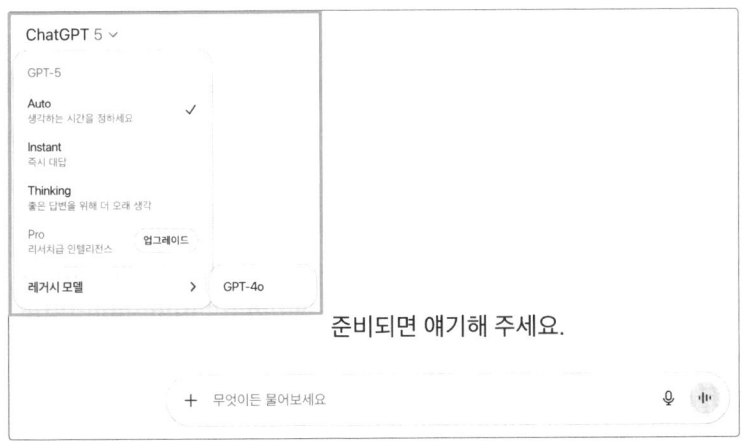

챗GPT 모델에 따라 응답 속도와 정밀도가 달라지니, 질문의 난이도나 목적에 따라 적절한 모델을 선택하는 것이 중요합니다.

GPT-5 Auto	회의 요약, 간단한 질문부터 복잡한 분석까지 모드 선택 고민 없이 안정적으로 처리할 때 유용
GPT-5 Instant	이메일 초안 작성, 짧은 콘텐츠 아이디어 발상, 코드 오류 간단 점검 등 속도 중시 업무에 적합
GPT-5 Thinking	코드 디버깅, 긴 보고서 작성, 리서치 등 정확성과 논리 구조가 중요한 작업에 적합
GPT-5 Pro	데이터 분석, 다단계 연구, 전략 보고서 작성 등 최고 정밀도와 깊이가 필요한 고급 프로젝트에 적합
GPT-4o	이미지, 음성, 텍스트가 모두 필요한 멀티모달 작업에 적합

③ **채팅 목록:** 챗GPT는 사용자와의 대화를 [**채팅 목록**]에 자동으로 저장합니다.

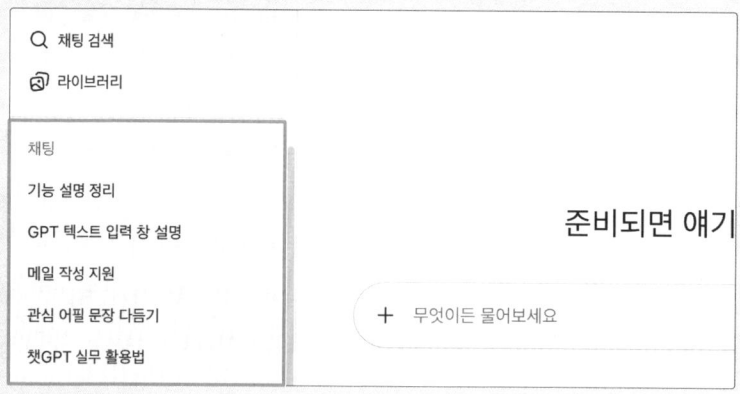

④ **사이드바:** 채팅 검색, 라이브러리, 프로젝트 관리 등 다양한 기능을 빠르게 선택할 수 있는 패널입니다.

채팅 검색	이전 대화 내용을 키워드로 빠르게 찾아볼 수 있는 기능
라이브러리	내가 만든 문서, 저장한 대화, 프로젝트 자료 등을 한곳에 모아 관리하는 공간
Codex	코드 작성, 수정, 디버깅을 돕는 AI 도구
GPT	사용자가 만든 맞춤 GPT들을 모아 두는 공간
새 프로젝트	새로운 주제나 작업 단위별로 대화를 묶어서 정리하고 시작할 수 있는 공간

⑤ **새 채팅**: [새 채팅]을 눌러 새로운 대화를 시작할 수 있습니다. 주제별로 대화를 진행하고, 채팅 목록에 각각의 채팅 제목을 변경하여 정리할 수 있습니다. [새 채팅]을 누르면 지금까지 이어지던 대화 맥락이 초기화되고, 완전히 독립된 주제로 대화를 이어갈 수 있습니다. 또, 각 채팅은 사이드바에 자동으로 저장되어 이후에 다시 열람하거나 이어서 사용할 수 있어, 주제에 맞게 대화를 진행할 수 있습니다.

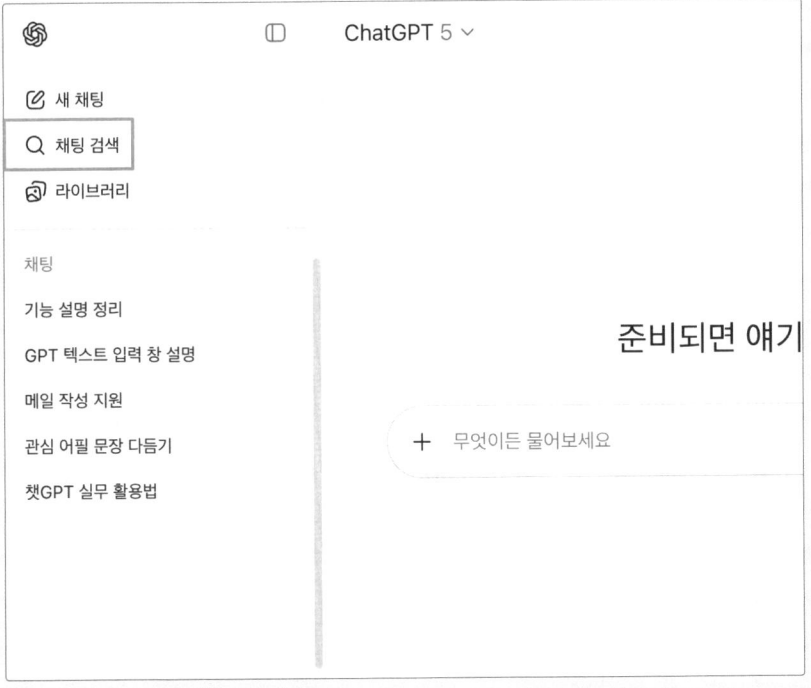

⑥ **임시 채팅 켜기:** 오른쪽 상단의 '임시 채팅 켜기'를 눌러 **[임시 채팅]**을 시작할 수 있습니다. **[임시 채팅]**은 임시로 사용하고 일정 기간이 지나면 자동으로 삭제되는 채팅입니다.

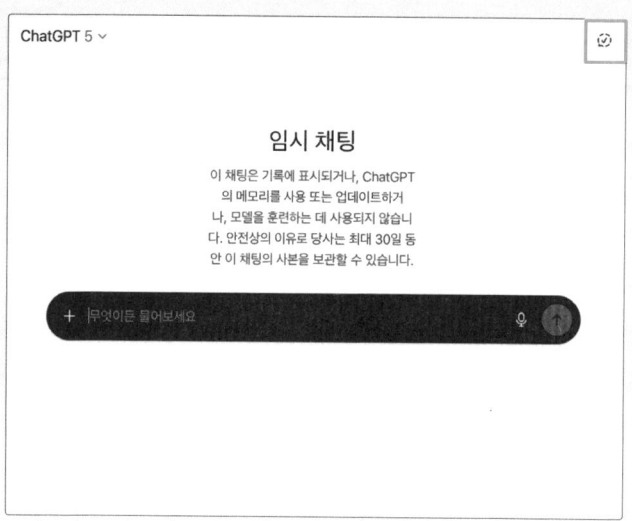

본격적으로 챗GPT를 활용하기에 앞서, 어떤 기능들이 있는지 차근차근 살펴보았습니다. 처음에는 다소 낯설 수 있지만, 기본 기능을 이해하면 훨씬 더 쉽게 적응할 수 있습니다. 이제 챗GPT와 함께하는 여정을 시작해 보겠습니다.

CHAPTER
01

8가지 예제로 챗GPT 시작하기

LESSON 01 | 이메일 작성하기

이메일은 회사에서 가장 자주 쓰는 소통 수단입니다. 카톡과 같은 채팅이 훨씬 편리할 때도 있지만, 플랫폼 구분 없이 넓은 범위의 사람들에게 여러 첨부 파일과 이미지를 보낼 수 있다는 점에서 이메일은 필수적인 업무 도구라고 할 수 있습니다. 이메일 작성 능력에서 가장 중요한 것은 필요한 내용만 담아 핵심을 전달하는 것입니다. 그렇기 때문에 핵심 정보와 요청 사항을 간결하게 담아내는 능력이 중요합니다.

딱 필요한 내용만 담아 간결하면서도 전문적인 '한 문단 이메일'을 챗GPT를 활용해 작성해 보겠습니다. 지금부터 구체적인 방법과 예시를 통해 자세히 살펴볼까요?

빠르게 이메일 초안 작성하기

예제 파일 | 월별 실적.docx
프롬프트 | 프롬프트 1

[새 채팅]을 누르고 [GPT-5] 모델을 선택합니다. 그리고 예제 파일 [**월별 실적.docx**]를 프롬프트 입력 창에 드래그해 추가하고, 아래 [**프롬프트 1**]을 챗GPT에 입력합니다.

> 1. O월 O일 오전 10시 회의실 A에서 회의를 진행할 예정이야.
> 2. 모든 팀원에게 회의 일정을 안내하고, 참석을 요청하는 한 문단 이메일을 작성해 줘.
>
> **지침**
> - 첨부한 [월별 실적.docx] 파일을 분석해서 핵심 내용을 도출하고 4~5줄로 이메일 초안을 작성해 줘.
> - 회의 안건(분기 실적 검토)과 구체적인 시간·장소를 명확히 안내해 줘.
> - 참석 요청 문구도 1줄 정도 덧붙여 줘.

제목: [공지] 분기 실적 검토 회의 일정 안내 (○월 ○일 오전 10시)

안녕하세요. 팀 여러분, 최근 3월 실적에서 매출과 이익이 전월 대비 각각 33%, 44% 하락하고, 마케팅 지표 역시 큰 폭으로 감소한 바 있습니다. 이에 대한 원인 분석과 대응 방안을 논의하기 위해 ○월 ○일 오전 10시, 회의실 A에서 분기 실적 검토 회의를 진행할 예정입니다.

이번 회의에서는 연말 성과 분석, 3월 급락 원인(광고비 축소, 경쟁사 프로모션 등), 향후 개선 전략을 중점적으로 다룰 예정입니다.

모든 팀원의 참석을 부탁드립니다.

챗GPT는 첨부 파일에 작성된 '월별 실적 자료'를 자동으로 분석하고 회의의 안건이 무엇이 될지 똑똑하게 예측까지 해 줍니다.

회의는 무언가를 결정하기 위해서 개최됩니다. 그러니 회의 개최를 알리는 이메일에는 그 회의의 목적을 구체적으로 드러내는 게 중요합니다. 이때 프롬프트는 간결하게 작성하는 게 좋습니다. '격식 있는', '정중한', '간결하고', '명확하고 분명한'과 같은 표현을 프롬프트에 써야 챗GPT는 사용자의 의도를 제대로 인지한답니다. 이메일 작성이 고민되신다면 앞으로 챗GPT에게 맡겨 주세요.

 **짧은 문제 팁:** 챗GPT에게 메일 작성을 요청할 때 '한 문단, 4~5줄, 한 문장 길이 200자 내외'와 같이 가이드라인을 작성하세요. 챗GPT가 메일을 더 간결하게 작성하여 상대가 메일을 더 쉽게 읽을 수 있습니다.

LESSON 02 | 기획안 만들기

챗GPT의 장점 중 하나는 창의적인 아이디어를 창출하고, 이를 구체적인 사업 전략으로 확장할 수 있다는 점입니다. 짧은 시간 내에 고품질 기획안을 완성할 수 있다는 것은 시간에 쫓기는 직장인의 업무 시간을 대폭 아낄 수 있는 매력적인 기능이죠. 이번 예제에서는 신제품 출시를 앞둔 마케팅 팀의 캠페인 기획안을 챗GPT로 만드는 방법을 살펴보겠습니다.

고품질 기획안 작성하기

프롬프트 | 프롬프트 2

[새 채팅] 을 누르고 [GPT-5] 모델을 선택합니다. 그리고 아래 [프롬프트 2]를 챗GPT에 입력합니다.

> 1. 제품의 특장점을 강조하면서, 출시 전 관심을 높일 수 있는 짧은 마케팅 캠페인 기획안을 작성하고자 해. 아래 [제품 정보] 내용을 읽고 제안해 줘.
> 2. 각 아이디어별로 간단한 실행 절차와 예상 효과를 적어 줘.
>
> 제품 정보
> - 제품명: Sync Note
> - 기능 요약: 실시간 협업 작성/편집, AI 추천 기능(문체 제안, 키워드 추천, 문장 보정 등), 버전 관리 및 히스토리 확인 기능
> - 타깃 고객: 스타트업, IT 기업, 창의적인 업무 방식이 필요한 디자인/마케팅 에이전시 등
> - 주요 경쟁사/경쟁 제품: Google Docs, Notion, Microsoft Teams
> - 제품 강점: AI 연동: 자동 문구 보완, 초안 생성, 문체 교정, 쉬운 인터페이스, 직관적이고 단순한 협업 환경, 실시간 커뮤니케이션: 댓글·알림 시스템으로 빠른 피드백
> - 출시 일정: 베타 오픈-1개월 후, 정식 출시-2개월 후
> - 마케팅 예산: 예산 규모: 500만 원(SNS 바이럴, 소규모 프로모션 이벤트, 유튜브 광고 협찬 등)
> - 현재 고민: 출시 전 사전 알림 이벤트 진행 방법, 사용자 체험단 모집 아이디어, SNS 이슈 메이킹을 위한 짧은 캠페인 방법

1. 'AI가 내 문장을 다듬어줬다면?' 챌린지(SNS 캠페인)

실행 절차:
- 인스타그램/트위터에 '내가 쓴 글 vs Sync Note가 다듬은 글' 비교 콘텐츠 제작
- 참여자가 자신의 글을 공유하면 Sync Note가 AI 보정 버전을 제공
- 참여자 중 일부에게 얼리 액세스 또는 굿즈 증정

예상 효과:
- AI 문장 보정 기능의 실질적인 가치 체험 유도
- 사용자 참여 기반의 콘텐츠로 SNS 자발적 확산 유도

2. '30분 협업' 챌린지 – 실시간 협업 체험단 모집

실행 절차:
- 디자인, 마케팅 업계 대상 3인 이상 팀 단위 체험단 모집
- 제한된 시간 내 문서 작성 과제 제시 → 협업 기능 테스트
- 우수 팀에 상품 지급 + 후기 콘텐츠 제작 요청

예상 효과:
- 실시간 협업 기능의 명확한 강점 부각
- 타깃 고객인 팀 단위 사용자층에 직관적 어필

3. '노션에 없는 기능 찾기' 콘텐츠 시리즈(유튜브 협업)

실행 절차:
- IT 크리에이터에게 Sync Note 체험 요청
- Google Docs/Notion과의 기능 차별점 리뷰
- 유튜브 쇼츠·인스타 릴스로 발행

예상 효과:
- 경쟁 제품 대비 Sync Note의 차별점 자연스러운 강조
- 잠재 타깃 고객층이 자주 접하는 채널에서 인지도 확보

4. '베타 알림 신청만 해도 AI 도우미가 따라간다!' 사전 등록 이벤트

실행 절차:
- 사전 알림 신청 페이지 운영
- 신청자에겐 출시 후 AI 기능 체험 가이드 PDF + 2주 프리미엄 제공
- SNS 공유 시 추가 리워드 제공

예상 효과:
- 초기 사용자 확보와 이메일 리스트 구축
- 유저 기대감 조성 + 서비스 출시 당일 트래픽 유도

5. '당신의 업무 스타일, Sync Note가 바꿔드립니다' 미니 설문 캠페인

실행 절차:
- '당신에게 가장 필요한 협업 기능은?' 짧은 설문 콘텐츠 제작
- 결과에 따라 맞춤형 Sync Note 기능 추천
- 응답자 중 추첨으로 베타 초청 및 경품 증정

예상 효과:
- 제품 기능에 대한 타깃별 관심 포인트 파악 가능
- 개인화된 피드백으로 제품에 대한 호감도 상승

챗GPT의 능력을 십분 활용하려면 프롬프트에 구체적인 정보를 제공하는 것이 중요합니다. 새로운 제품 출시에 따른 짧은 마케팅 기획안을 작성하는 것이 이번 과정의 목적이므로 **[프롬프트 2]**처럼 제품에 대한 정보를 간략하면서도 핵심 내용을 담아서 먼저 제공해 주세요.

신제품 출시를 앞두고 대략적인 마케팅 기획안 아이디어를 구체적인 기획안으로 끌어내기 위해, 챗GPT를 활용하는 방법을 살펴보았습니다. 챗GPT는 기획안 아이디어를 위한 브레인스토밍 과정에서 강력한 조력자가 될 수 있습니다. 명확한 목표와 맥락을 제시하고, 때로는 창의적인 역할을 부여하며 AI와 대화하듯 아이디어를 발전시켜 나가시기 바랍니다.

> **TIP**
> 챗GPT에게 기획안을 요청할 때, '만약 [특정 조건, 예: 예산이 무제한이라면?/경쟁사가 전혀 없다면?]'와 같은 극단적인 상황을 연출해서 요청해 보세요. 현실적인 제약에서 잠시 벗어날 때 혁신적인 아이디어가 탄생하기도 합니다.

LESSON 03 | 텍스트를 표로 정리하기

사무실에서 업무를 보다 효율적으로 처리하려면 일정 관리는 필수입니다. 이메일, 슬랙, 카톡, 문자 메시지, 급하게 휘갈겨 쓴 메모장까지… 여기저기 흩어져 있는 일정과 할 일 목록 때문에 머리가 아픕니다. 이때 여러 일정 정보를 한눈에 볼 수 있도록 표로 정리해 두면, 시간 안배나 담당자 배정, 필요한 자원의 활용 등 다양한 방면에서 업무가 훨씬 수월해집니다. 이런 작업을 빠르고 정확하게 하고 싶다면 챗GPT 같은 AI 도구를 활용하는 것도 하나의 방법입니다. 챗GPT로 어떻게 일정 관리를 효율적으로 처리할 수 있는지 살펴볼까요?

형식 없는 일정을 표로 정리하기

프롬프트 | 프롬프트 3

[새 채팅] ✎을 누르고 [GPT-5] 모델을 선택합니다. 그리고 아래 **프롬프트 3**을 챗GPT에 입력합니다.

- 너는 뛰어난 데이터 정리 전문가야. 아래 뒤죽박죽 섞여 있는 일정 관련 텍스트 내용을 분석해서 표 형식으로 깔끔하게 정리해 줘.
- 각 일정에 대해 오늘 월요일을 기준으로 [시간], [일정 이름], [장소 또는 참석자], [우선순위(높음/중간/낮음)], [비고] 칼럼이 포함된 표 형식으로 만들어 줘.
- 아래 일정 데이터를 참고해.

  이메일 요청
  - 9시: 팀 회의(중간)
  - 10시: 신규 협력사 점심 미팅(높음)
  - 11시 30분: 서류 결재 요청
  - 14시: VIP 고객 미팅(높음)
  - 16시: 월간 브리핑 자료 검토
  - 17시: 해외 지사와 화상 회의
  - 18시: 간단한 내부 보고(마감 전)

카카오톡 요청

[이 과장] 오전 9:02
내일 10시에 신규 협력사랑 미팅 잡혀있습니다. 점심시간이랑 겹치겠네요. 가능하면 12시 전에는 마무리할 수 있을 것 같아요. 회의실 B 예약 부탁드립니다.

[최 대리] 오전 9:10
내일 14시에 VIP 고객 미팅 있어요. 고객사 쪽에서 참석자 명단을 오늘 중으로 보내 온다고 하니, 받으면 공유 부탁드립니다.

[박 차장] 오전 9:15
16시에 월간 브리핑 자료 검토하자는 요청이 왔습니다. 화상 회의로 진행될지, 대면으로 할지 아직 안 정해져서 다시 연락드릴게요.

[이 과장] 오전 9:25
추가로 간단히 내부 보고할 시간도 필요한데, 그건 팀원들 다 같이 온라인일지 오프라인일지 정해야겠네요.

[낙서]
다음 주 스케줄 정리 좀 해야 하는데…. 월요일 10시에 주간 팀 회의 있고, 화요일 오후 3시에는 박철수 이사님과 미팅 예정. 수요일 오전 11시에는 A 프로젝트 관련 클라이언트 화상 미팅(참석: 나, 김대리, 클라이언트 담당자). 목요일은 오후 내내 B 프로젝트 집중 근무 시간. 금요일 오전 9시 30분, 강남역 근처 스터디 카페에서 신입사원 OJT 교육 진행해야 함.

		시간	일정 이름	장소 또는 참석자	우선순위(높음/중간/낮음)	비고
1	0	2025-04-14 09:00	팀 회의		중간	
2	1	2025-04-14 10:00	주간 팀 회의		중간	
3	2	2025-04-14 11:30	서류 결재 요청		중간	
4	3	2025-04-14 16:00	월간 브리핑 자료 검토	미정 (화상 or 대면)	중간	진행 방식 미정
5	4	2025-04-14 17:00	해외 지사 화상 회의		중간	
6	5	2025-04-14 18:00	간단한 내부 보고	온라인/오프라인 미정	중간	팀원들과 방식 협의 필요
7	6	2025-04-15 10:00	신규 협력사 점심 미팅	회의실 B	높음	12시 이전 종료 예정
8	7	2025-04-15 14:00	VIP 고객 미팅	고객사 참석자 명단 예정	높음	
9	8	2025-04-15 15:00	박철수 이사님 미팅		높음	
10	9	2025-04-16 11:00	A 프로젝트 클라이언트 화상 미팅	나, 김대리, 클라이언트 담당자	높음	
11	10	2025-04-17 13:00~17:00	B 프로젝트 집중 근무		중간	오후 내내
12	11	2025-04-18 09:30	신입사원 OJT 교육	강남역 스터디 카페	높음	

프롬프트 작성 시 핵심 전략은 정리되지 않은 일정을 프롬프트에 붙여넣기 하고 '오늘 월요일을 기준으로'와 같이 특정 시점을 제시해 주는 겁니다. 요청받은 일정이나, 정리되지 않은 일정을 챗GPT에게 깔끔하게 표 형식으로 정리해 달라고 해 보세요. 확실하지 않은 일정은

'추후 확정'이라고 명시하면 챗GPT가 더 똑똑하게 분류해 준답니다. 'table 펼치기'를 클릭하면 여러분의 PC에 챗GPT가 정리한 일정표를 다운로드할 수 있습니다.

챗GPT를 활용해 흩어진 텍스트 형태의 일정을 빠르게 표로 만들면, 일정을 한눈에 파악할 수 있습니다. 무엇보다 수작업으로 일정을 정리하는 시간을 아낄 수 있으니, 그만큼 더 중요한 업무에 집중할 수 있게 됩니다.

TIP
자동 마감 일정 계산: 챗GPT에게 '일정 시간이 1시간씩 필요하다'고 가정하고, 다음 일정 시작 시간을 자동으로 추론해 달라고 할 수도 있습니다.

LESSON 04 | 보고서 빠르게 파악하기

바쁜 직장인들은 자신이 가진 정보 중에서 무엇이 중요한지 늘 알고 싶어합니다. 하지만 자료는 수북이 쌓이고, 이를 보고서로 정리할 시간은 부족하죠. 게다가 보고서를 읽는 임원은 늘 핵심만 파악하길 선호합니다. 빠르게 변화하는 시장에 민감한 부서는 각종 지표와 내용을 짧고 굵게 전달하는 기술이 필요합니다. 챗GPT로 어떻게 핵심 포인트를 빠르게 파악할 수 있는지 알아볼까요?

실적 보고서 3줄 요약하기

프롬프트 | 프롬프트 4

[새 채팅] 을 누르고 **[GPT-5]** 모델을 선택합니다. 아래 **[프롬프트 4]**를 챗GPT에 입력합니다.

> 다음 영업팀 '2025년 Q1 실적 보고서'를 바탕으로 경영진에게 제출할 보고서 초안을 핵심을 찾아서 3줄로 요약해 줘. 회사 임원이 빠르게 핵심만 파악할 수 있도록 간결한 문체로 작성하되, 매출 증가율, 이익 증가율, 시장 점유율 상승 폭을 반드시 언급해 줘.
>
> **2025년 Q1 실적 보고서**
>
> 영업 실적 보고서(2025년 1분기)
>
> I. 매출 분석
> 1. 총 매출액: 112억 원(전 분기 대비 12% 증가)
> 2. 주요 요인:
>   - 신제품 'AI 비서 솔루션'의 성공적인 시장 출시 및 판매 확대
>   - 적극적인 디지털 마케팅 캠페인 전개(ROI 15% 달성)
>   - B2B 부문 매출 성장률 15% 기록, 전체 매출 성장 견인
> 3. 특이 사항: VIP 고객 대상 맞춤형 컨설팅 서비스 매출 전 분기 대비 20% 증가
>
> II. 비용 분석
> 1. 총 운영 비용: 47.5억 원(전 분기 대비 5% 절감)
> 2. 주요 요인:
>   - 클라우드 기반 업무 시스템 전환으로 IT 인프라 비용 10% 절감
>   - 불필요한 운영 비용 감축 노력(예: 출장비, 사무용품비 등)

> 3. 특이 사항: 에너지 효율 개선 프로젝트 통해 공공요금 3% 절감 효과 발생
>
> III. 시장 점유율 분석
> 1. 시장 점유율: 18%(전 분기 대비 3%p 상승)
> 2. 주요 요인:
>   • 경쟁사 A사, B사의 시장 점유율 정체 및 하락(각각 1%p, 0.5%p 감소)
>   • 제품 경쟁력 강화(고객 만족도 조사 결과, 경쟁사 대비 5점 만점 기준 0.8점 우위)
>   • 차별화된 고객 맞춤형 서비스 전략(고객 유지율 95% 달성)
> 3. 향후 계획: 지속적인 시장 경쟁 우위 확보 및 시장 지배력 강화
>
> IV. 종합 의견
> 2025년 1분기 영업 실적은 매출, 비용, 시장 점유율 모든 측면에서 괄목할 만한 성과를 달성했습니다. 특히 신제품 효과와 효율적인 비용 관리가 주효했으며, 시장 경쟁 환경 속에서도 우위를 확보했습니다. 향후에도 긍정적인 성장세를 이어갈 것으로 전망됩니다.

 2025년 Q1 영업 실적 요약
1. 매출 증가: 총 매출 112억 원으로 전 분기 대비 12% 증가, 신제품 'AI 비서 솔루션' 성공과 B2B 매출 15% 성장 주효
2. 이익 개선: 운영 비용 5% 절감, IT 인프라 최적화 및 불필요한 비용 감축으로 효율성 증대
3. 시장 점유율 상승: 18%로 전 분기 대비 3%p 상승, 경쟁사 점유율 정체 속 차별화된 고객 서비스와 제품 경쟁력 강화 효과

챗GPT에게 요약을 요청할 때는 요약에 포함되어야 할 내용을 구체적으로 전달해야 합니다. 명확한 지침을 제시하면 챗GPT는 여러분의 지침대로 답변하게 됩니다. 더 나아가 '3줄 요약'처럼 형식과 분량을 제시하면 불필요한 서론 없이 바로 결과를 제시하죠. 핵심을 요약하면서 세부 데이터를 어떤 방향으로 정리할지 방향을 설정할 수 있으니 아까운 시간을 절감할 수 있답니다.

핵심을 간추리는 기술은 의사결정권자에게 빠르고 정확하게 정보를 전달하기 위해 꼭 필요한 기술입니다. 특히 챗GPT를 활용하면 방대한 자료 중에서 중요한 부분만 쉽고 빠르게 뽑아낼 수 있죠. 무엇보다도, 구체적인 근거 데이터를 제시하고 원하는 형식, 어조, 분량 등을 명확히 지시하는 프롬프트를 작성하는 능력이야말로 진정한 '일잘러'로 가는 지름길입니다.

 **TIP**
중요 단어나 문구를 미리 포함시키기: 결과물에 포함하고 싶은 주요 주제나 문구를 프롬프트에 직접 추가해 보세요. 예를 들어 '매출 12% 증가와 시장 점유율 3%p 상승 수치를 반드시 포함해 줘.'와 같이 구체적인 의미를 지정하면 여러분이 원하는 결과물에 훨씬 가까워집니다.

LESSON 05 | 영문 이메일 쓰기

직장 생활을 하다 보면 영어를 쓸 일이 자주 생깁니다. 해외 파트너에게 제품 문의를 하거나 해외 지사에게 회사를 대표해서 입장을 정리할 일이 빈번하게 벌어지죠. 이럴 때마다 영어가 문제입니다. 하지만 챗GPT가 생기고 나서는 영어 공부의 부담을 덜게 됐습니다. 한글로 빠르게 초안을 작성하고 챗GPT로 영문 이메일을 작성하는 방법을 살펴보겠습니다.

한글 이메일을 영어로 번역하기

프롬프트 | 프롬프트 5-1, 프롬프트 5-2

[**새 채팅**] 을 누르고 [**GPT-5**] 모델을 선택합니다. 아래 [**프롬프트 5-1**]를 챗GPT에 입력합니다.

> 아래 [한글 이메일 전문]을 영어로 번역해 줘. 단, 아래 [지침]을 반영해 줘.
>
> **지침**
> - 문체는 비즈니스 매너에 맞게 정중하고 간결하게 작성해 줘.
> - 최대한 명확하고 간결하게 용건만 작성해 줘.
> - <픽셀 결함>, <백라이트 불균일 현상>과 같은 전문 용어는 현지 언어로 직역해 줘.
> - 문단 구성을 수신자가 한눈에 보기 좋게 적절히 분리해 줘.
>
> **한글 이메일 전문**
> 마케팅팀 담당자 귀하,
> 귀사의 무궁한 발전을 기원합니다. 2025년 2월 1일자로 수령한 부품 납품건과 관련하여 중대한 품질 이상이 발생했습니다. 이에 따른 구체적인 사항을 말씀드리고자 서신을 보내드립니다.
> 당사의 품질 검수 과정에서 LCD 패널 중 약 15%에서 픽셀 결함 및 백라이트 불균일 현상이 확인되었습니다. 이는 계약서상 명시된 허용 불량률 0.5%를 현저히 초과하는 수준입니다.
> 당사의 생산 일정 준수 및 최종 고객사에 대한 영향을 최소화하고자 아래와 같은 사항들을 요청 드리오니 신속한 검토와 조치를 부탁드립니다.

> 1. 품질 이상의 근본 원인 규명을 위한 즉각적인 조사 실시
> 2. 귀사의 품질 관리 프로세스에 대한 상세 보고서 제출
> 3. 하자 제품에 대한 교체 계획안 마련
> 4. 향후 유사 사례 방지를 위한 예방 대책 마련
>
> 현재 당사에서는 해당 부품들의 조립 라인 투입을 잠정 중단한 상태이며, 당사 품질보증팀에서 사진 자료를 포함한 종합 보고서를 작성 완료하여 별도로 송부해 드릴 예정입니다.
> 본 사안의 원활한 해결을 위해 금주 중 화상회의를 통한 논의를 제안드리고자 하오니, 가능하신 일정을 회신 부탁드립니다.
>
> 귀사의 협조에 미리 감사드립니다.

To the Marketing Team,

We wish your esteemed company continued success. We are writing to inform you of a critical quality issue regarding the components delivered on February 1, 2025.

During our quality inspection, approximately 15% of the LCD panels were found to have pixel defects and backlight non-uniformity. This significantly exceeds the allowable defect rate of 0.5% as stipulated in our contract.

To minimize the impact on our production schedule and our end customers, we kindly request your prompt review and action on the following points:

1. Immediate investigation to identify the root cause of the quality issues.
2. Submission of a detailed report on your quality control processes.
3. Provision of a replacement plan for the defective products.
4. Establishment of preventive measures to avoid similar issues in the future.

Please note that we have temporarily suspended the assembly line input of the affected components. Our Quality Assurance Team has prepared a comprehensive report, including photographic evidence, which will be sent to you separately.

To facilitate a smooth resolution of this matter, we propose a video conference within this week. Kindly share your availability at your earliest convenience.

Thank you in advance for your cooperation.

Sincerely,

[Your Company Name]

번역의 품질이 제일 좋아야 하겠지만, 중요한 것은 이메일에 요청 내용이 얼마나 충실하게 반영이 되었느냐는 점입니다. 또한 용어와 숫자, 계약 조항을 확인하고, 비즈니스 관련 문안이니 격식 있고 매너 있는 문장과 시작과 끝에 깔끔하게 인사하고 안부를 묻는 것은 기본입니다. 필요하다면 영문 이메일을 다시 한글로 번역해서 여러분이 원하는 뉘앙스가 제대로 전달되었는지 확인해 보세요.

이번에는 번역 품질을 높여 보겠습니다. 앞의 번역 결과를 [**프롬프트 5-2**]에 붙여넣기 하고 다시 챗GPT에 아래 프롬프트를 입력합니다.

아래는 챗GPT가 번역한 이메일이야. 전문 번역가의 페르소나로서 문장을 읽어 보고 어색하거나 잘못된 부분이 없는지 스스로 검토하고 더 깔끔하게 번역해 줘. 만약 바꾼 부분이 있다면 어느 부분을 어떻게 바꿨는지 이메일 하단에 주석을 달아 줘.

To the Marketing Team,

We wish your esteemed company continued success. We are writing to inform you of a critical quality issue regarding the components delivered on February 1, 2025.

During our quality inspection, approximately 15% of the LCD panels were found to have pixel defects and backlight non-uniformity. This significantly exceeds the allowable defect rate of 0.5% as stipulated in our contract.

To minimize the impact on our production schedule and our end customers, we kindly request your prompt review and action on the following points:

1. Immediate investigation to identify the root cause of the quality issues.
2. Submission of a detailed report on your quality control processes.
3. Provision of a replacement plan for the defective products.
4. Establishment of preventive measures to avoid similar issues in the future.

Please note that we have temporarily suspended the assembly line input of the affected components. Our Quality Assurance Team has prepared a comprehensive report, including photographic evidence, which will be sent to you separately.

To facilitate a smooth resolution of this matter, we propose a video conference within this week. Kindly share your availability at your earliest convenience.

Thank you in advance for your cooperation.
Sincerely,
[Your Company Name]

To the Marketing Team,

We hope this email finds you well and wish your esteemed company continued success.

We are writing to bring to your attention a critical quality issue with the components delivered on February 1, 2025.

During our quality inspection, approximately 15% of the LCD panels were found to have pixel defects and backlight non-uniformity, significantly exceeding the allowable defect rate of 0.5% as stipulated in our contract.

To minimize the impact on our production schedule and our end customers, we kindly request your prompt review and action on the following items:

1. Immediate investigation to determine the root cause of the quality issues.
2. Submission of a detailed report on your quality control processes.

3. Provision of a replacement plan for the defective products.
4. Establishment of preventive measures to avoid similar occurrences in the future.

Please note that we have temporarily suspended the assembly line input of the affected components. Our Quality Assurance Team has prepared a comprehensive report, including photographic evidence, which will be sent to you separately.

To ensure a smooth resolution, we propose scheduling a video conference within this week. Kindly share your availability at your earliest convenience.

We sincerely appreciate your cooperation and assistance in this matter.

Sincerely,

[Your Company Name]

- 주석(Comments)

  We hope this email finds you well and wish your esteemed company continued success.
  We wish your esteemed company continued success 앞에 일반적인 비즈니스 인사말을 추가해 더 자연스럽고 정중하게 시작했습니다.

  We are writing to bring to your attention a critical quality issue with the components delivered on February 1, 2025.
  원문 We are writing to inform you of a critical quality issue regarding the components... 문장에서 bring to your attention을 사용해 더 자연스럽고 격식을 갖춘 표현으로 다듬었습니다.

  ...approximately 15% of the LCD panels were found to have pixel defects and backlight non-uniformity, significantly exceeding the allowable defect rate of 0.5% as stipulated in our contract.
  두 번째 문장을 쉼표와 significantly exceeding로 연결하여 문장 구조를 더 자연스럽게 다듬었습니다.

  To minimize the impact on our production schedule and our end customers, we kindly request your prompt review and action on the following items:
  points 대신 items를 사용하여 비즈니스 영어에서 더 자주 사용되는 용어로 수정했습니다.

  Immediate investigation to determine the root cause of the quality issues.
  identify 대신 determine을 사용해 원인을 '규명하다'는 의미를 보다 명확히 전달했습니다.

  Establishment of preventive measures to avoid similar occurrences in the future.
  issues 대신 occurrences를 사용해 같은 문제 상황이 반복되지 않도록 한다는 뉘앙스를 조금 더 자연스럽게 전달했습니다.

  To ensure a smooth resolution, we propose scheduling a video conference within this week.
  To facilitate a smooth resolution 대신 To ensure a smooth resolution로 바꿔, 보다 직접적이고 간결한 표현을 사용했습니다.

  We sincerely appreciate your cooperation and assistance in this matter.
  마지막 감사 인사에 and assistance in this matter를 추가해 감사의 의미를 조금 더 풍부하게 전달했습니다.

  이제 문장이 보다 깔끔하고 자연스러운 비즈니스 영어로 개선되었습니다.

한 번에 완벽하게 번역하면 좋겠지만, 수정 사항은 언제나 생기게 마련입니다. 앞의 과정을 반복하면 번역 퀄리티가 점점 향상됩니다. 요즘 챗GPT, 전문 번역가 뺨 때릴 정도의 수준이라고 하니 믿고 맡겨도 되지 않을까요?

챗GPT를 번역기로 활용하면, 앞의 상황에서처럼 중대한 클레임이 발생했을 때도 빠르고 자연스러운 영어로 이메일을 작성할 수 있습니다. 구체적으로 상황을 프롬프트에 담으면 마치 전문 번역가의 결과물처럼 퀄리티가 좋아집니다.

의사 전달 능력: 프롬프트를 작성할 때 영어보다도 진짜 중요한 능력은 한글을 제대로 쓰는 것입니다. 원문이 좋지 않으면 번역을 아무리 잘해 봤자 소용 없을 테니까요.

LESSON 06 긴 문서에서 핵심 정보 찾기

일잘러는 방대한 자료 속에서도 중요한 포인트를 재빨리 파악합니다. 빠르게 읽으면서도 맥락을 놓치 않는 게 바로 일잘러의 능력이죠. 사내 규정이 바뀌어 인사 담당자가 관련 자료를 전사에 공유했습니다. 그런데 어쩌죠? 하필 당장 내일 신규 입사자를 위한 교육 커리큘럼이 필요합니다. 긴 사내 규정을 모두 읽을 시간은 없습니다. 자료에서 신규 입사자를 위한 내용만 찾아내는 게 급선무입니다.

신규 입사자를 위한 교육 커리큘럼을 만들어야 합니다. 사내 규정집에서 3가지 중요한 규정을 파악해서 교육 커리큘럼에 담아야 하는데, 읽고 분석할 시간이 없습니다. 이럴 때 챗GPT가 어떻게 도움을 줄 수 있는지 알아볼까요?

주요 규정을 빠르게 찾기

예제파일 | 사내 규정집 샘플.docx
프롬프트 | 프롬프트 6

[새 채팅] 을 누르고 예제 파일 [사내 규정집 샘플.docx]를 프롬프트 입력 창에 드래그해 추가하고, 아래 [프롬프트 6]를 챗GPT에 입력합니다.

> 업로드한 [사내 규정집 샘플.docx] 파일을 분석하여, 신규 입사자가 반드시 알아야 할 주요 규정 3가지를 추출해 줘. 각 규정에 대해 다음 정보를 포함하여 상세히 설명도 해 줘. 만약 규정집에 내용이 없다면 일반적인 회사의 사내 규정을 인터넷에서 검색해서 참고해 줘.
>
> 1. 규정 제목
>   예: 연차 및 휴가 사용 규정
> 2. 핵심 내용 요약: (300자 이내)-해당 규정의 핵심 내용을 간결하게 요약
> 3. 중요 이유: (2가지)-해당 규정이 중요한 이유를 회사 및 직원 측면에서 각각 2가지씩 제시
> 4. 주요 적용 상황: (3가지)-사내에서 해당 규정이 주로 적용되는 상황 3가지(구체적인 예시 포함)

> **출력 형식 예시**
>
> 주요 규정 3가지
> 1. [규정 제목]
>   - 핵심 내용 요약: (핵심 내용 100자 요약)
>   - 중요 이유
>   - 회사 측면: (중요 이유 2가지)
>   - 직원 측면: (중요 이유 2가지)
>   - 주요 적용 상황:
>   1. [상황 1 예시]
>   2. [상황 2 예시]
>   3. [상황 3 예시]

 주요 규정 3가지

1. 근로 조건(제3장 3.2)
- 핵심 내용 요약: 주 5일, 9시~18시 근무, 유연 근무제·재택근무 허용(사전 승인 필요), 시간 외 근무 시 법정 수당 지급
- 중요 이유
  - 회사 측면
    1. 명확한 근로 조건으로 법적 리스크 방지
    2. 유연 근무제 도입으로 직원 만족도와 생산성 향상
  - 직원 측면
    1. 초과 근무 수당 보장으로 정당한 보상 확보
    2. 유연 근무로 개인 삶과 업무의 균형 유지
- 주요 적용 상황
  - 재택근무 신청 시 사전 승인 절차 적용
  - 시간 외 근무 시 수당 신청 및 지급 과정
  - 유연 근무제 도입 팀의 근태 관리 및 승인 절차

2. 정보보호 정책(제5장 5.1)
- 핵심 내용 요약: 회사 정보 기밀·내부용·공개용 분류, 접근 권한 제한, 전산 데이터 암호화, 정기 보안 교육 필수
- 중요 이유
  - 회사 측면
    1. 정보 유출 방지로 기업 자산 보호
    2. 보안 체계 강화를 통한 대외 신뢰도 확보
  - 직원 측면
    1. 보안 규정 준수로 불필요한 징계 방지
    2. 교육을 통한 보안 인식 개선 및 개인 정보 보호
- 주요 적용 상황
  - 기밀 자료 열람 및 공유 시 접근 권한 요청
  - 보안 교육 참여와 교육 내용 숙지
  - 개인용 PC 보안 업데이트 의무 이행

3. 윤리 강령(제6장 6.1)
- 핵심 내용 요약: 정직·성실·공정 원칙, 회사 명예 유지, 개인적 이익 위한 자원 남용 금지, 기밀 유지 의무(퇴사 후 포함)
- 중요 이유
  - 회사 측면
    1. 윤리적 경영으로 기업 이미지 제고
    2. 내부 부정 방지로 안정적 운영 유지
  - 직원 측면
    1. 공정한 업무 환경 보장
    2. 윤리적 행동으로 개인 신뢰도 확보
- 주요 적용 상황
  - 기밀 유지 서약 및 계약 체결 시
  - 이해 상충 상황 발생 시 사전 신고
  - 업무 수행 중 회사 자원 사용 시 승인 필요

이 3가지 규정은 직원의 권리와 의무를 보호하고, 회사 운영의 효율성과 윤리성을 유지하기 위해 반드시 숙지해야 합니다.

챗GPT에게 이처럼 명확한 목표를 제시하세요. 그래야 챗GPT가 핵심 정보에 집중합니다. 그리고 제목, 요약, 이유, 상황 등 필요한 정보를 구체적으로 요청하세요. 누락이 없는지 체크하는 것도 중요합니다. 마지막으로 출력 형식을 예시로 제시하면 사용자가 원하는 결과물이 무엇인지 명확히 인지할 수 있습니다.

챗GPT를 활용하면 한 번만 프롬프트를 잘 입력해도 원하는 정보를 얻어 낼 수 있습니다. '일을 잘한다'는 느낌이 별건가요? 원하는 결과를 빠르게 찾아내서 보기 좋게 정리하는 것일 뿐이죠. 핵심은 구체적이고 정확한 프롬프트를 작성하고, 필요한 데이터를 미리 준비해 두는 것입니다. 사실 프롬프트 작성하는 과정 자체만으로도 이미 그 업무의 50% 이상은 숙지했다고 볼 수 있지 않을까요?

이전 규정집에서 달라진 부분 찾기: '지난 분기와 비교해서 변경된 규정 사항이 무엇인지 찾아 줘.'라는 프롬프트를 활용하면 규정집에서 수정된 부분을 비교 분석하는 기능을 도입하여, 어떤 규정이 변경되었는지 쉽게 찾을 수 있습니다.

LESSON 07 | 지루한 회의록에서 결론 찾기

직장에서 제일 걱정되는 일이 바로 회의입니다. 게다가 문제는 회의가 끝난다고 해서 일이 끝나는 게 아니라는 거죠. 누군가는 회의록을 정리해서 깔끔하게 보고까지 해야 하기 때문입니다. 또한 회의의 종류도 다양하죠. 모든 회의에 참여하고 나면 방대한 분량의 회의록이 양산되고 그것들을 주/월 단위로 정리해서 결론까지 도출해야 합니다. 여기서 챗GPT를 쓰면 빠르게 회의록을 정리하고 결론이나 액션 아이템을 신속하게 찾을 수 있지 않을까요?

여러 팀의 회의 결과를 종합해 대표에게 보고해야 하는 상황입니다. 하지만 각 팀에서 받은 방대한 회의록에서 일관된 맥락을 도출하기는 어렵죠. 3개 팀의 내용을 하나로 묶어 정리하려면 어떻게 해야 할까요?

복잡한 회의록을 정리하기

예제파일 | 제품기획팀 회의록.docx, 마케팅팀 회의록.docx, 운영팀(물류/CS) 회의록.docx
프롬프트 | 프롬프트 7

[새 채팅] 을 누르고 예제 파일 **[제품기획팀 회의록.docx]**, **[마케팅 회의록.docx]**, **[운영팀(물류/CS) 회의록.docx]**를 프롬프트 입력 창에 드래그해 추가하고, 그리고 아래 **[프롬프트 7]**을 챗GPT에 입력합니다.

> 너는 회의록의 핵심 내용을 정확하게 파악하고 정리하는 전문가야. 업로드한 [제품기획팀 회의록.docx], [마케팅팀 회의록.docx], [운영팀(물류/CS) 회의록.docx]를 분석하여, 아래 형식에 맞춰 핵심 내용을 개별적으로 요약해 주고 마지막 줄에는 모든 팀의 접점을 찾아서 정리해 줘.
>
> **회의 요약**
> 1. 주요 결정 사항
> 2. 핵심 액션 아이템
> 3. 특이 사항/참고 사항

> **추가 지시 사항**
> - 각 항목은 최대 3줄 이내로 요약하고, 핵심 내용만 포함할 것
> - 구체적인 수치, 날짜, 담당자 등 중요한 정보는 반드시 포함할 것
> - 회의록에 명시된 '결론', '결정 사항', '후속 조치', '쟁점 사항' 등을 참고하여 요약하되, 회의 전체 내용을 포괄할 것
> - 액션 아이템은 누가, 언제까지 해야 하는지 명확하게 기재할 것
> - 특이 사항 및 참고 사항에는 추가적으로 논의가 필요한 내용이나, 향후 검토가 필요한 사안 등을 간략하게 정리할 것
> - 불필요한 미사여구는 생략하고, 업무 보고 형식으로 작성할 것

제품기획팀 회의 요약

1. 주요 결정 사항
   - 소형 UV-LED 모듈(265nm) 도입 확정, 휴대용 접이식 설계 및 배터리 4000mAh 적용
   - 경쟁사 대비 10% 저가 정책 수립, 소비자가 49,900원 설정
   - 제품 출시 일정은 7월 중순, KC/CE 인증은 4~5월 완료 예정

2. 핵심 액션 아이템
   - 2일 내 제품 사양 확정 및 공장 샘플 요청(담당: 김대리)
   - KC 인증(4월 말), CE 인증(5월 말) 완료, 품질 테스트(6월 초)
   - 부품 단가 협상 및 2차 공급업체 확보 추진(담당: 김대리)

3. 특이 사항/참고 사항
   - 원가 상승 이슈 발생, 마케팅과의 협업을 통한 제품 차별화 필요
   - 경쟁사 A사 유사 제품 6월 출시 예정, 일정상 압박 존재

마케팅팀 회의 요약

1. 주요 결정 사항
   - 유튜브, 인스타그램 인플루언서 마케팅 추진 및 채널별 전략 수립
   - 전국 10개 매장 체험존 설치 및 해시태그 캠페인 진행 계획
   - '#깨끗한여름과함께' SNS 캠페인 3단계 기획안 확정

2. 핵심 액션 아이템
   - 다음 주 초까지 인플루언서 섭외 리스트 확정(담당: 김사원)
   - 콘텐츠 제작 일정 및 계약 조건 조율(담당: 이대리, 최주임)
   - SNS 캠페인 기획안 및 플랫폼별 캘린더 작성(1주 내, 담당: 팀 전체)

3. 특이 사항/참고 사항
   - 오프라인 체험존의 효과 측정 지표 개발 필요
   - PPL 콘텐츠 KPI 설정과 예산 배분 계획 확정 예정

운영팀 회의 요약

1. 주요 결정 사항
   - 1차 생산 5만 대, 2차 생산 10만 대 계획. 온라인 물량 2만 대, 매장 3만 대 분배
   - UV-LED 검수 강화 및 3일 내 교환/환불 프로세스 확립
   - CS 교육 및 매뉴얼 전면 개정 추진

2. 핵심 액션 아이템
- 물류센터에 신제품 전용 500평 공간 확보 및 자동 발주 시스템 도입
- CS팀 제품 교육(6/1, 6/2), 매장 직원 교육(6/5, 6/9) 실시
- 피크 타임 물류 병목 방지 위한 인력 보강 및 임시 창고 2곳 확보

3. 특이 사항/참고 사항
- 배송 품질 강화를 위한 포장 개선 및 실시간 추적 시스템 도입 예정
- 2차 물량 조기 생산 여부는 부품 수급 상황에 따라 결정

모든 팀의 접점 요약
- 출시 일정: 제품기획팀의 7월 중순 론칭 일정에 맞춰, 마케팅팀은 SNS 캠페인과 체험존 운영, 운영팀은 재고 확보 및 CS 대응 체계 완료 필요
- UV-LED 모듈: 제품기획팀의 모듈 선정에 따라 운영팀은 기능 테스트 및 품질검사 강화, 마케팅팀은 해당 기능을 강조한 콘텐츠 기획 필요
- 매장 운영: 마케팅팀의 체험존 설치 계획과 운영팀의 매장 배분 및 교육 일정 연계 필수

챗GPT에게 더 나은 결과물을 받으려면 요약할 내용의 제목을 명확하게 제시해야 합니다. 그래야 구조적인 결과물을 챗GPT가 작성할 수 있습니다. 그리고 요약에 포함되어야 할 주요 결정 사항, 액션 아이템, 특이 사항 등 요약에 필요한 요소를 정리해야 합니다. 프롬프트에 입력된 순번에 따라 챗GPT는 우선순위를 자동으로 판단합니다. 마지막으로 '최대 3줄, 핵심 내용만'과 같은 용어를 사용해서 불필요한 정보를 사용하지 않도록 유도하고, 수치, 날짜, 담당자 같은 정보는 매우 중요하므로 누락되지 않도록 사전에 제시합니다. 이를 참고하여 **[추가 지시 사항]**에 해당되는 프롬프트는 필요에 따라 직접 작성하시면 됩니다.

회의록은 여러 팀에서 입체적으로 이루어집니다. 방대한 자료에서 통일된 의견을 도출하는 일은 쉽지 않습니다. 챗GPT는 요약을 탁월하게 진행하지만 다양한 정보에서 연결 고리를 찾는 일도 수월하게 진행합니다. 긴 회의록 정리에 시간을 더 이상 뺏기지 말고 중요한 액션 아이템을 찾아 그쪽에 집중하도록 합시다.

챗GPT에게 요약을 요청할 때, 특정 '관점'이나 '대상'을 지정해 주면 더욱 맞춤화된 결과를 얻을 수 있습니다. 예를 들어 '위 회의 결과 중 마케팅팀이 담당해야 할 실행 계획만 정리해 줘.'라거나, '예산 관련 결정 사항만 따로 뽑아 줘.'와 같이 구체적인 조건을 제시하면, 여러분이 필요로 하는 정보만 정확하게 얻을 수 있습니다.

LESSON 08 | 챗GPT와 대화하며 아이디어 구상하기

챗GPT는 무엇이든 궁금한 것을 채팅으로 물어보면 바로 답해 주는 아이디어 머신입니다. 물론 채팅이 편리하지만 요청하는 업무에 따라 '음성 모드' 기능이 편리할 때도 있습니다. 특히 아이디어를 도출해야 하는 상황을 가정해 볼까요? 아이디어는 누군가와 대화를 나누는 과정에서 그 실체를 드러냅니다. 텍스트에는 감정이 없지만 음성에는 감정을 담을 수 있어요. 무미건조한 채팅보다는 훨씬 생생하고 자연스러운 대화를 하면서 창의적인 아이디어를 도출할 수 있답니다.

제안서를 작성할 때는 혁신적인 아이템을 먼저 발굴해야 합니다. 특허, 사업화 등을 다각도로 분석해야 하죠. 가끔은 아무런 아이디어조차 떠오르지 않습니다. 이때 생각을 텍스트로 정리해야 하는 채팅 방식이 귀찮고 무겁게 느껴지기도 합니다. 이럴 때는 음성 모드로 팀원들과 함께 토론을 진행해 봅시다.

음성 모드 활용하기

프롬프트 | 프롬프트 8

[새 채팅] ⌬을 누르고 입력 창에서 **[도구-웹 검색]**을 클릭한 후, 오른쪽의 '음성 모드 사용' ⊕을 클릭합니다. 잠시 기다리면 화면 가운데 파란색 동그라미가 나타나고 화면이 음성 모드로 전환됩니다. 이제 채팅 대신에 직접 음성으로 대화를 시작해 봅니다.

먼저 내가 회사에서 어떤 업무를 진행하는 사람인지 간략하게 소개하고 대화를 통해 무엇을 얻고 싶은지 구체적이면서도 간단하게 이야기를 시작합니다. 자칫 잘못하면 장황하게 대화가 이어질 수 있기 때문에 목적에 대해 간결하면서도 분명하게 전달하는 것이 중요합니다. 아래 **[프롬프트 8]**을 참고해 대화를 시작해 보세요.

음성

나는 회사에서 R&D 기획자를 맡고 있는 사람이거든? 회사에서 새로운 혁신 아이템을 만들어서 정부에 사업계획서를 제안하고 싶어. 제안서를 제출하려면 특허, 제품화, 시장 진출 가능성을 폭넓게 검토해야 되잖아. 그래서 나 혼자서 생각만 가지고 아이디어를 만들 게 아니라, 챗GPT 음성 기능을 활용해서 다양한 아이디어도 만들고, 새로운 기획 아이템도 창의적으로 만들고 싶어. 그래서 호출했어.

현재 우리 회사에서는 반복적으로 회의를 개최하고 있지만 뾰족한 아이디어가 떠오르지 않고 있어. 각 부서 전문가들도 너무 바쁘고 스케줄이 맞지 않아서 서로 피드백을 받기 어려운 실정이야. 내가 원하는 것은 음성을 통해서 실시간으로 아이디어도 받아 내고, 여러 전문가의 페르소나를 순차적으로 호출해서 마치 실제 전문가 팀과 회의하는 듯한 그런 상황을 보이스 기능을 통해서 만들고 싶어. 내가 여러 가지 자료를 전달해 줄 테니까 그 자료를 바탕으로 창의적인 아이디어를 만들어 줘.

R&D 기획자로서 다양한 혁신 프로젝트를 진행하고 계시군요. 어떤 프로젝트나 주제에 대해 이야기하고 싶으신가요?

대화가 시작되면 본격적인 아이디어로 진입합니다. 자신의 업무를 간단하게 소개하고 아이디어를 통해서 얻고 싶은 게 무엇인지 구체적으로 설명해 보세요. 대화를 나누다 보면 자연스럽게 획기적인 아이디어가 떠오르기도 합니다. 음성 대화의 장점이죠. 차분하게 대화를 이어 나가 보시기 바랍니다.

음성 모드는 텍스트보다 빠른 질문과 답변이 가능하고 마이크만 있으면 팀원들과 함께 아이디어를 즉시 공유할 수 있습니다. 또한 한 분야의 인격이 아닌 다양한 분야의 페르소나를 통해서 생각해 보지 못한 관점의 의견을 청취할 수 있으니 더 좋은 아이디어가 나올 수 있겠네요.

TIP
음성 대화는 브레인스토밍과 자유로운 발상이 가능하기 때문에 창의성을 극대화할 수 있다는 장점이 있습니다.

CHAPTER

02

챗GPT로
문서 작성하기

LESSON 09 | 아이디어를 제안서로 만들기

제안서 작성, 특히 정부 R&D 과제 제안서의 성패를 좌우하는 핵심은 제목에 달려 있습니다. 제목은 제안서 전체의 핵심 내용을 압축적으로 드러내고, 평가자에게 강렬한 첫인상을 심어 주며, 나아가 제안서 작성 방향을 설정하는 중요한 역할을 수행하죠. 제목이 명확하게 설정되면 나머지 시장 조사, 기술 분석, 경쟁사 분석, 사업화 방안, 예산 편성, 컨소시엄 구성 등은 자동으로 따라옵니다.

3일 만에 R&D 제안서를 완성해야 한다고 가정해 봅시다. 회사가 추구하는 사업분야와 어울리는 아이템을 스스로 찾아야 하는 상황입니다. 챗GPT를 활용해서 제안서를 완성할 수 있을지 자세히 살펴볼까요?

R&D 제안서를 작성하기

프롬프트 | 프롬프트 9-1, 프롬프트 9-2

01 우선 제목부터 만들어 봅시다. **[새 채팅]** 을 누르고 **[GPT-5]** 모델을 선택합니다. 그리고 아래 **[프롬프트 9-1]**를 챗GPT에 입력합니다. 주제어에는 여러분의 직장과 관련 있는 키워드를 입력해 보세요.

> 아래 제시한 [주제어]를 읽고 정부 R&D 과제에 제안하기 위한 제목을 지어 줘.
>
> **주제어**
> - 기후변화, 인공지능, 스마트, 혁신, 재난안전, 예측, 창출
>
> **지침**
> - 주제어를 통해 전체 제안서를 대표할 수 있는 함축적이면서도 직관적인 제목을 작성할 것
> - 제목 짓기에 주제어가 부족하다면 AI가 스스로 판단해서 제목을 작성할 것
> - 사용자가 결정할 수 있도록 최소 3가지 이상의 제목을 작성할 것
> - 제목은 OO 기술을 활용해서 XX 분야의 문제점을 해결하고 YY 효과를 창출할 수 있는 제목일 것
> - 과제의 성격이 제목에 그대로 나타날 것

다음은 제안하신 [주제어]를 바탕으로 정부 R&D 과제에 활용할 수 있는 제목 후보들입니다.

1. 인공지능 기반 스마트 재난안전 예측 기술로 기후변화 대응 혁신 창출
    (AI 기술을 활용하여 기후변화로 인한 재난을 예측하고 안전 대책을 마련하여 혁신적인 대응 방안을 창출)
2. 기후변화 대응을 위한 스마트 재난 예측 및 안전 관리 AI 플랫폼 개발
    (AI 플랫폼을 통해 기후변화로 인한 재난을 사전에 예측하고 스마트하게 안전을 관리하여 지속 가능한 사회 구축)
3. 혁신적 인공지능 재난 예측 솔루션으로 기후변화 대응력 강화
    (인공지능 기반 솔루션을 통해 기후변화로 인한 재난을 신속하게 예측하고 대응 역량을 강화하여 사회적 안전망 구축)
4. 스마트 AI 기술로 재난을 예측하고 기후변화 대응 혁신을 창출하는 솔루션 개발
    (AI 기반 스마트 기술로 기후변화로 인한 재난을 예방하고 효율적인 대응 체계를 구축하여 혁신적인 해결 방안 제공)
5. 기후변화 재난예측부터 대응까지: 인공지능 기반 스마트 안전 혁신 플랫폼
    (AI를 통해 기후변화로 인한 재난을 예측하고 스마트한 대응 방안을 마련하여 혁신적인 안전 플랫폼 구현)

제목은 주제입니다. 제목을 짓는 과정에서 제안하고자 하는 과제의 핵심 목표와 방향을 명확하게 정의하게 되죠. 좋은 제목은 기술 구현, 문제점 해결, 효과 등 제안서의 핵심 논리 구조를 함축적으로 담아냅니다. 따라서 제안서 제목이 결정됐다면 나머지 목차 구성과 내용은 챗GPT가 흐름에 맞게 채워 넣을 수 있도록 프롬프트만 잘 작성하면 됩니다.

02 챗GPT가 제안한 제목 중의 하나를 고릅니다. 이제 [**제목**]을 이용해서 제안서 초안을 작성해 보도록 하겠습니다. 아래 [**프롬프트 9-2**]를 챗GPT에 입력합니다.

제안서 제목
기후변화 대응을 위한 스마트 재난 예측 및 안전 관리 AI 플랫폼 개발
(AI 플랫폼을 통해 기후변화로 인한 재난을 사전에 예측하고 스마트하게 안전을 관리하여 지속가능한 사회 구축)

제안서 목차
1. 사업 개요
    - 사업명 및 목적
    - 추진 배경 및 필요성
    - 관련 정부 정책과의 연계성
2. 기술 개발 목표
    - 최종 목표 및 연차별 세부 목표
    - 기술적·경제적 파급효과

LESSON 09 아이디어를 제안서로 만들기 **043**

3. 연구개발 내용 및 방법
- 연구 범위 및 내용
- 추진 방법론 및 전략
- 협력기관 및 역할 분담

4. 현황 분석
- 국내외 기술 동향 및 시장 분석
- 경쟁 기술 및 차별성

5. 추진 체계
- 연구개발 조직 구성
- 참여 기관 및 인력 현황

6. 연구개발 일정
- 연차별 주요 일정
- 단계별 목표 달성 계획

7. 예산 계획
- 연구비 사용 계획(정부출연금, 민간부담금 등)
- 연도별 예산 배분

8. 성과 활용 방안
- 기술이전 및 사업화 전략
- 예상되는 경제적·사회적 효과

9. 기타 사항
- 안전 관리 및 보안 계획
- 기타 특이 사항(법적·윤리적 고려사항 등)

지침
- 위 제목과 목차에 따라 정부 과제 제안서 초안을 작성할 것
- 각 목차에 내용을 구체적이고 상세하게 작성할 것
- 제목에서 제시된 주제어(기후변화, AI, 재난 예측, 안전 관리, 플랫폼, 지속가능성)를 내용에 자연스럽게 포함시킬 것

목차별 작성 방향
- 제목을 참고하여 간결하고 명확하게 목적을 명시할 것
- 사회적/경제적/기술적 배경을 제시하고 문제점 해결을 위한 통계 자료나 사례 제시할 것
- 본 과제에 사회에 미치는 파급효과에 초점을 맞출 것
- 과제 개발의 필요성을 문제 해결, 사회적 요구, 기술적 타당성 측면에서 논리적으로 설명할 것
- 최종 목표는 플랫폼 개발 완료 및 실증, 사회적 안전망 구축 등으로 설정하고, 핵심 성과 지표(KPI)를 포함하여 제시할 것
- 개발될 AI 플랫폼 기술의 혁신성, 우수성을 강조하고, 기술적 파급효과(관련 기술 발전, 융합 연구 촉진 등)를 구체적으로 제시할 것
- 과제의 핵심 기능을 상세하게 정의하고 각 기능별 개발 내용을 구체적으로 기술할 것
- 단계별 연구개발 프로세스(계획-설계-개발-구축-실증-확산)를 구체적으로 제시하고, 각 단계별 주요 내용 및 산출물을 명시할 것

- 과제와 관련된 국내외 기술 동향 및 시장을 분석할 것
- 국내외 경쟁 기술 또는 유사 플랫폼의 현황 및 기술 수준을 분석하고, 본 과제에서 개발하고자 하는 플랫폼의 차별성 및 경쟁 우위를 명확하게 제시할 것
- 기존 기술의 한계점을 지적하고, 본 과제의 혁신적인 기술 요소 및 개선점을 강조할 것
- 기술 사업화 가능성 및 시장 경쟁력을 분석하고, 성공적인 사업화 전략을 강조할 것

출력 형식
- 목차별로 제안서 초안을 작성할 것
- 각 목차 항목은 번호와 제목을 명시하고, 그 아래 내용을 작성할 것
- 필요한 경우 표, 그림, 그래프 등을 활용하여 내용을 효과적으로 전달할 것
- 과제의 핵심 기능을 상세하게 정의하고 각 기능별 개발 내용을 구체적으로 기술할 것
- 단계별 연구개발 프로세스(계획-설계-개발-구축-실증-확산)를 구체적으로 제시하고, 각 단계별 주요 내용 및 산출물을 명시할 것
- 과제와 관련된 국내외 기술 동향 및 시장을 분석할 것
- 국내외 경쟁 기술 또는 유사 플랫폼의 현황 및 기술 수준을 분석하고, 본 과제에서 개발하고자 하는 플랫폼의 차별성 및 경쟁 우위를 명확하게 제시할 것
- 기존 기술의 한계점을 지적하고, 본 과제의 혁신적인 기술 요소 및 개선점을 강조할 것
- 기술 사업화 가능성 및 시장 경쟁력을 분석하고, 성공적인 사업화 전략을 강조할 것

출력 형식
- 목차별로 제안서 초안을 작성할 것
- 각 목차 항목은 번호와 제목을 명시하고, 그 아래 내용을 작성할 것
- 필요한 경우 표, 그림, 그래프 등을 활용하여 내용을 효과적으로 전달할 것

1. 사업 개요

1.1 사업명 및 목적
- 사업명: 기후변화 대응을 위한 스마트 재난 예측 및 안전 관리 AI 플랫폼 개발
- 목적: 인공지능 기반의 스마트 재난 예측 기술을 개발하고, 이를 통해 기후변화로 인한 재난을 사전에 예측하고 효율적으로 관리할 수 있는 플랫폼을 구축하여 지속가능한 사회적 안전망을 제공하는 것을 목표로 함

1.2 추진 배경 및 필요성
- 기후변화의 심화: IPCC 보고서에 따르면, 전 세계적인 기후변화로 인해 이상기후와 자연재해 발생 빈도가 증가하고 있으며, 이에 따른 사회적, 경제적 피해가 확대되고 있음
- 재난 대응의 중요성: 기존 재난 대응 시스템은 사후 대응 중심으로 운영되어 피해를 최소화하는 데 한계가 있음
- AI 기술의 필요성: 인공지능 기술은 방대한 데이터를 분석하고 빠르게 예측할 수 있는 능력을 제공하여 재난 발생 전 예방적 대응이 가능하게 함

1.3 관련 정부 정책과의 연계성
- 국가 재난안전 종합대책: 정부의 재난안전기술 개발 전략과 연계하여 AI 기반 재난 예측 시스템을 통한 안전망 구축을 지원
- 2050 탄소중립 전략: 기후변화 대응 기술 개발을 통해 탄소중립 실현과 지속가능한 사회 건설에 기여

2. 기술 개발 목표

2.1 최종 목표 및 연차별 세부 목표
- 최종 목표: 인공지능 기반의 스마트 재난 예측 및 안전 관리 플랫폼 개발과 실증
- 연차별 세부 목표
- 1차 연도: 데이터 수집 및 분석 인프라 구축, AI 모델 설계
- 2차 연도: AI 기반 재난 예측 알고리즘 개발, 플랫폼 프로토타입 제작
- 3차 연도: 플랫폼 통합 및 시범 운영, 실증 테스트

2.2 기술적·경제적 파급효과
- 기술적 효과: AI 기반 재난 예측 기술의 고도화를 통해 관련 분야 연구 촉진
- 경제적 효과: 재난 피해 감소로 인한 경제적 손실 절감, 신규 일자리 창출 및 시장 경쟁력 강화

3. 연구개발 내용 및 방법

3.1 연구 범위 및 내용
- 범위: 기후변화 데이터 분석, AI 기반 예측 모델, 실시간 재난 경고 시스템.
- 내용:
- 기후변화 데이터 수집 및 전처리
- 머신러닝 기반 재난 예측 알고리즘 개발
- 사용자 맞춤형 경고 및 대응 매뉴얼 제공

3.2 추진 방법론 및 전략
- 방법론: 애자일 개발 방법론을 적용하여 단계별 피드백을 반영
- 전략: 데이터 기반 의사결정, 다학제적 연구 협력, 사용자 중심 설계

3.3 협력기관 및 역할 분담
- 주관기관: AI 기술 개발 및 플랫폼 설계
- 참여기관:
- 기상청: 기후 데이터 제공
- 소방청: 재난 대응 매뉴얼 제공
- 대학/연구소: 알고리즘 연구 및 테스트

4. 현황 분석

4.1 국내외 기술 동향 및 시장 분석
- 국내: AI 기반 재난 예측 기술이 초기 단계로, 기술 개발 및 시장 확대 필요
- 해외: 미국, 일본 등 선진국은 AI를 활용한 기후변화 대응 기술 연구가 활발

4.2 경쟁 기술 및 차별성
- 경쟁 기술: 기존 재난 관리 시스템은 사후 대응 중심
- 차별성: 본 과제는 사전 예측과 실시간 대응을 동시에 구현

5. 추진 체계

5.1 연구개발 조직 구성
- 프로젝트 매니저, 데이터 분석팀, AI 개발팀, 시스템 통합팀 등 구성

5.2 참여 기관 및 인력 현황
- 5개 기관, 총 30명 참여

6. 연구개발 일정

6.1 연차별 주요 일정
- 1차 연도: 데이터 분석, AI 모델 개발
- 2차 연도: 플랫폼 구축, 기능 통합

- 3차 연도: 시범 운영, 실증, 확산

6.2 단계별 목표 달성 계획
- 계획 → 설계 → 개발 → 구축 → 실증 → 확산 단계별 추진

7. 예산 계획

7.1 연구비 사용 계획
- 총 예산: 50억 원(정부출연금 40억 원, 민간부담금 10억 원)

7.2 연도별 예산 배분
- 1차 연도: 20억 원
- 2차 연도: 15억 원
- 3차 연도: 15억 원

8. 성과 활용 방안

8.1 기술이전 및 사업화 전략
- 민간 기업에 기술 이전, 스타트업과 협력하여 상용화

8.2 예상되는 경제적·사회적 효과
- 경제적 효과: 재난 피해 비용 절감
- 사회적 효과: 국민 안전 보장

9. 기타 사항

9.1 안전 관리 및 보안 계획
- 데이터 보안 강화, 개인정보 보호

9.2 기타 특이 사항
- 법적·윤리적 검토, 지속적인 유지보수 계획 포함

필요한 표, 그래프, 추가 내용이 있다면 말씀해 주세요.

초안을 작성하기 위한 프롬프트치곤 조금 분량이 길었습니다. 하지만 챗GPT가 비즈니스 파트너처럼 작동하게 만들기 위해서는 길어지더라도 구체적으로 적는 것이 중요합니다. 목차별로 더 자세한 내용을 채우려면 챗GPT에게 계속 질문을 던지면서 내용을 보완하면 됩니다.

TIP 추가적으로 포함하고 싶은 내용, 제안서 스타일, 결과물 형식 등을 명확하게 지시하여 원하는 결과물을 얻을 수 있도록 프롬프트를 구체화하세요. 더 구체적으로 요구하면 할수록 더 확실한 결과물을 얻을 수 있습니다.

LESSON 10

보고서 검토 및 수정하기

보고서의 퀄리티를 높이는 방법은 한 번에 완벽하게 쓰는 것보다 초안을 빨리 작성한 뒤 내용을 천천히 보완해 나가는 방식이 좋습니다. 그리고 초안의 작성이 끝나면 챗GPT에게 교정을 받는 거죠. 중요한 보고서나 임원에게 보고해야 할 자료라면 어색한 표현이나 맥락에 어긋나는 부분이 있는지 미리 점검해야 합니다. 챗GPT를 활용해 제안서의 퀄리티를 높여 봅시다.

보고서 수준을 끌어올리기

프롬프트 | 프롬프트 10

[새 채팅] 을 누르고 **[GPT-5]** 모델을 선택합니다. 그리고 아래 **[프롬프트 10]**을 챗GPT에 입력합니다.

> **역할 설정**
> 너는 제안서 작성 분야의 최고 전문가야. 내가 보고서 초안을 제공할 테니, 읽어 보고 이 초안을 경영진 보고용 최종 제안서 수준으로 끌어올리는 게 너의 미션이야.
>
> **목표 설정**
> - 보고서는 다음의 목표를 달성할 것
> - 어색하거나 비전문적인 표현을 지양하고 자연스럽고 세련된 비즈니스 문장으로 교정할 것
> - 핵심 내용을 간결하고 명확하게 전달하며, 오류 없는 문법과 표준어, 전문 용어 사용할 것
> - 초안과 관련된 핵심 지표를 찾고 심층적으로 분석하여 보고서의 주장을 뒷받침하는 강력한 근거를 제시할 것
> - 보고서의 전반적인 논리 흐름을 개선하고, 주장과 근거를 명확하게 연결하여 설득력을 극대화할 것
> - 경쟁사 비교 데이터를 찾아서 자사 서비스/프로젝트의 경쟁 우위와 차별점을 명확하게 제시할 것
> - 보고서의 객관을 위해, 시장 분석 데이터, 과거 프로젝트 데이터를 고려하여 예상되는 리스크를 3가지 이상 구체적으로 제시할 것

지침
- 보고서의 배경, 목표, 경영진의 주요 관심사 등 보고서 개선에 도움이 될 만한 추가 정보를 간략하게 제공할 것
- 교정 및 개선된 최종 보고서 텍스트 전체를 제공할 것
- 보고서 초안 대비 개선된 부분, 데이터 분석 강화 방안, 설득력 향상 방안, 추가적으로 고려할 사항 등을 요약하여 제시할 것
- 추상적인 표현 대신, 문장 교정 예시, 데이터 분석 예시, 설득력 강화 예시 등 구체적인 예시를 포함하여 설명할 것
- 내용을 누락하지 말고 전체를 대상으로 치밀하게 교정할 것(교정한 부분을 맨 아랫줄에 각주로 붙일 것)

보고서 초안
- 프롬프트 9-2의 챗GPT 답변

완성된 최종 보고서(개선본 전체)

1. 사업 개요

1.1 사업명 및 목적
- 사업명: 기후변화 대응 스마트 재난 예측·안전관리 AI 플랫폼 개발
- 목적: 인공지능 기반의 예측 시스템을 통해 이상기후 및 재난을 사전 경고하고, 실시간 대응 체계를 제공함으로써 지속가능한 사회 안전망을 실현

1.2 추진 배경
- 기후변화 위협: IPCC에 따르면 이상기후 및 자연재해 발생 빈도·강도가 증가하며 사회·경제적 피해 규모 확대
- 현행 대응 시스템의 한계: 현재 재난 대응은 주로 사후 복구 중심이며, 피해 최소화에 구조적 제약 존재
- AI 기술의 절실함: 인공지능은 기후 및 환경 데이터를 신속 분석하고 예측하여 사전 대응을 가능하게 함으로써 재난 대응 패러다임 전환을 견인

1.3 정부 정책 연계성
- 정부의 국가 재난안전 종합대책 및 2050 탄소중립 전략과 정합성을 갖추며, AI 기반 재난 예측 플랫폼 개발은 정책 목표 실현에 기여

2. 기술 개발 목표 및 기대 효과

2.1 목표 체계
- 최종 목표: AI 기반 스마트 재난 예측·관리 플랫폼 완성 및 실증 운영
- 연차별 단계
- 1차 연도: 기후 데이터 인프라 구축 및 예측 모델 설계
- 2차 연도: AI 알고리즘 고도화 및 플랫폼 프로토타입 구현
- 3차 연도: 통합 플랫폼 실증 테스트 및 운영 기반 구축

2.2 기대 효과
- 기술적 파급력: 강력한 예측 능력 기반 재난 연구 활성화 및 생태계 확산
- 경제적·사회적 가치
- 예측 기반 대응을 통해 재난 피해 비용 최대 30% 절감 예측(국내 사례 데이터 기반)

- 사회 안전망 강화 및 국민 신뢰도 상승
- 기술력 기반 신규 시장 선도 및 일자리 창출

3. 연구개발 내용 및 방법론

3.1 연구 범위
- 기후변화 및 환경 데이터 수집·전처리
- 머신러닝 기반 예측 알고리즘 설계 및 고도화
- 실시간 경보 시스템 및 사용자 맞춤 대응 매뉴얼 설계

3.2 방법론
- 애자일 방식 적용, 단계별 피드백 및 개선
- 데이터 기반 의사결정 문화 정착
- 기상청, 소방청, 연구기관 간 다학제 협력
- 사용자 중심 UX/UI 설계 통합

3.3 협력 구조
- AI 개발 주관기관: 플랫폼 설계 및 모델 개발 주도
- 기상청: 정밀 기후 데이터 제공
- 소방청: 대응 매뉴얼 및 정책 기준 제공
- 대학·연구소: 알고리즘 검증, 실증 연구 지원

4. 시장 분석 및 경쟁우위

4.1 국내외 현황
- 국내: AI 기반 재난 예측 기술 초기 단계, 민간 솔루션 부재
- 해외: 미국 NASA, 일본 JMA 등은 AI 기반 예측 모델을 이미 일부 도입·운영 중

4.2 경쟁사 대비 차별성

구분	경쟁 솔루션	당사 플랫폼
대응 방식	사후 복구 중심	예측 기반 사전 대응
실시간 경보	미흡하거나 제한적	실시간 알림 + 사용자 맞춤 매뉴얼 제공
협업 구조	단일 기관 중심	산학연 공동협력 체계

5. 추진 체계 및 일정

5.1 조직 구성
- PM, 데이터 분석팀, AI 개발팀, 시스템 통합팀 등 총 30명 규모

5.2 연차별 일정 요약
- 1차: 데이터 인프라 및 예측모델 설계 완료
- 2차: 플랫폼 프로토타입 완성 및 초기 실증
- 3차: 통합 플랫폼 실동 운영 및 확산 단계 진입

6. 예산 계획
- 총예산: 50억 원(정부출연금 40억 원, 민간부담금 10억 원)
- 1차 연도: 20억 원
- 2차 연도: 15억 원
- 3차 연도: 15억 원
- 예산 구조는 연구개발, 인프라, 운영·유지보수 항목별로 상세 계획 필요

7. 성과 활용 및 확장 가능성
- 민간 기업 기술이전, 스타트업 협력 등 상용화 추진
- 국민 재난 피해 감소 → 사회적 신뢰 강화, 신규 시장 창출

8. 리스크 분석 및 대응 전략
- 데이터 품질 리스크: 기상청 데이터 불완전 가능 → 데이터 정제·다중 소스 확보 및 품질 관리 체계 확립
- 기술 불확실성: 예측 정확도 제한 가능성 → 모델 검증 위한 외부 전문가 검토 및 파일럿 테스트
- 정책 변화 리스크: 정부 정책 연계 지연 가능 → 정책 담당자와의 주기적 협의 및 유연한 대응 전략 수립
- 조직·협업 리스크: 다양한 기관 간 협력이 도전적일 수 있음 → 명확한 역할 분담 및 정기 프로젝트 거버넌스 체계 운영

이 프롬프트는 보고서 작성의 전 과정을 체계적으로 지원하고, 챗GPT가 단순한 문장 교정 도구를 넘어 전문적인 제안 작성 전문가로서의 역할을 수행하도록 설정했습니다. 또한, 프롬프트 내에 구조를 명확하게 구분하여 제시함으로써, 작업의 각 단계를 구체적으로 안내합니다. 프롬프트에서 몇몇 부분을 수정하기도, 또 새로운 내용을 추가하기도 하면서 챗GPT를 회사에 꼭 맞는 보고서 전문가로 양성할 수 있습니다.

제안서에는 구체적인 목표를 제시해야 합니다. 어색한 문장을 교정하고, 데이터를 사용해서 논리력을 강화하세요. 근거 자료를 충실히 채우고, 리스크에 대한 대응 방안을 꼼꼼히 준비해야, 보고서에서 자신감이 느껴지고 설득력이 높아집니다. 다시 강조하지만 중요한 것은 초안입니다. 초안이 작성되면 여러분이 직접 수정하든 챗GPT가 개입하든, 무엇이든 가능할 것입니다.

사실 관계 검증: 챗GPT가 제안하는 표현 중 잘못된 정보가 없는지 확인합니다.

LESSON 11 | 보고서 내용 검토하기

회사의 미래 방향 설정과 장기 목표 달성을 위해 전략 수립은 필수입니다. 전략 수립은 중요한 의사결정의 근거가 되죠. 보통 경영진이 제시한 비전을 바탕으로 구체적인 전략 보고서가 마련되고, 각 부서는 다시 실행 계획으로 발전시킵니다. 이렇게 수립된 전략이나 보고서가 회사의 큰 방향성 및 목표와 잘 부합하는지 검토하는 과정에서 챗GPT를 유용하게 활용할 수 있습니다. 챗GPT로 전략 보고서의 완성도를 높이는 방법을 알아볼까요?

문서를 더 구체적으로 검토하기

예제파일 | 사내 전략 문서 샘플.docx
프롬프트 | 프롬프트 11

[새 채팅] 을 누르고 예제 파일 [사내 전략 문서 샘플.docx]를 프롬프트 입력 창에 드래그해 추가하고, 아래 [프롬프트 11]를 챗GPT에 입력합니다.

> 작성된 전략 보고서를 다시 읽고 아래 [지침]을 수행해 줘.
>
> [지침]
> - 보고서의 신제품에 대한 핵심 전략 및 목표가 회사의 중장기 비전과 일치하는지 분석할 것
> - 보고서 내용 중 회사의 핵심 가치, 미션, 비전을 강화하거나 저해하는 요소를 찾을 것
> - 비전 및 철학과의 연계성을 강화하기 위한 보고서 수정 방향을 제안할 것
> - 보고서에서 언급된 트렌드가 현재 및 미래 시장 트렌드를 반영하고 있는지 평가할 것
> - 보고서에서 간과한 중요한 트렌드가 있다면 제안해 줄 것
> - 보고서의 시장 분석이 현실적이고 타당한지, 최신 시장 데이터를 기반으로 하고 있는지 평가할 것(누락된 것이 있다면 제시할 것)
> - 경쟁사 분석, 시장 점유율, 성장 가능성 등 시장 상황 분석이 충분히 깊이 있게 이루어졌는지 평가하고, 보완할 것
> - 보고서 내용을 기반으로 SWOT 분석을 수행하고, 보고서에서 제시된 강점, 약점, 기회, 위협 요인이 타당한지 검토할 것
> - 보고서에서 제시된 전략 및 실행 계획이 현실적으로 실행 가능한지, 필요한 자원 및 역량을 고려하고 있는지 평가할 것

- 목표 달성을 위한 구체적인 실행 계획, 측정 가능한 지표, 책임 주체 등이 명확하게 제시되어 있는지 확인하고, 보완할 부분을 제안해 줄 것
- 예상되는 위험 요소를 식별하고, 이에 대한 대비책이 보고서에 포함되어 있는지, 현실적인 대응 방안을 제시하고 있는지 분석할 것
- 지적 사항에 대해 어떻게 해결할지 사용자에게 질문을 던질 것(해결할 방법에 대해 약간의 힌트 제시)

요약 및 보고
- 위 분석 관점별 주요 결과를 핵심만 간결하게 요약할 것(각 관점별 3줄 이내)
- 보고서의 강점과 약점을 종합적으로 평가하고, 경영진 보고 시 강조해야 할 핵심 메시지를 3가지로 요약할 것
- 보고서의 완성도를 높이기 위한 구체적인 개선 방향을 3가지 제시할 것

출력 형식
- 분석 결과: 각 분석 관점별 상세 분석 결과(구체적인 근거 및 예시 포함)
- 핵심 요약: 분석 결과 핵심 요약(각 관점별 3줄 이내)
- 종합 의견: 보고서 강점/약점, 핵심 메시지 3가지
- 개선 제안: 보고서 개선 방향 3가지 제시(구체적인 제안)

[전략 보고서 심층 분석]
분석 결과

1. 신제품 전략과 회사 중장기 비전 일치성 분석
- 보고서의 신제품 전략이 MZ세대를 타겟팅한 '클린 & 비건 뷰티' 브랜드 구축을 강조하고 있으나, 회사의 장기적 비전(예: 글로벌 뷰티 리더십, 지속가능한 성장 전략)과의 연계성이 부족함.
- 장기적 관점에서 글로벌 시장 확장 전략이 구체적이지 않으며, 단기적인 MZ세대 공략 중심으로 한정되어 있음
- 지속가능성과 친환경 요소를 강조하지만, 회사의 기존 ESG(환경·사회·거버넌스) 정책과의 연결성이 부족하여 브랜드 철학과의 정합성이 부족할 가능성이 있음
▶ 해결 방법 질문:
  → '듀이데이즈'를 회사의 장기 비전(예: 글로벌 시장, 지속가능성, 기술 혁신)과 더 깊이 연결하려면 어떤 전략을 추가해야 할까요?
  (힌트: 글로벌 시장에서 K-뷰티의 기능성 강화 트렌드 반영, 지속가능한 원료 공급망 구축 등 고려)

2. 회사 핵심 가치, 미션, 비전과의 연계성 분석
- 보고서는 '클린 & 비건'이라는 브랜드 가치를 강조하지만, 이 가치가 회사의 전체 브랜드 포트폴리오 내에서 차지하는 위치가 명확하지 않음
- '듀이데이즈'의 브랜드 미션이 명확하게 정의되지 않아, 현재 브랜드 철학이 '트렌디한 MZ 맞춤형 제품'에 머물고 있음
- 브랜드의 장기적 성장 가능성과 회사의 핵심 비전(글로벌 리더십, 지속가능한 성장)과의 연결고리가 약함
▶ 해결 방법 질문:
  → '듀이데이즈'의 브랜드 미션을 회사의 핵심 가치와 더 밀접하게 연결하려면 어떤 요소를 강화해야 할까요?

(힌트: 클린 뷰티뿐만 아니라 '첨단 기술(예: AI 피부 분석)', '사회적 기여(예: 친환경 공정)' 등을 브랜드 스토리에 포함할 필요)

3. 시장 트렌드 반영 및 누락된 중요한 트렌드
- 보고서는 MZ세대의 클린 뷰티, 맞춤형 뷰티 트렌드를 잘 반영하고 있음
- 하지만, 현재 글로벌 뷰티 시장에서 중요해지고 있는 몇 가지 핵심 트렌드가 누락
- 더마 코스메틱 & 기능성 화장품: 최근 시장에서는 '피부 장벽 강화', '고효능 성분' 중심의 기능성 스킨케어가 더욱 중요해지고 있음
- AI & 데이터 기반 맞춤형 뷰티 솔루션: AI 기반 피부 분석, 맞춤형 제품 개발 등의 기술이 떠오르고 있으나, 보고서에서는 이를 언급하지 않음
- 이너뷰티 & 건강 연계: 피부 건강을 위한 이너뷰티 제품(콜라겐, 유산균 등)의 시장이 급성장 중이나, 관련 전략이 없음

▶ 해결 방법 질문
  → 현재 시장에서 '듀이데이즈'가 경쟁력을 확보하기 위해 추가해야 할 새로운 트렌드는 무엇인가요?
    (힌트: AI 기반 피부 분석, 기능성 더마 코스메틱, 이너뷰티와의 연계)

4. 시장 분석의 현실성과 최신성 평가
- 보고서는 MZ세대의 소비 트렌드에 대한 일반적인 분석이 포함되어 있으나, 구체적인 최신 시장 데이터(예: 글로벌 K-뷰티 성장률, 주요 소비층 구매력 변화 등)가 부족
- 'MZ세대가 클린 & 비건 뷰티를 선호한다'는 가정은 타당하지만, 얼마나 많은 소비자가 실제로 구매로 이어지는지에 대한 실증적 데이터가 부족
- 경쟁사의 점유율 및 매출 데이터를 명확히 비교하지 않아, 경쟁력 평가가 다소 주관적일 가능성

▶ 해결 방법 질문
  → 최신 시장 데이터를 기반으로 경쟁력 분석을 강화하려면 어떤 자료를 추가해야 할까요?
    (힌트: 글로벌 시장 조사 보고서, 경쟁사 매출 데이터, 소비자 설문조사 결과 활용)

5. SWOT 분석 결과
- 강점(Strengths)
  - 클린 & 비건 뷰티라는 차별화된 콘셉트
  - MZ세대 맞춤형 브랜드 포지셔닝
  - 디지털 & SNS 마케팅 전략의 강점
- 약점(Weaknesses)
  - 더마 코스메틱 & 기능성 화장품과의 차별성 부족
  - 시장 데이터 부족으로 인해 전략 현실성 저하
  - 글로벌 시장 확장 전략 부재
- 기회(Opportunities)
  - 지속가능한 친환경 소비 트렌드 확산
  - AI & 맞춤형 뷰티 솔루션 시장 성장
  - 이너뷰티 및 건강 연계 가능성
- 위협(Threats)
  - 비건 & 클린 뷰티 브랜드 간 경쟁 심화
  - 기능성 뷰티(더마 코스메틱) 시장 성장으로 차별성 약화 가능
  - 글로벌 K-뷰티의 변동성과 가격 경쟁 심화

6. 실행 가능성 평가 및 필요한 자원 분석
- 보고서는 디지털 마케팅, 팝업 스토어 운영 등 다양한 전략을 포함하지만, 실제 실행에 필요한 리소스(인력, 자본, 협력 파트너 등)에 대한 구체적 계획이 없음
- 브랜드 런칭 이후 단기적인 성과 목표 및 측정 지표(KPI)가 명확하지 않음
- 글로벌 시장 확장을 고려할 경우, 물류, 수출 전략, 법적 요건 등에 대한 고려가 필요

▶ 해결 방법 질문
→ 실질적인 실행 계획을 수립하기 위해 필요한 리소스는 무엇인가요?
  (힌트: 유통 파트너, 생산 시설, 초기 투자 비용, KPI 설정)

핵심 요약(각 관점별 3줄 이내)
- 전략과 비전 일치성: 신제품 전략이 단기적으로는 유효하나, 장기적인 글로벌 확장 및 지속가능 성장 전략과의 연결성이 약함
- 핵심 가치 연계성: '클린 & 비건' 콘셉트가 회사 가치와 부합하지만, 더 넓은 브랜드 미션과의 연결이 필요
- 시장 트렌드 반영: 클린 뷰티 트렌드는 잘 반영되었지만, 기능성 화장품, AI 맞춤형 뷰티, 이너뷰티 등의 최신 트렌드가 부족
- 시장 분석의 타당성: MZ세대 트렌드는 잘 분석되었지만, 최신 시장 데이터와 경쟁사 비교가 부족하여 전략적 판단이 어려움
- 실행 가능성 및 KPI: 실행 계획이 디테일하지만, 필요한 리소스, 초기 투자, 핵심 성과 지표(KPI)가 명확하지 않음

종합 의견
- 보고서의 강점
  - MZ세대 트렌드를 반영한 브랜드 전략
  - 디지털 마케팅 및 고객 경험 중심 전략
  - '클린 & 비건'이라는 차별화된 콘셉트
- 보고 시 강조할 핵심 메시지 3가지
  - '듀이데이즈'의 차별적 경쟁력을 기능성 & 맞춤형 뷰티로 확장해야 함
  - 시장 데이터를 기반으로 실질적인 전략적 판단이 가능하도록 보완 필요
  - 실행 가능성을 높이기 위해 리소스 계획, 투자 규모, KPI 설정 강화 필요
- 보고서 개선 방향(3가지 구체적 제안)
  - 시장 분석 강화를 위해 최신 데이터 및 경쟁사 점유율 분석 추가
    → 글로벌 및 국내 시장 성장률, 경쟁사 매출 데이터 포함
  - 기능성 화장품 & AI 맞춤형 뷰티 요소 도입 고려
    → 단순 비건 콘셉트를 넘어선 피부 개선 기능성 추가
  - 구체적인 실행 계획과 측정 가능한 KPI 설정
    → 초기 1년 매출 목표, 고객 획득 비용(CAC), 투자 계획 명확화

이러한 보완을 통해 보고서의 완성도를 높이고, 경영진이 전략적 결정을 내리기 용이하도록 해야 합니다.

전략 보고서를 검토하는 프롬프트를 사용하는 목적은 경영진의 전략적 의사결정을 지원하기 위해서입니다. 프롬프트에 보고를 받을 대상이 누구인지, 어떤 목적을 위해 전략보고서를 작성했는지 배경을 설명해 주고 그 결과물을 통해 얻고 싶은 사실을 명시하세요. 또한 챗GPT가 요약해 준 정보가 여러분이 원하는 내용과 얼마나 부합되는지 비교해 보시기 바랍니다. 여러분의 의도를 챗GPT가 제대로 파악해 냈다면 그만큼 보고서가 충실하게 작성되었다고 볼 만한 근거가 될 수 있다는 거죠.

전략보고서의 요약 작업은 단순한 챗GPT의 피드백 이상의 의미를 가집니다. 이제 우리 앞에 놓인 과정은 보고서 초안을 구체적으로 가다듬어, 회사의 미래를 재설계하는 과정으로 이끄는 것입니다.

깊이 있는 활용법: 해당 프롬프트는 챗GPT와 피드백을 주고받으며 전략적으로 사고하는 훈련을 진행하세요. 미래 예측, 리스크 관리, 새로운 아이디어 발상까지 응용할 수 있습니다.

LESSON 12 | 문서에서 키워드 도출하기

바쁜 월요일 아침, 받은 메일함에 CEO의 신년사나 장문의 전략 발표가 도착했습니다. 이걸 언제 다 읽고 핵심을 추려 낼지, 눈앞이 캄캄해집니다. 특히 중요한 발표를 코앞에 두고 CEO가 강조한 포인트를 놓치기라도 하면 큰일이지 않습니까? 하지만 챗GPT를 잘만 활용하면, 순식간에 핵심 키워드를 뽑아낼 수 있죠. 챗GPT로 '문서에서 CEO가 강조한 3가지 키워드'를 눈 깜짝할 사이에 추출하는 방법에 대해 함께 알아볼까요?

연설문에서 CEO 메시지를 찾기

프롬프트 | 프롬프트 12

[새 채팅]을 누르고 [GPT-5] 모델을 선택합니다. 그리고 아래 [프롬프트 12]를 챗GPT에 입력합니다.

> **역할**
> 너는 기업 CEO의 담화문이나 메시지를 분석하는 NLP 전문가. [본문]에 작성된 문서를 읽고 아래 [지침]을 수행해 줘.
>
> **지침**
> - 본문의 내용을 간략하게 첫 번째 줄에 요약해 줘.
> - 가장 많이 등장하는 주요 단어나 구를 추출해 줘.
> - 그 중 CEO가 가장 강조한 상위 3개 키워드를 고르고, 각각이 문맥 상 어떤 의미인지, 왜 회사와 직원에게 중요한지 2~3줄로 설명해 줘.
> - 가능하다면, 키워드별 등장 횟수(빈도)를 계산하고, CEO가 직접 '중요하다' 또는 '최우선이다' 등으로 언급한 부분이 있다면 해당 문장을 발췌해 줘.
>
> **본문**
> 제목: [CEO 주간 업무 지시] 변화와 혁신을 통한 Value-Up!
> 존경하는 임직원 여러분,
> …(중략)…

지난 한 주, 우리는 고객 중심 경영을 더욱 강화하고, 디지털 전환을 가속화하기 위한 의미 있는 진전을 이루었습니다. 특히, 글로벌 시장 확대 전략의 성공적인 실행을 통해 매출 성장이라는 괄목할 만한 성과를 달성했습니다. 이는 모두 임직원 여러분의 헌신적인 노력 덕분입니다. 진심으로 감사드립니다.

하지만, 우리는 현재의 성공에 안주해서는 안 됩니다. 급변하는 시장 환경 속에서 지속적인 혁신과 끊임없는 변화를 통해 미래 성장 동력을 확보해야 합니다. 이를 위해, 다음 3가지 핵심 과제에 집중해 주시기 바랍니다.

1. 고객 경험 혁신: 고객의 Pain Point를 깊이 공감하고, 차별화된 가치를 제공하는 고객 중심 서비스 및 제품 개발에 전사적인 역량을 집중해야 합니다. 데이터 기반 의사결정을 강화하고, 개인화된 고객 경험을 제공하기 위한 디지털 기술 도입을 적극적으로 추진해야 합니다.
2. 디지털 전환 가속화: 클라우드 기반 시스템 구축, AI 기술 활용, 업무 자동화 등을 통해 업무 효율성을 극대화하고, 데이터 중심의 스마트 워크 환경을 구축해야 합니다. 애자일 조직 문화를 확산하고, 빠르고 유연한 의사결정 시스템을 확립해야 합니다.
3. 글로벌 시장 확장: 신흥 시장 진출을 적극적으로 모색하고, 글로벌 파트너십을 강화하여 글로벌 경쟁력을 확보해야 합니다. 현지화 전략을 통해 글로벌 고객의 니즈에 최적화된 제품과 서비스를 제공해야 합니다.

...(후략)...
감사합니다.

CEO OOO 드림

요약:
CEO는 고객 경험 혁신, 디지털 전환 가속화, 글로벌 시장 확장이라는 3대 과제를 통해 변화와 혁신을 이루고, 지속가능한 성장을 달성하자고 강조하고 있습니다.

- **주요 단어나 구 추출(빈도 기준)**
  - 고객(9회)
  - 디지털 전환/디지털(6회)
  - 혁신(4회)
  - 글로벌/글로벌 시장(4회)
  - 변화(3회)
  - 성장(3회)
  - 데이터(3회)
  - AI/기술/자동화/시스템/클라우드(각 1~2회)
  - 경쟁력/파트너십/조직/가치/효율성(각 1~2회)
- **CEO가 가장 강조한 상위 3개 키워드 및 해설**

1. 고객(9회)
   - 의미/맥락: 고객은 모든 전략의 중심입니다. 고객의 Pain Point를 이해하고, 차별화된 가치 제공이 강조됩니다.
   - 중요성: 회사의 지속적인 성장은 고객 만족과 충성도에서 출발하며, 고객 중심적 사고 없이는 성과를 낼 수 없다는 인식이 강하게 드러납니다.

- 직접 언급: '고객의 Pain Point를 깊이 공감하고, 차별화된 가치를 제공하는 고객 중심 서비스 및 제품 개발에 전사적인 역량을 집중해야 합니다.'

2. 디지털 전환(6회)
   - 의미/맥락: 디지털 기술(클라우드, AI, 자동화 등)을 통해 업무를 혁신하고, 데이터 기반의 스마트 조직으로 탈바꿈하는 것이 목표입니다.
   - 중요성: 시장의 변화 속도를 따라가기 위해선 기술 기반의 민첩한 대응이 필수이며, 이는 조직 전체의 경쟁력과 직결됩니다.
   - 직접 언급
   - '디지털 전환을 가속화하기 위한 의미 있는 진전을 이루었습니다.'
   - '데이터 중심의 스마트 워크 환경을 구축해야 합니다.'

3. 글로벌 시장(4회)
   - 의미/맥락: 국내외 시장을 넘어 신흥 시장 진출과 파트너십 강화를 통해 성장을 도모하려는 전략입니다.
   - 중요성: 제한된 내수 시장을 넘어서기 위한 선택이며, 이는 장기적인 매출 확대와 기업 가치 상승에 중요한 역할을 합니다.
   - 직접 언급
   - '글로벌 시장 확대 전략의 성공적인 실행을 통해 매출 성장이라는 괄목할 만한 성과를 달성했습니다.'
   - '글로벌 경쟁력을 확보해야 합니다.'

매번 길고 어려운 CEO 메시지나 중요한 보고서를 앞에 두고 어디서부터 어떻게 읽어야 할지 막막했다면, 이제 챗GPT의 도움을 받아 보세요. 이번에 살펴본 것처럼, 명확한 프롬프트를 활용해서 문서의 핵심 키워드를 추출하고 그 의미까지 파악하는 일은 단순히 업무 시간을 단축하는 것 이상입니다.

TIP

[OO회사], [문서 종류], [강조하는 내용/기간] 등 부분을 실제 상황에 맞게 구체적으로 수정하여 프롬프트의 정확도를 높이세요.

LESSON 13 | 복잡한 자료에서 핵심 찾기

사람들은 보통 자신이 아는 범위 안에서 아이디어를 떠올리게 되죠. 그래서 전혀 모르는 분야의 지식이나 최신 트렌드를 아이디어에 녹여 내는 건 시간도 오래 걸리고 쉽지 않습니다. 하지만 챗GPT의 도움을 받으면 이야기가 달라집니다. 방대한 자료 속에서 우리가 놓치고 있던 새로운 개념이나 가능성을 찾아내고, 이게 우리 사업에 적용할 만한 가치가 있는지 빠르게 검토해 볼 수 있거든요. 챗GPT로 특정 주제에 대한 최신 학술 자료나 논문을 탐색하고 핵심 내용을 요약하는 방법을 살펴볼까요?

특정 주제의 학술자료 찾기

프롬프트 | 프롬프트 13

01 [새 채팅]을 누르고 [GPT-5] 모델을 선택합니다. [도구-웹 검색]을 클릭한 후, 아래 [프롬프트 13]을 챗GPT에 입력합니다. 프롬프트에서 [주제] 부분은 여러분이 찾고자 하는 주제로 바꿔 작성해 보셔도 좋습니다.

[주제]라는 아이템으로 저널, 논문 등의 학술자료에서 관련 자료를 찾고 아래의 [지침]을 수행해 줘.

지침
- [주제]의 개념을 전혀 모르는 사람이니 이해하기 쉽게 구체적으로 정리해 줘.
- 회사에서 진행하는 서비스에 새로운 기능으로 추가하려고 하니 [주제]를 사용한 사례를 찾아 주면 좋겠어.
- 자료를 찾으면 출처를 명확하게 제공해 줘.

주제
HRV

HRV란 무엇인가요?

- 정의
  HRV는 심장이 뛰는 순간에서 순간까지의 시간 간격(R–R 간격, NN 간격)의 변화 폭을 측정한 지표입니다. 즉, 심박 간의 리듬 변동성입니다.
- 중요성 & 생리적 배경
  자율신경계(교감신경·부교감신경)의 상호작용 결과로 나타나며, 다양한 조절 시스템 간의 상호 의존적인 반응을 반영합니다.
    - 높은 HRV: 스트레스 대처력, 회복력 향상, 심장 건강의 지표
    - 낮은 HRV: 만성 스트레스, 우울증, 심혈관 질환 등의 위험 증가
- 측정 방식
    - ECG(심전도)는 gold standard
    - PPG(광용적맥파) 기반 스마트폰/웨어러블 앱도 널리 사용

HRV 기능 유형 & 예시

- 시간 영역(time-domain): RMSSD, SDNN 등 간단한 통계 기반 지표
- 주파수 영역(frequency-domain): HF(부교감 신경), LF(심·교감 신경 혼합)
- 비선형(Non-linear): Poincaré plot, 엔트로피 기반 분석 등

HRV 실제 활용 연구 사례

1. 정신 스트레스 감지(Ultra-short HRV 분석)
   - 시험 상황에서 30초~5분 미만 HRV를 측정해 정신 스트레스 감지 가능성을 제시
   - MeanNN, StdNN, MeanHR, StdHR, HF, SD2 중 특히 MeanNN, StdHR, HF는 분류 정확도 88% 이상
2. 앱 기반 HRV 감시 — 사이클리스트 대상
   - 전문 여성 자전거 선수 7명을 대상으로 스마트폰 PPG 앱으로 고도훈련 전·중·후 HRV 변화 추적 연구
   - 훈련 중 VN·RMSSD 지표 변화 관찰, 개인 맞춤형 훈련 조절 가능성 제시
3. 글로벌 HRV 바이오피드백 실증
   - 'Inner Balance' 앱을 통한 180만 세션 분석
   - HRV coherence 지표는 정서 안정 및 인지 기능과 연관됨
4. 실내 온열환경 평가
   - HRV를 활용해 사람이 느끼는 '열쾌적도'를 분류하는 시스템 제안(정확도 약 93.7%)
5. 수면 질 & 인지 기능 평가
   - Firstbeat Bodyguard 2 장비로 수면 전후 HRV 측정
   - 가이드 명상·수면 음악 등 앱 기반 중재 효과 검증

서비스/기능으로 활용 가능성

- 스트레스 자동 탐지 기능
    - 초단기 HRV 분석 기반 실시간 스트레스 경고
    - 사무·교육 앱 또는 웨어러블에 통합 가능
- 운동·훈련 모니터링
    - PPG 기반 HRV 분석으로 개인화된 운동 피드백 제공
    - 예: 사이클링, 러닝 등의 피로도·회복도 분석 서비스

- 정서 안정·심리 바이오피드백
  - HRV coherence 기반 마음챙김 앱 기능
  - 사용자 정서 상태 시각화+피드백
- 실내 환경 모니터링
  - 온열 환경과 HRV 연결시켜 스마트 온도 조절 시스템 개발
- 수면 개선 & 웰니스
  - HRV 기반 수면 질 지표 제공 + 수면 관련 오디오 콘텐츠 추천

요약 정리

항목	설명
HRV 개념	심박 간격 변화 측정, 자율신경계 반영
측정 도구	ECG(표준), PPG 기반 스마트폰/웨어러블
실제 연구	스트레스, 운동, 정서, 환경 및 수면 모니터링 등 다양
서비스 활용	실시간 스트레스 알림, 운동·회복 피드백, 마음챙김 기능 등

출처
- HRV 정의 및 생리적 의미
- 스마트폰 HRV 사례(자전거 선수)
- 초단기 HRV 스트레스 감지
- 대규모 바이오피드백 실증
- 온열환경 HRV 활용 연구
- 수면 질 HRV 측정

[웹 검색] 옵션을 사용하면 실시간으로 웹 검색뿐만 아니라 학술자료까지 검색할 수 있습니다. 학술자료를 먼저 찾아본 이유는 개념을 이해해야 서비스에 적용할지 판단할 수 있기 때문이죠. 관심 있는 주제의 개념을 파악하고 출처를 클릭해 가며 어떤 내용이 포함되었는지 개략적으로 검토해 보세요.

02 출처의 내용 분석하기 챗GPT가 나열한 특정 출처의 내용을 분석하고 싶다면, 링크를 제공하고 어떤 내용을 담고 있는지 분석을 맡겨 보세요. 아래 **[프롬프트 13-2]**를 챗GPT에 입력합니다. **[링크]**에 여러 개의 링크를 넣어도 괜찮습니다.

 아래의 링크가 어떤 내용을 담고 있는지 핵심 정보를 요약해 주는데, 특히 [HRV]를 초점으로 작업해 줘.

링크
https://www.frontiersin.org/journals/public-health/articles/10.3389/fpubh.2017.00258/full

연구 개요

- 목적: HRV(심박변이도)의 다양한 측정 지표(metric)와 정상범위(norms)를 정리하고, 임상 및 최적 수행(performance) 맥락에서의 활용 전략을 제시하기 위함

1. HRV란 무엇인가?
   - 정의: 연속된 심장 박동 간격(IBI, interbeat interval)의 변화 → 심장의 추동이 메트로놈처럼 일정하지 않고, 복잡한 변화를 보이는 것이 정상
   - 생리적 의미: 건강한 생체 시스템은 혼돈 이론에서 말하는 복잡성을 가지며, HRV는 자율신경계와 심장-뇌 간 상호작용을 반영하는 지표가 됨

2. HRV 측정 지표 종류
   - 시간 영역(time-domain 지표)
     - NN 간격의 평균(mean NN), 변화도(RMSSD, SDNN) 등
     - 측정 기간: 수분 단위(short-term)부터 24시간(long-term)까지 다양
   - 주파수 영역(frequency-domain 지표)
     - 신호 내 에너지를 주파수 대역으로 분리: LF(저주파), HF(고주파) 등
     - 자율신경계의 균형(symphathetic vs. parasympathetic) 반영
   - 비선형(non-linear 지표)
     - 복잡성·불확실성(index entropy, fractal 지수, Poincaré plot 등) 분석

3. 정상범위 기준 및 맥락 의존성
   - 정상범위(norms): 임상 집단, 건강한 일반인, 최상위 성능 집단(athletes) 등 각기 다르게 설정
   - 맥락 고려 중요
     - 측정 기간(24h, 5분, 초단기)
     - 연령, 성별, 기기 및 분석 방법 등에 따라 기준값 변화
   - 주의: 서로 다른 기간의 지표는 교환 사용 불가. 초단기(<5분)는 표준(short-term)이나 장시간(long-term) HRV를 바로 대체할 수 없으며, 자체 기준 마련 필요

4. 활용 전략 및 적용
   - 임상 적용: 만성질환(심부전, 뇌졸중 리스크 등) 예측, 질환 모니터링에 HRV 사용 가능
   - 최적 수행(performance)
     - 운동 선수의 피로도 및 회복 상태 모니터링
     - 스트레스 및 자율신경 밸런스 평가를 통한 실시간 피드백 제공
   - 추천 전략
     - 연구 대상 특성(연령, 성별, 수행 수준 등)에 기반한 기준값 재설정
     - 측정 기간·조건 표준화(초단기 vs. 장기, 신뢰도 높은 프로토콜 등)

5. 결론 요약
- HRV는 자율신경계 및 심장-뇌 상호작용의 복잡성을 정량화하는 중요한 바이오마커입니다.
- 다양한 지표(time/freq/non-linear)와 정상범위(norms) 분석을 통해 임상, 운동, 스트레스 관리 등의 다양한 응용 가능성을 가집니다.
- 다만, 측정 맥락(기간·기기·집단 등)에 따라 해석 기준이 크게 달라지므로, 도입 시 철저한 기준 설정과 맥락 고려가 필수입니다.

방대한 학술 데이터 중에서 나에게 필요한 정보를 빠르게 찾아서 적용하는 상황에 자주 맞닥뜨리게 됩니다. 하지만 데이터가 쏟아지는 상황이 오면 당황스럽기 마련이죠. 이제는 그럴 때마다 **[웹 검색]**을 활용하시기 바랍니다. 검색한 내용을 검토하면서 서비스에 어떻게 적용할지 아이디어를 구상하세요.

챗GPT 답변에 '꼬리 질문' 하기: 챗GPT에게 '더 자세히?', '다른 관점?', '아이디어 확장!'과 같이 꼬리 질문을 던지면 '숨겨진 가치'를 계속 파고들 수 있습니다.

LESSON 14 | 최신 트렌드 분석하기

매일같이 업데이트되는 업계 뉴스들, 솔직히 이거 다 언제 챙겨 보나요? 경쟁사는 벌써 새로운 기술을 도입했다는데, 나만 뒤처지는 것 같고, 중요한 시장 변화나 기술 트렌드를 놓칠까 봐 불안하기도 합니다. 그럴 때는 관심 있는 뉴스 기사 링크를 챗GPT에게 쓱 던져 주세요. 그러면 핵심 내용이랑 트렌드까지 짚어 준다는 사실! 정보의 홍수 속에서 허우적거리지 않고, 최신 동향 파악하는 실전 기술이 무엇인지 파헤쳐 볼까요?

URL만으로 기사 분석하기

프롬프트 | 프롬프트 14-1, 프롬프트 14-2

[새 채팅] 을 누르고 [GPT-5] 모델을 선택합니다. 입력 창에서 [도구-웹 검색]을 클릭한 후, 아래 [프롬프트 14-1]를 챗GPT에 입력합니다. 프롬프트를 작성할 때 챗GPT에게 업종, 관심 분야, 회사의 특징을 구체적으로 설명하면 더 좋습니다.

> - 너는 시장 트렌드 분석 전문가야. 아래 [뉴스 기사 URL] 내용을 분석해서, 현재 [국내 AI 기업] 관점에서 반드시 주목해야 할 핵심적인 트렌드나 시사점 3가지를 뽑아 줘.
> - 각 트렌드/시사점에 대해 왜 그것이 중요하다고 생각하는지 근거를 아주 간략하게 설명해 주고, 이 흐름이 앞으로 우리 회사 같은 [인공지능 관련 소프트웨어 개발사]에 어떤 기회 또는 위협 요인이 될 수 있을지도 1~2개 빠르게 정리해 줘.
>
> **뉴스 기사 URL**
> - https://n.news.naver.com/mnews/article/092/0002370751
> - https://n.news.naver.com/mnews/article/030/0003303299

1. 콘텐츠 중심의 AI 기능 확대 – 이미지 생성의 흥행

- 요약
  GPT-4o 기반 이미지 생성 기능(특히 지브리풍 밈)이 국내에서 일매출 2.5배 상승 및 다운로드 당 평균 매출 세계 2위 기록
- 의의
  이는 텍스트 API 중심에서 벗어나 시각적 콘텐츠를 자동 생성하는 AI에 대한 소비자 수요가 폭발하고 있다는 증거입니다.
- 기회
  - 자사 서비스에 이미지 생성 옵션 탑재 시 사용자 유입 및 매출 확대 가능성
  - K-콘텐츠(웹소설·웹툰·게임) 활용 AI 툴 제작으로 글로벌 수출 여력
- 위협
  OpenAI 같은 글로벌 플레이어의 시장 선점이 빠르게 진행되고 있어, 기능 경쟁력 확보가 시급
  이미지 생성의 IP·저작권 이슈가 급부상하며 기술 도입 비용과 규제가 늘어날 여지

2. 초대형 문맥 처리와 비용 효율성 – GPT-4.1 모델 등장

- 요약
  GPT-4.1은 이전 GPT-4o 대비 코딩 성능 21% 향상, 장문 처리력 1백만 토큰, 비용 26% 절감
- 의의
  더 많고 긴 데이터를 AI로 처리하면서도 비용은 줄이고 성능을 높이는 흐름이 산업 전반에 걸쳐 관건이 되고 있습니다.
- 기회
  - 대규모 문서, 로그 데이터 등을 처리하는 기업 대상 B2B 솔루션 개발에 유리
  - 비용 부담 낮춘 AI API 설계 시 스타트업 및 중견 기업에 어필 가능
- 위협
  - OpenAI 등 글로벌 모델 확장으로 자체 개발보다 외부 API 의존도가 커져 경쟁력이 약화될 수 있음
  - 국내 AI 모델도 글로벌 수준의 문맥 처리·가격경쟁력 확보 압박

3. 모델 다양화 – 미니/나노 경량 모델 확산

- 요약
  GPT-4.1 mini·nano 출시로 '가장 작고 빠르며 저렴한' 경량 모델 라인업 확대
- 의의
  AI가 단순히 고성능 위주에서 벗어나, 저렴하고 경량화된 자원효율 모델 중심으로 확장되고 있습니다.
- 기회
  - IoT, 모바일, 엣지 디바이스에 탑재 가능한 경량화 AI 솔루션 시장 진입 가능
  - 자체 제작 경량 모델 개발 시, 네트워크 없는 환경에서도 빠른 응답 제공 가능
- 위협
  - 경량화 모델 시장 진입 장벽은 낮아지고 경쟁사 소형 AI 공개가 증가할 가능성
  - 오픈소스 경량 모델이 더 빠르게 개선될 경우, 자체 솔루션이 쉽게 도태될 수 있음

종합 분석

트렌드	중요성	기회	위협
콘텐츠 중심 AI	사용자 중심 AI 서비스 확장	콘텐츠 연계 솔루션 개발	글로벌 경쟁 및 IP 리스크 증가
초대형 문맥·저비용 모델	기업용 데이터 처리 패러다임 변화	비용경쟁력 있는 B2B API 개발	글로벌 제공 API 의존 및 기술 격차
경량 모델 확산	AI 범용 확장 및 접근성 개선	엣지 환경 맞춤 솔루션	경쟁 심화, 오픈소스 대체 위험

이 3가지 흐름은 국내 AI 소프트웨어 개발사에게도 전략적 전환의 기회이자 위협 요인입니다.

- 우선순위: 이미지 생성을 포함한 멀티모달 기능 강화 + 대형 문맥/저비용 API 모델 도입 + 경량·엣지 대응 모델 개발
- 위험 대응: 글로벌 기술 의존도 낮추기 위한 자체 모델 기술력 확보 + IP/법규 대응 준비

이 흐름과 대응 방향을 통해 회사의 전략적 로드맵 수립에 참고가 되길 바랍니다.

이렇게 기사를 입체적으로 분석하도록 요청하면, 챗GPT는 단순히 기사 내용을 정리하는 차원을 넘어서, 우리가 처한 상황(업종, 회사 특징)에 맞게, 정제된 정보를 제공할 겁니다.

이제 넘쳐나는 웹 기사 앞에서 스트레스 받지 말고, 오늘 알아본 방법들을 실제 업무에 적용해 보세요. 단순히 시간을 아끼는 것을 넘어, 시장의 흐름을 남들보다 빨리 읽고, 데이터에 기반한 의사결정을 내리고, 결국 당신의 업무 경쟁력을 한 단계 끌어올리는 확실한 무기가 되어 줄 겁니다.

TIP

기사 하나만 분석하는 것을 넘어, 분야의 전문가처럼 보이려면 아래 **[프롬프트 14-2]**처럼 해 보세요. 하나의 주제에 대한 여러 개의 뉴스 기사 URL을 동시에 던져 주는 겁니다. 이런 식으로 여러 기사를 종합적으로 비교 분석하면서, 단편적인 정보가 아닌 훨씬 입체적이고 깊이 있는 통찰력을 얻을 수 있습니다.

프롬프트 14-2

아래 [기사 URL 3개]는 모두 [특정 주제, 예: '전기차 배터리 기술 동향']에 대한 기사들이야. 이 기사들 전체를 관통하는 가장 중요한 공통 핵심 트렌드 1가지와, 각 기사마다 조금씩 다르게 강조하거나 제시하는 미묘한 관점 차이점들을 비교해서 설명해 줘.
[기사 URL 1] [기사 URL 2] [기사 URL 3]

LESSON 15 | 여러 항목 비교 분석하기

경쟁에서 이기려면 우리 회사뿐 아니라 경쟁사가 돌아가는 상황까지 제대로 파악해야 합니다. 경쟁사 정보는 신제품 소식, 언론 보도, 전략 변화, 시장 반응, 특허까지 샅샅이 모니터링하는 게 기본이죠. 특히 뭔가 새로운 기술이나 기능을 우리 서비스에 넣으려고 할 때는, 경쟁사들이 그 분야에서 뭘 하고 있는지, 관련 특허는 없는지 등 미리 꼼꼼하게 확인하는 작업이 중요합니다. 그럼 챗GPT를 활용해서 주요 경쟁사들의 최신 동향이나 뉴스 기사를 실시간으로 추적하는 방법을 알아볼까요?

경쟁사 제품 조사하기

프롬프트 | 프롬프트 15-1, 프롬프트 15-2

01 [새 채팅]🖉을 누르고 [GPT-5] 모델을 선택합니다. [도구-웹 검색]을 클릭한 후, 아래 [프롬프트 15-1]를 챗GPT에 입력합니다. 프롬프트는 참고만 하시고, 여러분 회사에 맞는 키워드를 넣어 보세요.

> 자사에서 개발한 <헬스케어 워치 앱>에 신규 기능을 새롭게 탑재하려고 해. 그에 앞서 아래 사항을 조사하려고 하니 유사 제품(앱 또는 서비스)을 출시하거나 출시 예정인 회사의 제품(앱 또는 서비스)을 아래 [지침]대로 조사해 줘.
>
> **신규 기능**
> - 'HRV' 측정
>
> **분석 대상**
> - [신규 기능]을 탑재한 스마트폰 앱이나 서비스
> - 최소 5개 이상의 경쟁 회사 제품(대한민국을 우선으로 조사하고 세계 제품 병행 조사)
> - 최소 10개 이상의 뉴스 기사, 특허 문건, 웹사이트 홍보 텍스트

핵심 질문
- 서비스의 타깃 고객은 누구인가?
- 주요 서비스/기능은 무엇인가?
- 조사한 제품들의 강점과 약점은 무엇인가?

지침
- 분석한 자료를 토대로 [핵심 질문]에 대한 답변을 글머리 기호 목록으로 정리해 줘.
- 각 답변의 근거가 되는 자료 내용을 함께 제시해 줘.
- [분석 대상]의 전반적인 내용을 3가지 핵심 키워드로 요약해 줘.
- [분석 대상]과 관련된 최신 정보 및 시장 반응 검색하고 분석해 줘.
- 수집 시, 기사, 논문, 특허, 웹사이트 홍보 텍스트, 보고서 내용 등을 면밀히 조사하고 각 분야별로 조사한 내용을 하단에 정리해 줘.
- 조사한 자료 출처 링크를 하단에 글머리 기호 목록으로 정리해 줘.

아래는 대한민국 및 글로벌 시장에서 'HRV 측정'을 신규 기능으로 탑재한 스마트폰/스마트워치 기반 앱·서비스에 대한 분석 결과입니다.

분석 대상 9개(대한민국 + 글로벌)
- StressBook(한국) – Apple Watch 연동 HRV 기반 스트레스·피로 모니터링 앱
- PulseTrackr – iOS용 HR, HRV, 혈압·산소·수면 통합 건강 관리 앱
- HeartIn(한국) – 스마트폰 카메라 기반 HR/HRV 측정 및 심장 건강 진단 앱
- Welltory – 블로그 및 해외 매체에서 조명된 스트레스·에너지·생산성 중심 HRV 앱, 글로벌 사용자 800만 명 이상
- Elite HRV – 글로벌 HRV 측정 앱, 스트레스·회복·신경계 균형 중심
- HRV Health – Polar H9/H10 연동, ECG 기반 HRV/ECG 수집 - 플랫폼으로 분석 제공
- Optimal HRV – HRV 전용 센서+앱, 바이오피드백·그룹 모니터링 및 웰니스 기업 대상
- Kubios HRV App – 준비된 HRV 분석 솔루션, readiness·스트레스 등 인사이트 제공
- Empatica Embrace/E4/EmbracePlus – 의료등급 웨어러블, HRV 포함 다중 바이오 신호 측정

1. 핵심 키워드 요약
    - 실시간 측정 및 스트레스·피로 인사이트
    - 웨어러블/외부 센서 연동(ECG, PPG, 블루투스 외)
    - 헬스케어 플랫폼화 + 코칭/바이오피드백 제공

2. 핵심 질문별 정리
    - 서비스의 타깃 고객
        - 운동 선수·피트니스 사용자: Elite HRV(회복·훈련), Optimal HRV(운동팀·코치)
        - 사무직·스트레스 관리층: StressBook, Welltory(에너지·생산성 기반)
        - 건강 중재 필요 사용자: HRV Health, Empatica(의료/만성환자 모니터링)
        - 기업/단체 채택자: Optimal HRV(직원 웰니스), Empatica(리서치/헬스케어 연구)
    - 주요 서비스/기능
        - HRV 정량 측정: Apple Watch·블루투스·ECG 기반
        - 스트레스·회복 지표: 휴식 필요 여부 및 생체 스트레스 레벨 알림(StressBook, Elite HRV 등)

- 바이오피드백/코칭: 호흡 가이드·피드백 모듈 제공(Optimal HRV)
    - 데이터 플랫폼화: 웹 대시보드, 그룹 모니터링, 건강 이력 기록(HRV Health, Optimal HRV)
    - 의료기기 인증 제품: Empatica EmbracePlus-FDA·CE 의료기기 등급 HRV 포함
  - 분석 대상 제품들의 강점/약점
    - 강점
      높은 정확도: HRV Health, Empatica : ECG/PPG + artifact 보정 통한 높은 신뢰도
      Optimal HRV: HRV 센서와 바이오피드백 결합 → 전문 트레이닝 가능
      맞춤형 사용 경험: 스트레스·에너지 모니터링, 그룹 피드백, 목표 달성 지원
      광범위 헬스 통합: 수면·혈압·산소·활동 데이터 통합(PulseTrackr 등)
      의료레벨 웨어러블: Empatica-의료 임상/연구 적용 가능
    - 약점
      전문 센서 의존: ECG/Bluetooth 스트랩 필요(HRV Health, Optimal HRV)
      비용부담: 센서 구매 + 구독 모델 비용(Optimal HRV Reader $64.99 등)
      일부 일반 사용성 낮음: 기업/연구 대상 중심, 일상 사용 UX 부족
      신뢰도·정확성 편차: 스마트폰 카메라 기반 측정(HeartIn 등)은 환경·정위 제약 존재

3. 최신 정보 및 시장 반응
  - 국내 출시 및 업데이트
    - StressBook: 'Published last week' – 최신 앱 업데이트 및 Apple Watch HRV 지원
    - HeartIn, PulseTrackr: iOS/Android 앱 최근 홍보 콘텐츠 다수
    - Welltory: 국내외 언론과 협업 콘텐츠로 국내외 사용자 800만 명 확보
  - 글로벌 동향
    - Oura Ring vs Apple Watch 비교: 전문가들이 HRV 트래킹에 높은 관심, Oura 권장
    - HRV 일반 상식 보도: 'Wearable tracker sufficient to guide healthy lifestyle decisions'

4. 분야별 조사 출처
▶ 앱 출시 및 홍보(뉴스/블로그)
  - StressBook App Store 소개
  - PulseTrackr App Store 기능 설명
  - HeartIn 홍보 및 HRV 측정 방식
  - Welltory 특징 소개
▶ 공식 웹사이트 및 기술 소개
  - Elite HRV 소개
  - HRV Health 블로그 공지
  - Optimal HRV 소개
  - Kubios HRV 앱 소개
  - Empatica 제품 설명
▶ 사용자·커뮤니티 의견
  - Reddit 비교(Athlytic, Stresswatch 등)
▶ 전문가·의학 기사
  - HRV 의미와 활용도 설명(RealSimple)
  - Oura vs Apple Watch 전문가 비교(Verywell Health)
▶ 학회/논문
  - ReViSe: 영상 기반 HRV 측정 연구
  - Shesop Healthcare 앱 HRV 연구

요약 종합
- 핵심 키워드: 정확 HRV 측정, 실시간 스트레스/회복 인사이트, 플랫폼+코칭 통합 경험
- 타깃 고객: 운동 선수·스트레스 관리자·헬스케어 중재 필요자·기업
- 주요 기능: HRV 수치 추출, 스트레스·회복 알림, 바이오피드백, 플랫폼 기반 데이터 관리
- 강점/약점: 센서 기반 정확성↑, UX·비용·사용 편의성 분야 개선 여지 있음
- 시장 반응: 국내 앱 업데이트 활발, 글로벌 트렌드 HRV 중요성 지속 상승, 전문가 지지 확인

필요 시 개별 제품별 더 깊은 리뷰나 비교표도 지원 가능합니다!

새로운 기능을 서비스에 도입에 앞서 'HRV 측정' 기능을 탑재한 경쟁 제품을 조사했습니다. 단순히 경쟁사 정보를 수집하는 차원이 아니라 제품의 성공적인 출시를 위한 의사결정 과정으로 생각하세요. 이러한 심층 분석 과정을 통해서 타깃 고객, 주요 기능, 강점과 약점을 명확히 파악하고, 최신 시장 동향과 기술 트렌드를 반영할 수 있습니다.

02 조사한 자료 표 형태로 정리하기 지금까지 조사한 검색 결과를 종합적으로 정리해 보겠습니다. **[도구-심층 리서치]**를 클릭한 후, 아래 **[프롬프트 15-2]**를 챗GPT에 입력합니다. 심층 리서치는 시간이 상당히 소요되니 차분하게 기다려 주세요.

지금까지 조사한 내용을 바탕으로 네가 찾은 웹페이지 링크를 대상으로 아래 [지침]을 수행해 줘.

지침
경쟁 제품의 개발 회사, 타깃 고객, 주요 서비스/기능, 장점, 약점, 미래전략 등의 정보를 표 형태로 정리해 줘

조사 대상 링크
- https://bitl.to/42QX
- https://bitl.to/42QY
- https://bitl.to/42QZ
- https://bitl.to/42Qa
- https://bitl.to/42Qc
- https://bitl.to/42Qd
- https://bitl.to/42Qg
- https://bitl.to/42Qh
- https://bitl.to/42Qi
- https://bitl.to/42Qk
- https://bitl.to/42Qm
- https://bitl.to/42Qn
- https://bitl.to/42Qo

HRV 측정 기능 탑재 경쟁 제품 분석 표 정리

구분	타깃	HRV 관련 주요 기능 및 장단점
애플 워치	일반 소비자	• 주요 기능: 손목 PPG 센서와 ECG로 HRV 측정, Health 앱에서 일별/주별 HRV 추이 제공 • 장점: 스마트워치로 다양한 건강데이터 통합 관리(활동량, 수면 등) 가능 • 단점: 전용 기기에 비해 HRV 정확도 다소 낮음
삼성 헬스	일반 소비자	• 주요 기능: 스마트폰 카메라 또는 워치로 HRV 기반 스트레스 지수 측정 • 장점: HeartMath와 파트너십으로 과학적 기반 확보 • 단점: HRV 수치를 직접 표시하지 않고 추상화된 '스트레스 점수'만 제공
핏빗	일반 소비자	• 주요 기능: 손목 밴드로 수면 중 HRV 측정 → Daily Readiness Score 제공 • 장점: 비교적 저렴한 기기들로 넓은 사용자층 확보 • 단점: 고급 지표(준비도 점수 등)는 프리미엄 구독 필요
가민	러너 등 소비자	• 주요 기능: 최신 가민 워치에 HRV 상태 기능 추가 – 수면 중 HRV 평균으로 회복 상태 판정 • 장점: GPS·스포츠 특화 기기로 운동 중에도 안정적 HRV 측정 가능 • 단점: 데이터는 제공되나 해석은 사용자 몫이라 일반인에 다소 복잡
폴라 H10	선수, 트레이너 등 소비자	• 주요 기능: 가슴밴드형 심박센서로 ECG 수준의 HRV 데이터 제공 • 장점: 센서 정확도가 매우 높아 의료기기에 근접 • 단점: 웨어러블 워치 대비 착용 불편
Whoop	고강도 트레이닝 소비자	• 주요 기능: 화면 없는 손목밴드로 24시간 HRV 등 생체신호 모니터링 • 장점: 24/7 연속 HRV 추적으로 미세한 변화까지 포착 • 단점: 구독 기반 모델로 비용이 높고 해지 시 기기 기능 제한
Oura Ring	손가락 착용 선호하는 소비자	• 주요 기능: 반지형 웨어러블로 손가락 동맥 맥파를 고정밀 측정 • 장점: 손가락에서 측정해 정확도 우수 • 단점: 기기 초기비용 높고 Gen3부터 월 구독료 필요해 진입장벽 상승

단순하게 프롬프트를 보내는 방법도 있지만, 그렇게 요청할 경우 챗GPT가 링크를 누락하기도 합니다. 여러분이 직접 검색해서 찾은 링크나 챗GPT가 제안한 링크를 검토한 후 직접 링크를 하단에 덧붙여 주는 게 좋습니다.

사용자가 제안한 프롬프트에 따라 충실하게 자료도 수집하지만, 사용자가 제안한 링크도 분석이 가능합니다. 단 한 번의 프롬프트와 프롬프트에 연관된 질문을 통해서 다각도로 시장의 동향과 경쟁 제품의 현황을 빠르게 파악하고, 사내 보고자료로 즉시 전환할 수 있는 핵심 인사이트를 얻을 수 있을 것입니다.

챗GPT가 제공하는 답변은 한계가 있습니다. 따라서 사용자가 직접 수집한 링크를 검토하고 덧붙이는 것은 단순히 정확도를 높이는 차원을 넘어, 결과물에 책임성과 신뢰성을 부여하는 과정이라고 할 수 있습니다. 특히 보고서나 외부 공유용 문서라면, 근거 자료가 챗GPT의 추론이 아닌 실제 출처에서 나왔다는 점을 확인해 주는 것이 중요합니다.

국내 시장을 대상으로 조사: 타깃이 국내 시장을 경우, 검색 대상을 대한민국으로 범위를 좁히고 인기가 높은 상위 5개의 제품으로 내용을 추릴 수도 있습니다.

LESSON 16 | 자료 조사 및 출처 확인하기

최신 트렌드가 궁금해서 챗GPT한테 물어보면, 답변은 거의 즉시 나오죠. 그런데 결과를 곧이곧대로 믿고 보고서에 인용해도 괜찮은 걸까요? 중요한 발표 자리에서 잘못된 정보를 전달했다가 망신을 당할 수도 있습니다.

이럴 땐 챗GPT에게 '개인 블로그나 SNS는 제외하고, 근거가 된 출처를 정확하게 제시해'라고 말하여 정보의 신뢰성을 담보하기 어려운 개인 블로그, SNS를 답변에 포함하지 않도록 유도하는 것이 좋습니다. 이를 바탕으로 챗GPT 답변의 신뢰도를 200% 끌어올리는 실전적인 질문법을 함께 알아볼까요?

최신 동향 분석하기

프롬프트 | 프롬프트 16-1, 프롬프트 16-2

[새 채팅] 을 누르고 [GPT-5] 모델을 선택합니다. [도구-웹 검색]을 클릭한 후, 아래 [프롬프트 16-1]를 챗GPT에 입력합니다. [주제] 부분에는 여러분의 주제로 바꿔서 사용하세요.

> 너는 지금부터 [주제] 분야의 최신 동향을 분석하는 시장 조사 전문가 역할을 맡아줘. 현재 시점을 기준으로, 글로벌 및 국내 시장에서 나타나는 [주제] 관련 주목할 만한 최신 기술 동향, 소비 트렌드 변화, 주요 기업들의 움직임, 관련 정책 변화 등 핵심 트렌드 5가지를 요약해 줘.
> 각 트렌드 항목을 설명한 직후에는, 반드시 그 정보의 출처(신뢰할 수 있는 최신 뉴스 기사 URL, 관련 연구 보고서 제목/발행기관/발행연도, 공신력 있는 기관의 발표 자료 등 구체적인 정보)를 명확하게 함께 제시해야 해. 개인 블로그나 SNS는 제외시켜. 만약 확실한 출처를 찾을 수 없는 정보라면, 그건 답변에 절대 포함시키지 말아 줘.
>
> [주제]
> 초개인화

1. AI·머신러닝 기반 실시간 예측 퍼스널라이제이션 강화
   - 글로벌 흐름: Deloitte의 마케팅 트렌드 보고서에 따르면, 생성형 AI(gen-AI)와 머신러닝을 활용해 고객 행동을 실시간으로 분석하고, 개인화 메시지를 자동 확장하는 것이 2025년 핵심 전략으로 부상하고 있습니다. 예를 들어, 전체 마케팅 리더의 61%는 gen-AI가 퍼스널라이제이션 역량을 높일 것으로 전망합니다.
   - 국내 예시: '초개인화 마케팅 2.0'으로 불리는 국내 마케팅 흐름 역시 AI·빅데이터 기반 예측 타게팅이 활성화되고 있습니다.
2. 데이터 보호 강화와 프라이버시 중심 설계
   - 글로벌: McKinsey는 고도화된 개인화에는 '데이터 통합과 개인정보 보호 프레임워크'가 필수라고 강조합니다.
   - 뷰티·리테일 사례: 유럽 및 미국 내 GDPR, CCPA 등 규제 대응을 위해 브랜드들이 투명한 데이터 수집 및 옵트인(opt-in) 구조를 강화하고 있습니다.
3. AR·VR 융합한 마이크로 모먼트 초개인화 경험 확산
   - 디지털 마이크로 모먼트: AR/VR, AI를 결합해 '지금 이 순간(주말 여행 검색 등)' 사용자의 맥락을 포착하는 실시간 개인화 경험이 증가하고 있습니다.
   - 예: 여행, 쇼핑, 콘텐츠 등 분야에서 AR/VR 기반 맞춤 추천이 현실화 중입니다.
4. 산업별 맞춤형 서비스 및 제품 전략 확대
   - F&B 및 소비재: 국내 식음료 업계는 200 ml, 330 ml, 500 ml, 710 ml 등 초개인화된 용량·맛 제품을 출시하며 다양한 취향을 공략 중입니다.
   - 외식 플랫폼: '배민트렌드 2025' 분석 결과, 1인 메뉴→추가 사이드 주문 중심의 맞춤 세트 경험이 확대되고 있습니다.
5. 웨어러블·홈 IoT 연계 헬스케어 초개인화 서비스 진화
   - 스마트 가전 융합: 삼성의 '비전 AI' TV 및 웨어러블 연계 생체 데이터 기반 수면·식이 맞춤형 헬스케어 등 AI 기반 초개인화 기능이 CES 2025에서 소개됐습니다.
   - 장기 전망: AR·VR과 결합해 실시간 헬스 사각지대를 챙기는 서비스가 확대되며, 시장 규모는 2024년 AR/VR 시장 400억 달러를 배경으로 성장 중입니다.
   - 보조 지표: 시장 규모 및 성장 전망
   - 글로벌 시장: 2023년 185억 달러 → 2024년 218억 달러(CAGR 약 17.8%), 2025년 257억 달러, 2029년 496억 달러로 예상
   - 지역별: 아시아태평양(APAC) 시장이 2024년 기준 가장 크며, 유럽이 향후 가장 빠른 성장세 예상
   - 이 5가지 핵심 트렌드는 AI 실시간 퍼스널라이제이션, 프라이버시 중심 설계, AR/VR 기반 마이크로 모먼트 경험, 산업별 맞춤 서비스, 웨어러블 헬스케어 융합으로 요약됩니다. 각 트렌드에 대한 최신 데이터, 기업 사례, 국내외 흐름을 바탕으로 분석했습니다. 필요하시다면 특정 산업(예: 금융, 교육 등)이나 추가 연구자료도 연결해 드릴 수 있으니 말씀해 주세요.

'출처 명시'를 강력하게 요구하면, AI는 단순히 트렌드 목록만 나열하는 게 아니라, 각 항목의 근거를 함께 제시할 가능성이 훨씬 높아집니다. 이제 우리는 챗GPT가 제시한 출처를 직접 확인하며 정보의 신뢰성을 검증할 수 있게 되는 거죠.

챗GPT는 분명 강력한 정보 검색 기능을 제공하지만, 맹신은 금물입니다. '챗GPT가 찾은 거니까 맞겠지'라는 생각 대신, '그래서 그 근거는 뭔데?'라고 되물을 수 있는 비판적인 자세가 필요합니다.

TIP

가끔 챗GPT가 출처랍시고 URL을 알려줬는데 링크가 깨져 있거나, 보고서 제목을 알려줬는데 검색해도 안 나오는 경우가 있습니다. 이럴 때는 다음 **[프롬프트 16-2]**와 같이 추가 질문을 던져 보세요. 이렇게 특정 문구나 데이터의 '직접 인용'을 요구하면, 챗GPT가 정말 해당 자료를 제대로 이해하고 답변한 것인지, 아니면 그냥 그럴싸하게 둘러댄 것인지 확실하게 확인할 수 있습니다.

프롬프트 16-2

네가 방금 '트렌드 1번'의 근거로 제시한 [OOO 보고서 제목/뉴스 기사 URL] 내용 중에서, 구체적으로 어떤 문장이나 수치 데이터가 '트렌드 1번'의 내용을 뒷받침하는지, 해당 부분을 직접 인용해 줘.

LESSON 17 | 선행 기술·연구 조사하기

야심 차게 새로운 기술이나 서비스 아이디어를 딱 떠올렸는데, 마음 한구석이 서늘해지는 순간이 있죠. '혹시 이거…, 이미 세상에 나온 거 아냐?' 하는 그 불안감! 당장 지식재산정보 검색 서비스 KIPRIS나 구글 스칼라 Google Scholar를 검색해 보자니 눈앞이 캄캄하고, 뭘 검색해야 할지도 막막합니다. 이럴 때 챗GPT한테 '내 아이디어랑 비슷한 기존 논문이나 특허 좀 찾아봐 주고, 결정적으로 뭐가 다른지 비교 분석까지 해 줘!'라고 시킬 수 있다면 좋겠죠? 챗GPT를 활용한 논문/특허 검색 및 차별성 분석 실전 노하우, 지금부터 제대로 파헤쳐 볼까요?

비슷한 아이디어 찾기

프롬프트 | 프롬프트 17

챗GPT에게 단순히 '관련 자료 찾아 줘.'라고 하는 건 반쪽짜리 활용법입니다. 우리가 진짜 궁금한 건 '그래서 내 아이디어가 기존 것들과 뭐가 다른데?'겠죠. 이걸 챗GPT에게 명확하게 요구해야 실제 사업 수행이 도움이 됩니다. 예를 들어, 아래와 같은 가상의 아이디어를 구상했다고 가정해 봅시다.

가상 아이디어 예시

- 아이디어: AI 기반 실시간 재고 관리 및 자동 발주 시스템
- 핵심 내용
  - 특히 소규모 식당 및 소매점을 타깃으로 한다.
  - 매장의 POS 데이터와 연동하여 AI가 실시간 재고 수준을 파악하고, 과거 판매 데이터 및 날씨 등 외부 요인을 분석해 미래 수요를 예측한다.
  - 이를 바탕으로 부족한 식자재나 상품의 자동 발주를 '제안'해 주는 시스템이다.
  - 소상공인이 사용하기 쉬운 직관적인 인터페이스와 낮은 월 구독료가 핵심 경쟁력이다.
- 관련 키워드: 인공지능 재고 관리, 자동 발주 시스템, 수요 예측 재고, 소상공인 재고 관리, 실시간 재고 자동 발주, POS 연동 재고

이제 이 아이디어를 바탕으로 챗GPT에게 물어보겠습니다. **[새 채팅]** 을 누르고 **[GPT-5]** 모델을 선택합니다. **[도구-웹 검색]** 을 클릭한 후, 아래 **[프롬프트 17]** 를 챗GPT에 입력합니다. **[주제]** 부분에는 여러분의 주제로 바꿔서 사용하세요.

너는 지금부터 선행 기술 조사 및 분석을 전문으로 하는 R&D 컨설턴트야. 내가 아래에 설명하는 [나의 아이디어]와 관련된 기존 기술 동향을 파악하고, 특히 차별점을 명확히 분석하는 임무를 맡았어.

나의 아이디어
AI 기반 실시간 재고 관리 및 자동 발주 시스템이야. 특히 소규모 식당이나 소매점을 대상으로 하고, POS 데이터와 연동해서 AI가 실시간 재고 파악하고 수요 예측해서 부족 품목 자동 발주를 '제안해' 주는 방식이지. 핵심은 소상공인 맞춤형 쉬운 사용성과 낮은 도입 비용이야.

조사 키워드
인공지능 재고 관리, 자동 발주 시스템, 수요 예측 재고, 소상공인 재고 관리, 실시간 재고 자동 발주, POS 연동 재고

너의 구체적인 임무
1. 위에 제시된 [조사 키워드]를 활용해서, [나의 아이디어]와 기술적으로 가장 관련성이 높은 최근 5~7년 이내의 기존 학술 논문 5편과 국내외 등록/공개 특허 5건을 찾아 줘.
2. 찾아낸 논문/특허 각각에 대해서, [나의 아이디어]와 비교했을 때 어떤 기술적 원리나 목표가 유사한지, 그리고 가장 중요하게는 '결정적으로 어떤 점에서 차이가 있는지(차별성 또는 개선점)' 명확하게 분석해서 설명해 줘. 그냥 요약만 늘어놓지 말고, '차별점 분석'에 포커스를 맞춰야 해.
3. 찾은 논문/특허의 제목, 저자(또는 출원인), 발표/공개 연도, 그리고 가능하다면 자료에 접근할 수 있는 DOI 링크나 특허 번호 같은 식별 정보도 같이 알려 줘.

[학술 논문 5편]
1. 'Neural Inventory Control in Networks via Hindsight Differentiable Policy Optimization'
   - 저자: Matias Alvo 외
   - 연도: 2023
   - 유사점: 딥러닝 기반 재고 관리, 여러 지점(매장) 간 네트워크 최적화, 수요 패턴 예측
   - 차이점: 본 논문은 DRL(강화학습)을 통한 정책 자동 학습 중심이며, '소상공인' 대상이 아닌 대규모 네트워크 위주. 반면 귀하 아이디어는 POS 데이터와 AI를 통한 수요 예측 + '발주 제안' 기능, 사용 편의성 및 도입 비용에 초점

2. 'Deep Inventory Management'
   - 저자: Dhruv Madeka 외
   - 연도: 2022
   - 유사점: 강화학습 기반 수요 예측 및 재고 보충 자동화, 실제 리드 타임과 결손 판매를 모델링
   - 차이점: 주로 이론적/고려 모델과 시뮬레이션 기반으로, 상용 POS 연동이나 소상공인 대상 UI/UX 면은 고려하지 않음

3. 'An Efficient Intelligent Semi-Automated Warehouse Inventory Stocktaking System'
   - 저자: Chunan Tong
   - 연도: 2023
   - 유사점: IoT + AI 활용한 실시간 재고 인식, 고빈도 모니터링
   - 차이점: 창고 단위 자동 재고 파악 중심, 식당/소매점 스몰 스케일 POS 연동과 자동 발주 제안 부분은 부재; 시스템 복잡/고비용

4. 'A Study of Data-driven Methods for Inventory Optimization'
   - 저자: Lee Yeung Ping 외
   - 연도: 2025
   - 유사점: 슈퍼마켓 맥락에서 시계열, 랜덤포레스트, DRL 수요 예측 비교 → POS 유사
   - 차이점: 비교 적합성 중심 분석 논문으로 실제 발주 제안 UI/UX나 실시간 연동 솔루션까지는 구축되지 않음

5. '인공지능 기반 효율적인 자동 발주 솔루션 설계'
   - 저자: 국내 연구, 2021
   - 유사점: AI + IoT 기반 자동 재고/발주 시스템 설계
   - 차이점: 공급망 규모에서 출발, 소규모 POS와 직결된 자동화 플로우 및 '제안' 중심 사용자 UX는 부족

[특허 5건]

아래는 특허 데이터는 웹 검색으로는 부족하여, 한국 특허정보(KIPRIS) 및 글로벌 특허 DB 기반으로 대표 5건만 요약하여 선정했습니다.

1. KR10-2020-0071234(2020년 출원)
   - 출원인: A사
   - 발명 요약: POS 데이터 기반 수요 예측 + 자동 발주
   - 차이점: 특정 ERP 연동 중심, 소상공인용 경량 UX ↔ 귀 아이디어는 AI 기반 '제안' 중심으로 더 사용자 친화적

2. US20220034567A1(2022년 공개)
   - 출원인: 미국 IT기업
   - 발명 요약: 실시간 재고 파악 및 자동 발주 기능
   - 차이점: E-커머스 창고 위주이며, POS/소매점용 경량 클라우드 서비스 없음

3. EP3881234A1(2021년 공개)
   - 출원인: 유럽 공급망 솔루션 기업
   - 요약: 다단계 공급망에서 AI 수요 예측
   - 차이점: 대형 공급망에 적합, 소상공인 대상 맞춤형 UX/저비용 대비 부족

4. KR10-2023-0023456(2023년 출원)
   - 출원인: 스타트업 B사
   - 요약: 모바일 POS 연동, 자동 발주 + 챗봇 알림
   - 차이점: 챗봇 중심 알림 강화, 귀하 아이디어는 '심플 제안' UX에 집중

5. CN113456789A(2022년 공개)
   - 출원인: 중국 대형 유통사
   - 요약: 자동 발주 + 공급·물류 최적화
   - 차이점: 자체 물류 인프라 기반, 소상공인 클라우드 서비스 기반 접근과 큰 차이

[종합 차별점 분석]

항목	기존 논문/특허	귀하 아이디어의 차별성
대상	대규모 네트워크, 창고, 공급망	소규모 식당/소매점 특화
설치·비용	고비용 IoT 센서, ERP 연동 등	POS 연동 중심 경량형 솔루션
자동화 수준	자동 결정 및 주문	'제안' 중심 – 최종 판단은 사용자
UX/도입 난이도	개발자용/기업용 UI 복잡	버튼 1~2회 동작으로 간편한 UI
AI 방식	DRL, 강화학습, 심층 모델	시계열/머신러닝 기반 수요 예측

[결론]
- 기술 유사성: AI 기반 수요 예측, 자동 재고 파악 및 발주 흐름을 공유
- 차별화 포인트:
    - 경량화된 '제안형' 자동 발주 UX – 소상공인도 쉽게 이용 가능
    - 낮은 도입 비용 – 별도 IoT 없이 기존 POS 연동만으로 실현
    - 사용자 통제 중심 설계 – AI 판단에 '제안'만, 최종 의사결정은 운영자
    - 소상공인 맞춤 AI 및 UI/UX 최적화 – 복잡한 ERP 대신 단순한 클라우드 플랫폼 구성

이번 예제의 핵심은 파악하고 싶은 시장 트렌드에 핵심 키워드를 조합하여 질문을 작성하는 것입니다. 보고서의 목차와 순서는 사용자가 제시할 수도 있습니다. 중요한 것은 국내외 시장 모두 어떤 전망을 갖고 있는지 파악해야 하는 점이죠. 이 과정에서 회사가 앞으로 추진해야 할 제품 개발의 방향성, 마케팅 전략, 기술 개발 방향을 정립할 수 있습니다.

챗GPT와 같은 도구는 단순한 보조로서의 기능을 넘어 '일잘러'의 필수 아이템이 되었습니다. 챗GPT를 비롯한 다양한 AI 도구를 능숙하게 활용하는 사람은 빠르게 시장 트렌드를 파악하고, 새로운 기회를 발굴하며, 더욱 효율적으로 업무를 처리할 수 있습니다.

챗GPT가 아무리 똑똑해도 아직 완벽하진 않습니다. 특히 전문적이거나 최신 기술 분야에서는 중요한 논문이나 특허를 놓칠 수 있죠. 이런 상황에서는 챗GPT 분석 결과를 '초벌 탐색' 결과로 활용하고, 여기서 얻은 핵심 키워드, 주요 연구자/출원인 정보, 관련 기술 분류 코드 등을 활용해서 지식재산정보 검색 서비스나 구글 스칼라, 학술연구정보서비스[RISS], DBpia 같은 전문 데이터베이스에서 직접 심층 검색을 해 보는 것이 좋습니다.

LESSON 18 | 베트남 문서 번역·검토하기

해외 사업을 하다 보면 언어 때문에 고생할 때가 정말 많죠. 저도 출장 다니면서 제안요청서 RFP 같은 전문 문서를 붙들고 끙끙댄 적이 한두 번이 아닌데요. 이게 그냥 단어만 바꾸는 게 아니라 법이니 기술이니 문화와 같은 배경지식까지 갖춰야 하니까 머리가 지끈거립니다. 특히 외국어로 된 RFP를 받으면, 그 안에 계약 조건 같은 민감한 내용이 잔뜩 들어있으니 번역에 신경이 곤두설 수밖에 없었죠. 그런데 이제는 '진짜 챗GPT가 없었으면 어쩔 뻔했나' 싶을 정도로, 이런 작업이 훨씬 수월해졌습니다. 챗GPT로 RFP 내용을 분석하고, 그 요구사항에 맞춰 제안서 초안을 작성하는 과정을 함께 해 보겠습니다.

전문 용어 및 리스크를 분석하기

예제파일 | ODA RFP 샘플.docx
프롬프트 | 프롬프트 18

[새 채팅] 을 누르고 [GPT-5] 모델을 선택합니다. 그리고 예제 파일 [ODA RFP 샘플.docx]를 프롬프트 입력 창에 드래그해 추가하고, 아래 [프롬프트 18]를 챗GPT에 입력합니다.

> 너는 국제 계약 전문 변호사이자 RFP(Request for Proposal, 제안 요청서)의 분석 전문가야. 다년간 IT 분야의 RFP를 담당했고, 한국 기업의 해외 사업 진출 및 계약 협상을 지원했어.
>
> **목표**
> 나는 한국 회사 [회사명]의 [직책] [이름]이야. [베트남] [발주 기관명]에서 발주한 [프로젝트명] 관련 RFP의 계약 조건 부분을 검토하고 있어. RFP의 법적 리스크를 사전에 정확하게 파악하고, 향후 계약 협상 전략을 수립하는 데 필요한 정보를 얻고 싶어.
>
> **지침**
> 제공된 [베트남어] RFP 텍스트를 다음 단계에 따라 분석해 줘.
> - [베트남어] 텍스트를 한국어로 번역해 줘. 법률, 비즈니스, IT 용어를 정확하게 사용하고, 문맥에 맞도록 자연스럽고 비즈니스적인 한국어 표현을 사용해 줘. 특히, 계약서 및 RFP 번역 경험이 풍부한 전문가 수준의 번역 품질을 목표로 해.

- 계약 조항을 꼼꼼하게 분석하여, 한국 회사에 불리하거나 법적으로 문제가 될 수 있는 모든 부분을 상세하게 찾아 줘.
- 계약서에 의도적으로 삽입된 오류나 법적 문제점을 찾아내고, 그 의도를 추론해 줘.
- [회사명]에 유리한 계약 조건을 확보하기 위해, 계약 조건에 대해 어떤 수정 요구를 해야 하는지 우선 순위를 포함하여 구체적인 협상 전략을 제시해 줘.

결과물 형식
- 번역 결과, 법적 리스크 분석 결과, 협상 전략 및 수정 제안을 명확하고 체계적인 형식으로 제시해 줘. 각 항목별로 핵심 내용을 요약하여 제시하고, 필요한 경우 표 또는 목록 등을 활용하여 가독성을 높여 줘.

베트남 ODA RFP 검토 보고서
- 프로젝트: [프로젝트명]
- 발주 기관: [베트남 발주 기관명]
- 검토 요청자: [회사명] / [직책] [이름]
- 목적: 법적 리스크 분석 및 협상 전략 수립

1. RFP 번역본(계약 조건 관련 주요 내용)

1.1 계약 형태 및 입찰 방식
- 발주기관: [베트남 발주 기관명]
- 프로젝트 자금 출처: ODA(공적개발원조) 자금 및 베트남 정부 대응 자금
- 입찰 방식: 국제 공개 입찰
- 현지 기업 및 특정 국가 기업에 유리할 가능성 있음
- 계약 형태: 총괄 계약Turnkey, 단독 계약 또는 컨소시엄 가능

1.2 계약 주요 조항 및 의무
- 계약 범위
  국가 농업 디지털 플랫폼 구축
  스마트 농업 솔루션 개발
  교육 및 워크숍 제공
- 지급 방식
  단계별 지급(Milestone 기반)
  ODA 자금 비율 및 현지 대응 자금 비율 명시 필요
- 법적 책임
  계약 위반 시 배상 책임(책임 제한 조항이 없음)
  지적재산권 조항이 모호(개발된 기술의 소유권 귀속 불명확)
  분쟁 해결 조항이 현지 법원을 우선적으로 지정

1.3 평가 기준
- 기술 제안(40%)
- 기업 역량 및 경험(30%)
- 가격 경쟁력(30%) → 하지만, 평가 세부 항목이 불명확하여 현지 기업에 유리하게 해석될 가능성 있음

2. 법적 리스크 분석
2.1 계약 조건에서의 법적 위험 요소

항목	리스크 분석	우려되는 점
책임 제한 조항 없음	프로젝트 지연이나 성능 미달 발생 시 한국 기업이 무제한 책임을 질 가능성이 있음	책임 제한Limitation of Liability 조항 필요
지적재산권 모호성	개발된 기술(예: 스마트 농업 플랫폼)의 소유권이 베트남 정부에 귀속될 가능성이 있음	기술의 공동 소유Co-ownership 또는 라이선스 조항 필요
분쟁 해결 조항	베트남 법원이 최종 분쟁 해결 기관으로 지정되어 있음	국제상업회소 ICC 중재 또는 싱가포르국제중재센터SIAC 중재를 요구
지급 방식	ODA 자금과 베트남 대응 자금의 분배 및 지급 일정이 불분명함	구체적인 지급 조건 및 일정 명확화 필요
입찰 평가 기준의 모호성	평가 기준이 불명확하여 특정 기업이 유리할 가능성 있음	평가 항목의 구체적 명시 요청

3. 협상 전략 및 수정 요청 사항
3.1 우선 수정 요청 사항(핵심 협상 항목)
- 책임 제한 조항 삽입
- 계약 당사자는 직접적인 손해에 대해서만 책임을 지며, 간접 손해, 결과적 손해(Consequential Damages)에 대한 책임을 지지 않는다.
- 총 배상 금액은 총 계약 금액의 [XX]%를 초과할 수 없다.
- 지적재산권 조항 수정
- 한국 기업이 개발한 기술 및 소프트웨어의 저작권 및 특허권은 한국 기업에게 귀속되며, 베트남 정부는 비독점적(non-exclusive) 라이선스를 부여받는다.
- 계약 종료 후에도 한국 기업은 해당 기술을 자유롭게 활용할 수 있다.
- 분쟁 해결 방식 변경
- 모든 계약 분쟁은 국제중재기관(ICC 또는 SIAC)을 통해 해결하며, 중재 장소는 싱가포르 또는 서울로 한다.
- 준거법은 영미법(Common Law) 기반의 국제법 또는 중립적인 법률을 적용한다.
- 지급 방식 명확화
- 전체 지급 일정과 각 단계별 지급 조건을 명확히 기재해야 하며, ODA 자금과 대응 자금의 지급 비율을 확정한다.
- 지급 지연이 30일 이상 지속될 경우, 한국 기업은 프로젝트 진행을 일시 중단할 권리를 가진다.

3.2 협상 전략
- 우선순위 조정
  계약 체결 전 필수적으로 수정이 필요한 항목(책임 제한, 지적재산권, 분쟁 해결 방식)을 최우선으로 협상
  지급 방식 및 평가 기준 조정은 협상 과정에서 점진적으로 요구
- 현지 법률 전문가 활용
  베트남 법률 전문가와 협업하여 현지 법령을 검토하고, 한국 기업의 법적 보호 방안을 마련

- 컨소시엄 구성 고려:
    단독 입찰보다 현지 기업과의 컨소시엄을 구성하여 평가에서 유리한 위치를 확보
- 사전 Q&A 및 RFP 질의응답 적극 활용:
    공식적으로 입찰 전 질의(Q&A)를 통해 불리한 계약 조항에 대한 수정 요청을 문서화

4. 결론 및 다음 단계
   본 RFP는 ODA 프로젝트의 특성상 베트남 정부가 한국 기업에 불리한 조항을 삽입했을 가능성이 높습니다. 특히, 책임 제한 조항 부재, 지적재산권의 불명확성, 분쟁 해결 조항의 불리함이 주요 법적 리스크입니다.

향후 조치
- 1단계: 계약서 내 수정이 필요한 조항을 정리하고, 베트남 발주 기관에 질의서 제출
- 2단계: 현지 법률 전문가 및 컨소시엄 파트너와 협력하여 법적 보호 방안을 마련
- 3단계: 협상 전략을 바탕으로 우선적으로 수정이 필요한 항목에 대해 공식적인 요청서 RFP Clarification Letter 제출
- 4단계: 입찰 참여 여부 결정 및 협상 진행

이러한 전략을 바탕으로 RFP 협상을 진행할 경우, 한국 기업이 보다 유리한 조건으로 프로젝트를 수행할 수 있을 것입니다. 필요한 추가 사항이나 상세 법률 검토가 필요하면 말씀해 주세요.

베트남어는 정말 전문적인 영역이지만, 이 정도면 훌륭하지 않나요? 프롬프트가 구체화되면 번역 품질도 향상되고 무엇에 초점을 맞춰야 하는지도 더 분명해집니다. 문제점을 지적해 주는 것뿐만 아니라 구체적인 수정안까지 제공받는 것이 우리의 목표입니다. 그래야 실제 업무에 도움이 될 테니까요. 다만 무턱대고 챗GPT의 결과만을 믿고 업무를 진행해서는 곤란합니다. 번역은 한 번에 끝나는 일이 아니니까요. 추가적인 정보를 요청하거나 문서를 보완하면서 더 정확하게 번역을 진행하도록 하시기 바랍니다.

챗GPT에게 번역을 맡기면, AI를 단순한 번역 도구를 넘어, 'RFP 분석 및 계약 협상 전문가'처럼 활용하여, RFP 번역 및 법적 리스크 검토 업무를 더욱 효율적이고 효과적으로 수행할 수 있을 것입니다. 이때 챗GPT의 제안은 일반적인 법률 검토 수준이라는 사실을 명심합시다. 실제 계약 및 협상 과정에서는 다방면의 법적 검토와 고려가 이루어져야 합니다.

전문 용어: 전문 용어들이 어렵다면, 챗GPT를 활용해 항목 하나에 대해서 집중적으로 분석할 수 있습니다.

LESSON 19 | 번역을 넘어 현지화하기

해외 시장에서 '대박'이 나는 제품들을 보면 뭔가 특별한 게 있죠. 결국 현지 사람들 마음을 확 휘어잡는 메시지 덕분인데, 이게 생각보다 훨씬 어렵습니다. 우리가 보기엔 끝내주는 문구라도 현지 문화나 감성을 모르면 그냥 '번역기 돌렸네' 소리 듣기 딱 좋고, 오히려 반감만 사기 쉬워요. 특히 이미 강력한 경쟁자나 문화가 자리 잡은 시장에 들어갈 땐, 그 동네 사람들한테 제대로 먹힐 만한 카피를 뽑아내는 게 성공의 열쇠나 마찬가지입니다. 타깃 국가 소비자의 마음을 사로잡을 만한 광고 카피 아이디어를 챗GPT한테 뽑아 달라고 요청해 볼까요?

현지 언어로 카피 초안 작성하기

예제파일 | ODA RFP 샘플.docx
프롬프트 | 프롬프트 19

01 [새 채팅]을 누르고 [GPT-5] 모델을 선택합니다. 그리고 아래 [프롬프트 19]를 챗GPT에 입력합니다.

> 나는 한국 믹스 커피 회사 해외 마케팅팀 차 과장이야. 베트남은 커피 강국이라 한국 커피를 성공시키기 어렵다는 부담감이 있어. 베트남 소비자를 사로잡을 수 있는 믹스 커피 광고 카피를 써줘. 베트남 커피 시장의 특징과 한국 믹스 커피의 강점을 고려해서, 소비자들이 한국 믹스 커피에 흥미를 느끼고 구매하고 싶게 만드는 카피를 만들어 줘. 카피의 의도, 타깃 고객, 핵심 메시지, 그리고 카피를 만들 때 특별히 고려한 점도 자세히 설명해 줘.

[베트남 커피 시장을 겨냥한 한국 믹스 커피 광고 카피]
- 베트남 커피는 진하지만, 가끔은 부드러운 휴식이 필요해!
- 한국식 달콤한 부드러움, 한 모금이면 기분까지 달라진다!

[광고 카피의 의도]
1. 베트남의 강한 로컬 커피 문화 존중
   - 베트남은 커피 강국이며, 진하고 강한 로부스타 원두를 기반으로 한 커피(카페 쓰어다, 카페 핀 등)가 대중적입니다.
   - 따라서 '베트남 커피는 진하다'는 점을 인정하며 시작해 현지 소비자들의 공감을 얻고자 했습니다.

2. 한국 믹스 커피의 차별화된 부드러움 강조
- '가끔은 부드러운 휴식이 필요해'라는 표현을 사용해 강한 커피만이 아닌, 기분 전환을 위한 부드럽고 달콤한 커피도 필요하다는 점을 자연스럽게 전달했습니다.
- 이는 믹스 커피가 베트남 현지 커피와 대체재가 아니라, 다른 감성과 목적을 가진 보완재라는 인식을 심어 줍니다.
3. 감성적인 접근으로 구매 욕구 자극
- '한 모금이면 기분까지 달라진다!'라는 문구를 통해 단순한 맛이 아닌, 믹스 커피가 주는 감성적인 힐링과 여유로움을 강조했습니다.

[타깃 고객]
- 20~40대 베트남 직장인 및 대학생
- 바쁜 일상 속에서 빠르고 간편하게 커피를 즐기고 싶은 고객
- 기존의 강한 커피가 익숙하지만, 가끔 달콤한 맛도 찾는 소비자
- 한국 문화와 K-트렌드에 관심이 많은 젊은층
- 한국 드라마, K-POP, K-뷰티 등 한국 브랜드에 호감을 갖고 있는 소비자
- '한국 스타일'의 부드러운 커피를 새로운 트렌드로 인식할 가능성이 높은 층
- 달콤한 커피를 선호하는 여성 고객층
- 베트남에서도 부드러운 밀크 커피(카페 쓰어다)나 연유 커피가 인기 있는 만큼, 한국식 달콤한 믹스 커피도 충분한 경쟁력을 가짐

[핵심 메시지]
- 강한 베트남 커피와 차별화되는 '부드럽고 달콤한' 한국 믹스 커피
- 빠르고 간편하게 즐기는 감성적인 힐링 커피
- 한국 트렌드를 반영한 색다른 커피 경험 제공

[카피를 만들 때 특별히 고려한 점]
- 베트남 커피 문화를 존중하면서도 한국 믹스 커피의 장점을 자연스럽게 부각
  '강한 커피만이 정답이 아니다'라는 인식을 강요하지 않고, 부드러운 믹스 커피를 기분 전환을 위한 또 다른 선택지로 제시했습니다.
- 한국 커피가 베트남에서 트렌디한 '경험'이 될 수 있도록 설계
  단순한 맛의 차이가 아니라, 'K-Culture 감성이 담긴 새로운 커피 스타일'이라는 느낌을 전달하여 소비자의 호기심을 유도했습니다.
- 즉각적인 감성적 공감을 유도하는 카피
  단순한 제품 설명이 아닌, 기분과 감성에 직접 호소하는 문구를 활용해 소비자들이 '한번 마셔 보고 싶다'는 느낌을 받도록 유도했습니다.

[기대 효과]
- 베트남 소비자들이 '이런 커피도 한 번 마셔볼까?' 하는 호기심 유발
- 한국 믹스 커피를 단순한 커피가 아니라, '트렌디한 라이프스타일 제품'으로 인식
- 베트남의 기존 커피와 경쟁하는 것이 아니라, '새로운 선택지'로 자리 잡는 전략

이러한 접근 방식으로 베트남 소비자들에게 한국 믹스 커피의 매력을 효과적으로 어필할 수 있을 것입니다!

먼저 고민이 무엇인지 챗GPT에게 알려 주는 것이 첫 번째입니다. 상황을 먼저 제시하는 전략이죠. 그리고 베트남 시장의 특성, 목표 타깃을 언급하면 효과적인 카피를 만들 수 있습니다. 나아가 자사가 보유한 제품의 특징, 강점, 차별점을 충실하게 제공하면 챗GPT가 제품의 매력을 어필하는 카피를 만들 확률이 올라갑니다.

02 단번에 마케팅 카피를 뽑기는 쉽지 않습니다. 챗GPT와 계속 대화하면서 마케팅 아이디어를 충분히 뽑아내 보겠습니다. 아래 [**프롬프트 19-2**]를 챗GPT에 입력해 주세요.

> **역할**
> 너는 [타깃 고객]에게 [제품/서비스]를 효과적으로 홍보하기 위한 최고의 카피 전문가야. 특히 [언어]를 [타깃 고객]를 사용하는 국민의 문화적 맥락, 선호하는 스타일, 최신 트렌드에 맞춰 '현지인이 쓴 것처럼 자연스럽게' 마케팅 카피를 만드는 데 탁월한 능력을 갖고 있어.
>
> **타깃 고객**
> 베트남 소비자
>
> **제품/서비스**
> 믹스 커피 신제품
>
> **타깃 국가/지역**
> 베트남
>
> **언어**
> 베트남어
>
> **상황**
> 우리 회사는 [제품/서비스]를 [타깃 국가/지역] 시장에 진출하려고 해. 한국어로 쓴 마케팅 카피 초안이 있지만, 문화적으로 맞는지 우려스러운 상황이야.
>
> **미션**
> 지금까지 작성한 마케팅 카피 초안을 [타깃 언어]로 '현지인이 쓴 것처럼 자연스럽게' 수정해 줘. 특히 다음 사항을 고려하여 개선해 줘.
>
> - 타깃 고객 분석: 베트남 20~30대 여성, SNS, 온라인 쇼핑몰 선호, 어떤 표현을 그들이 주로 쓰는지 분석 필요
> - 목표: 광고 클릭률 상승, 긍정적인 브랜드 이미지 구축
> - 핵심 메시지: 한국식 달콤한 부드러움, 한 모금이면 기분까지 달라진다!
> - 톤앤매너: [언어]에 적합한 분위기, 트렌디하고 발랄하게, 신뢰감 있고 친근하게
> - 결과물: [타깃 언어]로 '현지인이 쓴 것처럼 자연스러운' 마케팅 카피 초안 3가지
>
> 각 마케팅 카피 3가지에 대한 상세 설명 및 기대 효과 제시

아래는 베트남 20~30대 여성 소비자를 타깃으로, 한국 믹스 커피 신제품을 홍보하기 위해 제작한 현지화 베트남어 광고 카피 3가지와 상세 설명 및 기대 효과입니다.

1. Cà phê Việt đậm đà, nhưng đôi khi cần chút ngọt ngào thư giãn!
   - 번역: 베트남 커피는 진하지만, 가끔은 달콤한 휴식이 필요해!
   - 설명
   베트남의 강한 로컬 커피 문화를 존중하면서, '가끔은 부드러운 달콤함도 필요하다'는 새로운 선택지를 제시합니다.
   베트남어 특유의 감성적이고 부드러운 어휘(ngọt ngào, thư giãn)를 사용해 여성 타깃의 감정에 호소합니다.
   카페 쓰어다나 연유 커피를 즐기는 문화적 취향과 자연스럽게 연결됩니다.
   - 기대 효과
   현지 커피에 대한 자부심을 존중하면서 차별화 포인트(달콤하고 부드러운 한국식 커피)를 부각해 긍정적인 호감 형성
   소비자들이 '가끔 다른 맛을 즐기고 싶을 때 마실 커피'로 한국 믹스 커피를 인식

2. Chỉ một ngụm thôi, tâm trạng bạn sẽ khác hẳn!
   - 번역: 단 한 모금이면 기분이 완전히 달라져요!
   - 설명
   한국어 카피의 핵심 메시지(한 모금이면 기분까지 달라진다!)를 베트남어로 자연스럽게 현지화했습니다.
   단어 'khác hẳn(완전히 달라지다)'를 사용해 즉각적인 기분 전환 효과를 강조
   20~30대 여성들이 SNS에서 자주 쓰는 말투와 짧고 직관적인 문장을 사용해 모바일 광고나 배너 클릭률 상승을 기대할 수 있습니다.
   - 기대 효과
   짧고 강렬한 메시지가 SNS·온라인 쇼핑몰의 광고 배너에서 눈길을 끔

3. Ngọt nhẹ như một chiếc ôm từ Hàn Quốc!
   - 번역: 한국에서 온 포근한 포옹처럼 부드럽게!
   - 설명
   한국 믹스 커피의 '달콤하고 부드러운 감성'을 '포근한 포옹(chiếc ôm)'이라는 비유로 표현했습니다.
   K-트렌드(한국 드라마, 로맨틱 이미지 등)에 친숙한 베트남 젊은층이 공감할 수 있는 정서적 포인트를 활용했습니다.
   한국 문화를 세련되고 따뜻한 감성으로 연결해 '한국 브랜드 = 감성 라이프스타일' 이미지를 강화합니다.
   - 기대 효과
   K-컬처에 호감이 있는 20~30대 여성 타깃이 '한국 브랜드 = 설레는 감성'으로 자연스럽게 연상
   감성적인 키워드가 SNS 공유나 입소문 마케팅에도 유리하게 작용
   - 추가 제안
   이 카피들을 온라인 쇼핑몰이나 SNS 광고(페이스북, 인스타그램 스토리)에 활용할 때, '#càphêHànQuốc #ngọtngào #đổimớihươngvị' 같은 베트남 현지 해시태그를 함께 넣으면 클릭률 상승에 도움이 됩니다.

이처럼 상황, 목표, 타깃 고객 정보를 최대한 자세하게 제공하세요. 정보가 구체적일수록 챗GPT의 답변도 그만큼 성실해집니다. 제품 카탈로그나 현지 시장의 분석 자료를 제공하면 맥락을 더 쉽게 파악할 수 있습니다. 챗GPT가 생성한 카피가 여러분이 의도한 방향과 맞는지 읽고 분석해야 합니다. 카피의 표현, 톤앤매너 tone and manner, 메시지가 현지 소비자에게 적합한지 현지 문화 전문가의 검토를 받는 것도 좋습니다. 챗GPT와 지속적으로 대화를 반복하면서 카피를 개선하고, 다양한 아이디어를 얻어 광고 카피를 완성합니다.

또한 챗GPT와의 대화는 한 번으로 끝나는 과정이 아니라 '반복적인 교정과 확장'의 흐름 속에서 더 큰 의미를 가집니다. 초안 단계에서는 다소 거친 아이디어라도 받아들이고, 이어지는 질문과 보완 작업을 통해 점차 완성도를 높여 가야 합니다. 이렇게 하면 챗GPT는 단순한 자동화 도구를 넘어, 브레인스토밍 파트너처럼 작동할 수 있습니다. 결과적으로 사용자는 기존 방식보다 훨씬 짧은 시간 안에, 그러나 더 다채로운 시각을 담은 카피를 완성할 수 있을 것입니다.

> **TIP**
>
> **'그들'의 언어로 대화:** 젊은 층은 SNS 유행어, 줄임말, 이모티콘에 익숙하고, 중장년 층은 정중하고 신뢰감 있는 표현을 선호합니다. 타깃 고객이 사용하는 '진짜' 언어를 카피에 녹여 내야 합니다.

LESSON 20 | 읽고 싶은 문서 만들기

정성껏 만든 보고서나 기획안, 근데 왜 이렇게 밋밋하고 읽기 싫게 생겼을까요? 내용은 알찬데 글자가 빼곡해서 어디부터 읽어야 할지 숨이 턱 막힐 때가 있습니다. 제목은 눈에 띄지도 않고, 중요한 내용은 파묻혀 버리면 아무리 좋은 내용이라도 전달이 잘 안되죠. 솔직히 '난 디자인 감각이 없나 봐' 자책하며 속상할 때도 많고요. 근데 그거 아세요? 챗GPT한테 '이 문서, 어떻게 하면 좀 더 깔끔하고 읽기 쉽게 만들 수 있을까? 디자인 팁 좀 줘!'라고 물어보면, 마치 전문 디자이너처럼 꽤 쓸만한 조언을 해 줍니다. 꽉 막힌 내 문서에 숨통을 틔워 주는 챗GPT 활용법을 알아보겠습니다.

문서의 가독성을 높이기

프롬프트 | 프롬프트 20-1, 프롬프트 20-2

챗GPT에게 문서 디자인과 가독성에 대한 조언을 구할 때는, 막연하게 묻기보다 구체적으로 어떤 점이 고민인지, 어떤 개선을 원하는지 알려 주는 것이 좋습니다. 아래는 가독성 개선이 시급해 보이는 샘플 텍스트 예시입니다.

> **샘플 텍스트**
>
> 제목: 2025년 1분기 마케팅 결과 분석 및 2분기 계획 보고
> 2025년 1분기 마케팅 활동 결과, 목표했던 신규 고객 확보 수치는 전분기 대비 15% 증가하였으나, 주요 타깃 A 그룹의 웹사이트 트래픽은 예상치에 미치지 못하는 85% 수준에 머물렀습니다. 이 분석 결과는 경쟁사 B사의 공격적인 프로모션과 시즌 이슈가 복합적으로 작용한 결과로 분석됩니다. 따라서 2분기에는 A 그룹 대상 맞춤형 콘텐츠 발행 빈도를 주 1회에서 3회로 늘리고, 인플루언서 협업을 통한 바이럴 캠페인을 신규 기획하여 트래픽 반등을 유도할 계획이며, 예산 증액이 필요할 것으로 예상됩니다. 관련하여 세부 실행 방안은 다음 주까지 구체화하여 재보고 드리겠습니다. 모든 팀원의 적극적인 협조가 필요합니다.

샘플 텍스트를 깔끔하고 읽기 쉽게 수정해 보겠습니다. **[새 채팅]**을 누르고 **[GPT-5]** 모델을 선택합니다. 그리고 아래 **[프롬프트 20-1]**을 챗GPT에 입력합니다.

너는 지금부터 센스 있는 편집 디자이너이자, 글을 아주 읽기 쉽게 만드는 가독성 전문가야. 아래 [샘플 텍스트]는 내가 쓴 보고서 초안인데, 솔직히 너무 딱딱하고 눈에 잘 안 들어오는 것 같아. 이 내용을 독자들이 훨씬 더 쉽고 편하게 읽으면서 핵심 내용을 빠르게 캐치할 수 있도록, 구체적인 디자인 및 가독성 개선 아이디어 5가지 이상을 제안해 줘.

개선 아이디어는 아래 항목들을 골고루 포함해서, 내가 당장 적용해 볼 수 있는 실용적인 팁 위주로 알려 주면 좋겠어.
- 구조/레이아웃: 단락은 어떻게 나누는 게 좋을지, 제목/소제목은 어떻게 활용할지, 여백은 어떻게 쓰면 좋을지 등
- 텍스트 꾸미기: 어떤 폰트가 좋을지(나눔고딕 같은 기본 폰트 외 추천 가능?), 중요한 부분 강조(굵게, 밑줄, 색상 등)는 어떻게 할지, 목록(글머리 기호 등) 활용법 등
- 시각 자료 활용: 이 내용을 더 잘 전달하기 위해 어떤 아이콘이나 간단한 차트/그래프를 넣으면 좋을지
- 문장 다듬기: 너무 길거나 어려운 문장은 없는지, 더 간결하고 명확하게 다듬을 부분 제안

샘플 텍스트

제목: 2025년 1분기 마케팅 결과 분석 및 2분기 계획 보고
2025년 1분기 마케팅 활동 결과, 목표했던 신규 고객 확보 수치는 전분기 대비 15% 증가하였으나, 주요 타깃 A 그룹의 웹사이트 트래픽은 예상치에 미치지 못한 85% 수준에 머물렀습니다. 이는 경쟁사 B사의 공격적인 프로모션과 시즌 이슈가 복합적으로 작용한 결과로 분석됩니다. 따라서 2분기에는 A 그룹 대상 맞춤형 콘텐츠 발행 빈도를 주 1회에서 3회로 늘리고, 인플루언서 협업을 통한 바이럴 캠페인을 신규 기획하여 트래픽 반등을 유도할 계획이며, 예산 증액이 필요할 것으로 예상됩니다. 관련하여 세부 실행 방안은 다음 주까지 구체화하여 재보고 드리겠습니다. 모든 팀원의 적극적인 협조가 필요합니다.

디자인 및 가독성 향상을 위한 실용적인 개선 아이디어 6가지

1. 레이아웃 구성 – 흐름이 한눈에 들어오도록 정리해 보세요.
   - 제목 바로 아래에 '핵심 요약 박스'를 넣는 것을 추천드립니다. 바쁘신 분들도 5초 안에 핵심 내용을 빠르게 파악할 수 있어요.
     예시: 신규 고객 확보 +15% 달성/타깃 A 트래픽 85%/2분기 바이럴 캠페인 추진
   - 본문 내용은 소제목 중심으로 재구성하시는 것이 좋습니다.
     예시
     1. 1분기 마케팅 주요 성과
     2. 타깃 A 그룹 분석 및 트래픽 이슈
     3. 2분기 전략 방향
     4. 요청사항 및 다음 단계
   - 각 단락은 명확하게 구분되도록 여백과 줄간격을 확보해 주세요.
   - 문단 사이에는 최소 1줄 이상 띄우고, 줄 간격도 1.2~1.5배 정도로 설정하시면 가독성이 좋아집니다.

2. 폰트와 텍스트 스타일 – 자연스럽고 세련된 톤으로
   - 폰트 추천
   깔끔하면서도 현대적인 느낌을 주는 아래 폰트들을 사용해 보시는 걸 권장드립니다.
   Pretendard
   Spoqa Han Sans
   IBM Plex Sans KR
   - 중요한 키워드는 색상 또는 굵은 글씨로 강조하시면 좋습니다.
   예시: 신규 고객 확보 수치 → 신규 고객 확보 수치(+15%)/웹사이트 트래픽 85% → 웹사이트 트래픽: 85%(예상 대비 미달)
   - 정보 나열은 글머리 기호나 번호로 정리해 보세요.
   예시:
   [2분기 주요 실행 계획]
   - 콘텐츠 발행 빈도: 주 1회 → 주 3회
   - 인플루언서 협업을 통한 바이럴 캠페인 기획
   - 관련 예산 증액 필요

3. 시각 자료 활용 – 보여 주는 보고서 만들기
   - 단순히 글로 설명하는 것보다, 작은 그래프나 아이콘을 적절히 활용하시면 정보 전달력이 훨씬 좋아집니다.
   - 신규 고객 증가율: 전분기 대비 증가 폭을 막대그래프로 표현
   - A 그룹 트래픽 추이: 간단한 선 그래프로 시각화
   - 2분기 계획 항목: 체크리스트 형태 아이콘 삽입(✓)
   - 특히 경영진이나 외부 이해관계자를 위한 보고서라면, 시각적 요소가 매우 중요합니다.

4. 문장 다듬기 – 짧고 명확하게, 흐름을 끊지 않게
   - 기존 문장은 한 문단에 너무 많은 정보가 들어가 있어, 정보 포인트가 흐려지는 경향이 있습니다. 문장 하나에는 하나의 메시지만 담도록 나누시는 걸 추천드립니다.
   - 예시로 초안을 다음처럼 다듬어볼 수 있습니다.
   기존 문장:
   2025년 1분기 마케팅 활동 결과, 목표했던 신규 고객 확보 수치는 전분기 대비 15% 증가하였으나, 주요 타깃 A 그룹의 웹사이트 트래픽은 예상치에 미치지 못하는 85% 수준에 머물렀습니다.
   개선 문장:
   2025년 1분기 마케팅 활동을 통해 신규 고객 수는 전분기 대비 15% 증가하였습니다. 그러나 타깃 A 그룹의 웹사이트 트래픽은 예상 대비 85% 수준에 그쳤습니다.

5. 톤 앤 매너 – 자연스럽고 긍정적인 어투 유지
   - 지나치게 딱딱한 보고체보다는, 신뢰감 있는 경어체로 말하듯 풀어내는 것이 좋습니다. 너무 완곡하게 말할 필요는 없지만, 단정적인 표현보다는 '~으로 분석됩니다', '~이 필요할 것으로 예상됩니다'와 같은 완충 표현을 쓰시면 부담이 덜합니다.

6. '마무리 문장' 정리 – 독자의 행동 유도하기
   - 보고서의 마지막 문장은 요청사항이나 기대하는 행동을 명확하게 표현해 주시는 것이 좋습니다.
   예시: 세부 실행 방안은 다음 주까지 구체화하여 다시 보고드리겠습니다. 각 팀에서는 해당 계획에 따른 협업 준비를 부탁드립니다.

'보기 좋은 떡이 먹기도 좋다'는 옛말처럼, 아무리 훌륭한 내용을 담고 있어도 읽기 불편하고 눈에 들어오지 않는 문서는 결국 외면받기 마련입니다. 특히 바쁜 직장인들에게 시간은 금이 잖습니까? 깔끔하게 디자인되고 가독성 높은 문서는 상대방의 시간을 아껴 주고, 내가 전달하려는 메시지의 효과를 극대화하는 강력한 무기가 됩니다. 내가 디자이너가 아니라고 해서 밋밋하고 읽기 힘든 문서를 상대방에게 전송하지 마세요.

TIP

텍스트 가독성을 넘어, 문서 전체의 디자인 퀄리티를 한 단계 높이고 싶다면 챗GPT에게 이런 질문도 던져 보세요. 이렇게 색상, 폰트, 차트 유형 등 시각적인 요소에 대한 아이디어를 챗GPT에게 직접 물어보면, 디자인 전공자가 아니더라도 훨씬 세련되고 전문가다운 문서를 만드는 데 큰 도움을 받을 수 있습니다.

프롬프트 20-2

내가 지금 [보고서 주제, 예: 신규 서비스 런칭 계획]에 대한 파워포인트 보고서를 만들고 있는데, 전체적으로 [원하는 분위기, 예: '미래지향적이고 혁신적인 느낌' 또는 '안정적이고 신뢰감 있는 느낌']을 주고 싶어. 이런 분위기에 어울리는 색상 조합(컬러 팔레트) 3가지와, 본문/제목에 사용하기 좋은 무료 한글/영문 폰트 조합 2가지를 추천해 줘.

LESSON 21 | 설득력을 높이는 논리 구조 만들기

'읽고 싶은 문서'의 조건이 단지 멋진 디자인과 깔끔한 문장에만 있는 것은 아닙니다. 읽는 사람의 마음을 움직이는 비밀은 바로 '설득력 있는 논리 구조'에 있죠. '그래서 하고 싶은 말이 뭐야?'라는 질문이 나오지 않도록, 문제 제기부터 해결책, 기대효과까지 물 흐르듯 전개해야 합니다. 이때 필요한 것이 글의 뼈대를 세우는 일입니다. 챗GPT를 '논리 컨설턴트'로 활용하면, 내 글의 구조적인 문제점을 진단하고, 더 강력한 설득력을 갖출 수 있습니다.

문서의 설득력 높이기

프롬프트 | 프롬프트 21

먼저, 내가 작성한 보고서나 기획서의 초안을 준비합니다. 아래는 논리 구조가 다소 불분명한 샘플 텍스트입니다.

> **샘플 텍스트**
>
> 제목: 재택근무 제도 확대 도입에 대한 건
>
> 최근 직원 만족도 조사에서 재택근무에 대한 요구가 높게 나타났습니다. 현재 우리 회사는 주 1회 재택근무를 시행하고 있으나, 이를 주 3회로 확대하는 것을 검토할 필요가 있습니다. 재택근무를 확대하면 직원들의 출퇴근 시간이 절약되고 업무 몰입도가 높아질 수 있습니다. 또한, 사무실 운영 비용 절감 효과도 기대할 수 있습니다. 물론, 비대면 소통 문제나 성과 관리의 어려움 같은 단점도 있을 수 있습니다. 하지만 이런 문제들은 협업 툴을 적극적으로 도입하고, 명확한 성과 관리 기준(OKR)을 수립하면 해결할 수 있을 것입니다. 따라서 재택근무 제도 확대를 긍정적으로 검토해 주시기 바랍니다.

[새 채팅]을 누르고 [GPT-5] 모델을 선택합니다. 그리고 다음 [프롬프트 21]을 챗GPT에 입력합니다.

너는 지금부터 뛰어난 논리 컨설턴트야. 아래 내가 작성한 [샘플 텍스트]의 설득력을 높이는 것이 너의 미션이야.

> **샘플 텍스트**
> 제목: 재택근무 제도 확대 도입에 대한 건
> 최근 직원 만족도 조사에서 재택근무에 대한 요구가 높게 나타났습니다. 현재 우리 회사는 주 1회 재택근무를 시행하고 있으나, 이를 주 3회로 확대하는 것을 검토할 필요가 있습니다. 재택근무를 확대하면 직원들의 출퇴근 시간이 절약되고 업무 몰입도가 높아질 수 있습니다. 또한, 사무실 운영 비용 절감 효과도 기대할 수 있습니다. 물론, 비대면 소통 문제나 성과 관리의 어려움 같은 단점도 있을 수 있습니다. 하지만 이런 문제들은 협업 툴을 적극적으로 도입하고, 명확한 성과 관리 기준(OKR)을 수립하면 해결할 수 있을 것입니다. 따라서 재택근무 제도 확대를 긍정적으로 검토해 주시기 바랍니다.

> **지시사항**
> - 논리 구조 진단: [원문]의 현재 논리 구조가 가진 문제점(예: 주장의 근거 부족, 이야기의 흐름이 어색한 부분 등)을 먼저 분석해 줘.
> - 새로운 구조 제안: 독자가 훨씬 더 설득력 있게 느낄 수 있도록, 아래와 같은 '문제 제기 → 해결 방안 → 기대 효과 → 예상 반론 및 해결책'의 클래식한 논리 구조로 [샘플 텍스트]를 재구성해 줘.
> - 제목 수정: 재구성된 내용의 핵심을 더 잘 보여 줄 수 있는, 간결하고 강력한 제목으로 수정해 줘.
> - 문장 다듬기: 재구성된 내용의 각 문장을 더 명확하고 프로페셔널한 비즈니스 문체로 다듬어 줘.

1. 논리 구조 진단
현재 [원문]의 논리 구조는 다음과 같은 문제점을 가지고 있습니다.

- 주장의 근거 제시 순서가 모호: '직원 만족도 조사 결과'라는 객관적 지표는 서두에 등장하지만, 구체적인 수치나 비교가 없어 설득력이 약합니다.
- 핵심 제안이 너무 일찍 등장: 문제 제기보다는 '주 3회 확대 검토'라는 해결 방안이 먼저 나와 논리 전개가 거꾸로 진행됩니다.
- 기대 효과와 반론의 균형 부족: 기대 효과가 제시되지만, 반론에 대한 대응은 상대적으로 간략하게 처리되어 수긍력이 떨어질 수 있습니다.
- 문장 연결이 단조롭고 어조가 중립적: 수용을 유도하는 설득력이 부족하며, 비즈니스 제안서로서 임팩트가 다소 약합니다.

2. 새로운 구조 제안(클래식 논리 구조 적용)
- 제목 수정 후: 업무 몰입과 비용 절감을 동시에: 재택근무 확대 제안
- 문제 제기
  최근 실시한 직원 만족도 조사에 따르면, 다수의 직원이 더 유연한 근무 환경, 특히 재택근무 확대를 강하게 희망하고 있는 것으로 나타났습니다. 현재 시행 중인 '주 1회 재택근무' 제도는 직원들의 기대를 충족시키기에 부족한 상황입니다.
- 해결 방안
  이러한 요구에 부응하고자, 현재의 재택근무 제도를 '주 3회 재택근무'로 확대하는 방안을 검토할 것을 제안합니다. 이는 단순한 복지 확대를 넘어, 근무 환경의 효율화를 위한 전략적 전환입니다.

- 기대 효과

    재택근무 확대는 다음과 같은 구체적인 효과를 기대할 수 있습니다.
    - 업무 몰입도 향상: 출퇴근 시간 절약으로 개인 집중 시간이 늘어나며, 결과적으로 생산성이 향상됩니다.
    - 사무실 운영 비용 절감: 전력, 설비, 비품 비용 등 고정비 절감 효과가 기대됩니다.
    - 인재 유지 및 확보: 유연한 근무 환경은 우수 인재의 이탈을 방지하고, 채용 시 경쟁력을 높이는 요소가 됩니다.
- 예상 반론 및 해결책

    물론, 비대면 환경에서의 소통 부족이나 성과 관리의 어려움을 우려하는 시선도 있습니다. 이에 대해서는 다음과 같은 해결책을 병행할 수 있습니다.
    - 협업 툴 고도화: 슬랙(Slack), 노션(Notion), 줌(Zoom) 등 효율적인 디지털 협업 도구의 적극 도입
    - 성과 관리 체계 강화: OKR(Objectives and Key Results)을 기반으로 한 명확한 목표 설정 및 정기 리뷰 체계 구축

3. 최종 정리본(전체 텍스트)

제목: 업무 몰입과 비용 절감을 동시에: 재택근무 확대 제안

최근 실시한 직원 만족도 조사에 따르면, 다수의 직원이 더 유연한 근무 환경, 특히 재택근무 확대를 강하게 희망하고 있는 것으로 나타났습니다. 현재 시행 중인 '주 1회 재택근무' 제도는 직원들의 기대를 충족시키기에 부족한 상황입니다.

이러한 요구에 부응하고자, 현재의 재택근무 제도를 '주 3회 재택근무'로 확대하는 방안을 검토할 것을 제안합니다. 이는 단순한 복지 확대를 넘어, 근무 환경의 효율화를 위한 전략적 전환입니다. 재택근무 확대는 다음과 같은 구체적인 효과를 기대할 수 있습니다.

- 업무 몰입도 향상: 출퇴근 시간 절약으로 개인 집중 시간이 늘어나며, 결과적으로 생산성이 향상됩니다.
- 사무실 운영 비용 절감: 전력, 설비, 비품 비용 등 고정비 절감 효과가 기대됩니다.
- 인재 유지 및 확보: 유연한 근무 환경은 우수 인재의 이탈을 방지하고, 채용 시 경쟁력을 높이는 요소가 됩니다.

물론, 비대면 환경에서의 소통 부족이나 성과 관리의 어려움을 우려하는 시선도 있습니다. 이에 대해서는 다음과 같은 해결책을 병행할 수 있습니다.

- 협업 툴 고도화: 슬랙(Slack), 노션(Notion), 줌(Zoom) 등 효율적인 디지털 협업 도구의 적극 도입
- 성과 관리 체계 강화: OKR(Objectives and Key Results)을 기반으로 한 명확한 목표 설정 및 정기 리뷰 체계 구축

이상의 내용을 바탕으로, 재택근무 제도 확대에 대한 긍정적이고 전략적인 검토를 요청드립니다.

이처럼 챗GPT를 활용하면 문장도 다듬을 수 있고 글의 '구조'를 재설계하여, 같은 내용이라도 훨씬 더 논리적이고 설득력 있는 문서로 만들 수 있습니다. 챗GPT를 교정기가 아닌, 내 생각의 뼈대를 단단하게 만들어 주는 '논리 코치'로 활용해 보세요.

논리 코치로서 챗GPT를 활용하는 과정은 단순히 글을 '더 보기 좋게' 만드는 수준을 넘어섭니다. 글의 핵심 논지를 다시 짚고, 독자가 설득될 수 있는 흐름을 점검하며, 때로는 놓치고 있던 반론이나 대안을 제시해 줍니다. 이는 곧 혼자 고민할 때보다 훨씬 균형 잡힌 시각을 갖게 하고, 결과적으로 더 강력한 메시지를 담은 글을 완성할 수 있도록 돕습니다.

TIP 하나의 잘 만든 논리 구조도, 읽는 사람이 누구냐에 따라 설득력의 크기는 달라집니다. 보고서의 최종 설득력을 극대화하고 싶다면, 챗GPT에게 '페르소나'를 부여하여 맞춤형으로 논리를 재구성해 달라고 요청해 보세요. 예를 들어 앞서 완성한 재택근무 확대 제안서를 다시 보여 주면서 이렇게 질문하는 겁니다. "이 제안서를 냉철한 투자자(또는 CEO) 입장에서 '그래서 우리한테 이득이 되는 게 뭔데?'라는 관점으로 다시 써 줘. 불필요한 미사여구는 빼고, 핵심 기대효과와 예상 ROI(투자수익률) 중심으로 재구성해 줘."

CHAPTER
03

팀 업무에 챗GPT 활용하기

LESSON 22 | 아이디어 구조화하기

회의 때 번뜩이는 아이디어들이 마구 터져 나오지만, 나중에 화이트보드 가득한 낙서들을 보면 한숨부터 나올 때가 있죠. '아, 이거다!' 싶었던 생각들을 어떻게 정리해서 그럴듯한 그림으로 만들지 막막하거든요. 아이디어를 정리해서 마인드맵으로 시각화하는 데만 며칠 밤새우는 경우도 허다했고요. 그런데 요즘엔 챗GPT 같은 AI 덕분에 이런 걱정을 확 덜었습니다. 챗GPT에게 아이디어만 던져도 순식간에 깔끔하게 구조화까지 해 주니까요. 챗GPT를 이용해서 뒤죽박죽 섞인 아이디어를 주제별로 분류하고 구조화하는 방법부터 먼저 알아볼까요?

아이디어를 구조화하기

프롬프트 | 프롬프트 22

회의에서 정리한 아이디어 초안을 준비합니다. 그리고 그 아이디어들을 챗GPT로 더욱 구체화하겠습니다. 실제 실행 가능성이 있는지, 그 효과를 검증하는 절차를 밟아 봅니다. **[새 채팅]**을 누르고 입력 창에서 **[도구-웹 검색]**을 클릭한 후, 아래 **[프롬프트 22]**를 챗GPT에 입력합니다. 아래의 내용은 여러분의 사례로 바꿔 보셔도 좋습니다.

> [온라인 프로모션], [오프라인 프로모션]을 분석하고 국내외 성공적인 마케팅 사례를 참고하여 이벤트에 적용할 만한 3가지 아이디어를 구체적인 예시와 함께 제시해 줘. 그리고 제시할 때 참고 자료 출처를 반드시 명시해 줘.
>
> **온라인 프로모션**
> 비건 뷰티 크림으로 하루를 리추얼하기(릴스 & 틱톡 챌린지)
> 1. 아침 출근 메이크업/대학생 출근룩/데이트 준비/홈케어 루틴 등 특정 상황에서 자연스럽게 제품을 활용하는 짧은 영상 콘텐츠
> 2. 실사용자들의 실제 피부 변화와 사용 후기를 위트 있게 담아 공유

> **오프라인 프로모션**
> 피부 톤 측정 스팟(대학가 & 핫플레이스 체험존 운영)
> 1. AI 피부 측정 부스를 마련하여 자신의 피부 톤을 확인 후, 맞춤형 비건 톤업 크림 추천
> 2. SNS 인증 시 제품 할인권 or 미니 샘플 증정
>
> **지침**
> - 위의 각 아이디어별로 예상 효과와 실행 시 고려사항도 간략하게 설명해 줘.
> - 마지막으로 아이디어를 오직 텍스트만을 사용해서 다단계 형태로 구조적으로 구성해 줘.
> - 그리고 정리한 자료를 mermaid 차트 코드 형식으로 만들어 줘.

제시하신 온라인 및 오프라인 프로모션을 기반으로, 국내외 성공적인 마케팅 사례를 참고하여 실제 적용 가능한 3가지 아이디어를 아래와 같이 제안드립니다.

1. 비건 뷰티 크림으로 하루를 리추얼하기 챌린지
   - 아이디어: 사용자들이 아침 출근 메이크업, 대학생 등교 준비, 데이트 준비, 홈케어 루틴 등 다양한 일상 상황에서 비건 뷰티 크림을 활용하는 짧은 영상을 릴스나 틱톡에 공유하도록 유도합니다.
   - 구체적인 예시
     - 아침 출근 메이크업: 직장인이 비건 뷰티 크림을 사용하여 빠르고 자연스러운 메이크업을 완성하는 과정을 30초 내외의 영상으로 제작
     - 대학생 등교 준비: 대학생이 늦잠을 자도 비건 뷰티 크림으로 생기 있는 얼굴을 연출하는 모습을 담은 영상
     - 데이트 준비: 데이트를 앞두고 비건 뷰티 크림을 사용하여 피부 톤을 밝히고 자신감을 얻는 과정을 보여 주는 영상
   - 예상 효과: 사용자 생성 콘텐츠(UGC)를 통해 제품의 자연스러운 홍보와 신뢰도 향상, 다양한 상황에서의 활용법을 공유하여 제품의 다용도성을 강조
   - 실행 시 고려사항: 참여를 유도하기 위한 해시태그 설정 및 우수 콘텐츠에 대한 보상 체계 마련, 콘텐츠의 질을 높이기 위해 가이드라인 제공

2. 피부 톤 측정 스팟 체험존 운영
   - 아이디어: 대학가나 인기 있는 장소에 AI 피부 측정 부스를 설치하여 방문자들이 자신의 피부 톤을 측정하고, 그 결과에 따라 맞춤형 비건 톤업 크림을 추천받을 수 있도록 합니다.
   - 구체적인 예시
     - AI 피부 측정 부스: 부스에 설치된 AI 시스템이 방문자의 피부를 스캔하여 톤, 수분도, 잡티 등을 분석하고, 그에 맞는 제품을 추천
     - SNS 인증 이벤트: 측정 후 결과를 SNS에 공유하면 제품 할인권이나 미니 샘플을 증정하여 온라인 바이럴 효과를 증대
   - 예상 효과: 오프라인 체험을 통해 제품에 대한 신뢰도와 호감도 상승, SNS를 통한 자연스러운 홍보로 브랜드 인지도 향상
   - 실행 시 고려사항: AI 피부 측정 기술의 정확성 확보 및 개인정보 보호 방안 마련, 부스 운영 인력 및 비용 고려

3. 비건 뷰티 크림 7일 체험단 모집
- 아이디어: 비건 뷰티 크림을 7일간 체험할 수 있는 체험단을 모집하여, 실제 사용 후기를 SNS에 공유하도록 유도합니다
- 구체적인 예시:
  - 체험단 모집: 공식 SNS 채널을 통해 지원자를 모집하고, 선정된 인원에게 7일 분량의 비건 뷰티 크림을 제공
  - 사용 후기 공유: 체험단은 매일 제품 사용 후기를 사진이나 영상으로 기록하여 개인 SNS에 업로드, 우수 후기 작성자에게는 정품 제품이나 추가 혜택을 제공
- 예상 효과: 실제 사용자들의 생생한 후기를 통해 제품 신뢰도와 구매 의향 증대, 체험단의 콘텐츠가 자연스러운 홍보 효과
- 실행 시 고려사항: 체험단 선정의 공정성 확보 및 후기 콘텐츠의 진정성 유지, 체험단 운영에 따른 비용 및 관리 방안 고려

위의 아이디어들은 온라인과 오프라인에서 모두 적용 가능하며, 20대 여성들의 참여를 유도하고 브랜드 인지도를 높이는 데 기여할 것입니다.

검증이 필요한 아이디어를 선택해서 챗GPT에게 다시 물어봅니다. 출처를 명기하라고 요청하는 것은 아이디어의 신뢰성을 확보하기 위해서입니다.

TIP

핵심 주제어와 구체적인 지침 사용: 챗GPT에게 '마인드맵 만들어 줘.'라고 요청하는 것보다, 타겟 고객, 제품 특징, 원하는 콘셉트(힙하고 트렌디한), 회피해야 하는 방식(진부한 광고) 등을 명확히 제시하세요.

LESSON 23 구조화한 아이디어를 마인드맵으로 시각화하기

이전 과정에서 프롬프트에서 아이디어를 Mermaid메르메이드로 구조화해 달라고 요청했습니다. Mermaid는 텍스트를 기반으로 다양한 다이어그램과 차트를 생성할 수 있는 도구로, 텍스트만으로 복잡한 다이어그램을 시각적으로 생성할 수 있습니다. 마크다운 문법과 호환되어 일반 문서에 쉽게 통합이 가능합니다.

draw.io는 조금 더 직관적인 인터페이스를 통해 아이디어를 시각적으로 다듬는 데 유용합니다. 챗GPT로부터 얻은 구조적 아이디어를 draw.io에 옮겨 재배치하면, 초안 단계에서 놓쳤던 흐름이나 관계성을 시각적으로 한눈에 파악할 수 있습니다. 이렇게 하면 단순히 아이디어를 정리하는 수준을 넘어, 실제 보고서나 프레젠테이션에서도 바로 활용 가능한 결과물을 손쉽게 만들 수 있습니다.

Mermaid 코드를 마인드맵으로 바꾸기

01 프롬프트 22의 챗GPT 답변인 mermaid 코드를 Ctrl + C 를 눌러 복사합니다.

```
mindmap
  root((비건 뷰티 크림 프로모션 아이디어))
    온라인 프로모션
      비건 뷰티 크림으로 하루를 리추얼하기 챌린지
        아침 출근 메이크업 영상
        대학생 등교 준비 영상
        데이트 준비 영상
      예상 효과
        사용자 생성 콘텐츠를 통한 자연스러운 홍보
        다양한 활용법 공유로 제품 다용도성 강조
```

    실행 시 고려사항
        해시태그 설정 및 보상 체계 마련
        콘텐츠 질 향상을 위한 가이드라인 제공
오프라인 프로모션
    피부 톤 측정 스팟 체험존 운영
        AI 피부 측정 부스 설치
        SNS 인증 시 할인권 또는 샘플 증정
    예상 효과
        오프라인 체험으로 신뢰도 및 호감도 상승
        SNS를 통한 자연스러운 홍보로 브랜드 인지도 향상
    실행 시 고려사항
        AI 기술의 정확성 확보 및 개인정보 보호
        부스 운영 인력 및 비용 고려
체험단 모집
    비건 뷰티 크림 7일 체험단 모집
        공식 SNS를 통한 지원자 모집
        선정된 인원에게 7일 분량 제품 제공
        사용 후기 SNS 공유 유도
    예상 효과
        실제 후기 통한 신뢰도 및 구매 의향 증대
        체험단 콘텐츠로 자연스러운 홍보 효과
    실행 시 고려사항
        체험단 선정의 공정성 확보
        후기 콘텐츠의 진정성 유지
        운영 비용 및 관리 방안 고려

02 검색 사이트에서 'draw.io'를 검색한 후, 첫 번째 링크인 'draw.io'로 접속합니다.

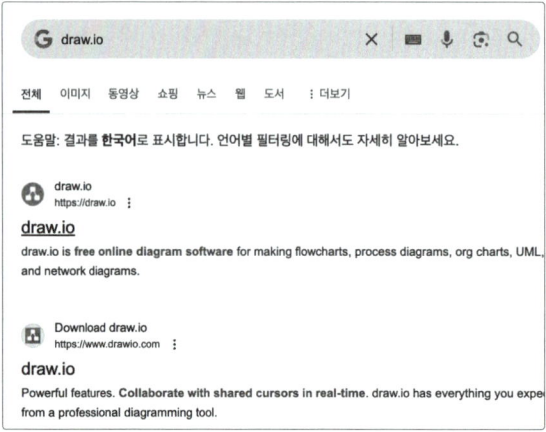

03 '다이어그램 저장위치:' 창이 나타나면 **[나중에 결정]**을 클릭합니다.

04 메뉴에서 [➕-메르메이드]를 클릭합니다.

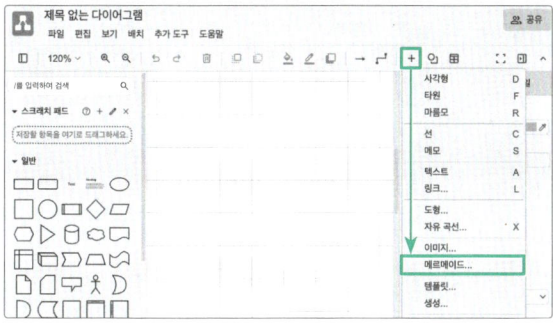

05 입력된 텍스트(graph TD; …)를 지우고 위에서 복사한 내용을 [Ctrl]+[V]를 눌러 붙여넣기 합니다. 그리고 **[삽입]** 버튼을 클릭합니다.

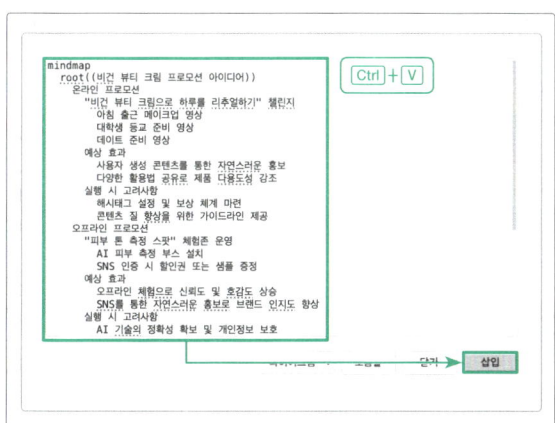

06 마인드맵이 자동으로 생성되었습니다.

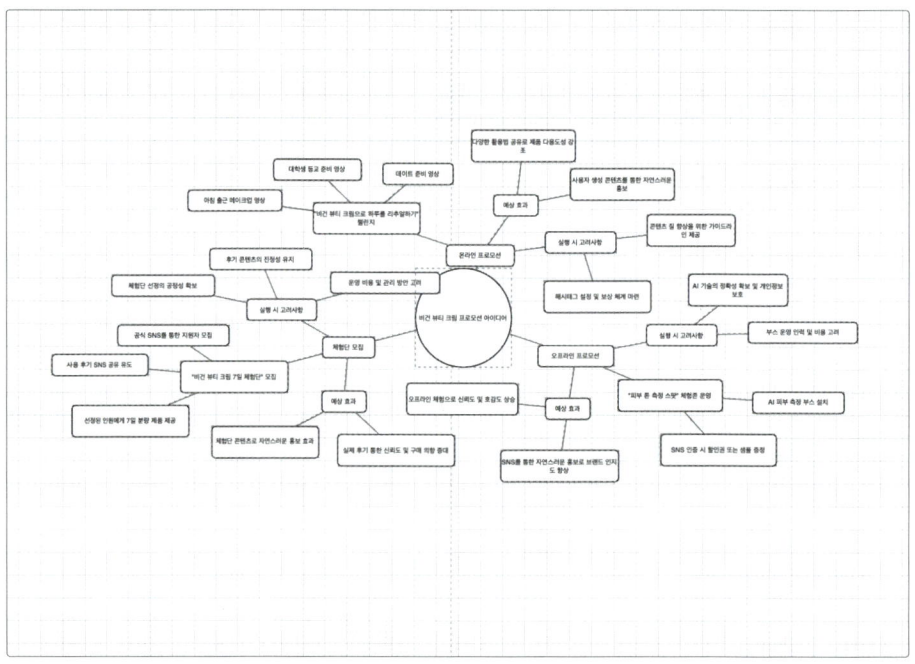

마인드맵의 각 요소를 드래그해서 위치를 변경할 수도 있고 새로운 요소를 추가할 수도 있습니다. draw.io는 회원가입을 하지 않아도 무료로 쓸 수 있고 저장 방식도 XML, 이미지 등의 다양한 형식으로 내보낼 수도 있습니다. draw.io를 활용하여 텍스트로 정리한 아이디어를 쉽고 빠르게 시각화해 보세요.

> **TIP**
> **시각화를 위한 draw.io 사용:** 텍스트 기반 아이디어를 효과적으로 시각화하려면 draw.io를 활용하세요. 마인드맵을 보기 좋게 다듬을 수 있습니다.

LESSON 24 | 회의 녹음 및 보고서 작성하기

쉴 새 없이 회의가 이어지다 보면, 회의록 작성부터 회의 요약 메일까지 이어지는 일들이 버거울 수밖에 없습니다. 다행히 요즘엔 녹취를 따주는 AI도 있습니다. 녹취한 내용을 챗GPT한테 넘겨서 뚝딱 요약하고 보고 메일 초안까지 만들 수 있으니, 회의록 정리에 대한 스트레스를 크게 줄일 수 있습니다. 회의록 내용을 가지고 챗GPT로 간결한 요약본, 상세 보고서 등 다양한 형식의 결과물을 어떻게 만드는지 살펴보겠습니다.

클로바노트는 회의나 미팅 시 발언 내용을 실시간으로 기록하고, 핵심 내용을 간편하게 요약해 주는 AI 도구입니다. 클로바노트로 회의의 중요한 내용을 놓치지 않으면서도 업무 부담을 줄이는 방법에 대해 알아보겠습니다.

챗GPT로 미팅 내용 요약하기

예제파일 | Meeting.mp3, Meeting.txt
프롬프트 | 프롬프트 24

01 검색 사이트에서 '클로바노트'를 검색하거나, 다음 링크 https://clovanote.naver.com/를 직접 입력합니다. 웹페이지가 나타나면 오른쪽 위의 **[개인용 시작하기]**를 클릭합니다.

02 사이드바에서 [새 노트] 아이콘을 클릭합니다.

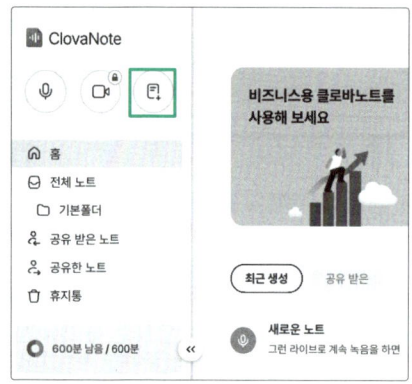

03 '새 노트' 페이지가 나타납니다. 노트 제목을 '2024년 2분기 마케팅 캠페인 전략 회의'로 입력하고, 예제 파일 [회의.mp3]를 음성 기록에 드래그해 추가합니다. 잠시 기다리면 음성이 텍스트로 변환됩니다.

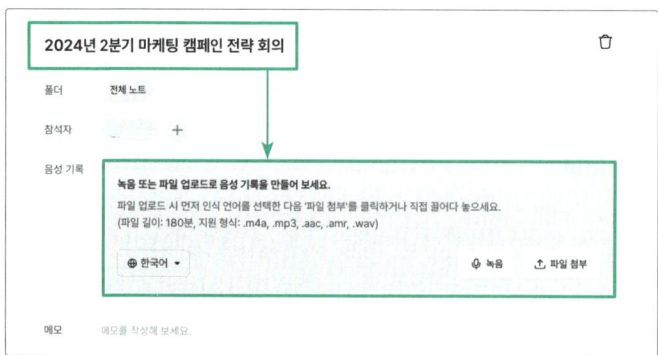

TIP 클로바노트로 직접 녹음할 수도 있습니다. 실제로 회의를 진행하며 녹음해 보세요. 스마트폰에서도 사용이 가능합니다.

04 회의 내용의 녹음이 끝나고 자동으로 음성이 텍스트로 변환되었습니다.

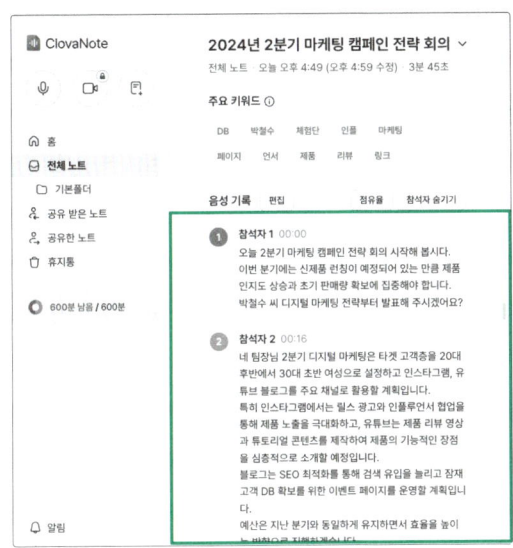

05 오른쪽 상단에서 [다운로드-음성 기록 다운로드]를 선택합니다.

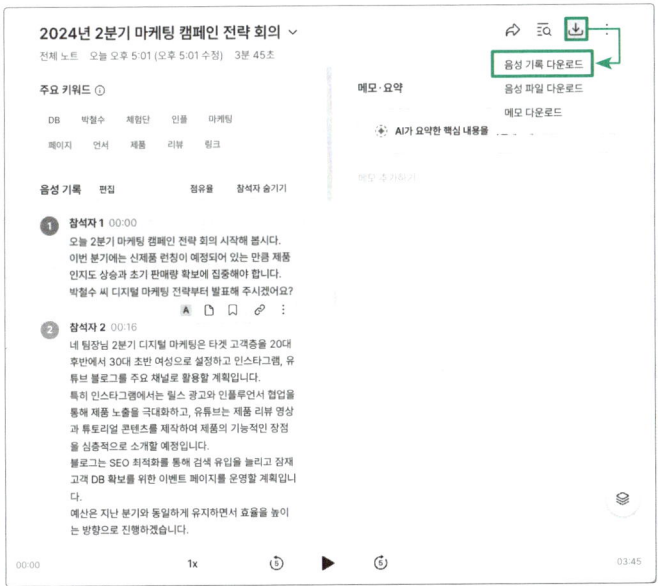

06 [텍스트 문서(.txt)-다운로드]를 클릭합니다.

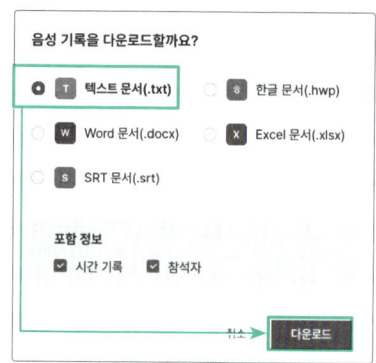

07 챗GPT로 돌아와 [새 채팅]을 누르고 모델은 [GPT-5] 모델을 선택합니다. 그리고 예제 파일 [Meeting.txt]를 프롬프트 입력 창에 드래그해 추가하고 아래 [프롬프트 24]를 챗GPT에 입력합니다.

 파일을 분석하여, 아래 내용을 수행해 줘

지침1 요약 미션 수행
- 회의 핵심 요약: 회의 전체 내용을 5줄 이내로 간략하게 요약할 것
- 주요 논의 내용: 회의의 중요한 논의 사항을 3가지 핵심 주제로 정리할 것
- 액션 아이템: 회의 내용을 기반으로 액션 아이템을 3가지 제시할 것(각 아이템별 담당자, 기간 포함, 표 형식)
- 액션 아이템 우선순위: 액션 아이템 목록에서 가장 중요한 우선순위 3가지 선정 및 요약(각 항목별 기대 효과를 AI 입장에서 제안할 것)

지침2 팀장 보고용 이메일 보고서 작성 미션 수행
- [지침1 요약 미션 수행]에 작성된 내용을 기반으로 팀장에게 보고할 [이메일 보고서] 초안을 다음 순서로 작성할 것: 위의 요약 내용, 논의 내용, 액션 아이템, 우선순위를 포함하여 팀장에게 보고할 '회의 결과 보고서 초안'을 세련되게 작성할 것(서론, 본론, 결론 구조, 표/목록 활용, 핵심 내용 강조)
- 팀장에게 작성하는 보고서이므로 예의와 품격을 갖추고 먼저 인사말을 하고 보고의 취지와 핵심 내용이 무엇인지 서두에 간략하게 한 단락 정도로 제시하고 그 다음에 보고서 내용을 구체적으로 작성할 것

다음은 업로드하신 회의록(2024년 2분기 마케팅 캠페인 전략 회의)을 기반으로 구성한 요약 및 보고서입니다.

지침 1. 요약 미션 수행
회의 핵심 요약(5줄 이내)
- 신제품 런칭에 맞춰 2분기 마케팅 전략을 수립했다.
- 디지털 채널 중심의 타겟 마케팅, 감성 콘텐츠 확산 전략, 제품 신뢰도 제고 방안이 논의되었다.
- 디자인은 브랜드 고급화 및 시각적 집중도를 강화하는 방향으로 설정되었다.
- 잠재 고객 DB 확보 방안에 대한 추가 아이디어와 법적 검토 필요성이 제기되었다.
- 각 담당자는 실행 계획안을 작성해 다음 회의 전까지 팀장에게 보고하기로 했다.

주요 논의 내용
- 디지털 마케팅 전략: 타겟층 설정, SNS 채널별 활용 방식, 인플루언서 협업
- 콘텐츠 및 디자인 전략: 감성 스토리텔링 중심 콘텐츠 기획, 시각적 요소 강조
- DB 확보 방안: 이벤트, 링크 유도, 공동 프로모션, 개인정보 수집 방식 논의

액션 아이템

항목	담당자	기간
신제품 캠페인 콘텐츠 제작 및 채널별 배포 계획 수립	박철수	8월 2일(금)까지
디자인 시안 완성 및 광고 소재 제작	참가자 3	8월 2일(금)까지
잠재 고객 DB 확보 방식 정리 및 법적 검토	박철수 외	8월 2일(금)까지

우선순위 3가지 및 기대 효과
- 콘텐츠/광고 소재 제작 → 기대 효과: 초기 인지도 확보, 제품 차별점 각인, SNS 확산
- DB 확보 방안 구체화 → 기대 효과: 잠재고객 풀 확대, 리타게팅 효율 향상
- 디자인 완성 및 소재 반영 → 기대 효과: 브랜드 이미지 강화, 시각적 주목도 증가

지침 2. 팀장 보고용 이메일 보고서 초안
메일 제목: [보고] 2분기 마케팅 캠페인 전략 회의 결과 보고(2025.07.29)
메일 본문: 팀장님 안녕하세요. 7월 29일에 진행된 2분기 마케팅 캠페인 전략 회의 결과를 아래와 같이 보고드립니다. 본 회의는 신제품 런칭에 맞춘 마케팅 방향 수립과 실무 실행안 도출을 목적으로 진행되었습니다. 특히 제품 초기 인지도 확산과 잠재 고객 확보 전략에 중점을 두었습니다.

1. 회의 핵심 요약
    - 신제품 캠페인 전략 논의 및 콘텐츠·디자인 방향성 정리
    - SNS 및 유튜브 등 채널별 활용 계획 수립
    - 개인정보 수집 관련 DB 확보 방식 아이디어 공유
    - 각 담당자별 실행안 수립 요청

2. 주요 논의 내용
① 디지털 마케팅 전략
    - 타겟: 20대 후반 ~ 30대 초반 여성
    - 채널: 인스타그램(릴스/인플루언서), 유튜브(리뷰/튜토리얼), 블로그(SEO)
    - 감성 콘텐츠 콘셉트: '나를 위한 선물', 해시태그 캠페인 연계

② 디자인 전략
- 톤앤매너: 심플 앤 모던, 파스텔 톤, GIF/움짤 등 사용
- 브랜드 이미지 고급화에 초점

③ 잠재 고객 DB 확보 방안
- 인스타 프로필/유튜브 링크 통한 유입 유도
- 체험단 모집 시 마케팅 동의 필수 옵션 고려
- 개인정보 수집 법적 검토 필요

3. 액션 아이템

항목	담당자	기간
신제품 캠페인 콘텐츠 제작 및 채널별 배포 계획 수립	박철수	8월 2일(금)까지
디자인 시안 완성 및 광고 소재 제작	참가자 3	8월 2일(금)까지
잠재 고객 DB 확보 방식 정리 및 법적 검토	박철수 외	8월 2일(금)까지

우선순위 3가지 및 기대 효과
- 콘텐츠/광고 소재 제작 → 기대 효과: 초기 인지도 확보, 제품 차별점 각인, SNS 확산
- DB 확보 방안 구체화 → 기대 효과: 잠재고객 풀 확대, 리타게팅 효율 향상
- 디자인 완성 및 소재 반영 → 기대 효과: 브랜드 이미지 강화, 시각적 주목도 증가

이상 보고드립니다.
다음 주 회의 전까지 각 실행안이 구체화될 수 있도록 사전 조율도 병행하겠습니다.
감사합니다.

클로바노트로 녹음 파일에서 텍스트를 추출하고, 이를 챗GPT에 업로드해 보고서 초안을 작성해 보았습니다. 클로바노트로 업무 생산성을 높여 보세요.

샘플 데이터 활용: 챗GPT에게 프롬프트와 함께 샘플 데이터를 제공하면, 데이터 패턴을 학습하여 더욱 정확하고 맥락에 맞는 결과물을 생성할 수 있습니다.

LESSON 25 | 센스 있게 업무 요청하기

동료에게 업무 요청을 메일로 어떻게 작성해야 할지 막막하신가요? 아 다르고 어 다른데, 매번 정중하면서도 요구사항을 명확하게 전달하기는 어렵죠. "김 대리, 저번에 말한 거 어떻게 됐어?"라고 말하고 싶다고 그냥 달랑 이렇게만 써서 보낼 수는 없겠죠? 내가 요청한 방향과 전혀 다른 결과물에 한숨 쉰 경험, 다들 한 번쯤은 있잖아요. 이런 답답한 상황, 챗GPT를 나만의 '커뮤니케이션 코치'로 삼아 시원하게 해결해 보세요.

업무 요청 메시지 작성하기

프롬프트 | 프롬프트 25

[새 채팅]을 누르고 [GPT-5] 모델을 선택합니다. 그리고 아래 [프롬프트 25]를 챗GPT에 입력합니다. 괄호 안의 내용과 상황은 여러분의 것으로 바꿔 주세요.

> 너는 지금부터 대한민국 스타트업의 일 잘하는 <마케팅 팀장, 김팀장>이야. 아래 정보를 바탕으로, 우리 회사 <디자인팀 박선임>님께 <신제품 프로모션 배너 제작>을 요청하는 슬랙 메시지 초안을 작성해 줘.
>
> **중요 지시사항**
> - 톤앤매너: 우리는 딱딱한 대기업이 아니야. 친근하고 협력적인 분위기를 내 줘. 하지만 상대방이 존중받는다는 느낌이 들도록 예의는 꼭 지켜 줘.
> - 핵심 목표: [마감 기한(7월 1일)]을 반드시 지켜야 한다는 점을 명확하지만, 재촉하는 느낌이 들지 않게 부드럽게 전달해야 해.
> - 배경 설명: <이 배너가 왜 중요한지(신제품 첫인상 결정)> 짧게 언급해서 <박선임님>이 업무의 중요성을 인지하고 동기 부여가 되도록 해 줘.
>
> **요청 정보**
> - 요청자: 마케팅팀 김팀장
> - 담당자: 디자인팀 박선임
> - 요청 업무: 신제품 'AHA! 아이크림' 런칭 프로모션 배너 제작

- 핵심 카피: 피곤한 눈가, 이젠 안녕!
- 필수 포함 요소: 제품 이미지, 런칭일(7/15), 20% 할인가 표시
- 규격: 인스타그램 피드용(1080x1080px), 스토리용(1080x1920px) 각 1종
- 마감 기한: 2025년 7월 1일(월) 오후 4시
- 참고 자료: [제품 상세 기획서 링크], [경쟁사 배너 레퍼런스 링크]
- 특별 요청 사항: 기존 브랜드 톤 앤 매너를 유지하되, 신제품의 '상쾌함'이 느껴지도록 밝은 파스텔 톤을 사용해 주시면 좋겠어요!

 [슬랙 메시지 초안]
안녕하세요. 박선임님
김팀장입니다!
이번에 저희가 새로 런칭하는 'AHA! 아이크림' 프로모션 배너 작업으로 도움을 요청드리려고 연락드렸어요.
이 제품이 우리 브랜드에서 처음 선보이는 아이크림 라인이라, 말 그대로 첫인상을 좌우할 배너라…, 박선임님의 감각이 절실합니다!
요청드리는 내용은 아래와 같아요.

- 배너명: AHA! 아이크림 런칭 프로모션
- 핵심 카피: 피곤한 눈가, 이젠 안녕!
- 필수 요소: 제품 이미지 / 런칭일(7/15) / 20% 할인가 표시
- 규격:
  - 인스타그램 피드용 1080x1080px
  - 스토리용 1080x1920px 각 1종

참고 자료:
- [제품 상세 기획서 링크]
- [경쟁사 배너 레퍼런스 링크]

특별 요청 사항
기존 브랜드 톤앤매너는 유지하되, 제품의 상쾌함이 느껴지도록 밝은 파스텔 톤을 중심으로 구성 부탁드려요.
마감 일정은 7월 1일(월) 오후 4시로 여유는 조금 있지만, 다른 일정들과 겹치기 전에 여쭤드리는 거예요!
선임님의 일정도 고려해서 무리 없도록 맞춰 가면 좋겠습니다.
혹시 중간에 시안 리뷰나 피드백 일정 조율이 필요하면 언제든 편하게 말씀해 주세요!
항상 멋진 결과물 만들어 주셔서 감사합니다.

결국 일 잘하는 사람의 업무 요청에는 3가지 핵심 요소가 있습니다. 명확한 목표, 상대방에 대한 존중, 그리고 체계적인 정보 전달. 하지만 우리는 너무 바쁘고, 이 모든 걸 챙기기란 쉽지 않죠.

이때 챗GPT를 당신의 생각을 정리하고 구조화해 주는 '거울'로 활용해 보세요. 좋은 프롬프트를 작성하는 과정 자체가 흩어져 있던 당신의 생각을 정리하는 최고의 방법이 될 겁니다. 챗GPT에게 프롬프트를 입력하기 전, '어떻게 프롬프트를 써야 챗GPT가 최고의 답변을 줄까?'를 고민해 보시기 바랍니다.

좋은 프롬프트를 쓰기 위한 고민은 단순히 챗GPT를 잘 쓰기 위한 기술적 절차가 아닙니다. 사실 그것은 곧 내가 무엇을 원하는지, 어떤 맥락을 고려해야 하는지, 그리고 상대방이 이해하기 쉽게 어떻게 전달할지를 스스로 점검하는 과정이기도 합니다. 업무 현장에서 이런 자기 점검 습관은 곧바로 보고서 작성, 회의 준비, 동료와의 커뮤니케이션 역량으로 연결됩니다.

> **TIP**
>
> 메일이나 메시지를 보내기 직전, 챗GPT에게 이렇게 역으로 질문해 보세요. '내가 만약 이 요청을 받는 디자이너(개발자)라면, 어떤 정보가 더 궁금할까? 빠진 내용은 없어?'
> 이 '역지사지 프롬프트'는 당신이 미처 생각하지 못한 허점을 찾아내고, 상대방의 잠재적인 질문에 미리 답하게 해 주는 최고의 검토 도구가 될 겁니다.

LESSON 26 | 역할극으로 대화 연습하기

직장 동료랑 일하다 보면 의견이 안 맞거나 사소한 오해 때문에 불편한 관계가 되기도 합니다. 터놓고 대화로 풀어야 하는 건 알지만, 막상 얼굴을 보면 무슨 말을 어떻게 꺼내야 할지 어렵기만 하죠. 괜히 말 잘못 꺼냈다가 감정싸움으로 번져서 돌이킬 수 없게 될까 봐 걱정도 됩니다. 이런 불편한 대화를 앞두고 있다면, 챗GPT를 상대로 예행연습을 해 볼 수 있습니다. 챗GPT에게 갈등 상황 해결을 위한 대화 시뮬레이션을 요청하고 내 생각을 차분하고 설득력 있게 전달하는 방법을 미리 연습해 보는 거죠.

동료와의 대화 시뮬레이션하기

프롬프트 | 프롬프트 26

[새 채팅] 을 누르고 모델은 **[GPT-5]** 를 선택합니다. 그리고 아래 **[프롬프트 26]** 을 챗GPT에 입력합니다. 프롬프트의 내용과 상황은 여러분의 것으로 바꿔 주세요.

> 너는 지금부터 역할극 시뮬레이션을 진행할 거야. 아래 [갈등 상황] 정보를 바탕으로, 네가 '김대리' 역할과 '박주임'의 페르소나를 별도로 만들어서 서로 대화를 시도하며 갈등을 해결해 나가는 긍정적인 사례를 만들어 주면 좋겠어. 각자의 처지를 고려해서 갈등을 어떻게 대화로 해소해 나가는지 그 사례를 대화로 풀어 줘.
>
> **갈등 상황**
> - 김대리 상황: 박주임의 업무 지연 및 퀄리티 이슈로 프로젝트 진행에 어려움을 겪고 있고, 내 업무 부담도 커지고 있어. 이 문제를 해결하고 싶어.
> - 박주임 역할: 너는 박주임이야. 성실하지만 일 처리 속도가 느린 편이고, 직접적인 비판에는 방어적이거나 위축될 수 있어. '나도 나름 열심히 하는데 왜 그러지?'라고 생각하거나, '사실 다른 일 때문에 너무 바빠서 그래요.'라고 말할 수도 있어. 김대리의 문제 제기에 처음에는 조금 당황하거나 서운한 기색을 보일 수 있지만, 김대리가 진솔하게 다가오면 문제 해결을 위해 노력할 의지도 있는 사람이야.

> **대화 목표**
>
> 서로 기분 상하지 않게 현재의 어려움을 공유하고, 앞으로 더 잘 협업하기 위한 현실적인 개선 방안을 함께 찾는 것

> **AI 대화 시뮬레이션을 위한 샘플 갈등 상황**

- 나의 역할(김대리): '알파 프로젝트' 팀의 김대리이다. 동료인 박주임의 업무 처리 지연 때문에 프로젝트 전체 일정이 계속 늦어지는 것 같아 불만이 있다. 박주임이 맡은 파트의 결과물 퀄리티가 기대에 못 미쳐 결국 내가 밤새 수정하거나 대신 처리하는 일이 반복되고 있다. 이 문제를 해결하기 위해 박주임과 솔직하게 대화하기로 마음먹었다. 목표는 관계를 해치지 않으면서 문제 상황을 개선하는 것이다.
- 상대방 역할(박주임-AI가 맡을 역할): 같은 팀 박주임이다. 김대리보다 연차가 낮고, 평소 성실하지만 일 처리 속도가 조금 느리다는 평가가 있었다. 본인은 최선을 다하고 있다고 생각하며, 업무 스타일에 대한 직접적인 지적에 대해서는 방어적이거나 쉽게 위축될 수 있는 성격이다. 어쩌면 다른 업무 부담 때문에 힘들다고 이야기할 수도 있다.
- 대화 목표: 박주임의 입장을 존중해 주면서, 현재 업무 방식이 프로젝트에 미치는 영향에 대해 솔직하게 이야기 나눈다. 향후 원활한 협업을 위해 구체적인 개선 방안(예: 업무 분담 방식 조율, 중간 결과물 공유 주기 단축 등)을 함께 찾아 합의에 이르고자 한다.

장면: 오후 4시 회의실, 비공식 1:1 대화

김대리: 박주임, 잠깐 이야기 좀 괜찮을까? 다른 얘기는 아니고, 요즘 알파 프로젝트 진행하면서 느낀 점이 있어서 말하려고 해.

박주임: 아, 네…, 무슨 일이신가요?

김대리: 부담 주고 싶진 않아. 요즘 박주임도 바빠 보이던데, 사실 나도 조금 지치고 있거든. 프로젝트 일정이 자꾸 밀리는 것 같아서 말이야. 특히 박주임 파트가 좀 늦어지거나, 퀄리티가 기대와 다른 경우가 종종 있어서…, 결국 내가 급하게 수정하거나 다시 하는 경우가 몇 번 있었어.

박주임: 아…, 그런가요. 저도 나름 열심히 한다고 생각했는데, 좀 서운하네요. 사실 다른 업무도 겹쳐 있어서 그런 부분이 있긴 했어요.

김대리: 그런 상황이었구나. 그건 내가 잘 몰랐던 부분인 것 같네. 미안, 서운하게 들릴 수 있었겠다. 내가 지적하려는 게 아니라, 그냥 우리 둘 다 지금 많이 몰려 있는 것 같아서, 솔직하게 이야기 나누고 싶었어.

박주임: 아뇨, 괜찮습니다. 저도 솔직히 요즘 일정이 좀 버겁긴 했어요. 회의도 많고, 다른 파트에서도 요청이 계속 들어오다 보니, 일에만 집중하기가 쉽지가 않더라고요.

김대리: 그럼 우리 같이 방법을 좀 찾아보면 어때? 박주임 파트를 내가 좀 더 자주 체크하거나, 중간중간 결과물을 같이 보면서 맞춰가면 부담도 덜고, 나중에 급하게 수정할 일도 줄어들 것 같아.

박주임: 음…, 그건 좋은 생각 같아요. 중간에 피드백 받을 수 있으면, 저도 방향이 헷갈릴 일 없고, 마지막에 급하게 바꾸는 것도 줄겠네요. 그럼 매주 수요일에 30분 정도 짧게 같이 체크하는 시간 갖는 건 어떨까요?

김대리: 좋아. 수요일 오후 2시에 슬랙으로 미팅 잡을게. 그리고 혹시 급한 요청이 들어왔을 때 일정 조율이 필요한 상황이면 말해 줘. 나도 내가 다 아는 건 아니니까.

박주임: 감사합니다. 그렇게 말해 주시니까 좀 마음이 놓이네요. 저도 더 신경 써 볼게요. 괜히 김대리님 혼자 고생하게 한 건 아닌지 죄송했어요.

김대리: 고맙다, 박주임. 우리 팀이니까 같이 해쳐 나가는 거지. 서로 도와 가면서 해 보자.

결과 요약
- 김대리: 비난 대신 협업의 방향으로 접근, 감정보다 문제 해결 중심
- 박주임: 방어적인 반응이 있었지만, 김대리의 진솔한 태도에 마음을 열고 개선 의지 보임
- 합의된 방안
  - 매주 중간 점검 시간 마련
  - 급한 일정 발생 시 소통 강화
  - 피드백은 과정 속에서 수시로 주고받기로

챗GPT와의 대화 시뮬레이션은 단순한 재미 차원에 그치는 것이 아닙니다. 관계 개선에 도움이 되죠. 대화의 물꼬를 트는 '첫 마디'를 연습하면서 상대방을 존중하는 말을 익힐 수 있고, 예상치 못한 반론에도 당황하지 않고 침착하게 대응할 수 있습니다. 또 머릿속 생각을 실제로 말하다 보면 표현력도 좋아지고 설득력도 높아집니다.

챗GPT 대화 시뮬레이션은 마치 중요한 발표 전에 거울 앞에서 연습하는 것처럼, 실제 상황에서 우리가 덜 당황하게 만들어 줄 겁니다. 여러 번 고민하고 연습하는 것만으로도 어려운 대화를 성공적으로 이끌 확률이 훨씬 높아진답니다. 이제 챗GPT라는 믿음직한 대화 파트너와 함께, 불편한 대화 앞에서도 주눅 들지 않는 '소통의 달인'으로 성장해 보는 건 어떨까요?

TIP 작은 팁 하나! '상대방 성격'을 바꿔 가며 연습해 보세요. 같은 갈등 상황이라도 상대방의 성격에 따라 대화가 완전히 달라질 수 있으니까요. '방어적인 동료' 버전, '쿨하게 인정하는 동료' 버전, '오히려 화를 내는 동료' 버전 등으로 나눠서 연습하면, 어떤 유형의 사람을 만나도 당황하지 않고 유연하게 대처하는 능력이 생길 거예요.

LESSON 27 | 나와 동료의 업무 궁합 분석하기

스타트업이나 중소기업처럼 소규모 환경에서 다른 사람들과 팀으로 일해야 할 때는 서로의 성향을 모르면 오해만 쌓이게 됩니다. 그렇게 되면 덩달아 업무 효율도 떨어지고 회사 생활도 힘들어지죠. 나와 내 동료의 업무 DNA를 파악하고 더불어 성장할 수 있는 전략을 짤 수 있다면 얼마나 좋을까요? 내 속마음까지 읽는 '성격 분석 프롬프트'를 준비해 봤습니다.

동료의 업무 성향 분석하기

프롬프트 | 프롬프트 27

[새 채팅]을 누르고 [GPT-5] 모델을 선택합니다. 그리고 아래 [프롬프트 27]를 챗GPT에 입력합니다. [분석 대상자 정보 데이터]에는 가상 정보를 넣어 놓았습니다. 실제로 활용할 때는 [분석 대상자 정보 데이터]에 여러분의 팀원 정보를 입력해 주세요.

너는 지금부터 인간의 행동 패턴 분석 및 관계 심리 전문가이자, 스타트업의 성과 코칭을 담당하는 전문가야. 나와 우리 팀원들의 성격 유형을 단순 MBTI를 넘어 심층적으로 분석하고, 각자의 강점과 약점, 그리고 서로 시너지를 낼 수 있는 협업 방식과 개인별 성장 포인트를 구체적으로 제시해 주면 좋겠어.
분석을 위해 아래 팀원의 간략한 데이터를 제공할게. 이 데이터를 기반으로 각 인물의 주요 성격 특성, 업무 스타일, 소통 방식, 스트레스 상황에서의 반응 등을 추론하고, 이를 바탕으로 개인 맞춤형 피드백과 팀 전체의 워크플로우 개선 방안을 제안해 줘.

분석 대상자 정보 데이터

1. 김민준(기획팀장, 30대 중반)
- 최근 일주일간 주요 업무 채팅 기록(요약)
  - (월) A 프로젝트, 이번 주 금요일까지 기획안 초안 마무리 가능한가요? 중간 공유 한번 부탁드립니다.
  - (수)(팀원 아이디어에 대해)좋은 지적이네요. 그 부분은 B안과 통합해서 발전시켜보면 어떨까요? 데이터 근거도 추가되면 완벽할 것 같습니다.
  - (금) 늦게까지 고생 많으십니다. 막히는 부분 있으면 주저 말고 이야기하세요. 제가 도울 수 있는 건 최대한 돕겠습니다.

- 동료 평가(키워드 중심): 추진력 강함, 논리적, 가끔 너무 직설적, 결과 중심적, 위기 대처 능력 뛰어남, 공감 능력은 다소 부족
- 개인 SNS 포스팅 성향: 주로 IT 기술 동향, 업계 뉴스, 자기계발 관련 글 공유. 개인적인 감정 표현은 거의 없음. 댓글 소통보다는 정보 전달에 집중

2. 이지은(디자이너, 20대 후반)
- 최근 1주일간 주요 업무 채팅 기록(요약):
  - (화) 팀장님, 이번 시안 어떤가요? 좀 더 감성적인 느낌을 살려봤는데, 피드백 주시면 바로 수정할게요!
  - (목)(동료 디자이너에게)○○님, 저번에 말씀하신 레퍼런스 사이트 다시 한번 알려 주실 수 있을까요? 갑자기 영감이 떠올라서요! ㅋㅋ
  - (금)(프로젝트 마감 직전)헉, 제가 파일을 잘못 저장했나 봐요 ㅠㅠ 지금 바로 다시 확인해서 공유 드릴게요! 죄송합니다. 🥲
- 동료 평가(키워드 중심): 창의적, 꼼꼼함, 감성적, 새로운 시도 좋아함, 마감 압박에 스트레스 많이 받음, 칭찬에 매우 긍정적 반응
- 개인 SNS 포스팅 성향: 예쁜 카페 사진, 디자인 작업물 일부, 반려동물 사진 등 일상 공유 중심. 감성적인 글귀나 이모티콘 자주 사용. 지인들과 댓글로 활발히 소통

분석 요청 사항
- 위 2명의 가상 데이터를 기반으로 각 개인의 MBTI 유형을 추론하고, 그 근거를 데이터와 연결하여 설명해 줘.
- 각 개인의 핵심 강점과 개선이 필요한 약점을 3가지씩 구체적인 행동 기반으로 제시해 줘.
- 이들이 함께 프로젝트를 진행할 때 예상되는 주요 갈등 지점은 무엇이고, 이를 효과적으로 관리하고 시너지를 낼 수 있는 구체적인 협업 전략을 각자의 입장에서 제안해 줘.
- 각 개인이 앞으로 더 성장하기 위한 맞춤형 커리어 코칭 조언을 1가지씩 해 줘.

결과물 형태
- 각 인물별 분석 보고서 형태로 정리해 줘.
- 친근하지만 전문적인 '닥터 프루스트'의 말투를 유지해 줘.
- 분석 내용은 객관적인 데이터에 기반하되, 따뜻한 격려와 현실적인 조언을 담아 줘.

알겠습니다. 닥터 프루스트, 등장합니다.

지금부터 김민준 팀장님과 이지은 디자이너의 행동 데이터를 분석하여, 단순 MBTI를 넘어서는 성격·업무 스타일·심리적 특성까지 입체적으로 탐구해 보겠습니다. 그리고 서로 어떻게 협업하면 시너지가 나는지도 구체적으로 제안드릴게요.

김민준 팀장 분석 보고서

1. 추정 성격 유형 및 근거

음, 김민준 팀장님은 전형적인 INTJ-A 혹은 ENTJ-A 유형의 리더십을 보여 주시네요.
- 목표 지향성과 체계성: '이번 주 금요일까지 초안 마무리 가능한가요?'라는 표현은 데드라인을 중시하고 일정 통제를 중시하는 J형 성향을 드러냅니다.
- 논리적 피드백과 발전 지향 태도: 팀원 아이디어를 '데이터 근거'와 함께 제안하는 모습은 T(Thinking)와 N(iNtuition)의 전형적인 결합입니다. 감정보다 구조와 근거를 중시하는 사고 중심적 리더십입니다.

- 감정보다 효율을 중시: SNS에 감정 표현 없이 IT 트렌드나 자기계발만 공유하는 모습은 내면을 드러내기보다 결과를 중시하는 INTJ/ENTJ형의 특성입니다. 다만 야근 중인 팀원에게 '막히는 부분 있으면 주저 말고 이야기하세요'라고 말하는 부분에서는, 인간적인 책임감도 보입니다. 감정 공감보다는 '문제 해결' 중심의 돌봄이죠.

종합적으로 보았을 때, 감성보다는 목적·계획·성과 중심의 전략가형 성격입니다.

2. 핵심 강점(행동 기반)
- 추진력 & 책임감: 기한을 명확히 제시하고, 마감까지 책임지는 리더십이 뚜렷합니다.
- 논리적 사고와 문제 해결: 아이디어를 구조화하고, 대안을 제시하는 분석력이 뛰어납니다.
- 위기 대처 능력: 야근 중인 팀원에게도 지원을 아끼지 않는 위기 시 안정감 있는 태도가 있습니다.

3. 개선이 필요한 약점
- 감정 표현의 부족: 공감보다는 효율 위주라, 감성적 팀원(예: 이지은 디자이너)과의 소통에서 거리감이 생길 수 있습니다.
- 직설적 피드백: 피드백의 명료함은 장점이나, 지나치면 방어 반응을 유도할 수 있죠. 상대의 감정을 고려한 완충 언어가 필요합니다.
- 혼자서 모든 걸 끌고 가려는 태도: '제가 도울 수 있는 건 돕겠습니다'라는 말 뒤엔, 혼자 책임지려는 부담도 엿보입니다. 팀에게 위임하고 신뢰하는 연습이 필요합니다.

이지은 디자이너 분석 보고서

1. 추정 성격 유형 및 근거

음, 이지은 님은 INFP 또는 ISFP 유형에 가까운, 감성과 창의성을 기반으로 하는 감성 직관형 인물입니다.
- 감성 중심의 표현: 이모티콘 사용, '🥺', 'ㅠㅠ' 등의 표현은 감정 공유에 능숙하며, 피드백에도 민감한 F(Feeling)형의 특징입니다.
- 창의성과 영감 중심: '갑자기 영감이 떠올라서요!'라는 표현에서 즉흥적이고 직관적인 P(Perceiving) 성향이 드러납니다.
- 실수에 대한 즉각적 반응: 책임 회피 없이 '죄송합니다 🥺'라고 표현하는 태도는 성실성과 감성적 정직성을 보여 줍니다.
- SNS에서도 감성적이고 개방적인 표현을 자주 사용: 이는 내향적이면서도 친밀한 관계 중심의 INFP/ISFP 유형과 일치합니다.

전반적으로 감성, 창의성, 인간관계를 중시하는 '따뜻한 예술가'입니다.

2. 핵심 강점(행동 기반)
- 감성적 설득력과 공감 능력: 팀 내부의 정서적 분위기를 부드럽게 만듭니다.
- 창의성과 미적 감각: 감성적 표현력과 시각적 완성도에서 강점을 보입니다.
- 책임감 있는 태도: 실수를 감추지 않고 바로 인정하고 해결하는 모습은 협업에서 매우 긍정적입니다.

3. 개선이 필요한 약점
- 마감 압박에 취약: 감성적 에너지가 불안 요소와 쉽게 충돌합니다. 마감 직전에 불안정해질 수 있죠.
- 완벽주의 성향: '바로 수정할게요!'처럼 피드백에 민감하게 반응하며 스스로를 과도하게 몰아붙이는 경향이 있습니다.

- 즉흥적 작업 패턴: '갑자기 영감이 떠올라서'라는 말처럼, 체계적 플래닝이 약한 편입니다. 루틴화가 필요합니다.

두 사람 간 협업 시 예상되는 갈등 및 해결 전략

예상 갈등 포인트

포인트	설명
피드백 스타일 차이	김 팀장은 논리 중심, 이 디자이너는 감성 중심으로 직설적 피드백은 이지은님에게 위협으로 느껴질 수 있다.
일정·계획 중심 vs 유연성 중심	김 팀장은 계획형, 이 디자이너는 영감형. 데드라인 접근 방식이 다르다.
감정 표현의 차이	김 팀장은 감정 표현을 절제, 이 디자이너는 감정 교류를 중요시하여 상호 이해 부족 가능성이 있다.

효과적인 협업 전략

1. 김민준 팀장 입장
- 피드백 전달 시 논리뿐 아니라 '이 시도 정말 흥미롭네요!' 같은 감성적 쿠션 표현 추가
- 일정보다는 '이번 주 수요일까지 1차 공유만 해 볼까요?'처럼 중간 점검을 통해 스트레스 완화
- 칭찬은 '이번 시안, 특히 컬러 톤이 정말 좋네요'와 같이 구체적이고 공개적으로 전달

2. 이지은 디자이너 입장
- 감정적으로 받아들이기 전에 피드백의 '의도' 먼저 해석해 보는 연습
- 작업 시 '감성 → 구조' 순서로 진행하는 루틴 만들기(예: 아이디어 스케치 → 피드백용 정리)
- 마감 전날까지 초안을 80% 마무리하고 다음날 감성 요소 추가 방식 시도

3. 제3의 조력자(개발자 또는 PM) 필요 시
- 두 사람의 조율자 역할 가능: 일정 관리 + 감성 케어를 병행
  예를 들어 '팀장님, 이 부분은 디자이너님이 조금 더 정리하고 감각적으로 정리해 볼 예정이에요' 같은 완충 소통을 해 줄 수 있는 중간자

개인별 커리어 성장 조언

김민준 팀장님에게
- 구조는 충분합니다. 이제 감정을 설계해 보세요.
- 전략적 사고와 리더십은 이미 뛰어납니다. 앞으로는 '감정 기반 설득력'을 갖춘 리더로 성장하셔야 합니다. 감정적 표현이 약한 리더는 시대 흐름에서 뒤처질 수 있습니다. 1:1 면담 때 질문을 더 하고, 팀원의 '동기'를 이끌어 내는 연습을 해 보세요.

이지은 디자이너님에게
- 감성의 자유를 위해, 구조라는 날개를 달아 보세요.
- 감정과 창의력은 당신의 가장 큰 무기입니다. 하지만 반복되는 마감 스트레스에서 자유롭기 위해서는 '작업의 구조화'가 필요합니다. 매주 월요일에 작업 계획 3가지만 정해 보고, 피드백을 정리한 '내 작업 리포트'를 작성하는 습관을 들여 보세요.

필요하시면 다른 팀원(예: 개발자나 마케터)의 데이터도 함께 분석하여 팀 전체의 시너지 조합표도 만들어드릴 수 있어요.
언제든 닥터 프루스트를 다시 호출해 주세요.

이처럼 챗GPT는 각 인물의 데이터를 중심으로 분석 보고서를 내놓을 겁니다. 개인의 성향을 정확하게 분석해서 개인이 가진 강점, 약점, 협업 전략, 성장 조언을 해 줍니다. 중요한 것은 자료를 읽고 감탄할 게 아니라 데이터를 기반으로 팀 미팅이나 면담할 때 활용하는 것입니다. 그 시간을 통해서 서로의 성향을 이해하는 시간을 갖는 거죠. 특정 팀원과 마찰을 자주 빚었다면 챗GPT의 분석을 통해 서로의 성격 차이를 이해하고 각자에 맞는 소통 방식을 찾아 보세요.

TIP 신규 입사자 온보딩onboarding에 활용해 보세요. 그 사람의 업무 스타일이나 소통 방식을 빠르게 파악할 수 있습니다. 또한 프로젝트 팀을 구성할 때 능력치만 엿볼게 아니라 각자의 성향 궁합까지 볼 수 있습니다. 프로젝트가 제대로 돌아가게 만드는 것은 팀원의 능력보다 시너지를 낼 수 있는 팀원의 구성일 테니까요.

LESSON 28 | 커뮤니케이션 가이드라인 만들기

메신저 없이는 이제 업무가 작동하지 않습니다. 그런데 회사에서 사용하는 메신저가 많아지니 정신도 없습니다. 알림을 꺼도 자꾸 신경이 쓰이죠. 정작 중요한 공지나 파일은 어디 숨었는지 찾기 힘들 때도 많습니다. 이러다 보면 '메신저, 이대로 써도 괜찮나?' 싶은 생각도 듭니다. 뭔가 기준이 필요하긴 한데, 뭘 어떻게 정해야 할지 막막하다면 챗GPT한테 '메신저, 회사에서 어떻게 써야 서로 편하고 일도 잘될까? 규칙 좀 만들어 줘 봐!'라고 물어보는 것도 좋습니다. 챗GPT로 메신저에 질서를 잡아 볼까요?

메신저 활용 가이드라인 작성하기

프롬프트 | 프롬프트 28-1, 프롬프트 28-2

챗GPT에서 [새 채팅] 을 누르고 [GPT-5] 모델을 선택합니다. 그리고 아래 [프롬프트 28]을 챗GPT에 입력합니다. 아래 [프롬프트 28-1]에 여러분 팀의 상황과 문제점을 구체적으로 작성해 주세요. 그래야 팀에 꼭 맞는 현실적인 조언을 얻을 수 있습니다.

> 너는 효율적인 팀 커뮤니케이션과 건강한 조직 문화를 만드는 전문 컨설턴트야. 아래 우리 팀의 [팀 정보 및 메신저 사용 현황과 문제점]을 파악하고, 이 문제들을 해결하여 더욱 생산적이고 서로 존중하는 메신저 사용 문화를 만들기 위한 '팀 메신저 활용 가이드라인' 초안을 제안해 줘. 최소 7가지 이상의 구체적인 제안을 해 줬으면 해.
>
> **[팀 정보 및 메신저 사용 현황과 문제점]**
> - 팀: 15명 IT 스타트업 마케팅팀, 빠른 소통 중시
> - 메신저: 슬랙 주 사용(카톡과 SMS 혼용)
> - 문제점: 채널 목적 혼란, @channel/@here 남발, 업무 시간 외 연락, 정보 검색 어려움
> - 개선 목표: 집중도↑, 알림 스트레스↓, 워라밸 존중, 정보 접근성↑

> **가이드라인 제안 시 참고 사항**
> - 우리 팀 규모(15명)와 스타트업의 빠른 소통 문화를 해치지 않는 선에서 현실적인 방안을 제시해 줘.
> - 슬랙 활용을 중심으로 하되, 카톡 사용에 대한 최소한의 원칙도 언급해 주면 좋겠어.
> - 각 문제점(채널, 알림, 시간, 정보 검색)을 해결할 수 있는 구체적인 행동 제안이 포함되어야 해.
> - '규칙'이라는 딱딱한 느낌보다는 '우리 이렇게 함께 노력해 봐요!' 같은 긍정적이고 권장하는 톤으로 작성해 주면 더 좋을 것 같아.
>
> 일반적인 내용 말고, 진짜 우리 팀이 공감하고 실천해 볼 만한 내용으로 작성해 줘.

우리 팀을 위한 슬기로운 메신저 생활 가이드라인
빠르게 소통하면서도 서로 존중하는 팀, 그게 우리가 원하는 문화죠.
아래 제안들은 '규칙'보단 우리를 덜 지치게 하고 더 잘 일하게 도와주는 방법이에요.
하나씩 함께 시도해 봐요!

1. 채널은 목적별로, 깔끔하게 나누기
   - 채널 개설 시 [기능_팀/프로젝트명]로 네이밍 통일
     예: #proj_alpha, #daily_marketing, #info_전사
   - 채널 설명은 필수! 상단에 목적/용도 간단히 써 두기
   - 잡담, 공지, 업무는 명확히 분리된 채널로 나누고, 쓰임새 지키기
     예: #random에서 캠페인 피드백 논의는 ✗, #campaign_feedback에서!

2. @here / @channel은 정말 꼭! 필요할 때만
   - @channel은 전체 공지성 내용 + 즉각 대응 필요 시만 사용
   - 긴급도가 낮은 알림은 이모지 리액션으로 의견 받기
     예: 👀=확인, ✅=동의
   - 당일 업무와 관련된 주요 공지 외에는 가급적 @멘션 없이 게시
   - 팀 기준: '3명 이상을 동시에 태그하고 싶다' → 채널 리마인드 말고 회의/노션 정리 고려!

3. 업무 시간 외 메신저는 '예약 전송'으로!
   - 평일 오후 7시~오전 9시, 주말/공휴일엔 '긴급 대응 제외'하고 메시지 자제
   - 슬랙 메시지 → 예약 전송(기본 기능) 적극 활용
     예: 월요일 오전 9시에 도착하게!
   - 급한 일은 슬랙에서 🔴 이모지나 제목에 [긴급] 표시 후 DM
   - 카톡은 업무용 NO → 정말 급한 상황에만 사용 + 받은 사람이 먼저 확인하고 응답하면 OK

4. 중요 정보는 '채널 고정' or Notion 연동으로 관리
   - 반복되거나 자주 묻는 정보는 슬랙 핀📌으로 고정 or 노션에 기록 후 링크 공유
   - 슬랙 메시지에 '🔖' 이모지 = 저장하고 다시 보기 기능으로 통일
   - '이건 나중에 꼭 다시 봐야 할 내용이다!' 싶으면 댓글로 ⏰리마인드 설정해 보기

5. 📁검색 잘 되는 슬랙 만들기: 제목/키워드/파일명 신경쓰기
   - 문서나 자료 공유 시에는 간단한 제목 + 날짜 포함해서 올리기
     예: [광고 리포트] 2025년 4월 2주차.pdf
   - 슬랙에 자료 올릴 땐 설명 덧붙이기: 이게 뭔지, 왜 봐야 하는지 1줄 요약!

6. 🎧 집중이 필요한 시간엔 'Do Not Disturb' 존중해요
    - 팀 공통 '집중 존중 타임'(예: 오전 10~12시) 동안은 개인 설정에서 '방해금지 모드' 켜 두기
    - 메시지를 보내도 알림이 가지 않음 → 급한 일 아니면 이 시간대엔 기다려 주기
    - 각자 프로필 상태에 '미팅 중', '집중 작업 중' 등 표기 습관 만들기
7. 답장은 빠르게, 피드백은 간단하게!
    - 모든 메시지에 즉시 답변할 필요는 없지만, 24시간 내 리액션 or 코멘트 기본
    - '좋아요', '이해했어요', '다음에 이야기해요' 같은 가벼운 피드백도 커뮤니케이션의 시작!
    - 혼자 판단하기 애매할 땐 바로바로 공유 → 혼란 줄이고 속도는 더 나게
    - +α. 우리 팀만의 '슬랙 매너 이모지' 정하기
    - 👀 확인 / ☑ 승인 / 🤔 고려 중 / 🙋 질문 있어요 / 📌 중요
    - 이모지 활용만 잘해도 회의 30분 줄일 수 있어요!

마무리: '빠르게, 그리고 존중하며'
이건 완벽한 정답이 아니라 우리 팀을 위한 실험적인 첫 시작이에요.
한 달 정도 시도해 보고, 우리 방식에 맞게 업데이트해 나가요.
중요한 건 '서로의 집중과 시간을 존중하면서, 필요한 소통은 놓치지 않는 것'이죠.

챗GPT가 제안해 준 초안을 바탕으로 팀 워크숍을 열어 보세요. 함께 논의하고 수정하며 팀만의 규칙을 만들어 보는 것도 재미있겠네요. 물론 규칙이 정해졌다고 해서 바로 지켜지기는 어려울 겁니다. 누군가 규칙을 어기면 부드럽게 상기시켜 주는 방식으로 활용해 보시기 바랍니다.

업무 메신저는 잘 쓰면 약이지만, 잘못 쓰면 독이 될 수도 있는 양날의 검과 같습니다. 그러므로 챗GPT를 활용해 우리 팀 상황에 맞는 현실적인 가이드라인 초안을 만들어 봅시다.

> **TIP**
>
> 팀원들과 열심히 논의해서 좋은 메신저 규칙을 만들었다고 해도, 어떻게 공지하고 설득하느냐가 또 다른 숙제가 됩니다. 이럴 때는 아래 **[프롬프트 28-2]**를 활용해 보세요. [팀 메신저 활용 가이드라인]에 최종 합의된 규칙 내용을 붙여넣기 하면 챗GPT가 필요한 메시지를 작성해 줄 거예요.
>
> **프롬프트 28-2**
> 우리 팀이 팀워크와 업무 효율을 높이기 위해 [팀 메신저 활용 가이드라인]을 만들었어. 이 가이드라인을 공지하려고 하는데, 가이드라인을 만든 배경과 취지를 충분히 설명하고, 이 가이드라인을 지켰을 때 우리 모두에게 돌아올 기대 효과(업무 집중도 향상, 스트레스 감소 등)를 강조하는 메시지를 담은 설득력 있는 공지 초안을 작성해 줘. 부드럽고 친근한 어조로 작성해 줘.

LESSON 29 | 우리 팀 업무 가이드 만들기

'이거 어떻게 하는 거였죠?', '담당자가 자리에 없어서 진행이 안 돼요.' 함께 일하다 보면 특정 업무가 한 사람에게 편중되는 바람에, 그 사람이 부재하면 일도 같이 멈추게 됩니다. 이는 팀의 업무가 정리되어 있지 않고, 공유도 되지 않기 때문이죠. 누가 하더라도 동일한 품질을 낼 수 있도록 업무 과정을 표준화하고, 누구나 업무에 투입할 수 있도록 '업무 매뉴얼'이 그래서 꼭 필요합니다. 하지만 만들고 싶어도 어디서부터 시작해야 할지 막막하죠. 이럴 때 챗GPT에게 내 업무 목록을 알려 주고, 체계적인 매뉴얼을 만들어 달라고 요청해 보세요.

팀 업무 매뉴얼 작성하기

프롬프트 | 프롬프트 29

[**새 채팅**] 을 누르고 [**GPT-5**] 모델을 선택합니다. 그리고 아래 [**프롬프트 29**]를 챗GPT에 입력합니다. 프롬프트의 내용은 여러분의 상황에 맞게 바꿔 주세요.

> 너는 IT 스타트업의 전문 테크니컬 라이터(Technical Writer)야. 우리 <마케팅팀>의 핵심 업무들을 누구나 쉽게 이해하고 따라 할 수 있도록 '업무 표준 매뉴얼' 초안을 작성해 줘.
>
> **우리 팀의 주요 업무 목록**
> - 주간 성과 리포트 작성: GA, 광고 관리자 등 여러 데이터를 취합하여 주간 마케팅 성과를 분석하고, 보고서를 작성하여 전사에 공유
> - 콘텐츠 발행: 기획된 블로그 글, 카드뉴스 등 콘텐츠를 각 소셜미디어 채널(블로그, 인스타그램 등) 특성에 맞게 업로드하고 확산
> - 신규 고객 문의 대응: 홈페이지를 통해 접수된 신규 고객 문의를 확인하고, 초기 응대 및 담당자에게 연결
> - 광고 캠페인 운영: 신규 광고 소재 기획 및 제작, 광고 플랫폼(메타, 구글) 설정 및 예산 관리, 성과 모니터링
> - 뉴스레터 발송: 월 2회 정기 뉴스레터 콘텐츠를 기획하고, 이메일 마케팅 툴을 사용하여 구독자에게 발송

> **매뉴얼 작성 기준**
> 체계적인 구조: 각 업무에 대해 [① 업무 개요], [② 상세 절차(Step-by-step)], [③ 사용 도구 및 시스템], [④ 관련 협업 부서], [⑤ 핵심 팁 및 주의사항] 순서로 구성해 줘.
> 명확한 설명: 전문 용어는 최대한 쉽게 풀어서, 해당 업무를 처음 접하는 사람도 이해할 수 있도록 작성해 줘.
> 가독성: Markdown 문법을 사용하고, 필요하다면 표를 활용하여 가독성 높게 정리해 줘.

 마케팅팀 업무 표준 매뉴얼

1. 주간 성과 리포트 작성

    ① 업무 개요

    GA(Google Analytics), 광고 관리자(Google Ads, Meta Ads 등)의 데이터를 모아 한 주간의 마케팅 성과를 분석하고, 이를 내부 보고서 형식으로 작성하여 전사 구성원에게 공유합니다.

    ② 상세 절차(Step-by-step)
    - 매주 월요일 오전, GA 및 광고 관리자에서 지난주 데이터를 추출
    - 트래픽, 전환, 광고성과(클릭률, 전환율 등) 항목별로 정리
    - 표, 그래프 등 시각자료를 활용해 주간 리포트 작성(보통 Notion, Google Slides 사용)
    - 개선사항 또는 특이 사항에 대한 간단한 인사이트 추가
    - 슬랙 및 노션 게시판을 통해 전사 공유

    ③ 사용 도구 및 시스템
    - Google Analytics: 웹사이트 방문자 분석
    - Meta/Google Ads Manager: 광고 성과 분석
    - Notion/Google Slides: 리포트 작성 및 공유

    ④ 관련 협업 부서
    - 개발팀(이벤트 트래킹 확인 시)
    - 디자인팀(시각자료 필요 시)

    ⑤ 핵심 팁 및 주의사항
    - 데이터는 전주 월~일 기준으로 추출
    - 성과 하락 시 원인에 대한 추정 코멘트 추가하면 좋음
    - 정기 공유 외에도 월간/분기별 통계와 비교 시 효과적

2. 콘텐츠 발행

    ① 업무 개요

    마케팅팀에서 기획한 콘텐츠를 블로그, 인스타그램, 링크드인 등 다양한 채널에 업로드하고, 각 채널 특성에 맞게 가공하여 확산시킵니다.

    ② 상세 절차(Step-by-step)
    - 기획/작성된 콘텐츠 확인 및 최종 검토
    - 채널별 이미지 및 해시태그 최적화
    - 블로그: 텍스트 및 이미지 업로드 → 메타 설명 작성
    - 인스타그램: 카드뉴스 업로드 → 해시태그/링크 포함
    - 슬랙 및 사내 뉴스레터에 공유하여 확산 유도

③ 사용 도구 및 시스템
- WordPress/Brunch: 블로그 게시
- Instagram/Buffer: 카드뉴스 업로드 및 예약
- Notion/Slack: 내부 공유

④ 관련 협업 부서
- 디자인팀(콘텐츠 비주얼 제작)
- 서비스팀(전문성 내용 검수)

⑤ 핵심 팁 및 주의사항
- 플랫폼별 이미지 비율, 해상도 규정 숙지 필요
- 동일한 콘텐츠라도 채널별 언어 톤 차별화 고려
- 외부 공유 시 UTM 태그 삽입 필수

3. 신규 고객 문의 대응

① 업무 개요
홈페이지를 통해 들어오는 신규 고객의 문의사항을 확인하고, 신속하고 정확한 초기 응대를 통해 내부 유관 부서에 연결합니다.

② 상세 절차(Step-by-step)
- 매일 오전 10시와 오후 4시, 이메일/CRM 시스템 확인
- 신규 문의 확인 후, 응답 템플릿으로 초기 응대
- 고객 유형에 따라 적합한 내부 담당자 지정(ex. 영업팀, CS팀)
- 연결 완료 후, 메모를 CRM에 기록

③ 사용 도구 및 시스템
- Google Workspace(메일)
- CRM 시스템(예: HubSpot, Zendesk 등)

④ 관련 협업 부서
- 영업팀
- 고객지원팀(CS)

⑤ 핵심 팁 및 주의사항
- 초기 응대는 24시간 이내가 원칙
- 동일한 문의가 반복되면 FAQ 정리 필요
- 개인정보 관련 내용은 보안 수칙 준수 필수

4. 광고 캠페인 운영

① 업무 개요
신규 캠페인 기획부터 소재 제작, 플랫폼 설정 및 성과 모니터링까지 전반적인 광고 운영을 담당합니다.

② 상세 절차(Step-by-step)
- 캠페인 목표 설정(인지/전환/트래픽 등)
- 키 메시지 및 광고 카피 작성
- 이미지/영상 소재 제작 요청(디자인팀 협업)
- Meta, Google 등 광고 플랫폼에 캠페인 세팅
- 일/주 단위 성과 모니터링 및 리포트화

③ 사용 도구 및 시스템
- Meta Ads Manager/Google Ads: 광고 집행
- Google Sheets: 예산 및 성과 정리
- Canva/Figma: 광고 시안 제작 협업

④ 관련 협업 부서
- 디자인팀(소재 제작)
- 개발팀(픽셀/이벤트 연동 시)

⑤ 핵심 팁 및 주의사항
- 캠페인 시작 전 광고 승인 소요 시간 고려
- 타겟팅 세분화로 예산 효율성 극대화
- 중간 점검 시 비효율 소재는 즉시 중단

5. 뉴스레터 발송

① 업무 개요

기존 고객 및 구독자를 대상으로 정기적인 뉴스레터를 발송하여 소식, 인사이트, 신규 콘텐츠 등을 공유합니다.

② 상세 절차(Step-by-step)
- 매월 초/중순 뉴스레터 발송 일정 확정
- 콘텐츠 구성안 및 제목, 목차 기획
- 본문 작성 및 이미지, CTA 버튼 포함
- 메일 마케팅 툴을 통해 디자인 및 테스트 발송
- 정식 발송 후, 오픈률/클릭률 등 성과 측정

③ 사용 도구 및 시스템
- Mailchimp/Stibee/Moonsend 등: 뉴스레터 작성 및 발송
- Notion: 콘텐츠 기획안 작성
- Google Analytics: 링크 클릭 분석

④ 관련 협업 부서
- 서비스팀(신규 기능/소식 반영)
- 디자인팀(배너, 이미지 삽입 시)

⑤ 핵심 팁 및 주의사항
- 제목과 프리헤더에 클릭 유도 문구 포함
- 모바일 뷰 대응 여부 꼭 체크
- 구독 해지 링크 삽입은 법적 필수 사항

언제나 그랬듯 챗GPT는 초안을 성실하게 작성합니다. **[작성 기준]**에 따라 각 항목에 포함되어야 할 내용을 상세히 제안했습니다. 이때 무엇보다 중요한 것은 프롬프트입니다. 구체적이고, 명확하게 업무를 입력해야 챗GPT는 이를 바탕으로 사용도가 높은 업무 매뉴얼을 정리해 줄 수 있습니다. 우선 초안을 작성해 보고 초안에서 틀리거나, 챗GPT가 넘겨짚은 부분은 다시 수정을 요청해 보세요. 처음에는 귀찮을지 몰라도 완성하면 이보다 완벽한 업무 매뉴얼이 없을 겁니다.

팀의 업무를 체계적으로 만들고 지식을 축적하는 것은 성공적인 협업의 기본입니다. 챗GPT의 도움을 받아 업무 매뉴얼을 만들면, 반복적인 질문과 답변에 드는 시간을 줄이고, 팀원 모두가 동일한 기준에 따라 높은 품질의 업무를 수행할 수 있습니다.

'자주 하는 실수' 또는 '꿀팁' 추가 요청: 챗GPT가 정리해 준 업무 단계 목록을 다시 보여 주면서 이렇게 요청해 보세요. '네가 정리해 준 이 업무 단계별로, 이 일을 처음 하는 사람들이 흔히 저지르기 쉬운 실수나 꼭 주의해야 할 점이 있다면 각 단계 아래에 '주의사항' 항목으로 추가해 줄래?' 또는 '각 단계를 좀 더 빠르고 효율적으로 처리할 수 있는 나만의 꿀팁이나 노하우를 각 단계 끝에 'Tip' 항목으로 넣어 줘.' 이렇게 하면 단순한 절차 안내를 넘어, 실제 업무 수행 시 발생할 수 있는 문제점을 예방하고 효율성까지 높이는, 한 차원 높은 가이드가 완성됩니다.

LESSON 30 | 프로젝트 진행 상황 공유하기

여러 팀과 동시에 진행되는 복잡한 프로젝트는 어디까지 진행됐는지 한눈에 파악하기 어렵습니다. 각자 바쁘게 일하지만, 전체적인 진행 상황이 서로에게 공유되지 않으면 혼자 일한다고 착각에 빠지거나 중요한 이슈를 놓치기도 쉽습니다. 이럴 때는 챗GPT에게 여러 팀의 업무 현황을 던져 주고, 깔끔한 '프로젝트 현황판'을 만들어 달라고 요청해 보세요. 진행 중인 업무, 담당자, 다음 액션 아이템까지 명확하게 정리해 주니, 모든 팀원이 같은 그림을 보며 협업할 수 있습니다. 복잡한 프로젝트 현황을 챗GPT로 요약 및 시각화해 보겠습니다.

팀의 프로젝트 진행 상황 요약하기

프롬프트 | 프롬프트 30-1, 프롬프트 30-2

[새 채팅]을 누르고 [GPT-5] 모델을 선택합니다. 그리고 아래 [프롬프트 30-1]을 챗GPT에 입력합니다. 아래 프롬프트 내용은 여러분의 상황에 맞게 바꿔 주세요.

너는 여러 팀의 업무를 조율하는 전문 프로젝트 매니저(PM)야. 아래 흩어져 있는 우리 팀의 [프로젝트 현황]을 분석해서, 팀원 전체가 진행 상황을 한눈에 파악할 수 있도록 '프로젝트 현황판'을 만들어 줘.

프로젝트 현황
- '알파' 신규 기능 기획(담당: 기획팀): 현재 파트너사와 요구사항 정의 중입니다. 결제 연동, 사용자 인증 등 기본 기능 정의는 완료했는데, 핵심 기능인 '실시간 데이터 동기화' API 사양에 대한 협의가 계속 늦어지고 있어요. 다음 주까지는 확정해야 개발팀에 공유할 수 있습니다(상태: 진행 중, 우선순위: 높음).
- '베타 서비스' UI 디자인(담당: 디자인팀): 메인 랜딩 페이지 디자인은 완료했고, 지금은 상세 페이지 5종을 디자인하고 있습니다. 이번 주 금요일까지 초안 마무리하고, 다음 주에 개발팀에 전달할 디자인 가이드 작업 시작할 예정입니다(상태: 순항 중).
- 마케팅 캠페인 A 준비(담당: 마케팅팀): 광고 소재(이미지, 영상) 제작은 모두 끝났습니다. 현재 랜딩 페이지 개발 중인데, 개발팀 리소스 문제로 조금 지연되고 있습니다. 다음 주 초에는 나와야 최종 검토하고 캠페인 세팅할 수 있어요(상태: 일부 지연).

- 내부 시스템 DB 마이그레이션(담당: 개발팀): 지난주에 데이터 이전 작업 자체는 모두 완료했습니다. 다만, 이전된 데이터 중 일부에서 누락이 발견되어 데이터 정합성을 검증하는 작업이 필요합니다(상태: 완료, 후속 조치 필요).
- 2분기 영업 전략 수립(담당: 영업팀): 시장 분석 데이터가 부족해서 지난주부터 일시 중단 상태입니다. 리서치팀에 추가 데이터를 요청해 둔 상태인데, 데이터가 와야 다음 단계 진행이 가능합니다(상태: 보류).

지침

- 상태별 분류: 각 업무를 '순항 중', '일부 지연', '보류', '완료(후속 조치 필요)' 등 명확한 상태로 분류해 줘.
- 표로 시각화: [업무명], [담당팀], [우선순위], [상태], [다음 액션 아이템] 항목을 포함한 표 형식으로 정리해 줘.
- 핵심만 간결하게: 후임자에게 인수인계하는 것이 아니라, 바쁜 동료들이 빠르게 핵심만 파악할 수 있도록 간결하게 작성해 줘.

다음은 팀 전체가 한눈에 프로젝트 진행 상황을 파악할 수 있도록 정리한 프로젝트 현황판입니다.

업무명	담당팀	우선순위	상태	다음 액션 아이템
알파 신규 기능 기획	기획팀	높음	일부 지연	다음 주까지 실시간 동기화 API 사양 확정 및 개발팀 공유
베타 서비스 UI 디자인	디자인팀	중간	순항 중	이번 주 금요일까지 상세 페이지 초안 완료 → 다음 주 디자인 가이드 착수
마케팅 캠페인 A 준비	마케팅팀	높음	일부 지연	랜딩 페이지 개발 완료 후 최종 검토 및 캠페인 세팅
내부 시스템 DB 마이그레이션	개발팀	중간	완료(후속 조치 필요)	데이터 정합성 검증 후 이상 여부 확인 및 조치
2분기 영업 전략 수립	영업팀	중간	보류	리서치팀 데이터 수신 후 전략 수립 재개

현재 프롬프트에서는 진행 상황을 직접 입력했지만, 여러 채널에 흩어진 내용을 그대로 복사해서 붙여넣기 해도 챗GPT는 훌륭하게 정리해 줍니다. 이 프롬프트의 목적은 전체 프로젝트의 진행 상황을 한눈에 파악할 수 있도록 시각화하여, 팀원 간의 투명한 소통과 유기적인 협업을 돕는 것입니다. 더 이상 '그거 어떻게 되고 있어요?'라고 묻지 않아도, 모두가 프로젝트의 현재 위치와 다음 목적지를 알 수 있게 되는 것이죠.

프로젝트 현장에서 가장 큰 비효율 중 하나는 '정보의 단절'입니다. 진행 상황이 메신저, 이메일, 회의록 등 여러 채널에 흩어져 있다 보면, 팀원들은 늘 같은 질문을 반복하게 되고 불필요한 커뮤니케이션 비용이 발생합니다. 챗GPT를 활용해 이러한 조각난 정보를 하나로 모아 정리하면, 단순히 보고서를 만드는 차원을 넘어 팀 전체가 공유할 수 있는 단일한 기준점을 마련할 수 있습니다.

이렇게 정리된 결과물을 다시 팀 채널에 공유하는 것 또한 중요합니다. 예를 들어, 챗GPT가 정리한 프로젝트 현황을 문서화하여 주간 회의 전에 미리 배포하면, 회의 시간은 단순 현황 보고가 아니라 의사결정과 문제 해결에 집중할 수 있습니다. 또, 업데이트된 내용을 공유 폴더나 협업 툴에 올려두면 팀원 누구나 동일한 정보를 바탕으로 작업할 수 있어, 투명성과 신뢰가 강화됩니다. 결국 챗GPT는 '개인 메모 도구'를 넘어, 팀 전체의 소통 허브로 자리매김할 수 있습니다.

TIP

아래 [**프롬프트 30-2**]를 작성해 보세요. 챗GPT는 단순히 현황을 요약하는 것을 넘어, 업무 간의 연결고리를 파악하고 잠재적인 리스크를 예측하는 데 도움을 줄 수 있습니다.

프롬프트 30-2
방금 네가 정리해 준 '프로젝트 현황판'을 보고, 각 업무 간의 의존성을 분석해 줄래? 예를 들어, 어떤 업무가 지연되면 다른 어떤 업무에 영향을 미치는지 알려 줘.

LESSON 31 | 정기 보고서 작성하기

아, 드디어 기다리고 기다리던 금요일 오후이지만 마음 한구석이 불안해집니다. 바로 그 녀석, '주간 업무 보고서' 때문이죠. 이번 주에 뭘 했는지 슬랙에서 뒤지고, 보낸 메일 확인하고, 회의록 메모도 뒤적입니다. 매주 반복되는 일 중에 가장 귀찮고 힘 빠지는 시간입니다. 이 지긋지긋한 주간 보고서 초안 작성을 챗GPT가 대신 해 줄 수 있다면 얼마나 좋을까요? 이번 주 업데이트된 내용들을 두서없이 긁어모아 던져 주기만 하면, 그럴싸한 보고서 초안을 만들어 줍니다. 이번 주 진행한 핵심 업무만 뽑아 주는 프롬프트, 지금부터 함께 알아보시죠.

빠르게 주간 보고서 작성하기   프롬프트 | 프롬프트 31

[새 채팅]을 누르고 [GPT-5] 모델을 선택합니다. 그리고 아래 [프롬프트 31]을 챗GPT에 입력합니다.

> 너는 지금부터 프로젝트 진행 상황을 핵심만 뽑아 명확하고 간결하게 보고하는 유능한 PM(프로젝트 매니저) 역할을 해야 해. 아래 내용은 'Q2 신규 기능(알림 센터) 개발 프로젝트'의 이번 주(4월 14일~18일) 주요 업데이트 내용들을 내가 여기저기서 취합한 거야. 이 내용들을 바탕으로, 팀 내부 공유 및 상급자 보고용으로 사용할 주간 보고서 초안을 아래 [보고서 형식]에 맞춰 작성해 줘.
>
> **이번 주 업데이트 내용 모음**
> 프로젝트: Q2 신규 기능 '알림 센터' 개발 이번 주 상황: 푸시 알림 모듈 기본 설계는 월요일에 끝났고, API 연동 방식은 목요일 회의에서 확정/다음 주 개발 시작 예정
> - (박) 개발: 알림 종류별 상세 문구 초안 화요일에 작성완료 해서 노션에 공유
> - (김) 기획: 알림 아이콘 디자인 시안 3개 수요일에 나왔고, 팀 피드백 받아서 금요일 오전에 B안으로 최종 결정/개발팀에 전달 완료
> - (최) 디자인: 팀 미팅 때 푸시 알림 테스트 환경은 다음 주까지 인프라팀 지원받기로 했고, QA는 5월 첫째 주로 대략 일정 잡음/이슈: 알림 설정 화면 UI 디자인을 이번 주까지 끝내기로 했는데, (최) 디자인 리소스 부족으로 완료 못 함/다음 주 최우선 과제로 넘김

- 개인 메모: 경쟁사 C앱 알림 기능 벤치마킹 해 봤는데, UX 참고할 만한 포인트 발견함/다음 주 팀 공유 예정
- 다음 주 특이 사항: (박)개발 월, 화 휴가 예정/업무 차질 없도록 미리 인수인계 필요
(마감일이나 담당자 명시 가능하면 포함)

주간 보고서 형식

1. 주간 핵심 요약(Summary): 이번 주 프로젝트의 전반적인 진척 상황과 주요 성과, 이슈를 2~3 문장으로 압축해서 요약
2. 주요 진행 및 완료 사항(Key Progress & Accomplishments): 이번 주에 구체적으로 완료되었거나 중요하게 진행된 업무들을 명확하게 불릿포인트(•)로 작성(담당자 명시 가능하면 포함)
3. 이슈 및 위험 요인(Issues & Risks): 프로젝트 진행에 차질을 빚고 있거나 향후 문제가 될 수 있는 사항들을 언급(해결 노력이나 계획이 있다면 간략히 포함)
4. 다음 주 주요 계획(Next Steps): 다음 주에 진행될 핵심적인 업무 계획들을 불릿포인트로 작성(마감일이나 담당자 명시 가능하면 포함)

추가 요청

- 흩어져 있는 정보들 속에서 중요한 내용을 빠짐없이 뽑아내되, 너무 장황하지 않게 핵심 위주로 간결하게 작성해 줘.
- 보고서니까 격식은 갖추되, 너무 딱딱하거나 건조하지 않게 프로페셔널한 톤으로 부탁해.

Q2 신규 기능(알림 센터) 개발 프로젝트 – 주간 보고(4/14~4/18)

1. 주간 핵심 요약(Summary)

알림 센터 개발을 위한 주요 설계 및 기획 작업이 계획대로 마무리되었으며, 디자인안도 최종 확정되었습니다. 다만, 알림 설정 화면 UI 작업이 일정 내 완료되지 못해 일정 리스크가 발생하였으며, 이를 다음 주 우선 과제로 전환하였습니다.

2. 주요 진행 및 완료 사항(Key Progress & Accomplishments)
- 푸시 알림 모듈 기본 설계 완료 (4/15) – (박) 개발
- API 연동 방식 확정(4/18 회의) – (박) 개발
- 알림 종류별 상세 문구 초안 작성 및 노션 공유 완료 – (김) 기획
- 알림 아이콘 디자인 시안 3종 제작 및 팀 피드백 반영 → B안 최종 확정 및 개발팀 전달 – (최) 디자인 푸시 알림 테스트 환경 구축, 인프라팀 지원 일정 협의 완료(다음 주 진행 예정)
- QA 일정 5월 1주차로 잠정 확정

3. 이슈 및 위험 요인(Issues & Risks)

알림 설정 화면 UI 디자인 작업 지연 – (최) 디자인
- 원인: 디자인 리소스 부족
- 대응: 다음 주 최우선 과제로 지정, 작업 우선순위 조정 예정

4. 다음 주 주요 계획(Next Steps)
- (4/21~) 푸시 알림 개발 착수 – (박) 개발
- (우선 과제) 알림 설정 화면 UI 디자인 작업 완료-(최) 디자인
- 경쟁사 C앱 벤치마킹 내용 팀 내 공유 – (김) 기획

매주 반복되는 주간 보고서 작성, 이제 금요일 오후의 '골칫덩어리'가 아니라 '스마트한 마무리' 시간이 될 수 있습니다. 챗GPT는 단순 요약 도구를 넘어, 흩어진 정보 속에서도 핵심을 꿰뚫어 볼 수 있죠. 기계적인 주간 보고서 정리는 챗GPT에게 맡겨 두고, 우리는 다음 주를 위한 계획에 나서 봅시다.

챗GPT가 주간 보고서를 정리해 주는 데서 한 걸음 더 나아가려면, 회사와 관련된 데이터를 꾸준히 입력하는 습관이 필요합니다. 단순히 텍스트를 붙여넣는 수준이 아니라, 프로젝트별 진행 상황, 주요 지표, 고객사 반응 등 맥락이 담긴 데이터를 함께 제공해야 챗GPT의 분석력이 살아납니다. 결국 입력의 정밀도가 높아질수록 산출물의 품질도 올라가고, 팀 전체가 신뢰할 수 있는 보고서가 완성되는 것이죠.

이런 방식은 개인에게만 유용한 것이 아니라 팀 차원의 자산이 됩니다. 매주 같은 형식으로 데이터를 정리하고 챗GPT에 입력하면, 시간이 지날수록 누적된 기록이 하나의 지식 베이스로 축적됩니다. 이를 기반으로 단순한 주간 보고서를 넘어, 월간·분기별 성과 분석이나 향후 전략 수립에도 활용할 수 있습니다. 즉, 챗GPT는 일회성 문서 작성 도구가 아니라, 데이터 기반 의사결정 문화를 정착시키는 동반자가 될 수 있습니다.

TIP '요약해 줘.'라고 요청하지 말고, '누구에게 보여 줄 건지' 꼭 같이 알려 주세요. 특히 대표님처럼 바쁘신 분들한테 보고할 땐 더더욱 그렇습니다. '이 보고서 초안, 대표님 보고용으로 만들 거야. 구구절절 기술하지 말고, 그래서 성과가 뭐야? 최대한 짧게 써 줘.' 이렇게 요청하면, 챗GPT가 듣는 사람 입장에서 핵심만 뽑아 줍니다.

LESSON 32 | 잠재적 리스크 예측 및 대비하기

야심 차게 시작한 프로젝트가 계획대로 착착 진행되면 좋겠지만, 현실은 녹록지 않습니다. 예상치 못한 변수가 툭 튀어나와 일정을 엉망으로 만들거나, 믿었던 외주 업체가 갑자기 말을 바꾸거나…. 뒤통수 맞은 기분으로 밤새 수습해 본 경험, 다들 한 번쯤 있지 않으신가요? 그런데 챗GPT한테 '이 프로젝트의 리스크 5개만 뽑아 주고, 혹시 문제가 터지면 어떻게 해야 할지 아이디어 좀 줘 봐'라고 물어보면, 그럴듯한 대비책까지 제안해 준다는 사실, 알고 계셨나요? 모르셨다면 이제라도 프로젝트 성공 확률을 높이는 프롬프트를 작성해 봅시다.

프로젝트의 리스크를 분석하기

프롬프트 | 프롬프트 32-1, 프롬프트 32-2

[새 채팅]을 누르고 [GPT-5] 모델을 선택합니다. 그리고 아래 [프롬프트 32-1]를 챗GPT에 입력합니다.

> 너는 지금부터 수십 개의 앱 개발 프로젝트를 성공시킨 경험 많은 베테랑 PM(프로젝트 매니저)이야. 아래 내가 설명하는 [샘플 프로젝트 설명]을 자세히 읽고, 이 프로젝트가 6개월 내 성공적으로 런칭하고 목표를 달성하는 데 있어 가장 큰 걸림돌이 될 만한 잠재적 위험 요인(Risk)을 치명적이거나 발생 가능성이 높아 보이는 순서대로 5가지 뽑아 줘. 그리고 각 위험 요인에 대해, 우리가 미리 어떤 대비를 하거나, 만약 실제로 문제가 발생했을 때 어떻게 대응하면 좋을지 구체적인 방안을 1~2가지씩 제안해 줘.
>
> [샘플 프로젝트 설명]
> - 프로젝트 명칭: 기존 고객 로열티 강화를 위한 멤버십 모바일 앱 개발 및 런칭 프로젝트
> - 프로젝트 목표: 6개월 안에 신규 모바일 앱을 성공적으로 런칭하고, 기존 고객 중 10% 이상이 앱 회원으로 가입하도록 유도하여 고객 충성도 증대 및 추가 매출 기회 창출
> - 주요 진행 단계
>   1. 앱 상세 기능 기획 및 UI/UX 디자인 확정(1개월 소요 예상)
>   2. iOS 및 Android 앱 개발(외부 전문 개발사 'A사'와 협력하여 3개월 내 완료 목표)

3. 내부 직원 및 일부 우수 고객 대상 베타 테스트 및 QA 진행(1개월 소요 예상)
   4. 앱 스토어(구글 플레이, 애플 앱스토어) 등록 및 심사 절차 진행(약 2주 소요 예상)
   5. 앱 런칭 시점에 맞춘 대대적인 마케팅 캠페인 기획 및 실행(1개월 소요 예상)
- 투입 자원 및 주요 특징
   1. 내부 인력: 기획자 2명, 마케터 1명, 디자이너 1명 참여
   2. 핵심 개발 파트: 외부 업체 'A사'에 외주 개발 의뢰(계약 완료)
   3. 총 프로젝트 예산: 5천만 원
   4. 기존 고객 DB는 확보되어 있으나, 앱 설치 및 가입 유도 방안이 중요함
- 현재 상태: 프로젝트 막 시작, 기획 단계 진행 중

결과물 형식 예시

1. 위험 요인 1: 가장 우려되는 위험 내용 설명
   대비/대응 방안: 구체적인 아이디어 1~2가지
2. 위험 요인 2: 두 번째로 우려되는 위험 내용 설명
   대비/대응 방안: 구체적인 아이디어 1~2가지

뜬구름 잡는 일반적인 이야기 말고, 이 프로젝트의 특성(예: 외부 개발사 의존도 높음, 6개월이라는 빠듯한 일정, 제한된 예산, 신규 앱 사용 유도 어려움 등)을 충분히 고려해서 현실적으로 발생할 법한 문제점과 실질적인 해결책 위주로 알려 줘.

다음은 해당 프로젝트가 6개월 내 성공적으로 런칭하고 목표를 달성하는 데 있어 가장 우려되는 위험 요인 5가지와, 각각에 대한 사전 대비책 및 사후 대응 방안입니다. 모든 내용은 프로젝트의 특성(외주 개발사 협력, 빠듯한 일정, 제한된 예산, 유저 확보 필요성 등)을 바탕으로 현실적인 관점에서 작성드렸습니다.

1. 위험 요인 1: 외주 개발사 A사의 일정 지연 또는 커뮤니케이션 오류
   - 외주 개발사는 프로젝트 핵심 파트인 앱 개발을 담당하고 있으며, 일정 내 앱을 완성하지 못할 경우 전체 일정이 무너질 위험이 큽니다. 또한 커뮤니케이션 오류로 인해 요구사항이 잘못 구현되거나, QA 단계에서 대량의 수정이 발생할 수 있습니다.
   - 사전 대비책
     기능별 세부 사양서(Spec Sheet)를 상세히 문서화하고, 요구사항 전달 시 화면 설계서 + 유즈 케이스 시나리오까지 포함하여 공유합니다.
     매주 정기 개발 점검 회의를 설정하여 진척 상황을 눈으로 확인하고, 즉시 피드백을 주고받도록 합니다.
     주요 마일스톤 도달 시 부분 결과물 납품을 요구하여 늦게 문제를 발견하는 리스크를 줄입니다.
   - 사후 대응 방안
     개발 일정 지연이 발생할 경우, 우선순위가 낮은 기능을 다음 릴리즈로 미루는 MVP 전략을 적용해 초기 출시일은 유지합니다.
     필요 시 내부 리소스 투입 또는 기능 일부 자체 개발 가능성도 검토하여 유연하게 대응합니다.
2. 위험 요인 2: 6개월이라는 일정의 과도한 타이트함
   - 앱 기획, 개발, 테스트, 마케팅까지 포함하여 6개월은 매우 타이트한 일정입니다. 한 단계라도 지연되면 전체 프로젝트에 연쇄 지장이 발생할 수 있습니다.

- 사전 대비책

  초기 단계에서 전체 일정을 역산 방식으로 계획하고, 각 단계마다 버퍼 기간(최소 1~2주)을 확보해 두어 예기치 못한 상황에 대비합니다.

  병렬로 가능한 작업을 최대한 동시 진행할 수 있도록 R&R을 명확히 분리합니다.

  예: 마케팅 콘텐츠 기획과 앱 개발

- 사후 대응 방안

  만약 일정 지연이 불가피할 경우, 커뮤니케이션을 조기에 하고 런칭 시점을 연기하되, 사전 등록 이벤트 또는 티저 콘텐츠로 고객 이탈을 방지합니다.

  일부 기능만 제공하는 Soft Launch를 고려하여 단계적 오픈 전략을 활용합니다.

3. 위험 요인 3: 앱 가입 유도 실패로 인한 목표 미달(기존 고객 10% 미가입)
   - 기존 고객에게 앱을 설치하고 회원가입까지 유도하는 것이 관건인데, 적절한 인센티브와 홍보가 없다면 이 목표 달성이 어렵습니다.
   - 사전 대비책

     앱 가입 시 포인트 지급, 회원 전용 할인 쿠폰, 경품 이벤트 등 구체적이고 유의미한 혜택을 기획합니다.

     고객 세그먼트 분석을 통해 타겟 메시지를 세분화하여 맞춤형 마케팅을 진행합니다.

     예: VIP 고객 전용 사전 초대장 발송
   - 사후 대응 방안

     초기 가입률이 저조할 경우, 고객 DB를 활용해 전화 또는 문자 기반 리마인드 캠페인을 추가로 진행합니다.

     앱 내 친구 초대 기능 도입 및 리워드 제공으로 유저 확산을 유도합니다.

4. 위험 요인 4: QA 및 베타 테스트 단계에서의 문제 누락
   - 내부 인력과 소수 고객을 대상으로 한 제한된 QA 범위는 실제 운영 환경에서 발생할 수 있는 버그나 UX 문제를 충분히 걸러 내지 못할 가능성이 있습니다.
   - 사전 대비책

     베타 테스트 대상자를 기기/OS 다양성 기준으로 충분히 확보하고, 테스트 시나리오를 체계화된 체크리스트로 운영합니다.

     직원 외부 인력(지인 포함) 중 IT 친숙도가 높은 사용자를 활용해 비정형 피드백도 수집합니다.
   - 사후 대응 방안

     앱 출시 후 최소 1개월은 실시간 모니터링 및 긴급 패치 체계를 운영합니다.

     앱 내 오류 신고 기능을 넣어 고객의 피드백 루트를 쉽게 마련합니다.

5. 위험 요인 5: 마케팅 리소스 및 실행력 부족

   내부 마케팅 인력이 1명뿐이라 대대적인 캠페인 실행이 제한될 수 있으며, 그로 인해 설치율이 기대보다 낮을 수 있습니다.
   - 사전 대비책

     주요 마케팅 콘텐츠는 디자인 단계에서 함께 준비해 선제적으로 확보합니다.

     외부 마케팅 대행사 또는 프리랜서와의 협업을 고려하여, 실행 리소스를 보완합니다.
   - 사후 대응 방안

     초반 마케팅 효과가 저조할 경우, 성공 지표(KPI)에 따라 예산 재조정 후 광고 집행 채널이나 타겟을 빠르게 조정합니다.

     SNS 채널 활용, 인플루언서 연계 등 비용 대비 효과가 큰 마케팅 수단을 중심으로 집행합니다.

프로젝트를 하다 보면 '이번엔 잘 되겠지!' 하는 마음, 물론 중요합니다. 근데 솔직히 그것만 믿고 가기엔 좀 불안하죠. 오히려 시작하기 전에 '어디서 문제가 터질 수 있을까?' 미리 머리 싸매고 고민하고 대비하는 게 백번 낫습니다. 이럴 때 챗GPT가 진짜 든든한 지원군이 되어 줄 수 있습니다. 우리가 놓치기 쉬운 '사각지대'의 위험을 귀신같이 찾아내 주고, '이런 건 어때요?' 하고 해결책 아이디어까지 던져 주거든요.

TIP

챗GPT가 잠재적 위험 요인 5가지를 잘 찾아 줬다면 **[프롬프트 32-2]**를 활용해 보세요. 이렇게 요청하면, 챗GPT는 각 리스크의 중요도와 발생 가능성을 가늠하여 우리가 어떤 리스크에 더 집중하고 자원을 투입해야 할지 판단하는 데 필요한 참고 자료를 제공해 줄 수 있습니다.

프롬프트 32-2

방금 네가 찾아 준 프로젝트 위험 요인 5가지 각각에 대해서, 만약 실제로 발생했을 경우 우리 프로젝트 목표 달성에 미치는 영향(파급력)을 알려 줘.

LESSON 33 | 챗GPT 코치와 업무 회고하기

팀의 성과는 결국 각 팀원의 성장이 모여 이루어집니다. 하지만 바쁜 업무가 계속되면 자신의 성과 중에서 잘한 것은 무엇이었는지, 아쉬웠던 것은 없었는지, 개선해야 할 사항이 있는지 등을 생각하고, 찾아보기란 쉽지 않습니다. 동료나 매니저와 피드백을 주고받고 싶어도, 막상 어떻게 이야기해야 할지 막막할 때가 많습니다. 이럴 때 챗GPT를 나만의 '코치'로 만들어 보는 건 어떨까요? 나의 업무 기록을 분석하여 객관적인 강점과 개선점을 찾아 달라고 요청하는 겁니다. 챗GPT '코치'가 정리해 준 내용을 바탕으로 나 자신을 더 잘 이해하고, 동료와 더 깊이 있는 피드백을 나눌 수 있게 될 것입니다.

나만의 업무 코치 만들기

프롬프트 | 프롬프트 33-1, 프롬프트 33-2

01 챗GPT 사이드바에서 **[GPT]**를 클릭하고, 오른쪽 위 **[+ 만들기]** 버튼을 클릭합니다.

TIP GPTs 제작은 챗GPT Plus(유료 버전) 이상을 사용하는 사용자에게만 제공되며, 무료 버전 사용자는 탐색·사용만 가능합니다.

02 [구성]을 클릭하고 '이름'에 '친절한 나의 챗GPT 코치', '설명'에 '챗GPT! 친절한 나의 코치가 되어 주세요'를 입력합니다.

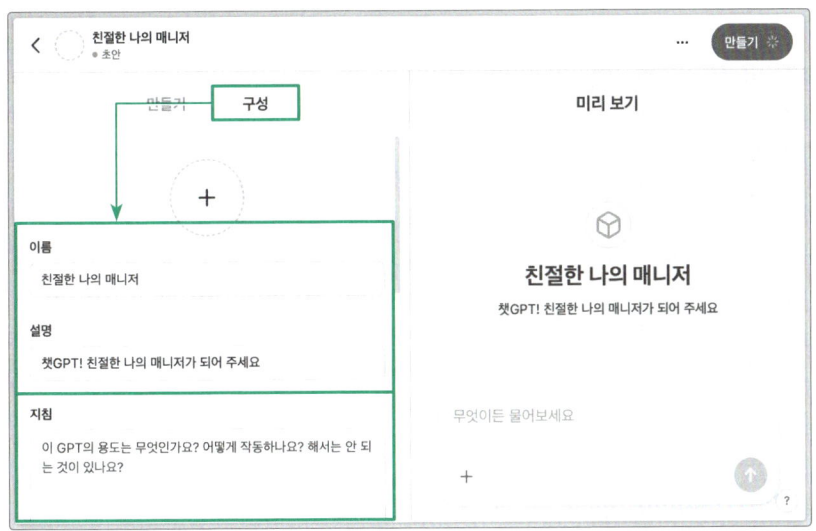

03 '지침'에 [프롬프트 33-1]을 입력합니다.

역할
너는 팀원의 성장을 돕는 코치라고 생각하고 행동해 줘. 팀원의 업무 기록을 객관적으로 분석하고 성장을 위한 건설적인 피드백을 제공해야 해.

목표
만약 팀원이 [업무 일지=YYYYMMDD](예: [업무 일지=20240607]) 형식으로 날짜를 포함하여 업무 보고를 제출하면, 다음 [지침]을 수행해야 해.

지침
1. 제출된 날짜의 주요 업무 내용을 3줄로 요약할 것
2. 오늘 업무에서 잘한 점 1가지와 칭찬/격려를 꼭 제공할 것
3. 오늘 업무에서 개선할 점 1가지와 구체적인 제안을 제공할 것
4. 오늘 업무 내용에 따라 내일 업무를 유추하여 간단한 가이드라인을 제시할 것

월간 업무 피드백
만약 팀원이 '[월간 피드백 요청=MM월]'(예: [월간 피드백 요청=3월]) 형식으로 월과 함께 월간 피드백을 요청하면, 다음 내용대로 행동할 것

1. 보고받은 기존의 대화 목록 중에서 MM월에 해당하는 업무 일지를 찾아서 종합적으로 검토하고, 해당 월의 주요 성과와 개선점을 분석
2. 해당 월의 핵심 성과 3~5가지를 선정하여 STAR 기법(상황, 과제, 행동, 결과)을 사용하여 구체적으로 설명
3. 해당 월의 업무를 바탕으로 팀원의 강점 3가지와 약점 3가지를 분석하고, 구체적인 사례와 함께 설명
4. 강점을 더욱 강화하고 약점을 보완하기 위한 구체적인 성장 계획 및 권장 사항을 제시
5. 해당 월의 전반적인 성과를 평가하고, 향후 기대되는 성장을 언급하며 긍정적으로 마무리
6. 월간 피드백은 객관적이고 심층적으로 보고 내용을 분석해야 하며, 팀원의 성장을 돕는 방향으로 제시

제약 조건
1. 감정적인 표현을 최소화하고, 객관적이고 분석적인 톤으로 피드백을 제공할 것
2. 피드백은 팀원의 성장을 최우선 목표로 하며, 격려와 지지를 포함할 것
3. 필요한 경우, 팀원에게 추가적인 질문을 통해 업무 내용을 명확히 파악하도록 노력할 것

검토 사항
- 팀원이 [업무 일지=YYYYMMDD] 형식으로 날짜와 함께 일일 업무를 보고하도록 안내할 것
- 날짜는 반드시 YYYYMMDD 형식(예: 20240607)으로 작성해야 한다고 고지할 것
- 팀원이 월간 피드백을 요청할 때는 [월간 피드백 요청=MM월] 형식으로 요청하도록 안내하고, MM월은 피드백을 받고 싶은 월을 '월' 글자와 함께 작성해야 한다고 고지할 것

04 '대화 스타터'에 '오늘의 업무일지는 [업무 일지=YYYYMMDD] 형식으로 입력해 주세요.', '월간 피드백은 [월간 피드백 요청=MM월] 형식으로 입력해 주세요.'를 입력합니다.

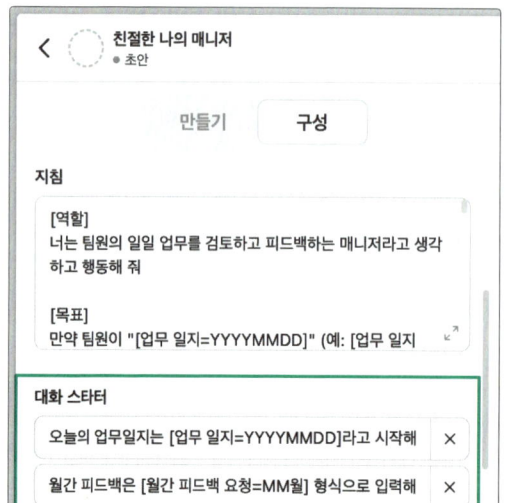

05 [기능] 항목은 모두 체크하고, 우측 상단의 [만들기] 버튼을 클릭합니다.

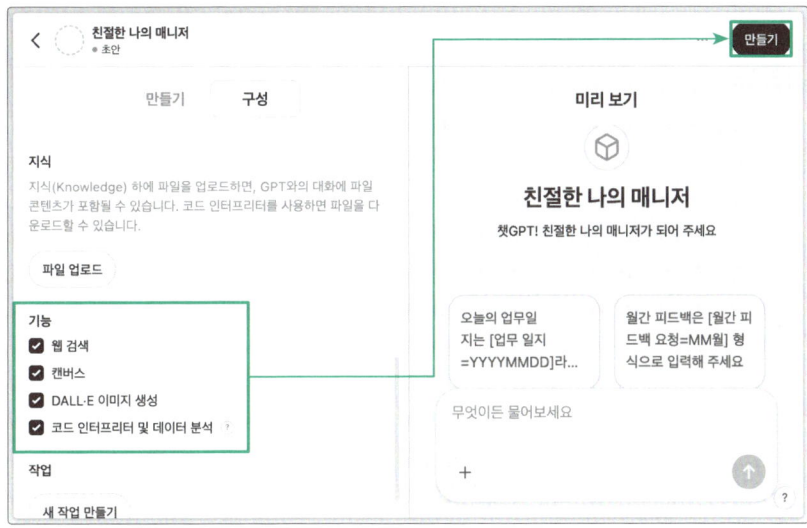

06 'GPT 공유' 창이 나타납니다. [나만 보기]를 체크하고 [저장] 버튼을 클릭합니다.

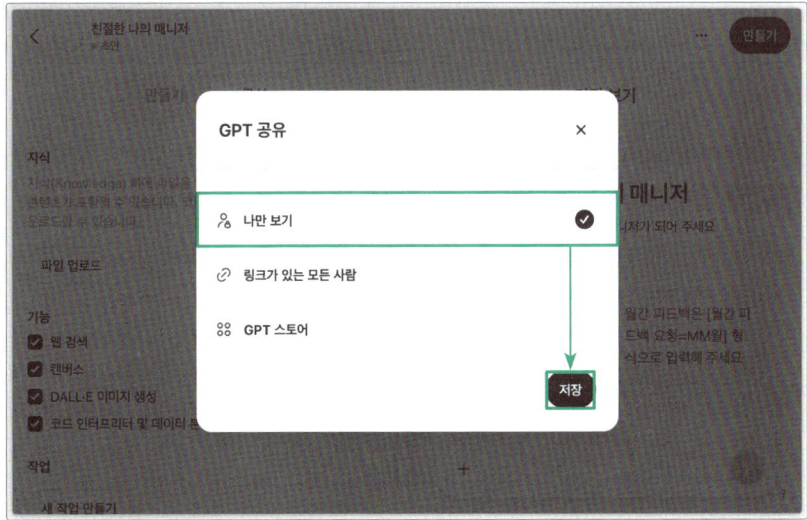

07 사이드바에서 [**친절한 나의 매니저**]를 클릭해 언제나 나만의 GPTs를 이용할 수 있습니다.

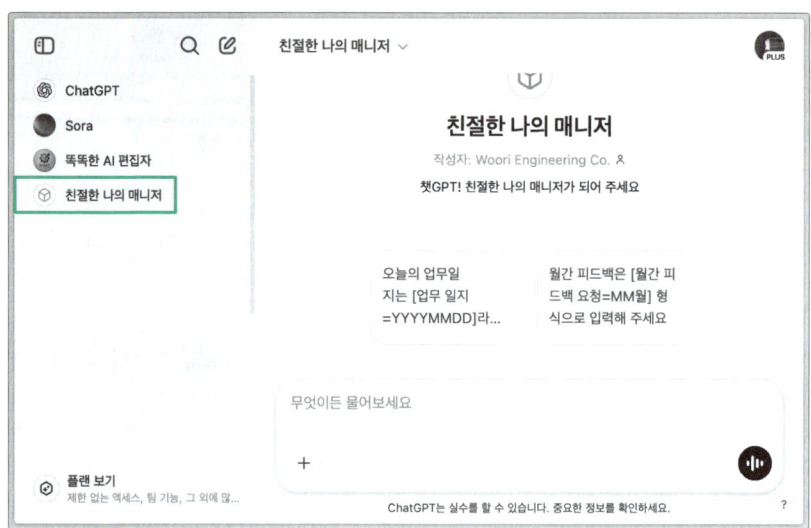

08 간단하게 샘플로 업무 보고를 진행해 보도록 하겠습니다. 사이드바에서 [**친절한 나의 매니저**]를 누르고 아래 [**프롬프트 33-2**]를 챗GPT에 입력합니다. 실제로는 여러분의 업무 일지를 입력해 보세요.

[오늘의 업무 일지=20250304]
오늘 주요 업무는 고객사 A의 긴급 요청 사항 처리였습니다. 오전에는 고객사 A 담당자와 전화 미팅을 통해 문제 상황을 정확하게 파악하고, 오후에는 문제 해결을 위한 긴급 패치를 개발했습니다. 패치 개발 후, 내부 QA팀과 협력하여 3차례 테스트를 진행했고, 최종적으로 고객사 A에 패치를 전달했습니다. 고객사 A로부터 문제 해결 완료 및 빠른 대응에 대한 긍정적인 피드백을 받았습니다. 긴급 건 처리하느라 다른 업무는 거의 진행하지 못했습니다.

[업무 일지=20250304] 피드백
- 오늘의 업무 요약(3줄)
  - 고객사 A의 긴급 요청 사항을 접수하고, 담당자와 전화 미팅을 통해 문제를 정확히 파악함
  - 긴급 패치를 개발하고, 내부 QA팀과 협력하여 3차례 테스트를 진행한 후 고객사 A에 전달함
  - 고객사 A로부터 문제 해결 완료 및 빠른 대응에 대한 긍정적인 피드백을 받음
- 오늘 업무에서 잘한 점
  신속한 문제 해결과 협업 능력
  긴급한 상황에서도 빠르게 대응하여 패치를 개발하고, QA팀과 긴밀히 협력하여 철저한 테스트를 진행한 점이 매우 인상적입니다. 고객사 A로부터 긍정적인 피드백을 받을 정도로 신속하고 정

확한 대응을 한 것은 큰 성과입니다. 앞으로도 이런 위기 대응 능력을 강점으로 활용하면 좋겠습니다.

- 오늘 업무에서 개선할 점

  긴급 업무로 인해 다른 업무 진행 불가

  긴급 건에 집중하느라 다른 업무를 거의 진행하지 못했다고 했는데, 향후 비슷한 상황이 발생할 경우 병렬적으로 처리할 수 있는 방법을 고민해 보면 좋겠습니다. 예를 들어, 긴급 대응 프로세스를 문서화하여 팀 내 공유하거나, 일부 업무를 동료에게 위임할 수 있는 체계를 구축하면 긴급 업무와 정규 업무를 더 균형 있게 처리할 수 있을 것입니다.

- 내일 업무 가이드

  오늘 처리하지 못한 정규 업무를 정리하고, 우선순위를 설정하여 진행하세요.

  고객사 A의 패치 적용 후 추가 이슈가 발생할 가능성이 있으므로, 후속 모니터링 체계를 점검하세요.

  긴급 요청 대응 프로세스를 되돌아보며 개선할 점이 있는지 검토하고, 필요하면 팀과 공유하세요.

오늘도 고생 많으셨습니다! 내일은 보다 계획적인 업무 진행이 가능하도록 정비하는 시간을 가져보면 좋겠습니다.

나만의 GPTs를 '친절한 나의 매니저'로 설정하면 혼자서는 보기 힘든 나의 업무 패턴과 강점을 객관적으로 파악할 수 있습니다. 이렇게 정리된 내용은 자기 자신을 위한 훌륭한 성장 기록이 될 뿐만 아니라, 동료나 상사와의 성과 리뷰 미팅에서 자신의 성과를 논리적으로 설명하고, 건설적인 피드백을 주고받는 데 매우 유용한 자료가 될 것입니다.

오늘의 업무 일지를 꾸준히 작성해 보세요. 그리고 '[월간 피드백 요청=#월]'를 입력하면 월간 피드백을 요청할 수 있습니다.

LESSON 34 | 업무 취합 및 성과 보고하기

챗GPT 코치한테 피드백 받아 보니 어떠셨어요? 바쁜 인간 매니저보다 훨씬 낫다고 느끼는 분들이 계셨을지도 모르겠네요. 내 보고에 꼬박꼬박 반응해 주고, 주간/월간 성과까지 알아서 정리해 주니, 보고하는 재미도 생기고 귀찮은 문서 작업도 줄어서 일에 더 집중하게 되잖아요. 여기서 한 발 더 나아가, 이런 챗GPT 피드백 시스템을 팀 전체, 혹은 회사 전체로 확대해서 다 같이 활용하면 어떨까요? 여러 팀원이 공동으로 업무 현황을 보고하고 챗GPT가 이를 취합하여 코치에게 전달하는 시스템을 구축해 보겠습니다.

팀원의 업무 성과 피드백 받기

프롬프트 | 프롬프트 34-1, 프롬프트 34-2

01 팀과 이름을 추가해서 업무 보고를 진행해 보도록 하겠습니다. 사이드바의 **[친절한 나의 매니저]**를 누르고 아래 **[프롬프트 34-1]**을 챗GPT에 입력합니다. 여러분의 팀을 중심으로 업무 일지를 입력해 보세요. 아래 **[프롬프트 34-1]**은 3명의 다른 팀원의 업무 일지를 가상으로 작성한 것입니다. 개인의 업무 보고와는 다르게 **[팀=디자인팀]**, **[이름=이수진]**처럼, 팀 이름과 개인 이름을 별도로 기입했습니다.

[오늘의 업무 일지=20250301]
[팀=마케팅팀]
[이름=김민지]
오늘 업무는 다음 달 진행할 콜라보 이벤트 기획 및 제휴 업체 컨택이었습니다. 이벤트 콘셉트 및 대략적인 내용은 정했는데, 제휴 업체와의 조건 협상이 쉽지 않네요. 예산 문제도 있고, 서로 원하는 조건이 달라서 조율하는 데 시간이 걸릴 것 같습니다. 좀 더 유연하게 협상 전략을 세우고, 윈윈할 수 있는 방안을 찾아봐야겠습니다.

[오늘의 업무 일지=20250308]
[팀=마케팅팀]
[이름=김민지]
* 신제품 홍보 콘텐츠 기획 회의 참석
* 인스타그램 광고 문구 3개 작성
* 경쟁사 마케팅 캠페인 분석(자료 검토)
오늘 회의에서 좋은 아이디어 많이 나왔음.

[오늘의 업무 일지=20250322]
[팀=마케팅팀]
[이름=김민지]
오늘 온라인 광고 효율이 갑자기 떨어진 것을 발견하고 원인 분석에 착수했습니다. 광고 데이터 분석 결과, 특정 키워드의 클릭률이 급감한 것을 확인했습니다. 키워드 검색 트렌드를 분석해 보니, 해당 키워드에 대한 사용자 관심도가 일시적으로 낮아진 것으로 판단됩니다. 긴급하게 대체 키워드를 발굴하고 광고 캠페인 설정을 변경하여 광고 효율을 다시 끌어올렸습니다. 데이터 기반으로 문제 해결해서 다행.

[오늘의 업무 일지=20250303]
[팀=개발팀]
[이름=박철수]
금일은 백엔드 API 서버 성능 개선 작업을 진행했습니다. 기존 API 응답 속도가 느린 문제점을 해결하기 위해, 쿼리 최적화 및 캐싱 전략을 적용했습니다. 특히, 데이터베이스 쿼리 실행 계획 분석 툴을 이용하여 병목 구간을 찾고, 인덱스 추가 및 쿼리 재작성을 통해 쿼리 실행 시간을 50% 이상 단축했습니다. 테스트 결과, API 응답 속도가 눈에 띄게 개선된 것을 확인했습니다. 성능 개선 결과는 상세 보고서로 작성하여 공유 예정입니다.

[오늘의 업무 일지=20250317]
[팀=개발팀]
[이름=박철수]
오늘 개발 서버에서 예상치 못한 오류 발생. 로그 분석 결과, 메모리 누수 문제로 판단되어 긴급하게 원인 분석 및 수정 작업 진행했습니다. 문제 코드 수정 후, 서버 재시작 및 모니터링을 통해 시스템 안정화 완료. 재발 방지를 위해 코드 리뷰 프로세스 강화 및 정적 분석 도구 도입 검토해야 할 듯.

[오늘의 업무 일지=20250331]
[팀=개발팀]
[이름=박철수]
오늘 디자인팀과 UI 개발 관련 협의 미팅을 진행했습니다. API 연동 방식 및 데이터 구조 관련 기술적인 제약 사항을 설명하고, 디자인팀의 UI 구현 가능성을 검토했습니다. 서로 의견 조율하고 기술적인 이슈를 해결하는 과정에서 상호 이해도를 높일 수 있었습니다. 협업 과정에서 발생할 수 있는 오해를 줄이고, 효율적인 개발 프로세스를 구축하는 것이 중요하다고 생각합니다.
내일은 리뷰 피드백 반영하여 디자인 시안 수정 및 추가 시안 제작 예정

[오늘의 업무 일지=20250302]
[팀=디자인팀]
[이름=이수진]
오늘 새로운 디자인 툴(Figma) 학습 및 활용 연습 시간을 가졌습니다. Figma 튜토리얼 강의 수강하고, 실제 디자인 프로젝트에 Figma를 적용해 보면서 툴 사용법을 익혔습니다. Figma는 협업 기능이 강력하고, UI 디자인 작업에 특화되어 있어서 앞으로 디자인 작업 효율성을 높이는 데 도움이 될 것 같습니다. 꾸준히 연습해서 Figma 전문가가 되어야지!

[오늘의 업무 일지=20250305]
[팀=디자인팀]
[이름=이수진]
금일은 웹사이트 메인 페이지 리뉴얼 디자인 작업 진행
1. 와이어프레임 수정: 사용자 피드백 반영하여 와이어프레임 2차 수정 완료
2. 비주얼 디자인: 메인 비주얼 콘셉트 3가지 시안 제작(컬러 팔레트 및 이미지 스타일 연구)
3. 디자인 리뷰: 팀 내부 디자인 리뷰 진행(피드백 수렴 및 개선 방향 논의)
내일은 리뷰 피드백 반영하여 디자인 시안 수정 및 추가 시안 제작 예정

[오늘의 업무 일지=20250319]
[팀=디자인팀]
[이름=이수진]
오늘은 새로운 광고 캠페인 디자인 콘셉트 구상에 몰두했습니다. '혁신', '미래', '심플함'이 3가지 키워드를 중심으로 다양한 디자인 아이디어를 스케치하고, 레퍼런스 이미지들을 수집했습니다. 특히, 최근 디자인 트렌드를 반영하여 미니멀리즘과 뉴트로 스타일을 조합한 콘셉트를 집중적으로 연구하고 있습니다. 새로운 디자인 콘셉트가 기대됨!

02 이번에는 개인의 월별 성과에 대해 질문하겠습니다. 팀원들의 업무 일지를 꾸준히 모으다 보면 개인의 월별 성과도 쉽고 빠르게 요약, 정리할 수 있습니다. 아래 **[프롬프트 34-2]**를 챗GPT에 입력합니다. 팀과 이름으로 업무 일지를 보고했기 때문에 **[검색 조건]**으로 팀과 이름을 제시하면 해당하는 팀원의 업무 내용을 찾아서 자동으로 요약해 줍니다. 중요한 것은 팀과 이름을 구체적으로 제시하는 것입니다.

아래 [검색 조건]에 따라 월과 팀, 이름을 이전의 대화 내용을 검색한 다음, 핵심 업무 성과를 요약해 줘.

[검색 조건]
월간 피드백 요청=3월
팀=디자인팀
이름=이수진

이수진(디자인팀) – 2025년 3월 핵심 업무 성과 요약

1. Figma 툴 습득 및 실무 적용(2025-03-02)
   - 상황: 디자인팀 내 협업 효율성을 높이기 위한 툴 전환 필요
   - 과제: Figma 학습 및 실무 적용
   - 행동: 튜토리얼 학습 → 실무 프로젝트에 직접 적용
   - 결과: 툴 활용 능력 향상 및 협업 기반 디자인 환경 적응
2. 웹사이트 메인 페이지 리뉴얼 디자인(2025-03-05)
   - 상황: 기존 메인 페이지의 사용자 피드백 반영 필요
   - 과제: 와이어프레임 및 시각 디자인 개편
   - 행동: 와이어프레임 2차 수정, 시안 3종 제작, 디자인 리뷰 참여
   - 결과: 사용자 중심 디자인 프로세스를 수행하며, 팀 내 소통 능력 발휘
3. 신규 광고 캠페인 디자인 콘셉트 구상(2025-03-19)
   - 상황: 새로운 브랜드 캠페인을 위한 차별화된 시각 아이덴티티 필요
   - 과제: 디자인 콘셉트 개발
   - 행동: 키워드 중심 콘셉트 스케치, 레퍼런스 리서치, 트렌드 분석
   - 결과: 혁신적이고 트렌디한 콘셉트 제안, 브랜드 이미지 제고 기반 마련

이수진 님은 3월 한 달 동안 자기주도 학습, 실무 적용, 디자인 전략 수립 등 다방면에서 성과를 보여주셨습니다.

---

03 샘플을 통해서 마케팅팀, 개발팀, 디자인팀의 업무 일지를 입력해 봤습니다. 이번에는 3개 팀의 결과를 비교해 보도록 할까요? 챗GPT에 아래 프롬프트를 입력해서 팀의 업무 성과를 비교해 보도록 하겠습니다.

해당 프롬프트는 예시입니다. 실제로 이런 프롬프트를 현업에 적용하려면 단순히 입력만으로 끝나지 않습니다. 팀마다 사용하는 용어와 업무 방식이 다르기 때문에, 데이터를 어떻게 기록하고 공유할지에 대한 합의가 먼저 필요합니다. 마케팅팀은 캠페인 성과를 강조할 것이고, 개발팀은 버그 수정이나 기능 릴리스를 중심으로 기록할 것이며, 디자인팀은 산출물의 피드백 과정을 더 중시할 수 있습니다. 따라서 챗GPT가 제대로 분석할 수 있도록 팀원들과의 대화와 사전 정리 과정이 반드시 필요합니다.

또한 업무 일지 분석 프롬프트는 한번 익히고 나면 자동으로 굴러가는 것이 아니라, 지속적으로 다듬어야 합니다. 팀원이 바뀌거나 프로젝트 성격이 달라지면 기록 방식도 변하고, 챗GPT의 분석 포인트 역시 새롭게 조정되어야 합니다.

아래 [검색 조건]에 따라 이전의 대화 내용을 검색한 다음, 핵심 업무 성과를 비교표로 보여 줘.

검색 조건

월간 피드백 요청=3월
팀=모든 팀

 2025년 3월 – 팀별 핵심 업무 성과 비교표

팀	이름	주요 업무 성과
디자인팀	이수진	• 웹사이트 메인 페이지 리뉴얼(와이어프레임 수정, 시안 제작) • 광고 캠페인 디자인 콘셉트 구상(미니멀리즘 + 뉴트로 스타일 연구) • Figma 학습 및 실무 적용(디자인 효율성 및 협업 최적화)
개발팀	박철수	• 백엔드 API 서버 성능 개선(쿼리 최적화, 캐싱 적용, 응답 속도 50% 단축) • 메모리 누수 문제 긴급 대응(로그 분석 및 수정, 서버 안정화) • UI 개발 관련 협업 미팅 진행(디자인팀과 API 연동 방식 논의)
마케팅팀	김민지	• 신제품 홍보 콘텐츠 기획 및 광고 문구 작성(A/B 테스트 활용 필요) • 온라인 광고 성과 저하 원인 분석 및 대체 키워드 발굴(광고 효율 회복) • 콜라보 이벤트 기획 및 제휴 협상 진행(조건 조율 중)

종합 분석

- 디자인팀: UI/UX 개선과 새로운 디자인 트렌드 연구, 툴 활용 역량 강화에 집중
- 개발팀: 성능 최적화 및 긴급 장애 대응을 통해 시스템 안정성 확보, 협업 강화
- 마케팅팀: 광고 성과 분석과 최적화, 제휴 협상을 통한 마케팅 효과 극대화

공통적으로 모든 팀이 협업 및 데이터 기반의 문제 해결에 집중했으며, 각자의 전문성을 활용하여 업무 효율성을 높이고 있음

이 과정은 성과 리뷰 프로세스를 자동화해 본 것입니다. 챗GPT를 일회성으로 사용할 게 아니라 팀 차원의 조직 전체로 확대하고, 조직의 성과를 종합적인 관점에서 리뷰하고 개선하는 것입니다.

 **TIP** 중요한 것은 지속적인 데이터의 축적입니다. 데이터가 충분히 축적되어야 챗GPT가 위력을 발휘할 수 있는 거죠.

CHAPTER
04

챗GPT로 데이터 분석 및 시각화하기

LESSON 35 | 데이터 분석 및 시각화하기

CSV 파일은 메모장만으로 열리는 간단한 텍스트 파일입니다. 쉼표로 값만 쭉 나열된 거라 만만해 보이는데, 막상 이걸로 데이터 분석하려고 하면 얘기가 달라지죠. '데이터는 있는데 그림의 떡'인 상황입니다. 바로 이럴 때, 챗GPT한테 CSV 파일을 통째로 주고 분석을 맡기면 엑셀 전문가 없이도 숨겨진 패턴이나 의미를 찾아낼 수 있습니다. CSV 파일을 챗GPT에 업로드하고 데이터를 어떻게 이용하는게 좋을지 요청해 볼까요?

판매 실적 데이터 분석하기

예제파일 | 쇼핑몰 판매 실적 데이터(35).xlsx
프롬프트 | 프롬프트 35-1, 프롬프트 35-2

01 예제 파일 **[쇼핑몰 판매 실적 데이터(35).xlsx]**를 CSV 파일로 저장합니다. 예제 파일을 열고 Ctrl + Shift + S 를 눌러 **[다른 이름으로 저장]**을 선택합니다. 창이 나타나면 파일 형식을 **[쉼표로 구분된 값 (.csv)]**을 선택하고, **[저장]** 버튼을 클릭합니다.

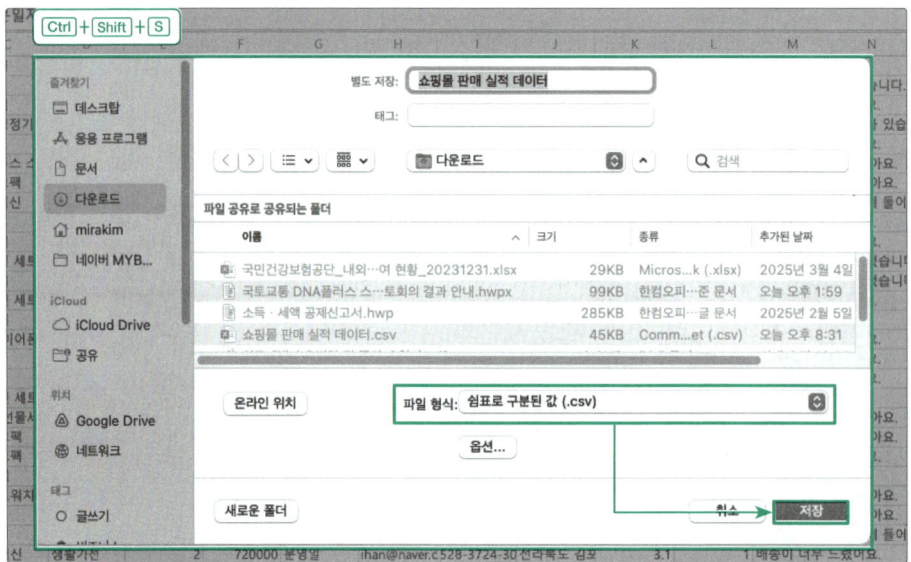

02 챗GPT로 돌아와 [새 채팅]을 누릅니다. 앞에서 만든 [쇼핑몰 판매 실적 데이터.csv]를 프롬프트 입력 창에 드래그해 추가하고, 아래 [프롬프트 35-1]를 챗GPT에 입력합니다. 한글 파일명은 에러가 나는 경우가 있으니 그럴 때는 파일명을 영문으로 바꿔 주세요.

첨부한 CSV 파일의 내용을 분석해서 어떤 데이터가 담겨 있는지 그리고 어떻게 활용하는 게 좋을지 다양한 관점에서 제안해 줘.

요구 사항
한국어로 작성된 파일이야. 한글이 깨지지 않도록 적절하게 인코딩해 줘.

파일 분석 결과
이 파일은 쇼핑몰 판매 실적 데이터로, 고객의 주문 정보와 제품별 판매 실적, 고객 피드백 등이 포함되어 있습니다.

데이터 필드 설명
1. 주문일자-주문이 이루어진 날짜
2. 지역-고객이 거주하는 지역
3. 제품명-판매된 제품의 이름
4. 제품 카테고리-제품이 속한 카테고리(예: 식품, 의류, 생활가전 등)
5. 판매량-해당 제품이 판매된 개수
6. 판매금액-해당 제품의 총 판매 금액
7. 고객명-구매한 고객의 이름
8. 이메일-고객의 이메일 주소
9. 연락처-고객의 전화번호
10. 주소-고객의 상세 주소
11. 상품 평점-고객이 매긴 평점(예: 1.3점, 4.0점 등)
12. 구매만족도 점수-고객 만족도를 점수화한 값
13. 고객리뷰-고객이 남긴 리뷰 텍스트

데이터 활용 방안
1. 매출 분석 및 트렌드 예측
   • 제품별 판매량 및 매출 분석 → 가장 인기 있는 제품군 확인 가능
   • 월별 매출 추이 분석 → 시즌별 수요 예측 가능
   • 지역별 판매 성과 비교 → 특정 지역에서 잘 팔리는 제품 파악 가능

2. 고객 만족도 분석 및 리뷰 Sentiment 분석
   • 상품 평점과 고객 리뷰를 활용하여 긍정/부정 리뷰 분석
   • 평점이 낮은 제품에 대한 불만 사항 분석 및 개선 방안 도출
   • 만족도가 높은 고객을 VIP 고객군으로 관리 가능

3. 마케팅 및 타겟 고객 관리
   • 이메일 및 연락처 정보를 활용하여 맞춤형 이메일 마케팅
   • 제품 카테고리별로 구매 성향 분석 → 특정 고객군에게 적합한 프로모션 추천
   • 반복 구매 고객을 식별하여 로열티 프로그램 운영 가능

4. 재고 및 공급망 관리
- 판매량이 높은 제품을 식별하여 재고 확보 전략 수립
- 판매가 저조한 제품을 분석하여 단종 또는 프로모션 전략 기획

5. 클레임 및 CS(고객 서비스) 개선
- 고객리뷰에서 '배송이 느렸다' 같은 피드백이 많다면, 물류 서비스 개선 필요
- 특정 제품에 대한 불만이 많다면, 품질 개선 또는 고객지원 강화

다음 단계
- 데이터 시각화를 통해 트렌드 및 판매 실적을 그래프로 분석
- 리뷰 감성 분석을 통해 긍정적/부정적 리뷰를 분류
- 고객 세그먼트 분석을 수행하여 VIP 고객군을 도출

어떤 분석이 가장 필요하신가요? 원하는 분석 방향을 말씀해 주시면 구체적인 인사이트를 제공해 드리겠습니다!

저는 프롬프트로 특별한 요청을 하지 않았습니다. 파일에 어떤 내용이 담겨 있는지 아무런 정보도 주지 않았지요. 챗GPT가 스스로 내용을 분석하고 어떻게 분석할지 역할을 맡겨 보기만 했는데도 알아서 한 것입니다.

03 챗GPT에게 제품별 판매량 및 매출을 분석하도록 요청해 보겠습니다. 아래 **[프롬프트 35-2]**를 챗GPT에 입력합니다.

제품별 판매량을 분석하고 싶어. 아래 지침을 수행해 줘.

지침 1
- 가장 인기 있는 제품 상위 3개를 찾아서 제품명, 판매액, 판매 비중을 중심으로 표로 작성해 줘.
- 총판매액이 얼마인지 금액을 알려 줘.
- 가장 높은 매출을 기록한 지역 상위 2개를 알려 줘.

지침 2
- 마스크팩의 지역별 판매 현황을 표로 작성해 줘.
- 마스크팩의 일별 판매 추이를 그래프로 그려 줘.
- 마스크팩의 판매 촉진을 위한 3가지 아이디어를 제시해 줘.

인기 제품 상위 3개

제품명	총판매량(개)	총판매액(원)	판매 비중(%)
코트	38	12270000	6.319693028765677
스웨터	57	11250000	5.7943395740516594
커피머신	35	10875000	5.6011949215832715

마스크팩 지역별 판매 현황

지역	총판매량(개)	총판매액(원)
강원도	3	2400000
경상북도	4	150000
광주광역시	2	510000
대전광역시	4	225000
부산광역시	3	45000
울산광역시	6	1110000
전라남도	6	1110000

마스크팩 일별 판매 추이

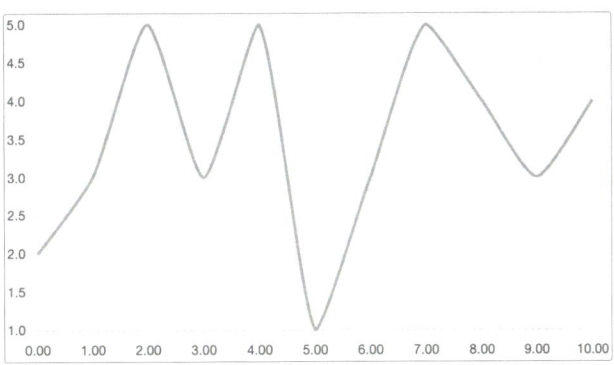

분석 결과 요약

지침 1: 제품별 판매량 분석
- 가장 인기 있는 제품 상위 3개
  제품명, 판매액, 판매 비중을 정리한 표를 제공했습니다.
- 총 판매액
  전체 쇼핑몰의 총 판매액 194,155,000원
- 가장 높은 매출을 기록한 지역 상위 2개
  1위: 울산광역시(15,030,000원)
  2위: 광주광역시(13,410,000원)

지침 2: 마스크팩 판매 현황
- 마스크팩의 지역별 판매 현황
  각 지역에서의 마스크팩 총 판매량과 판매액을 표로 제공했습니다.

- 마스크팩의 일별 판매 추이 그래프
  그래프를 통해 마스크팩 판매량의 변화를 시각적으로 분석했습니다.
- 마스크팩 판매 촉진 아이디어
  - 맞춤형 프로모션: 특정 지역에서 마스크팩 판매가 저조한 경우, 해당 지역을 대상으로 할인 행사 또는 1+1 프로모션 진행
  - SNS 마케팅 및 인플루언서 협업: 인기 뷰티 인플루언서를 활용한 리뷰 콘텐츠 제작, SNS에서 사용 후기 공유 이벤트 진행
  - 구독 서비스 도입: 정기 배송 서비스 제공하여 지속적인 고객 확보, VIP 고객 대상으로 특별 패키지 제공

추가적으로 더 분석하고 싶은 부분이 있으면 알려 주세요!

CSV 데이터를 분석한 챗GPT는 사용자의 요구사항에 맞춰 판매량의 합계, 높은 매출을 기록한 지역을 쉽게 찾아 줍니다. 엑셀 함수나 피벗 테이블을 사용할 줄 몰라도 요청만으로 충분히 원하는 답변을 끌어내죠. 또한 그래프까지 자동으로 그려 주니 영업 실적 보고서 초안 용도로 딱이죠?

CSV 파일은 엑셀 파일처럼 글꼴이나 색상을 지정할 수 없고, 복잡한 함수도 지원하지 않습니다. 겉으로 보기에는 단순해 보이지만, 바로 그 단순함 덕분에 데이터의 구조와 내용 자체에 집중할 수 있습니다. 불필요한 시각적 요소가 제거되면서 오히려 데이터의 본질을 더 명확하게 파악할 수 있고, 챗GPT 역시 이러한 순수한 형태의 데이터를 다룰 때 더 빠르고 정확하게 반응합니다.

TIP CSV를 활용할 때는 'CSV 파일에서 '매출액' 컬럼의 평균값, 최대값, 최소값을 계산하고, '제품명' 컬럼 기준으로 판매량 상위 5개 제품을 알려 줘.'와 같이 원하는 분석 결과나 목표를 구체적으로 프롬프트에 담는 것이 좋습니다.

LESSON 36 | 데이터와 대화하기

챗GPT가 분석해 준 결과를 100% 신뢰할 수는 없습니다. 직접 눈으로 확인하고 싶은데, 문제는 내가 엑셀 왕초보라는 거죠. 이럴 땐 챗GPT를 엑셀 과외 선생님처럼 활용해 보세요. 궁금한 엑셀 화면을 캡처해서 보여 주거나, 'B열 값이 100 이상인 행만 필터링하려면 어떻게 해?'라든지 'C열 합계는 무슨 함수 써야해?'처럼 아주 구체적으로 물어보는 거죠. 그럼 챗GPT가 필요한 기능이나 함수 사용법을 바로바로 알려 줄 겁니다. 그럼 궁금한 부분을 어떻게 물어보는지 살펴볼까요?

데이터 정렬하기

예제파일 | 쇼핑몰 판매 실적 데이터.xlsx, 주문일자.png
프롬프트 | 프롬프트 36-1

전혀 정리가 되지 않은 예제 파일 **[쇼핑몰 판매 실적 데이터.xlsx]**를 캡처한 예제 파일 **[주문일자.png]**가 있습니다. 이를 챗GPT에게 보여 주고, 엑셀에서 주문일자별로 정렬하는 방법을 차근차근 알려 달라고 해 보겠습니다.

[새 채팅] 을 누릅니다. 예제 파일 **[주문일자.png]**를 프롬프트 입력 창에 드래그해 추가하고, 아래 **[프롬프트 36-1]**을 챗GPT에 입력합니다. 그리고 예제 파일 **[쇼핑몰 판매 실적 데이터.xlsx]**를 열어, 챗GPT가 설명하는 순서대로 따라 해 보세요.

> 캡처한 화면은 쇼핑몰의 판매 실적 데이터야. 이 데이터에서 A열은 [주문 일자]를 나타내. [주문 일자] 순으로 정렬을 하고 싶은데 어떻게 해야 하는지 알려 줘. 참고로 나는 엑셀을 사용할 줄 모르는 초보니까 차근차근 순번으로 정리해서 알려 줘.

엑셀에서 [주문 일자]를 기준으로 정렬하는 방법을 차근차근 설명해 드리겠습니다. 아래 순서를 그대로 따라 하시면 됩니다.

1단계: 정렬할 데이터 선택
1. 엑셀에서 데이터를 포함하고 있는 시트(워크시트)를 엽니다.
2. A열([주문 일자])이 포함된 전체 데이터 영역을 선택합니다.
   - 단축키: 데이터가 있는 셀을 클릭한 상태에서 Ctrl + A(⌘ + A)를 누르면 전체 데이터를 빠르게 선택할 수 있습니다.

2단계: 정렬 메뉴 열기
1. 엑셀 상단 메뉴에서 '데이터' 탭을 클릭합니다.
2. '정렬' 버튼을 찾고 클릭합니다(보통 '필터' 버튼 옆).
3. '정렬 경고' 창이 나타나면 '선택 영역 확장'을 클릭합니다.

3단계: [주문 일자] 기준으로 정렬
1. '정렬' 창이 열리면 '주문 일자'를 선택합니다.
2. '순서'를 선택합니다.
   - 오름차순(과거 → 최근 날짜 순): 오래된 날짜부터 최신 날짜 순으로 정렬하려면 '오름차순'을 선택합니다.
   - 내림차순(최근 → 과거 날짜 순): 최신 날짜부터 오래된 날짜 순으로 정렬하려면 '내림차순'을 선택합니다.
3. '확인' 버튼을 눌러 정렬을 완료합니다.

4단계: 정렬 확인하기
1. 정렬이 정상적으로 적용되었는지 확인합니다.
2. 만약 잘못 정렬되었다면, 다시 '정렬' 메뉴를 열어 정렬 기준을 확인하고 수정할 수 있습니다.
3. 필요하면 Ctrl + Z(⌘ + Z)를 눌러 정렬을 되돌릴 수도 있습니다.

아쉽게도 챗GPT에서는 엑셀 화면을 담아 주지는 않습니다. 하지만 이렇게 챗GPT에게 상세하게 답변해 준다면, 엑셀을 전혀 모르는 사람도 쉽게 데이터를 정렬할 수 있겠죠?

MONTH 함수 추가하기

예제파일 | 쇼핑몰 판매 실적 데이터(월).xlsx, 주문일자(월).png, 주문일자(에러).png
프롬프트 | 프롬프트 36-2, 36-3

01 이번에는 A열 옆에 새로운 열을 추가하고, 월 데이터를 추출해 보겠습니다. [새 채팅]을 누릅니다. 예제 파일 [주문일자(월).png]를 프롬프트 입력 창에 드래그해 추가하고, 아래 [프롬프트 36-2]을 챗GPT에 입력합니다. 그리고 예제 파일 [쇼핑몰 판매 실적 데이터(월).xlsx]를 열어, 챗GPT가 설명하는 순서대로 따라 해 보세요.

공유한 엑셀 화면을 토대로 아래 [요구 사항]을 수행해 줘.

[셀 정의]
A열 = 주문일자
B열 = 새로운 셀 추가했음(제목: 월)

[요구 사항]
A열의 값을 참조하여 B셀에 월 값을 입력하는 함수를 어떻게 쓰는지 알려 줘.

엑셀에서 A열의 주문일자 값을 참조하여 B열에 월을 자동으로 추출하려면, 아래와 같은 함수를 사용하면 됩니다.

Excel 수식

=MONTH(A2)

이 함수는 A2셀에 입력된 날짜(예: 2024.3.7)에서 월(3)을 숫자로 추출합니다.

적용 방법
1. B2셀에 =MONTH(A2) 입력
2. B2셀을 선택한 상태에서 오른쪽 아래 모서리를 아래로 드래그하면 나머지 셀에도 자동 채워집니다.

참고
- 날짜 형식이 텍스트로 되어 있다면 먼저 날짜 형식으로 바꿔야 MONTH 함수가 정상 작동합니다.
- 예: 텍스트 '2024.3.7'이라면 =MONTH(DATEVALUE(A2))로 사용할 수도 있습니다.

필요하다면 자동 채우기, 서식 지정도 도와드릴게요.

---

02 수식 오류 상황을 가정해 보겠습니다. 제아무리 챗GPT라 해도, 틀린 수식을 알려 줄수 있으니까요. 챗GPT의 조언대로 함수를 B2셀에 '=MONTH(A2)'를 입력했으나 결과가 원하는 대로 나오지 않았습니다. 이럴 때는 오류 화면을 캡처(예제 파일 **[주문일자(에러).png]**)해서 입력 창에 업로드하고, 아래 **[프롬프트36-3]**을 챗GPT에 입력합니다.

B2열에 수식을 'MONTH(A2)'라고 입력했는데 '1900.1.3'이라고 나왔어. 어떻게 해야 하지?

B2셀에서 =MONTH(A2)를 입력했는데 '1900.1.3'과 같은 이상한 값이 나오는 경우, 셀 서식 문제일 가능성이 높습니다. 올바른 월 숫자로 표시하려면 아래 방법을 따라 설정을 변경해 주세요.

1단계: B열의 셀 서식 변경(숫자로 표시)

1. B2셀을 클릭한 후, B열 전체를 선택합니다.
   - 단축키: Ctrl + Shift + ↓ (⌘ + Shift + ↓)를 사용하면 B열의 모든 데이터를 빠르게 선택할 수 있습니다.
2. 엑셀 상단 메뉴에서 '홈' 탭을 클릭합니다.
3. '표시 형식' 드롭다운 메뉴를 찾습니다.
   (기본적으로 '표시 형식'은 '일반' 또는 '사용자 지정'으로 되어 있을 수 있습니다.)
4. '일반' 또는 '숫자'로 변경합니다.
   - '표시 형식'을 클릭한 후 '일반' 또는 '숫자'를 선택합니다.

2단계: 수식 다시 입력 및 확인

1. B2 셀을 다시 선택한 후, =MONTH(A2) 수식을 다시 입력합니다.

> Excel 수식
>
> =MONTH(A2)

2. Enter 키를 눌러 확인합니다.
3. B2 셀 오른쪽 아래 모서리를 아래로 드래그하여 나머지 행에도 적용합니다.

3단계: 결과 확인

- 올바른 결과: 3, 4, 5와 같이 월(Month) 값이 숫자로 표시되어야 합니다.
- 잘못된 결과: 여전히 날짜 형식(예: 1900.1.3)이 보이면, 다시 한 번 셀 서식을 '일반' 또는 '숫자'로 변경해 주세요.

이제 A열에서 월(Month)만 올바르게 추출되었을 것입니다.

혹시 문제가 계속된다면 캡처 화면을 공유해 주세요!

챗GPT의 조언대로 A열(주문일자)에서 월에 해당하는 값만 추출해서 B열(월)에 표시했습니다. 이제 오류가 날 때 어떻게 해결해야 하는지 아시겠죠? 엑셀 화면을 공유하면서 궁금한 점을 챗GPT에게 물어보면 됩니다. 내가 원하는 부분을 챗GPT에게 명확히 설명하는 것이 이번 과정의 관건입니다. 모호한 질문은 엉뚱한 답변을, 구체적인 질문은 똑똑한 결과를 낸다는 사실을 명심하세요.

 **TIP**

셀 범위의 구체적인 전달: 예: 'B2:F3'로 셀 범위를 지정해 주세요. 챗GPT가 혼동 없이 해당 범위의 계산 방법을 안내할 수 있습니다.

LESSON 37 | 텍스트 데이터 정제하기

데이터 정리하다 보면 텍스트 때문에 골치 아플 때가 많습니다. 특히 상품명이 통일되어 있지 않을 때 말입니다. 온갖 특수문자에 괄호, **[긴급공수]** 같은 문구까지 덕지덕지 붙어 있으면…. 이런 상태로는 분석을 돌릴 수도 없고, 나중에 검색하기도 힘듭니다. 결국 하나하나 손으로 정리하거나 복잡한 수식을 써야 합니다. 이럴 때 챗GPT를 이용하면 이 골치 아픈 파일을 깔끔하게 정리할 수 있습니다.

필요 없는 문자열 제거하기

예제파일 | 쇼핑몰 판매 실적 데이터.xlsx, 문자열.png
프롬프트 | 프롬프트 37-1

[새 채팅] 을 누르고 모델에서 **[GPT-5]**을 선택합니다. 예제 파일 **[문자열.png]**를 프롬프트 입력 창에 드래그해 추가하고, 아래 **[프롬프트 37-1]**을 챗GPT에 입력합니다. 그리고 예제 파일 **[쇼핑몰 판매 실적 데이터.xlsx]**를 열어, 챗GPT가 설명하는 순서대로 따라 해 보세요. 엑셀 버전에 따라 수식이 차이가 나니 버전을 명시해 주시면 더 좋습니다.

> 너는 엑셀 수식 전문가야. 캡처 화면은 쇼핑몰의 판매 현황을 정리한 데이터야. B열에는 상품명이 입력되어 있는데, 이 셀에서 특정 문자 또는 기호를 제거하고, 괄호 안의 내용을 삭제하려면 어떻게 하는지 알려 줘. 정리된 상품명을 C열에 저장하고 싶어.
>
> **요구 사항**
> - 엑셀은 정규 표현식을 사용하지 않으니 관련 함수는 제안하지 말 것
> - 함수를 중첩해서 사용할 때는 트리 구조 및 들여쓰기 형태로 제공할 것
> - 사용한 함수의 사용법을 간단하게 설명해 줄 것
> - 반드시 작동되는 수식으로 제안할 것
>
> **문자 정리 방법**
> - 앞뒤 공백 제거
> - '( )'와 '( )' 안의 모든 내용 제거
> - '[ ]'와 '[ ]' 안의 모든 내용 제거

아래 예시는 B2 셀에 있는 상품명을 C2 셀로 가져오면서, 앞뒤 공백을 제거하고 ( ) 및 [ ] 안의 내용을 없애 주는 수식 예시입니다. 이후 C2 셀을 아래로 채우기(드래그)하면 전체 행에 적용할 수 있습니다.

```
Excel 수식

=TRIM(
  SUBSTITUTE(
    SUBSTITUTE(
      B2,
      IFERROR(
        MID(
          B2,
          FIND("(",
            B2
          ),
          FIND(")",
            B2
          )-FIND("(",
            B2
          ) + 1
        ),
        ""
      ),
      ""
    ),
    IFERROR(
      MID(
        B2,
        FIND("[",
          B2
        ),
        FIND("]",
          B2
        )-FIND("[",
          B2
        ) + 1
      ),
      ""
    ),
    ""
  )
)
```

수식 동작 원리

FIND(찾을문자, 대상텍스트)

특정 문자가 텍스트 안에서 몇 번째 위치에 있는지 찾아줍니다.

예: `FIND('(',B2)` 는 B2셀에서 첫 번째 '('의 위치를 숫자로 반환합니다.

MID(대상텍스트, 시작위치, 추출길이)
텍스트에서 지정한 구간을 잘라서 반환합니다.

예: MID(B2, FIND('(',B2), FIND(')',B2)-FIND('(',B2)+1) 은 B2에서 '('부터 ')'까지(양쪽 괄호 포함) 전체 문자열을 추출합니다.

IFERROR(실행식, 오류 시 대체값)
실행식에서 오류가 발생할 경우, 두 번째 인수로 지정한 대체값을 반환합니다.

괄호가 없어서 FIND('(',B2) 등이 에러가 나면 빈 문자열("")을 반환하게 됩니다.
SUBSTITUTE(대상텍스트, 기존문자, 새 문자)
대상 텍스트에서 기존문자를 찾아 새 문자로 교체합니다.

예: SUBSTITUTE(B2, 'ABC', '') 는 B2 안의 'ABC' 를 전부 찾아서 " (빈 문자)로 대체합니다.
여기서는 MID()로 뽑아낸 (...)나 [...] 전체를 ''로 치환해 제거합니다.
TRIM(텍스트)
텍스트 앞뒤에 있는 불필요한 공백을 제거합니다.

위 공식을 사용하면
앞뒤 공백이 제거되고
( ) 및 [ ] 안에 있는 모든 내용(괄호 포함)이 제거된
나머지 텍스트만 C 열에 표시됩니다.

필요하다면 C2에 입력 후 아래로 자동 채우기(드래그)하여 전체 범위에 적용해 주세요.

코딩에 능숙한 **[GPT-5 Thinking]** 모델을 선택했더니, 34초 만에 제대로 작동하는 수식을 받았습니다. 이제 제안받은 수식을 복사하신 후, C2셀에 붙여넣기 합니다. 그리고 C2셀의 오른쪽 아래 모서리를 클릭한 후 아래로 드래그하면, 동일한 수식이 나머지 셀에 그대로 복사됩니다.

챗GPT는 엑셀 관련 질문을 던질 때, 엑셀과 구글 시트까지 폭넓게 참고해서 답하는 경향이 있습니다. 명확하게 범위를 설정하지 않으면 여러분이 원하는 대답과 멀어져요. 그리고 챗GPT는 수식을 1줄로 작성하는 경우가 많아서 사용자 입장에서 이해하기 어렵습니다. 구조적으로 작성해 달라고 요청하는 것도 하나의 요령이죠.

정규 표현식으로 상품명 정리하기

예제파일 | 쇼핑몰 판매 실적 데이터(37).xlsx, 정규표현식.png, 정규표현식(에러).png
프롬프트 | 프롬프트 37-2, 37-3

01 이번에는 정규 표현식으로 앞뒤 공백과 이모지를 제거하여 더 깔끔하게 상품명을 정리해 보도록 하겠습니다. 검색 사이트에서 '구글 스프레드'를 검색하거나, 다음 링크 https://docs.google.com/spreadsheets/u/0/를 직접 입력합니다. '빈 스프레드시트'를 클릭해 스프레드시트를 시작할 수 있습니다. 스프레드시트 이름을 [쇼핑몰 판매 실적]로 수정합니다.

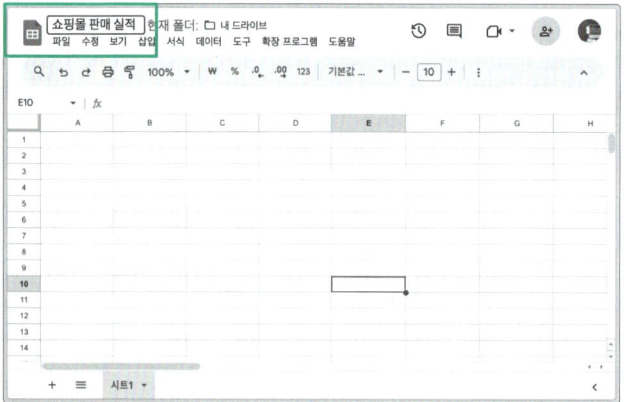

02 메뉴에서 [파일-가져오기-업로드]를 선택하고, '찾아보기'를 클릭하거나 파일을 직접 드래그하여 예제 파일 [쇼핑몰 판매 실적 데이터(37).xlsx]를 엽니다. '파일 가져오기' 창이 뜨면 '스프레드시트 바꾸기'를 선택하고, '데이터 가져오기'를 클릭한 후 '문자열 다루기' 시트를 선택합니다.

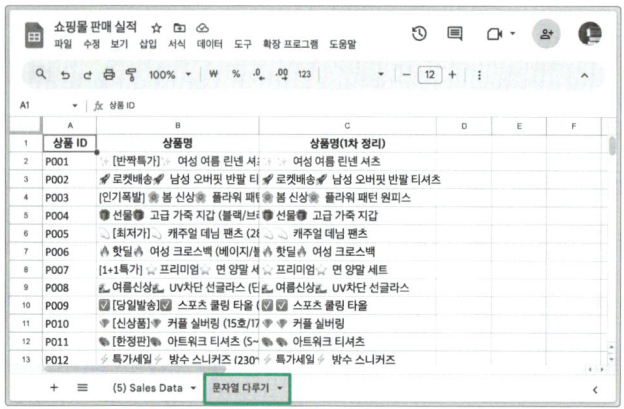

03 챗GPT로 돌아와 [**새 채팅**] ☑ 을 누릅니다. 예제 파일 [**정규표현식.png**]를 프롬프트 입력 창에 드래그해 추가하고, 아래 [**프롬프트 37-2**]를 챗GPT에 입력합니다. 챗GPT가 제공한 수식을 D열에 적용해 봅니다.

너는 구글 스프레드시트 수식 전문가야. 캡처한 화면은 쇼핑몰의 판매 현황을 정리한 데이터야. C 열에는 1차로 정리된 상품명이 입력되어 있는데, 이 셀에서 이모지를 제거하려면 어떻게 하는지 알려 줘. 정리된 상품명을 D 열에 저장하고 싶어.

요구 사항
- 구글 시트의 정규 표현식 함수를 반드시 사용할 것(ICU 정규 표현식을 쓸 것)
- 함수를 중첩해서 사용할 때는 트리 구조 및 들여 쓰기 형태로 제공할 것
- 사용한 함수의 사용법을 간단하게 설명해 줄 것
- 반드시 작동되는 수식으로 제안할 것

문자 정리 방법
- 앞뒤 공백 제거
- 이모지와 이모지 내부의 텍스트 제거

아래 예시는 C2셀에 있는 상품명을 D2셀로 가져오면서,
- 이모지(그리고 이모지를 구성하는 내부 코드)
- 앞뒤 공백 을 제거해 주는 하나의 수식 예시입니다.
D2셀에 입력 후 아래로 드래그(자동 채우기)하면 전체에 적용할 수 있습니다.

```
Excel 수식

=TRIM(
  REGEXREPLACE(
    C2,
    "[\p{So}\p{Cn}\p{Cs}\u200D\uFE0F]+",
    ""
  )
)
```

함수별 사용법
1. REGEXREPLACE(텍스트, 정규식, 대체문자열)
   - 텍스트에서 정규식 패턴과 일치하는 모든 부분을 찾아 대체문자열로 치환합니다.
   - 예: REGEXREPLACE("안녕하세요🔥", "🔥", "")→ "안녕하세요" (불 이모지 제거)
2. TRIM(텍스트)
   - 문자열 앞뒤에 있는 불필요한 공백을 제거합니다.

동작 원리 요약
REGEXREPLACE(C2, "[\p{So}\p{Cn}\p{Cs}\u200D\uFE0F]+", "")
이모지를 비롯해 이모지를 구성하는 제어·서로게이트·변형 셀렉터(Zero Width Joiner, Variation Selector 등)를 빈 문자열로 치환하여 제거합니다.

TRIM(…)
제거 작업 후 남은 문자열의 앞뒤 공백을 없애 줍니다.
이 수식을 통해 이모지와 그 내부 텍스트가 모두 사라진 문자열을 얻을 수 있습니다.

---

04 챗GPT가 제공하는 답변이어도 에러가 날 수 있습니다. 이때는 에러 화면을 캡처해서 다시 프롬프트로 요청합니다. 예제 파일 **[정규표현식(에러).png]**를 프롬프트 입력 창에 드래그해 추가하고, 아래 **[프롬프트 37-3]**을 챗GPT에 입력합니다.

첨부한 화면처럼 에러가 났어. 수정해 줘

지침
수식에 주석 달지말 것

오류
함수 REGEXREPLACE 매개변수 2 값 '[\p{So}\p{Cn}\p{Cs}\u200D\uFEOF]+'은(는) 유효한 정규 표현식이 아닙니다.

아래는 구글 스프레드시트에서 이모지를 제거하기 위한 대표적인 예시입니다.

C2 셀의 텍스트에서 여러 종류의 이모지(서로게이트 페어, 특수 기호, Zero Width Joiner 등)를 제거하고, 앞뒤 공백을 없앤 결과를 D2 셀에 저장합니다.

```
Excel 텍스트

=TRIM(
REGEXREPLACE(
C2,
"[^가-힣A-Za-z0-9()/\- ]+",
""
)
)
```

동작 원리 & 함수 설명
- REGEXREPLACE(텍스트, 패턴, "")
  → [^가-힣A-Za-z0-9()/\-]+ 로 한글·영문·숫자·괄호·슬래시·하이픈·공백을 제외한 모든 문자를 제거
- TRIM(…)
  → 앞뒤 공백 정리

이 수식을 D2 셀에 입력 후 아래로 드래그하면, C 열 전체에 대해 이미지가 제거된 결과를 얻을 수 있습니다.

챗GPT가 제공한 수식을 D2셀에 적용해 봅니다. 수식 에러가 발생했다면 수식 에러를 복사해서 챗GPT에게 제공합니다. 에러가 없을 때까지 같은 과정을 반복하다 보면 결국 작동되는 수식을 제공할 것입니다.

엑셀의 함수는 문자열을 자유자재로 다룰 수 있게 해 줍니다. 예를 들어, 지금처럼 특정 문자열을 추출하는 데 사용했지만, 사실 엑셀에는 이 외에도 함수들이 무궁무진하게 마련되어 있답니다. 과거에는 이런 함수의 사용법을 하나하나 외워야 했던 번거로움이 있었으나, 이제는 챗GPT가 있으니 언제든 궁금한 점을 물어보기만 하면 바로 해결할 수 있습니다.

챗GPT에게 단순히 텍스트 정리를 시키는 것을 넘어, 그 정리 규칙을 엑셀에서 바로 적용할 수 있는 방법을 물어보세요 예를 들어, '내가 요청한 [정리 규칙] (예: 연락처 'O10-XXXX-XXXX' 형식 통일, 날짜 'YYYY-MM-DD' 형식 변환 등)을 엑셀에서 자동으로 처리할 수 있는 엑셀 함수(수식) 조합을 알려 줄 수 있어?'라고 질문해 보세요.

LESSON 38 성과 데이터 분석하기

엑셀 데이터 안에 '보물'이 숨어 있다지만, 그걸 캐내는 재주가 없으면 그냥 돌덩이일 뿐입니다. 특히 방대한 판매 데이터를 째려보면서 '그래서 이걸로 무슨 전략을 세우지?'라고 고민만 열심히 해 봤자 소용없죠. 챗GPT한테 물어봐서 엑셀 함수 쓰는 법은 좀 알게 됐는데, 정작 어떤 질문을 던져야 데이터 속에서 의미 있는 답을 찾을 수 있는지, 감이 아직 부족합니다. 이럴 때 챗GPT를 단순 기능 질문용이 아니라, 영업 전략 보고서에 포함할 만한 인사이트를 찾아 달라고 요청해 보면 어떨까요?

신규 고객, 기존 고객 매출 구하기

예제파일 | 생활 용품 판매 현황(38).xlsx
프롬프트 | 프롬프트 38-1

[새 채팅]을 누르고 [GPT-5] 모델을 선택합니다. 예제 파일 [생활 용품 판매 현황(38).xlsx]를 프롬프트 입력 창에 드래그해 추가하고, 아래 [프롬프트 38-1]를 챗GPT에 입력합니다.

> 너는 엑셀 수식 전문가야. 첨부한 예제 파일은 쇼핑몰의 생활 용품 판매 현황을 정리한 엑셀 데이터야. 데이터를 분석하고 아래 요구 사항을 수행해 줘.
>
> **지침**
> A열에는 날짜, D열에는 고객구분으로 "기존" 또는 "신규", J열에는 매출액이 입력되어 있다.
>
> **요구 사항**
> - 전체 데이터를 대상으로 "기존" 고객의 매출액 합계를 구하는 수식 제안
> - 전체 데이터를 대상으로 "신규" 고객의 매출액 합계를 구하는 수식 제안
> - 사용한 함수의 사용법을 간단하게 설명해 줄 것
> - 반드시 작동되는 수식으로 제안할 것
> - 수식은 알아보기 쉽게 트리 구조 형태로 다단계로 표현할 것

[수식 제안 및 트리 구조 표현]
1. 기존 고객 매출액 합계 수식

Excel 수식

=SUMIF(D:D, "기존", J:J)

트리 구조 표현

```
SUMIF 함수
├── 범위: D열 전체 (고객구분)
│   └── 조건이 적용될 데이터: "기존" 또는 "신규"
├── 조건: "기존"
└── 합계 범위: J열 전체 (매출액)
    └── 결과: 조건("기존")을 만족하는 고객의 매출액 합계
```

2. 신규 고객 매출액 합계 수식

수식

=SUMIF(D:D, "신규", J:J)

트리 구조 표현

```
SUMIF 함수
├── 범위: D열 전체 (고객구분)
│   └── 조건이 적용될 데이터: "기존" 또는 "신규"
├── 조건: "신규"
└── 합계 범위: J열 전체 (매출액)
    └── 결과: 조건("신규")을 만족하는 고객의 매출액 합계
```

3. 사용 함수 간단 설명
- SUMIF(범위, 조건, 합계범위) 함수:
- 범위: 조건을 검사할 셀 영역 (여기서는 D열 전체)
- 조건: 합산할 셀을 결정하는 기준 (예: '기존' 또는 '신규')
- 합계범위: 조건을 만족하는 경우 합산할 실제 값이 있는 영역 (여기서는 J열 전체)
- 동작: 주어진 범위 내에서 조건에 해당하는 셀을 찾고, 해당 행의 합계범위에 있는 값을 모두 더하여 결과를 반환

이 프롬프트의 목적은 D열의 **[고객구분]**에서 '기존' 고객과 '신규' 고객의 매출액을 합산하기 위함입니다. 아마도 함수로 간단하게 구현이 될 텐데요. 챗GPT가 제안한 수식을 적용해 보도록 하겠습니다. 예제 파일 **[생활 용품 판매 현황.xlsx]**에서 M3셀에는 수식 '=SUMIF(D:D, "신규", J:J)'를 M4셀에는 수식 '=SUMIF(D:D, "기존", J:J)'를 입력합니다. 챗GPT가 제안한 수식을 적용했더니 다음과 같은 결과가 나왔네요.

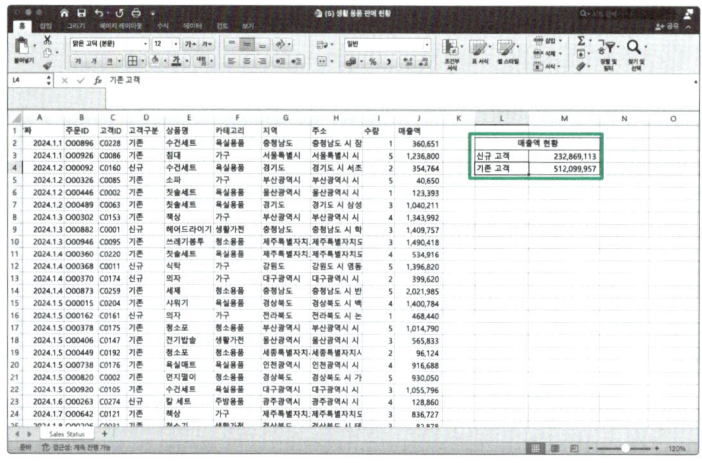

월별 매출 현황 분석하기

예제파일 | 생활 용품 판매 현황.xlsx, 월별 매출액 현황.png
프롬프트 | 프롬프트 38-2

이번에는 1월부터 12월까지의 매출액을 집계해 보도록 하겠습니다. **[새 채팅]**을 누르고 모델에서 **[GPT-5]**을 선택합니다. 예제 파일 **[월별 매출액 현황.png]**를 프롬프트 입력 창에 드래그해 추가하고, 아래 **[프롬프트 38-2]**을 챗GPT에 입력합니다. 그리고 예제 파일 **[생활 용품 판매 현황.xlsx]**를 열어, 챗GPT가 설명하는 순서대로 따라 해 보세요. 수식을 붙여넣기만 하지 말고 챗GPT의 설명을 차근히 읽어 보세요.

너는 엑셀 수식 전문가야. 첨부한 파일은 쇼핑몰의 생활 용품 판매 현황을 정리한 엑셀 데이터야. 데이터를 분석하고 아래 요구 사항을 수행해 줘.

지침
- A열에는 날짜, D열에는 고객구분으로 "기존" 또는 "신규", J 열에는 매출액이 입력되어 있다.
- 이 데이터에는 2024년 1월부터 12월까지의 매출액이 담겨 있다.
- L7셀~L18셀까지 월에 해당하는 숫자가 1~12까지 입력되어 있다.

요구 사항
- L7셀~L18셀을 참고해서 M7셀 ~ M18셀까지 각 월의 매출액 합계를 표시하는 수식을 제안할 것
- 반드시 작동되는 수식으로 제안할 것
- 수식은 알아보기 쉽게 트리 구조 형태로 다단계로 표현할 것

1. 월별 매출액 합계 수식

M7셀에 아래 수식을 입력 후, M7셀부터 M18셀까지 드래그(복사)하면 됩니다.
- 참고: L7셀에는 1(1월), L8셀에는 2(2월), ..., L18셀에는 12(12월)이 입력되어 있다고 가정합니다.
- 12월(L18 = 12)일 경우, DATE(2024, 12+1, 1)은 DATE(2024, 13, 1) → 2025년 1월 1일로 인식되어, 12월분 매출만 합산됩니다.

```
Excel 수식

=SUMIFS($J:$J,
    $A:$A, ">=" & DATE(2024, $L7, 1),
    $A:$A, "<" & DATE(2024, $L7+1, 1))
```

2. 트리 구조(다단계)로 표현

```
SUMIFS 함수
├── 합계 범위: $J:$J (매출액)
│     └── 조건에 부합할 때 더해질 실제 값
├── 조건 범위1: $A:$A (날짜)
│     └── 조건1: ">= & DATE(2024, $L7, 1)"
│           └── L열의 월에 해당하는 2024년 (월) 1일 이상
└── 조건 범위2: $A:$A (날짜)
      └── 조건2: "< & DATE(2024, $L7+1, 1)"
            └── 다음 달 1일 미만
```

3. 사용 함수 간단 설명

SUMIFS(합계범위, 조건범위1, 조건1, [조건범위2, 조건2], ...)
- 합계범위: 실제로 합산할 값들이 들어 있는 영역(예: 매출액 열 J:J)
- 조건범위: 조건을 확인할 셀 영역(예: 날짜 열 A:A)
- 조건: 해당 범위에서 어떤 항목을 대상으로 할지 정하는 기준(예: 특정 월에 해당하는 날짜 범위)
- 결과: 지정된 조건들을 모두 만족하는 행의 합계범위 값을 모두 더한 결과

코멘트 & 가이드
- 위 수식은 월 단위로 구간을 구분하여 합산하기 때문에, 2024년 1월~12월 데이터가 정확히 분류됩니다.
- 만약 다른 연도의 데이터를 처리하거나 연도가 달라질 경우, DATE() 함수의 연도(2024)를 적절히 조정하거나 셀 참조로 바꿔 사용하면 됩니다.

이제 챗GPT가 제안한 수식을 M7셀에 입력합니다. 그리고 1월 매출액의 오른쪽 아래 모서리를 클릭하고 12월까지 드래그합니다. 1월부터 12월까지의 매출액이 모두 정리되었네요.

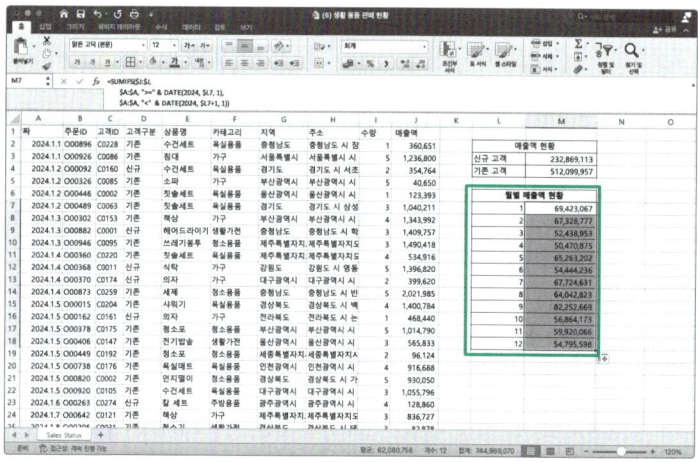

월별 매출액 추세 비교 차트 만들기

예제파일 | 생활 용품 판매 현황.xlsx, 월별 매출액 추세.png
프롬프트 | 프롬프트 38-3

이번에는 월별 매출액 현황을 비교하기 위해 차트를 그려 보겠습니다. 예제 파일 [**월별 매출액 추세.png**]를 프롬프트 입력 창에 드래그해 추가하고, 아래 [**프롬프트 38-3**]를 챗GPT에 입력해 주세요. 그리고 예제 파일 [**생활 용품 판매 현황.xlsx**]를 열어, 챗GPT가 설명하는 순서대로 따라 해 보세요.

너는 엑셀 수식 전문가야. 첨부한 파일은 쇼핑몰의 생활 용품 판매 현황을 정리한 엑셀 데이터야. 데이터를 분석하고 아래 요구 사항을 수행해 줘.

지침
- A열에는 날짜, D열에는 고객구분으로 "기존" 또는 "신규", J열에는 매출액이 입력되어 있다.
- 이 데이터에는 2024년 1월부터 12월까지의 매출액이 담겨 있다.
- L7셀에서 L18셀까지 월에 해당하는 숫자가 1 ~ 12까지 입력되어 있다.
- M7셀에서 M18셀까지 월별 매출액 합계가 입력되어 있다.

요구 사항
월별 매출액 현황을 차트로 만들고 싶어. 어떻게 해야 하는지 단계별로 차근차근 알려 줘.

1. 차트에 사용할 범위 확인
   - 월(Month): L7셀 ~ L18셀(1~12월)
   - 매출액(Sales): M7셀 ~ M18셀(각 월의 매출 합계)
     Tip: L6셀, M6셀 등 열 머리글(예: '월', '매출액')이 있다면 함께 선택해 주면 차트에서 자동으로 범례와 축 제목이 더 정확하게 표시됩니다.
2. 차트에 사용할 데이터 범위 선택
   - L7셀~L18셀, M7셀~M18셀 영역을 마우스로 드래그하여 선택합니다.
     - 만약 열 머리글이 있다면, L6:M6까지 포함해도 좋습니다.
3. 차트 삽입
   - 엑셀 상단 메뉴에서 [삽입(Insert)] 탭을 클릭합니다.
   - [차트(Charts)] 그룹에서 원하는 차트 유형을 선택합니다.
     - 예: [묶은 세로 막대형(Column)] 혹은 [꺾은선(Line)]
   - 클릭하면 자동으로 새 차트가 시트에 생성됩니다.
4. 차트 디자인/서식 수정
   - 차트가 선택된 상태에서 상단에 나타나는 [차트 디자인(Chart Design)] 탭 또는 [디자인(Design)] 탭을 클릭합니다.
   - 차트 상단을 클릭하여 원하는 제목(예: 월별 매출액 추이)으로 변경합니다.
   - 축 제목(Axis Titles), 데이터 레이블(Data Labels), 범례(Legend) 등 필요한 요소를 추가하거나 제거합니다.
   - [차트 요소(Chart Elements)] 버튼(또는 + 아이콘)을 사용하면 쉽게 설정 가능합니다.
   - 색상이나 스타일을 변경하려면 [차트 디자인] → [차트 스타일] 메뉴에서 원하는 스타일을 선택합니다.
5. 차트 크기 및 위치 조정
   - 차트 테두리를 드래그하여 크기를 조정할 수 있습니다.
   - 원하는 위치로 차트를 끌어서 배치합니다.
6. 최종 점검
   - 월별 구간(1~12월)과 매출액이 올바르게 표시되었는지 확인합니다.
   - 필요한 경우 차트 종류 변경, 축 서식(축 단위, 숫자 형식 등), 데이터 레이블 표시 등을 조정해 최종적으로 원하는 형태가 되도록 맞춥니다.

추가 팁
- 데이터 범위가 추가되거나 변경될 예정이라면, 동적 범위(표 기능 등)를 사용하면 차트가 자동으로 갱신되어 편리합니다.
- 피벗 차트를 활용하면 보다 유연하게 데이터를 그룹화·분석할 수 있습니다.

챗GPT의 답변대로 진행하니 다음과 같이 차트를 추가할 수 있었습니다.

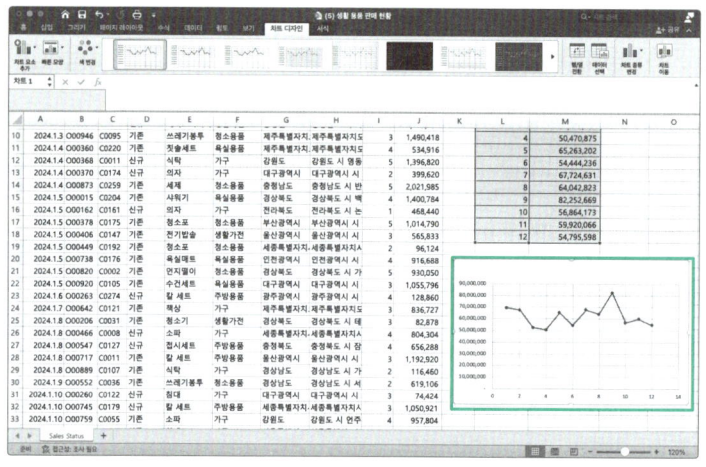

이처럼 엑셀에는 방대한 데이터들이 포함되어 있습니다. 인사이트는 데이터가 가진 의미와 연관성을 발견하는 과정이죠. 물론 데이터 분석을 위해 엑셀의 기능을 세세히 알면 좋겠지만, 그것보다는 데이터를 어떤 관점으로 들여다볼 것인지가 더 중요할지도 모릅니다. 그런 능력은 챗GPT가 가장 능숙하게 잘하니까 분석도 맡기고 의사 결정에 필요한 인사이트도 빠르게 얻어 갑시다.

TIP

[프롬프트 38-4]를 활용하면 학습을 위해 엑셀 데이터를 생성해 달라고 요청할 수 있습니다.

프롬프트 38-4

가상의 생활용품 쇼핑몰 판매 데이터 50건을 만들어 줘. 필드는 날짜, 주문ID, 고객ID(신규/기존 여부 포함), 상품명, 카테고리, 지역, 수량, 매출액이 포함해 줘.

LESSON 39 | 설문조사 데이터 분석하기

설문조사 주관식 답변, 이거 완전 '진흙 속 진주' 찾기 아닙니까? 고객들의 생각, 감정이 모두 날것으로 들어 있죠. 기업에서 원하는 것이 답변 속에 모두 있는데, 문제는 이걸 어떻게 찾아내냐는 겁니다. 데이터 정렬 기준도 애매해서 내 맘대로 해석할 위험도 큽니다. 하지만 챗GPT한테 데이터를 던져 주면 얘기가 달라집니다. 순식간에 키워드, 긍정/부정 뉘앙스, 불만이나 요구사항을 착착 정리해 주니까요. 고객 설문조사 속에서 구체적인 요구사항(니즈)이나 개선 제안을 챗GPT로 찾는 방법을 살펴보겠습니다.

설문조사 응답 분석하기

예제파일 | 쇼핑몰 고객 대상 설문조사 응답.xlsx
프롬프트 | 프롬프트 39-1

[새 채팅] 을 누르고 [GPT-5] 모델을 선택합니다. 예제 파일 [**쇼핑몰 고객 대상 설문조사 응답.xlsx**]를 프롬프트 입력 창에 드래그해 추가하고, 아래 [**프롬프트 39-1**]를 챗GPT에 입력합니다. 이 프롬프트의 목표는 고객의 다양한 의견을 정해진 카테고리로 묶는 것입니다. 비정형 데이터를 정형화된 형태로 정리하는 작업을 거치는 거죠. 카테고리로 묶을 경우의 장점은 문제점의 파악과 그것을 해결할 수 있는 구체적인 대응안을 마련할 수 있습니다.

> 너는 쇼핑몰의 고객 피드백 데이터 분석 전문가야. 최근 실시한 고객 만족도 설문조사에서 얻은 주관식 응답 데이터를 정밀 분석하여, 공통적으로 제기된 불만 사항, 개선 요청, 그리고 긍정적인 피드백을 분야별로 요약하는 것이 목표야. 또한 발견된 주요 이슈들에 대한 원인 추측이나 개선 제안도 같이 제안해 줘.
>
> **[지침]**
> 첨부한 [쇼핑몰 고객 대상 설문조사 응답.xlsx]의 C열에는 고객의 다양한 의견이 입력되어 있어
>
> **[요구 사항]**
> - 위 응답들을 종합적으로 검토하여 주요 불만 사항을 아래 [불만 사항 카테고리]로 분류하고 분류 하위에 내용이 무엇인지 글머리 기호 목록 형태로 정리할 것

- 각 불만 사항에 대해 고객들이 구체적으로 뭐라고 언급했는지 한두 문장으로 설명하고, 가능한 개선 방안을 제시할 것
- 긍정적인 의견(만족하거나 칭찬한 부분)이 있다면 별도로 글머리 기호 목록 목록으로 요약할 것
- 최종적으로, 이 결과를 토대로 회사가 당장 취해야 할 우선순위 사항을 제안할 것

[불만 사항 카테고리]
- 배송 지연 및 오배송 문제
- 포장 및 상품 손상
- 결제 오류
- 품질 불만 사항

1. 배송 지연 및 오배송 문제(총 6건)
    - 고객들은 배송 속도 자체는 빠르다고 만족했으나, 주문에서 배송 시작까지 지연이 발생하거나 오배송 문제를 지적했습니다.
        - '배송은 빠른데 배송 시작까지 시간이 걸림'
        - '급한 경우가 아니라면 배송 준비 기간이 길다고 느껴짐'

    개선 방안
    - 주문 처리 프로세스를 점검하여 발송 전(全) 단계에서의 시간 소요를 단축해야 함
    - 물류센터와 협력해 당일 발송 비율을 높이고, 실시간 배송 알림 시스템 도입을 고려

2. 포장 및 상품 손상(총 2건)
    - 일부 고객은 상품의 포장이 허술하여 상품이 구겨져서 도착하거나 제대로 보호되지 않는다고 언급했습니다.
        - '옷이 구겨져서 오거나 포장이 허술함'

    개선 방안
    - 포장 품질 기준을 재설정하고 포장 상태에 대한 점검을 강화해야 함
    - 파손 방지를 위한 보호재 사용 확대 필요

3. 결제 오류(총 2건)
    - 결제 과정이 복잡하거나 오류가 발생하여 고객들이 불편을 겪었습니다.
        - '결제가 간편하지 않고 복잡함'

    개선 방안
    - 결제 시스템 사용자 경험(UX)을 개선하여 간편 결제 기능을 강화할 필요가 있음
    - 기술적인 오류를 최소화하기 위해 결제 모듈의 정기적 점검 필요

4. 품질 불만 사항(총 6건)
    - 사진과 실제 상품의 색상이 달라 실망하는 경우가 있으며, 옷 소재의 내구성 문제로 인한 품질 저하를 지적했습니다.
        - '소재가 세탁 후 보풀이 쉽게 일어난다'
        - '사진과 실제 상품의 색상이 다름'

    개선 방안
    - 실제 상품과 가장 유사한 색상으로 사진 촬영 및 명확한 상품 설명 필요
    - 고급 소재 사용을 확대하고, 내구성 검증을 철저히 하여 고객 만족도를 높여야 함

4. 품질 불만 사항 (총 6건)
- 사진과 실제 상품의 색상이 달라 실망하는 경우가 있으며, 옷 소재의 내구성 문제로 인한 품질 저하를 지적했습니다.
  - '소재가 세탁 후 보풀이 쉽게 일어난다'
  - '사진과 실제 상품의 색상이 다름'

개선 방안
- 실제 상품과 가장 유사한 색상으로 사진 촬영 및 명확한 상품 설명 필요
- 고급 소재 사용을 확대하고, 내구성 검증을 철저히 하여 고객 만족도를 높여야 함

긍정적 의견 요약 (기타 의견 중 주요 내용)
- 스타일과 디자인이 다양하고 예쁘다.
- 사이트의 UI가 깔끔하고 사용이 편리하다.
- 고객센터의 응대가 친절하고 신속하다.
- 적립금 제도와 할인 이벤트가 고객 충성도 유지에 효과적이다.

최우선 개선사항 제안
- 배송 준비기간 단축
  배송 지연 문제는 고객 이탈과 직결되므로, 주문 후 발송까지의 프로세스를 최우선적으로 점검하여 개선해야 한다.
- 상품 포장 강화
  고객 만족도에 즉각적인 영향을 미치는 포장 품질의 개선이 필요하며, 재구매율 상승 효과가 클 것으로 기대된다.
- 상품 품질 표준화
  품질 관련 피드백은 브랜드 신뢰도와 직결되므로 상품 품질 관리를 강화해야 하며, 특히 상품 사진과 실제 제품과의 차이를 최소화하는 방안을 마련해야 한다.

이 3가지를 우선적으로 개선하면 쇼핑몰의 고객 만족도가 크게 향상될 것으로 기대됩니다.

프롬프트에서는 불만 사항 카테고리를 4가지로 나눴지만 여러분의 회사 실정에 맞게 추가, 수정하면 됩니다.

설문조사 피드백 정리하기

예제파일 | 쇼핑몰 고객 대상 설문조사 응답.xlsx
프롬프트 | 프롬프트 39-2

이번에는 의견을 긍정적인 피드백과 부정적인 피드백으로 나눠 보겠습니다. 다음 **[프롬프트 39-2]**를 챗GPT에 입력합니다.

응답을 긍정적인 피드백과 부정적인 피드백으로 분류한 후, 표로 정리해 줘.

목표
- 주어진 응답을 읽고, 피드백을 긍정적 또는 부정적으로 분류할 것
- 긍정적인 피드백과 부정적인 피드백으로 개별적인 표로 만들 것
- 부정적인 피드백에는 회사에서 어떻게 조치하는 게 좋을지 방안을 제시할 것
- 2가지 분야의 핵심 키워드를 제시할 것

출력 형식
- 피드백 내용, 조치 사항, 주요 키워드

요구 사항
- 피드백의 맥락과 그 안에서 사용된 단어나 어휘를 분석하여 올바르게 분류
- 두서없는 피드백도 한쪽으로 분류

피드백을 긍정적과 부정적으로 분류하고 정리한 표를 각각 제공하였습니다. 추가적으로 궁금하거나 더 분석하고 싶은 부분이 있으면 알려 주세요!

위에서처럼 이번 프롬프트의 목표도 고객의 응답을 카테고리로 정리하는 것입니다. 긍정적인 피드백과 부정적인 피드백 2가지를 기준으로 표 형식으로 정리한 후, 필요하다면 복사해서 엑셀에 다시 붙여넣기 하세요.

지금까지 챗GPT를 활용한 쇼핑몰 고객 설문조사 응답 결과를 분석해 봤습니다. 분석의 목표는 대량의 데이터에서 공통 분모를 찾고 숨겨진 패턴을 찾아내는 것이죠. 다양한 관점으로 데이터를 분석해 보고 데이터가 무엇을 말하는지 직접 느껴 보시기 바랍니다.

이 프롬프트는 한 번 쓰고 끝나는 도구가 아니라 팀의 언어를 학습시키는 과정입니다. 캠페인·릴리스·정책 변경처럼 환경이 바뀌면 분류 기준과 예시 문장도 함께 갱신하세요. 같은 형식으로 데이터를 주기적으로 누적하면, 챗GPT는 다음 분석에서 더 정확한 군집과 근본 원인을 제안합니다. 결국 고객 응답 표는 보고서 한 장을 넘어서 제품 로드맵·CS 스크립트·마케팅 메시지까지 이어지는 공통 언어가 되고, 팀은 더 빠르게 같은 방향을 보게 됩니다.

샘플 데이터는 충분히, 다양하게: 챗GPT는 학습 데이터 기반으로 답변을 생성합니다. 다양하고 충분한 양의 샘플 데이터를 제공할수록 챗GPT는 데이터 패턴을 더 잘 학습하고, 더욱 의미 있는 분석 결과를 도출할 수 있습니다.

LESSON 40 | 데이터 기반 보고서 쓰기

엑셀이 숫자 계산의 왕이라면 챗GPT는 데이터 속 숨겨진 패턴을 읽고 그 의미를 글로 푸는 데 선수죠. 특히 분기별 판매 데이터처럼 방문자 수, 객단가, 마케팅 비용 같은 온갖 지표가 뒤엉켜 있을 때 위력을 발휘합니다. 복잡한 데이터 분석의 실마리를 찾고, 특정 결과(예: 매출 증감)에 가장 큰 영향을 미친 핵심 지표나 원인이 무엇인지 챗GPT로 분석하는 겁니다. 자, 그럼 어떻게 하는지 살펴볼까요?

매출액의 추세 분석하기

예제파일 | 생활 용품 판매 현황(40).xlsx
프롬프트 | 프롬프트 40

01 [새 채팅]을 누르고 [GPT-5] 모델을 선택합니다. 그리고 예제 파일 [**생활 용품 판매 현황(40).xlsx**]를 프롬프트 입력 창에 드래그해 추가합니다. [**도구-심층 리서치**]를 클릭한 후, 아래 [**프롬프트 40**]을 챗GPT에 입력합니다. 챗GPT Plus 가입자는 심층 리서치를 한 달에 10회만 쓸 수 있으니 주의하세요.

너는 쇼핑몰의 판매 데이터 분석 전문가야. 아래 [요구 사항]대로 분석해 줘

지침
첨부 파일인 '생활 용품 판매 현황(40).xlsx'는 2024년 1월부터 12월까지의 매출액을 포함하고 있어

요구 사항
- 첨부 파일을 분석하여 분기별 매출액을 집계할 것
- 집계는 표 양식으로 작성하며 헤더는 분기, 총 매출액, 방문자 수, 신규 고객 수
- 방문자수는 J 열의 매출액 건수로 집계할 것
- 신규 고객수는 D 열에서 고객구분이 '신규'인 것을 집계할 것
- 최종적으로 4분기 동안의 판매 추세(성장, 하락, 정체)를 파악하고 원인과 주요 특징, 대응 방안 3가지를 제안할 것

파일을 분석하여 분기별 매출액을 집계하고, 해당 데이터를 기반으로 판매 추세 및 원인을 분석한 후 대응 방안을 제안하겠습니다. 분석을 진행하기 전에 다음 사항을 확인하고 싶습니다.

1. 매출액 집계는 단순 합계로 진행하면 될까요, 아니면 특정한 방식(예: 평균, 가중평균 등)으로 계산해야 하나요?
2. 방문자 수는 J열의 매출 건수를 기준으로 집계하는 것이 맞습니까?
3. 신규 고객 수는 D열에서 '신규'로 표시된 고객 수를 합산하면 될까요?
4. 대응 방안 3가지는 특정한 관점(예: 마케팅 전략, 가격 조정, 프로모션 강화 등)이 필요할까요, 아니면 전반적인 개선 방안을 원하시나요?

위 내용을 확인해 주시면 정확한 분석을 진행하겠습니다.

02 심층 리서치를 시작하기 전 챗GPT가 질문을 합니다. 사용자에 따라 질문은 달라질 수 있습니다. 챗GPT의 질문에 답해 주세요. 그러면 챗GPT가 스스로 리서치를 시작합니다. 파이썬을 활용하여 엑셀 파일을 직접 열어 데이터를 분석하고, 객관적인 분석을 위해서 외부의 신뢰할 수 있는 출처들도 꼼꼼하게 확인하네요. 다소 시간이 소요될 수 있으니, 여유를 가지고 기다려 주세요.

1. 매출액 집계: 단순 합계
2. 방문자 수는: J 열의 매출 건수로 집계
3. 신규 고객 수는 D 열에서 '신규'로 표시된 고객 수
4. 대응 방안: 마케팅 전략, 가격 조정, 프로모션 강화 등의 다양한 전략 제시 그리고 상황을 객관적으로 분석해서 전반적인 개선 방안 제시

2024년 생활용품 판매 현황 분석 보고
2024년 1월부터 12월까지의 생활용품 매출 데이터를 분석한 결과를 보고합니다. 본 보고서는 분기별 매출 집계, 판매 추세 분석, 및 개선 방안 제안의 세 부분으로 구성되어 있습니다.

1. 분기별 매출 데이터 집계
2024년 각 분기의 총 매출액과 방문자 수(매출 건수), 신규 고객 수를 집계하면 다음과 같습니다.

분기	총매출액(원)	방문자 수(건)	신규 고객 수(명)
1분기(1~3월)	189,190,797	251	82
2분기(4~6월)	170,178,313	237	72
3분기(7~9월)	214,020,123	267	73
4분기(10~12월)	171,579,837	245	88

- 총 매출액: 3분기가 약 214억 원으로 연중 최고치를 기록했고, 1분기(약 189억 원)도 높은 편이었습니다. 2분기와 4분기는 각각 약 170억 원 수준으로 상대적으로 낮았습니다.
- 방문자 수(매출 건수): 거래 건수는 3분기에 267건으로 가장 많았고, 2분기에 237건으로 가장 적었습니다. 1분기와 4분기는 각각 251건, 245건으로 중간 수준이었습니다.
- 신규 고객 수: 신규 고객은 4분기에 88명으로 가장 많이 유입되었고, 2분기에 72명으로 가장 적었습니다. 1분기 82명, 3분기 73명으로 분포되며, 4분기에 신규 고객 유입이 눈에 띄게 증가했습니다.

2. 판매 추세 분석

분기별 매출 추이를 살펴보면 1분기 대비 2분기에 하락, 3분기에 급상승, 4분기에 다시 하락하는 변동 패턴을 보였습니다. 1분기에서 2분기로 넘어가며 총 매출액이 약 10% 감소했고(약 189억 원 → 170억 원), 방문자 수도 감소하여 매출이 주춤했습니다. 이어서 3분기에는 2분기 대비 매출액이 약 25% 크게 증가하여 최고 분기 매출을 기록했고(약 170억 원 → 214억 원), 방문자 수 역시 크게 늘어나 성장세를 보였습니다. 그러나 4분기에는 3분기 대비 매출액이 약 20% 감소하며 다시 하락세를 나타냈습니다(약 214억 원 → 172억 원). 방문자 수도 함께 줄었지만, 특이하게도 신규 고객은 4분기에 오히려 증가하는 추세를 보였습니다.

이러한 추세 변화의 원인을 데이터로 분석한 결과 몇 가지 특징이 도출됩니다.

시즌 및 행사 영향: 2분기(봄철)에는 특별한 판매 이벤트가 없었던 반면, 3분기 9월에 매출이 크게 상승했습니다. 9월 매출액이 약 8.2억 원으로 연중 최고 월 매출을 기록했는데, 이는 추석 등 명절 수요의 영향으로 풀이됩니다. 추석을 앞두고 주방용품과 청소용품 등의 판매가 늘어나며 3분기 실적을 견인한 것으로 보입니다. 실제로 주방용품 카테고리는 2분기 판매액이 약 21억 원으로 저조했다가 3분기에는 약 44억 원으로 두 배 이상 급증했습니다. 청소용품도 3분기에 약 42억 원으로 연중 가장 높았습니다. 이러한 명절 특수로 3분기 매출과 거래 건수가 크게 증가한 것으로 판단됩니다.

분기별 카테고리 기여도 차이: 카테고리별로 보면, 생활가전 매출은 3분기와 4분기에 약 40억 원대로 1~2분기보다 높아 하반기 강세를 보였습니다. 반면 가구와 욕실용품은 3분기에 가장 높았지만 4분기에 감소했고, 청소용품은 4분기에 약 25억 원으로 전분기 대비 40% 이상 급감하는 등 감소 폭이 컸습니다. 이는 연말 겨울철에 청소용품 수요가 줄어든 영향으로 추정됩니다. 한편 4분기에 생활가전이 약 40.5억 원으로 3분기와 비슷한 수준을 유지하여, 일부 카테고리는 연말 프로모션의 영향을 받은 것으로 보입니다.

신규 vs 기존 고객 동향: 3분기의 높은 매출은 기존 고객들의 큰 구매 활동에 힘입은 측면이 있습니다. 3분기에는 신규 고객 비중이 약 27%로 가장 낮았고, 평균 거래당 매출액이 약 80만 원으로 가장 높았습니다. 이는 기존 고객들이 고가 제품을 구매하거나 반복 구매를 늘린 결과일 수 있습니다. 반대로 4분기는 신규 고객 유입 비중이 36%로 가장 높았지만 평균 거래액은 약 70만 원으로 낮았습니다. 즉, 연말에 많은 신규 고객을 끌어모았으나 이들의 1인당 구매금액이 비교적 작았다는 뜻입니다. 이를 통해 4분기의 매출 하락은 객단가 하락에 따른 것이며, 신규 고객들은 주로 소액 구매나 체험 구매를 한 것으로 해석됩니다.

요약하면, 2024년 매출은 상반기 정체 후 3분기 명절 특수로 정점에 달하고 연말에 다시 소폭 감소하는 흐름을 보였습니다. 이러한 추세는 계절 이벤트와 고객 구성 변화에 크게 영향을 받았으며, 카테고리별로는 주방/청소용품의 등락이 전체 실적에 큰 영향을 준 특징이 있습니다.

3. 개선 방안 제안

위 분석 결과를 바탕으로 향후 매출 향상과 안정적인 성장 달성을 위한 개선 전략을 다음과 같이 제안합니다.

시즌별 맞춤 마케팅 및 프로모션 강화: 분기별 수요 패턴에 맞는 마케팅 전략을 수립합니다. 예를 들어, 2분기처럼 매출이 주로 하락하는 봄철에는 어린이날/가정의 달(5월) 등을 겨냥한 프로모션 이벤트를 강화하여 수요를 환기시킵니다. 또한 연말 4분기에는 유입된 신규 고객을 적극 활용할 수 있는 할인 행사(예: 블랙프라이데이, 연말 세일)를 기획하되, 이들이 더 많은 금액을 소비하도록 묶음 할인이나 사은품 제공 등으로 객단가를 높이는 프로모션을 전개합니다. 시즌별로 적절한 프로모션을 실시하면 비수기 매출을 보완하고 성수기 매출을 극대화할 수 있습니다.

가격 정책 조정 및 상품 구성 최적화: 데이터에 근거한 탄력적인 가격 전략을 도입합니다. 판매 부진이 예상되는 분기에는 일부 품목의 한시적 할인이나 세트 할인을 통해 구매 유인을 높입니다. 예를 들어, 2분기에 수요가 급감했던 주방용품은 명절 이전에 미리 할인 세일을 실시하거나, 다른 인기 상품(예: 생활가전)과 번들 상품으로 구성해 판매함으로써 cross-selling을 유도합니다. 한편 3분기처럼 수요가 높은 시기에는 품절 관리와 재고 확보를 통해 판매 기회를 극대화하고, 인기 상품의 가격 인상 최소화로 고객 유지에 신경 씁니다. 이러한 가격 및 상품 전략 조정으로 분기별 매출 편차를 줄이고 안정적인 매출 흐름을 만들 수 있습니다.

신규 고객 유지 및 충성 고객 확보 전략: 신규 고객의 재구매를 유도하고 기존 고객의 충성도를 높이는 프로그램을 시행합니다. 4분기에 유입된 많은 신규 고객에게 웰컴 혜택(적립금, 쿠폰 등)을 제공하고, 맞춤 추천 상품 안내로 지속적인 관심을 유발합니다. 또한 멤버십 등급제나 리워드 프로그램을 도입하여 반복 구매를 유도하고, 3분기처럼 충성 고객이 매출을 견인할 수 있도록 VIP 고객 대상 이벤트나 추가 할인 혜택을 제공합니다. 특히 기존 고객들의 높은 구매력에 주목하여, 이들의 장바구니 금액을 늘릴 수 있는 업셀링 캠페인(예: 관련 상품 동시구매시 할인)을 전개하면 매출 증대에 효과적입니다. 이러한 CRM 전략을 통해 유입된 고객을 장기적인 매출 기반으로 전환하고, 분기별 안정적 성장을 도모합니다.

이상과 같은 전략을 실행함으로써, 데이터에서 나타난 판매 추세상의 취약점을 보완하고 강점을 강화하여 향후 분기별 매출의 지속적인 성장과 안정화를 기대할 수 있습니다.

분석 결과 보고서 작성이 완료되었네요. 결과가 어떤가요? 분기별 매출 데이터 집계를 정확히 합산해 줬습니다. 제가 엑셀에서 실제 금액까지 비교해 봤는데요, 정확히 맞습니다. 방문자 수와 신규 고객 수까지 오차 없이 계산해 줬어요.

엑셀의 수식이나 함수에 얽매이지 않아도, 챗GPT가 제공하는 강력한 리서치 기능과 자체 프로그래밍 도구 덕분에 데이터 분석 전문가 수준의 보고서를 작성할 수 있답니다.

TIP

엑셀로 데이터를 꼼꼼하게 정리한 후, 챗GPT를 활용해 분석 및 인사이트를 도출하고 다시 엑셀로 시각화하면 완벽한 보고서를 완성할 수 있습니다. 분업과 협업을 통해 최고의 효율을 경험해 보세요.

LESSON 41 | 매출 현황을 피벗테이블로 구성하기

엑셀 작업하다 머리가 지끈거릴 때, 챗GPT가 내 화면을 같이 보면서 작업하면 속 시원하겠지만, 아쉽게도 챗GPT는 '눈'이 없습니다. 그래서 해당 엑셀 파일을 직접 업로드하고, 관련 데이터 범위를 정확히 알려 주는 게 현재로선 최선이죠. 파일을 올린 다음, 필요한 계산이나 분석, 혹은 모르는 엑셀 기능을 차근차근 물어보세요. 타이핑이 번거롭다면, 챗GPT의 음성 입력 기능을 이용하는 것도 좋은 방법입니다. 훨씬 빠르고 편할 수 있거든요. 엑셀을 쓰다가 막히는 부분을 최대한 상세히 설명하도록 요청해 보겠습니다.

피벗 테이블 질문하기

예제파일 | 생활 용품 판매 현황(41).xlsx
프롬프트 | 프롬프트 41

[새 채팅]을 누르고 [GPT-5] 모델을 선택합니다. 예제 파일 [생활 용품 판매 현황(41).xlsx]를 프롬프트 입력 창에 드래그해서 추가하고, 아래 [프롬프트 41]를 챗GPT에 입력합니다.

업로드한 엑셀 파일은 2024년 판매 실적 데이터야. 엑셀의 피벗 테이블 기능을 이용해서 카테고리나 지역만 별도로 분류해서 매출액과 수량을 표시하고 싶어. 어떻게 피벗 테이블을 구성할 수 있는지 설명해 줘. 나는 피벗 테이블을 처음 사용하는 사람이니 피벗 테이블의 기능을 차근차근 쉽게 설명해 줄 것. 그리고 1,000건이 넘는 데이터이니 화면에 보이는 부분만 처리하지 말고 모든 데이터를 대상으로 피벗 테이블을 구성하는 방법을 단계별로 알려 줘.

피벗 테이블(Pivot Table)이란?
피벗 테이블은 많은 양의 데이터를 요약해서 보여 주는 기능입니다. 예를 들어, 각 카테고리별 매출액, 지역별 수량 합계 등을 자동으로 계산해 주는 매우 유용한 도구입니다.

단계별 안내: 엑셀에서 피벗 테이블 만들기
1단계: 모든 데이터를 선택합니다.

1. 엑셀 파일을 열고, 데이터가 있는 첫 번째 시트(예: 'Sales Status')로 갑니다.
2. 데이터 전체를 드래그하여 선택하거나, 아무 셀이나 클릭한 뒤 Ctrl + A를 눌러 모든 데이터를 선택하세요.
   - 중요: 데이터가 천 건 이상이므로, 분기별 매출 현황이 포함된 열은 제외하시고 정제된 표 형태의 데이터만 선택하는 것이 좋습니다.

2단계: 피벗 테이블 삽입
1. 상단 메뉴에서 [삽입] → [피벗 테이블] 클릭.
2. 새 창이 뜨면, '새 워크시트'를 선택하시고 확인을 누르세요.
   - 이렇게 하면 원본 데이터를 건드리지 않고 새 시트에서 분석할 수 있습니다.

3단계: 피벗 테이블 구성하기
이제 오른쪽에 피벗 테이블 필드 창이 나타납니다. 이곳에서 원하는 필드를 아래 영역에 드래그해 넣습니다.
예: '카테고리별 매출액과 수량' 보기
- 행(Row): 카테고리
- 값(Values):
   매출액 → 자동으로 합계로 계산됩니다(Sum of 매출액)
   수량 → 역시 합계로 계산됨(Sum of 수량)

예: '국가(지역)별 매출액과 수량' 보기
- 행(Row): 지역
- 값(Values): 매출액, 수량
   ※ 값 항목의 계산 방식은 '합계', '개수', '평균' 등으로 변경할 수 있습니다. 이를 바꾸려면 해당 필드 옆의 ▼ 클릭 → '값 필드 설정'으로 들어가세요.

추가 팁
- 정렬: 매출액이 많은 순으로 정렬하고 싶으면, 피벗 테이블 내의 매출액 열에서 ▼을 눌러 정렬 옵션을 선택하세요.
- 필터: 특정 카테고리나 지역만 보고 싶으면, 필터 영역에 해당 필드를 넣으세요.

챗GPT가 알려 준 '카테고리별 매출액과 수량 보기'에 맞춰 데이터를 구성해 보았습니다.

	A	B	C
1			
2			
3	행 레이블	합계 : 매출액	합계 : 수량
4	가구	169,036,870	661
5	생활가전	146,537,837	597
6	욕실용품	144,957,472	550
7	주방용품	137,384,521	576
8	청소용품	147,052,370	633
9	총합계	744,969,070	3017
10			

데이터가 경쟁력이라는 말이 있죠. 그런데 데이터가 있어도 분석할 줄 모르면 빈 깡통일 뿐이랍니다. 엑셀의 피벗 테이블은 데이터를 요약 및 분석할 수 있는 막강한 도구죠. 이제 기능을 찾느라 헤매지 마세요.

데이터가 아무리 많아도, 그것을 활용할 줄 모르면 결국 '숫자 덩어리'에 불과합니다. 피벗 테이블은 이러한 숫자 속에서 질서를 찾아내고, 필요한 관점으로 빠르게 재구성할 수 있도록 돕는 도구입니다. 버튼 몇 번만 클릭해도 월별 매출, 지역별 고객, 상품군별 트렌드 같은 다양한 분석 결과를 얻을 수 있으니, 더 이상 복잡한 수식을 직접 세우느라 시간을 허비할 필요가 없습니다.

챗GPT를 곁들여 활용하면 이 과정은 더욱 쉬워집니다. 원하는 분석 목표를 설명하기만 해도, 피벗 테이블을 어떻게 설정해야 할지 단계별 가이드를 제공받을 수 있습니다. 덕분에 데이터 분석 경험이 많지 않은 사람도 금세 '데이터에서 답을 뽑아내는 사람'으로 성장할 수 있죠. 결국 중요한 것은 도구의 숙련도가 아니라, 데이터를 통해 무엇을 알고 싶은지 명확히 정의하는 힘이며, 챗GPT와 피벗 테이블은 그 목표를 달성하는 가장 빠른 조합이 될 수 있습니다.

핵심 필드에 대한 계산식 적극 활용: '실매출액 = 매출액 × (1-할인율)'처럼 분석 목적에 맞는 계산식을 만들어 두면, 훨씬 더 쉽게 분석이 가능합니다.

LESSON 42 | VLOOKUP으로 데이터 연결하기

요즘 엑셀은 직장인이라면 누구나 쓰죠. 하지만, 막상 'VLOOKUP'이나 'HLOOKUP'과 같은 고차원 함수를 쓰라고 하면 헷갈릴 때가 많아요. 이럴 때 역시 챗GPT를 이용하면 복잡한 데이터를 실시간으로 분석하고, 결과도 바로 확인할 수 있습니다. 대량의 판매 실적처럼 까다로운 자료도 쉽게 다룰 수 있겠죠?

단가 가져오기

예제파일 | 가상 주문 데이터(단가 포함).xlsx
프롬프트 | 프롬프트 42-1

[새 채팅] 을 누르고 [GPT-5] 모델을 선택합니다. 예제 파일 [**가상 주문 데이터(단가 포함).xlsx**]를 프롬프트 입력 창에 드래그해 추가하고, 아래 [**프롬프트 42-1**]를 챗GPT에 입력합니다. 그리고 예제 파일 [**가상 주문 데이터(단가 포함).xlsx**]를 열어, 챗GPT가 제안한 수식을 F2 열에 입력해 보세요.

공유한 엑셀 화면은 2024년 판매 실적 데이터야. '단가표' 시트에는 제품별 단가가 설정되어 있어. 현재 '매출액' 시트에서 B2열에 입력된 제품명에 따라 '단가표'의 단가를 가져와서 F열에 표시하고 싶어. 어떤 함수를 써야 하는지 구체적으로 알려 주고 함수의 사용법도 함께 설명해 줘.

엑셀 파일 안에 [판매 등급, 단가표, 매출액] 3가지 시트가 있네요.
지금 요청하신 내용은 다음과 같습니다.
- '매출액' 시트의 B열(예: B2)에 있는 제품명을 기준으로
- '단가표' 시트에서 해당 제품의 단가를 찾고
- '매출액' 시트의 F열에 해당 단가를 표시하고 싶으시다는 것이죠.

사용할 함수: VLOOKUP(또는 XLOOKUP-최신 엑셀 버전용)
엑셀에서 다른 시트에서 데이터를 찾아오는 가장 일반적인 함수는 VLOOKUP입니다.
먼저 VLOOKUP을 사용하는 방법을 설명드릴게요.

VLOOKUP 함수 사용법
=VLOOKUP(찾을값, 범위, 열번호, [정확도])

항목	설명
찾을 값	찾고 싶은 값(예: B2 셀의 제품명)
범위	찾을 곳의 범위(예: 단가표 시트의 표 범위)
열번호	결과로 가져올 열 번호(단가가 있는 열)
정확도	FALSE = 정확히 일치하는 값만 찾기

실제 입력 예시

예를 들어, 단가표 시트에서 A열에 제품명, B열에 단가가 있다고 가정하면, 매출액 시트의 F2 셀에 다음과 같이 입력하시면 됩니다.

```
Excel 수식

=VLOOKUP(B2, '단가표'!A:B, 2, FALSE)
```

설명:

B2: 현재 제품명이 입력된 셀

`'단가표'!A:B` 단가표 시트의 A열(제품명), B열(단가)을 범위로 설정

`2` 단가가 있는 열(두 번째 열)

`FALSE` 정확히 일치하는 제품명을 찾겠다는 의미

입력 후 F2 셀의 오른쪽 아래 모서리를 더블클릭하거나 아래로 드래그하시면, 나머지 셀들도 자동으로 적용됩니다.

참고: XLOOKUP 함수(엑셀 365 이상에서 사용 가능)

```
Excel 수식

=XLOOKUP(B2, '단가표'!A:A, '단가표'!B:B)
```

궁금하신 점 있거나, 단가표의 구조를 확인해서 맞춤형 수식이 필요하시면 단가표 내용을 살짝 보여드릴 수도 있어요. 원하시면 알려 주세요!

계산된 셀의 오른쪽 모서리를 클릭한 채로, 아래쪽으로 드래그합니다. 수식이 자동으로 복사되어 다른 셀에도 계산이 자동으로 반영됩니다. 다음과 같이 단가를 모두 성공적으로 가져왔습니다.

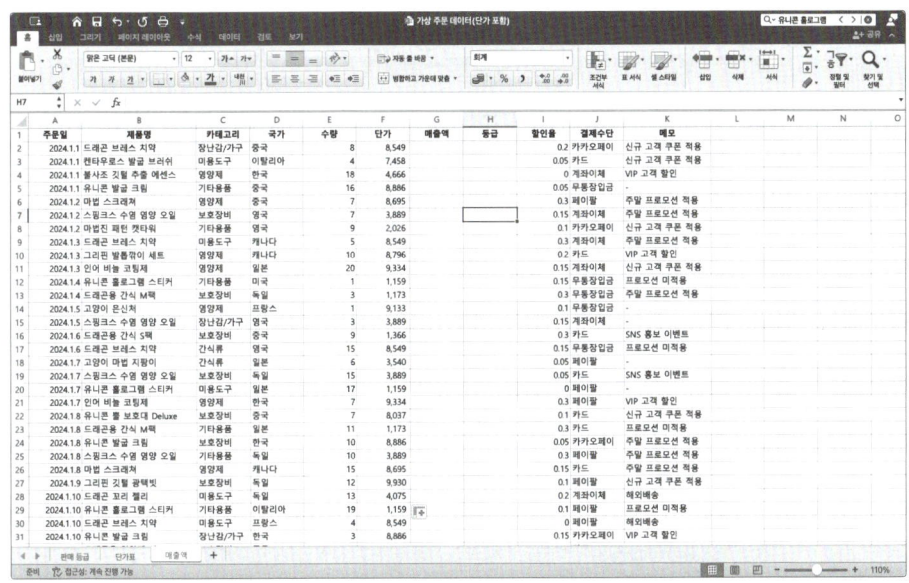

TIP 만약에 수식 '=VLOOKUP(B2,단가표!A:B,2,FALSE)'의 셀의 범위가 '단가표!A:B'가 아닌, '=VLOOKUP(B2, 단가표!A1:C31,2,FALSE)'로 지정되어 있다면 수식 복사 시 오류가 발생합니다. 이럴 때는 'A1:C31'을 절대 참조로 설정하여 수식을 다음과 같이 '=VLOOKUP(B2, 단가표!$A$1:$C$31,2,FALSE)'로 작성해야 합니다.

고객의 판매 등급 계산하기

예제파일 | 가상 주문 데이터(단가 포함).xlsx, 판매등급.png
프롬프트 | 프롬프트 42-2

[새 채팅]을 누릅니다. 예제 파일 [판매등급.png]를 프롬프트 입력 창에 드래그해 추가하고, 위에 채팅에 이어서 아래 [프롬프트42-2]를 챗GPT에 입력합니다. 그리고 예제 파일 [가상 주문 데이터(단가 포함).xlsx]를 열어, 챗GPT가 알려 준 HLOOKUP 수식을 H2 셀에 적용하여 매출액에 따른 등급을 산출해 보세요.

 공유한 엑셀 화면은 2024년 판매 실적 데이터야. 캡처한 '판매 등급' 시트에는 매출별 판매 등급이 작성되어 있어. 현재 '매출액' 시트의 G열에서 계산된 매출액에 따라 '판매 등급'의 어느 등급에 해당되는지 그 등급을 표시하고 싶어. 이 기능은 HLOOKUP 함수로 찾아야 할 것 같은데 맞는지 확인해 주고 사용법도 알려 줘.

네, 맞습니다! HLOOKUP 함수를 사용하면 '가상 주문 데이터' 시트의 각 주문의 매출액(G열)에 따라 '판매 등급' 시트에서 해당 등급을 찾아올 수 있습니다.

HLOOKUP 함수가 적합한 이유
- 수평 조회(Horizontal Lookup): HLOOKUP 함수는 특정 값(매출액)을 기준으로 테이블의 첫 번째 행에서 값을 찾고, 그 값과 같은 열에서 지정한 행의 값을 반환합니다. '판매 등급' 시트에서 매출액이 첫 번째 행에 있고, 판매 등급이 두 번째 행에 있으므로 HLOOKUP이 적합합니다.

HLOOKUP 함수 사용법
'가상 주문 데이터' 시트의 H열에 다음 수식을 입력하고 아래로 드래그하여 적용하면 됩니다.

> **Excel 수식**
>
> =HLOOKUP(G2,'판매 등급'!$A$1:$F$2,2,TRUE)=XLOOKUP(B2, '단가표'!A:A, '단가표'!B:B)

수식 구성 요소 설명
- `G2` 현재 행의 매출액을 참조합니다(첫 번째 행의 데이터이므로 G2로 시작, 아래로 드래그하면 자동으로 G3, G4..로 변경).
- `'판매 등급'!$A$1:$F$2` '판매 등급' 시트의 참조 범위를 지정합니다.
  - `'판매 등급'!` '판매 등급' 시트를 참조합니다.
  - `$A$1:$F$2` 참조 범위는 A1셀부터 F2셀까지입니다(A1셀은 매출액 시작, B1셀은 매출액 마지막, A2셀은 판매등급 시작, B2셀은 판매등급 마지막).
  - $ 기호는 절대 참조를 의미하며, 수식을 복사할 때 참조 범위가 변경되지 않도록 고정합니다 (해당 수식을 그대로 드래그할 것이기 때문에 해당 표의 범위는 변하지 않고 고정되어야 함).
- `2` '판매 등급' 시트에서 찾아올 행 번호입니다. 매출 등급은 두 번째 행에 있으므로 2를 입력합니다.
- `TRUE` 근사값 일치를 사용합니다. 즉, G2의 값이 정확히 일치하는 값이 없더라도, G2 값보다 작거나 같은 값 중에서 가장 큰 값을 찾아 해당 행의 값을 가져옵니다. (판매등급 시트에서 딱 일치하는 값을 찾는 것이 아니라, 매출액에 해당하는 범위 등급을 찾아야 하기 때문에 TRUE를 사용)

단계별 적용 방법
- '가상 주문 데이터' 시트를 엽니다.
- H2셀을 선택합니다.
- 수식 입력 줄에 위 수식을 입력합니다.
- `=HLOOKUP(G2,'판매 등급'!$A$1:$F$2,2,TRUE)`
- Enter 키를 누릅니다. H2셀에 매출액에 따른 판매 등급이 표시됩니다.
- H2셀 오른쪽 하단에 있는 채우기 핸들(작은 사각형)을 클릭하고 아래로 드래그하여 나머지 셀에도 수식을 복사합니다.

주의 사항
HLOOKUP 함수는 찾을 값이 오름차순으로 정렬되어 있어야 정확하게 작동합니다. '판매 등급' 시트의 매출액이 오름차순으로 정렬되어 있는지 확인해 주세요.
참조 범위는 상황에 따라 조정해야 할 수 있습니다. 만약 '판매 등급' 시트에 추가 데이터가 있다면 참조 범위를 적절하게 수정해야 합니다.
이렇게 하면 '가상 주문 데이터' 시트의 각 주문별 매출액에 따른 판매 등급을 자동으로 H열에 표시할 수 있습니다.

'VLOOKUP'이나 'HLOOKUP' 같은 고급 함수를 사용하면, 방대한 데이터 속에서도 필요한 정보를 금방 찾아낼 수 있습니다. 텍스트뿐 아니라 음성 명령까지 지원하니까, 데이터와 소통하는 방식이 더욱 직관적이고 자연스러워집니다.

데이터 구조 먼저 확정: 엑셀(또는 구글 시트)에서 열과 행, 그리고 시트 명칭 등을 미리 깔끔하게 정리해 두면 챗GPT가 함수 제안을 훨씬 정확하게 해 줍니다.

LESSON 43 | 데이터 정리 및 가공하기

엑셀 데이터 정리하다 보면 뒷목 잡게 만드는 주범들이 있죠. 바로 '중복 데이터'와 '한 셀에 쉼표로 넣은 정보'입니다. 'Red, Large, Summer' 이런 식으로요. 이것들 때문에 데이터 정리만 하다가 하루 다 가거든요. 엑셀 데이터를 사용할 때 중복 데이터 제거를 깜빡했다간 보고서에 매출이 부풀려져, 진땀 빼기 딱 좋습니다. 이런 '데이터 지뢰'를 제거하는 데 챗GPT가 있으면 정말 든든합니다. 엑셀 데이터를 챗GPT에게 주고, 중복된 행을 찾아 표시하거나 제거하는 방법을 알아보겠습니다.

중복 데이터 제거하기

예제파일 | 중복 데이터 샘플.xlsx
프롬프트 | 프롬프트 43-1

[새 채팅]을 누르고 [GPT-5] 모델을 선택합니다. 예제 파일 [중복 데이터 샘플.xlsx]을 프롬프트 입력 창에 드래그해 추가하고, 아래 [프롬프트 43-1]를 챗GPT에 입력합니다.

 공유한 엑셀 파일은 쇼핑몰의 판매 실적 데이터. 중복된 행을 찾아서 제거한 뒤 하나만 남기려면 어떻게 하는지 궁금해. 엑셀의 어떤 기능을 써야 하는지 구체적으로 알려 줘.

 네, 쇼핑몰 판매 실적 데이터에서 중복된 데이터를 제거하는 방법을 알려드리겠습니다. 엑셀에는 중복된 데이터를 찾고 제거하는 강력한 기능이 내장되어 있습니다. 아래 단계를 따라 해 보세요.

1. 데이터 범위 선택:
   - 중복된 데이터를 제거하려는 전체 데이터 범위를 선택합니다. 이 경우, A1부터 F14까지 드래그하여 선택하거나, 전체 데이터 영역을 선택해도 됩니다.

2. '데이터' 탭으로 이동:
   - 엑셀 상단 메뉴에서 '데이터' 탭을 클릭합니다.

3. '중복된 항목 제거' 버튼 클릭:
   - '데이터' 탭의 '데이터 도구' 그룹에서 '중복된 항목 제거' 버튼을 클릭합니다.

4. '중복된 항목 제거' 대화상자 확인:
   - '중복된 항목 제거' 대화상자가 나타납니다. 여기서 중복을 확인할 열을 선택해야 합니다.

- 모든 열을 기준으로 중복을 찾으려면: 대화상자 상단에 있는 '모두 선택' 버튼을 클릭하여 모든 열을 선택합니다.
- 주문번호, 제품명, 옵션, 수량, 가격, 주문일자 모든 값이 동일해야 중복으로 인식합니다.
- 특정 열을 기준으로 중복을 찾으려면: 특정 열만 선택합니다. 예를 들어, '주문번호' 열만 선택하면 주문번호가 같은 행을 중복으로 인식합니다.
- 보통은 주문번호를 기준으로 중복을 제거하는 경우가 많습니다.

5. 확인 버튼 클릭
- 중복을 확인할 열을 모두 선택했다면 '확인' 버튼을 클릭합니다.

6. 결과 확인
- 엑셀은 선택한 열을 기준으로 중복된 행을 찾아 제거합니다.
- 중복이 제거된 후에는 몇 개의 중복된 값이 제거되었는지 알려 주는 메시지 상자가 나타납니다.
- 결과를 확인하고, 필요에 따라 변경사항을 저장합니다.

주의사항
- 원본 데이터 백업: 중복 제거 작업을 하기 전에 항상 원본 데이터를 백업해 두는 것이 좋습니다. 혹시라도 잘못 제거된 데이터가 있을 경우 복구할 수 있습니다.
- 중복 기준 신중하게 선택: 중복을 판단하는 기준이 되는 열을 잘못 선택하면 의도치 않은 데이터가 제거될 수 있습니다. 반드시 필요한 열만 선택하도록 주의하세요.
- 숨겨진 행이나 열: 만약 데이터에 숨겨진 행이나 열이 있다면 중복 제거 작업 시 예상치 못한 결과가 나올 수 있습니다. 필요한 경우 숨겨진 행이나 열을 모두 표시한 후 작업하는 것이 좋습니다.

추가 팁
- 데이터 정렬: 중복된 데이터 제거 전에 데이터를 특정 열 기준으로 정렬하면 중복된 항목을 더욱 쉽게 확인할 수 있습니다. '데이터' 탭의 '정렬' 기능을 사용하면 됩니다.
- 조건부 서식: '홈' 탭의 '조건부 서식' 기능을 사용하여 중복된 값을 강조 표시할 수도 있습니다. 중복된 값을 쉽게 확인하고 수동으로 제거하고 싶을 때 유용합니다.

이 단계를 따르면 엑셀에서 중복된 데이터를 쉽고 빠르게 제거할 수 있습니다. 혹시 더 궁금한 점이 있다면 언제든지 질문해 주세요.

저는 주문번호를 기준으로 중복을 제거해 보았습니다.

셀 내부의 텍스트 분할하기

프롬프트 | 프롬프트 43-2

현재 C열 내부에는 상품의 옵션이 쉼표로 구분된 상태로 입력되어 있습니다. 이 열의 내용을 분리해서 별도의 셀에 입력하겠습니다. **[새 채팅]** 을 누르고 **[GPT-5]** 모델을 선택합니다. 이전 채팅에 이어서 아래 **[프롬프트 43-2]** 를 챗GPT에 입력합니다. 그리고 챗GPT가 설명하는 순서대로 따라 해 보세요.

현재 C열에는 쉼표로 구분된 제품의 옵션이 여러 개 들어있어. 셀 내부의 데이터를 추출해서 별도의 셀에 표시하고 싶어. 어떻게 하는지 알려 줘. 텍스트를 추출하는 과정에서 오른쪽의 셀에 덮어쓰지 않도록 삽입하는 방법으로 알려 줘.

네, 쉼표로 구분된 제품 옵션을 분리하여 별도의 셀에 표시하고, 기존 데이터 오른쪽에 삽입하는 방법을 안내해 드리겠습니다.

1. 삽입할 열 개수 계산
   먼저 각 셀의 쉼표 개수를 세어 필요한 열의 개수를 파악해야 합니다.
   - C열에서 가장 많은 쉼표 개수를 가진 셀을 찾습니다.
   - 그 개수에 1을 더한 값이 필요한 열의 개수가 됩니다.
   - 예를 들어, '빨강, 라지, 여름 컬렉션'과 같이 쉼표가 2개인 셀이 가장 많다면, 3개의 열이 필요합니다.

2. 열 삽입
   - D열부터 시작하여 1번 단계에서 계산한 개수만큼 열을 삽입합니다.
   - 열 삽입 방법: D열 머리글(D)을 클릭하고, 마우스 오른쪽 버튼을 클릭한 후 '삽입'을 선택합니다. 필요한 열 개수만큼 반복합니다.

3. 텍스트 나누기 실행
   - C열 전체를 선택합니다(C열 머리글을 클릭).
   - 엑셀 상단 메뉴에서 '데이터' 탭을 클릭합니다.
   - '데이터 도구' 그룹에서 '텍스트 나누기'를 클릭합니다.
   - '텍스트 마법사' 창이 나타납니다.
     - 1단계: '구분 기호로 분리됨'을 선택하고 '다음'을 클릭합니다.
     - 2단계: '구분 기호'에서 '쉼표'를 선택하고 '다음'을 클릭합니다.
     - 3단계: '선택한 데이터 미리 보기'에서 분할된 열이 올바르게 표시되는지 확인합니다. '대상'을 클릭하고 D1 셀을 선택합니다(D열이 삽입된 열 시작).
     - '마침'을 클릭합니다.

결과 확인
이제 C열의 각 셀에 있던 옵션들이 쉼표를 기준으로 분리되어 D열부터 삽입된 열에 각각 표시됩니다. C열은 그대로 유지됩니다.

주의사항
- 만약 쉼표 앞뒤에 공백이 있다면 '텍스트 나누기' 마법사에서 '구분 기호' 옵션 아래에 '연속된 구분 기호는 하나로 처리' 옵션을 선택하지 않으면 빈 열이 추가될 수 있습니다. 필요에 따라 이 옵션을 선택하거나, 나중에 TRIM 함수 등을 이용하여 공백을 제거할 수 있습니다.
- 만약 C열에 쉼표가 없는 데이터가 있다면, 해당 셀은 D열에 그대로 복사될 것입니다. 필요에 따라 D열을 삭제하거나 내용을 수정하십시오.

이 방법대로 하시면 원하시는 대로 데이터를 분리하여 정리하실 수 있을 겁니다. 혹시 더 궁금한 점이 있다면 언제든지 다시 질문해 주세요!

중복 데이터나 뒤죽박죽 섞인 셀도 몇 번의 클릭과 간단한 질문만으로 깔끔하게 정리됐죠? 처음엔 낯설어도 반복해 보면 어렵지 않답니다. 이제 여러분도 복잡한 데이터는 챗GPT에게 맡기고, 더 중요한 일에 집중하세요.

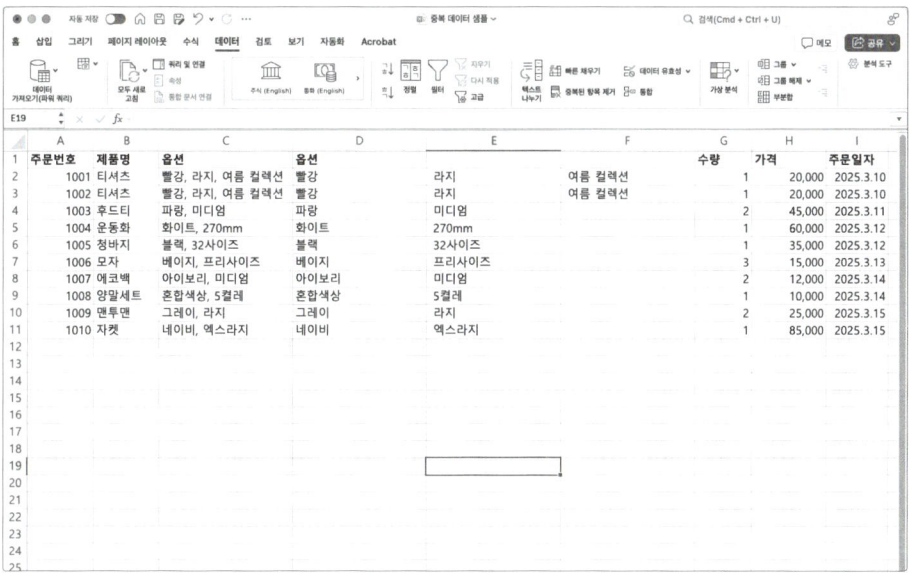

TIP

데이터 샘플을 늘리기: 최소 10~20행 이상의 예시 데이터를 만들어야 챗GPT가 처리 로직을 정확히 보여 줍니다.

LESSON 44 | 데이터 추세 분석 및 시각화하기

지난 분기 매출 데이터, 고객 설문 결과표 등등…. 분명 중요한 정보인데, 표만 봐서는 뭐가 어떻게 돌아가는 건지 한눈에 파악하기 어렵습니다. 이 자료를 바탕으로 보고서나 발표 자료 만들려면 결국 그래프나 차트가 필수인데, 막상 엑셀이나 PPT 열고 차트 만들려고 하면 어떤 종류를 골라야 할지, 서식은 또 어떻게 해야 깔끔할지 끙끙거리다 보면 시간 순삭되기 일 쑤죠. 근데 이 데이터를 챗GPT한테 보여 주면서 '이걸로 월별 매출 추이를 꺾은선 그래프로 그려 줘.'라고 말하면, 척척 만들 수 있습니다.

데이터 분석하고 그래프 만들기

프롬프트 | 프롬프트 44

[새 채팅]을 누르고 [GPT-5] 모델을 선택합니다. 그리고 아래 [프롬프트 44]를 챗GPT에 입력합니다. [인터랙티브 차트로 변환] 아이콘을 클릭해서 한글이 보여지도록 처리합니다.

> 너는 지금부터 데이터를 분석하고 그 결과를 효과적으로 시각화하는 전문가야. 아래는 지난 6개월 간 우리 회사의 제품군별 월 매출 데이터인데, 이걸 분석하고 결과를 보기 좋은 차트로 만들어 줘. 데이터는 CSV 텍스트 형식이야.
>
> **매출 데이터**
> 년월,카테고리,매출액
> 2024-10,A제품군,35000000
> 2024-10,B제품군,28000000
> 2024-11,A제품군,38000000
> 2024-11,B제품군,25000000
> 2024-12,A제품군,45000000
> 2024-12,B제품군,32000000
> 2025-01,A제품군,42000000
> 2025-01,B제품군,31000000

2025-02,A제품군,40000000
2025-02,B제품군,35000000
2025-03,A제품군,48000000
2025-03,B제품군,38000000

분석 및 시각화 요청

1. 먼저, 지난 6개월간 전체 월별 총 매출액의 변화 추세를 파악하고 싶어. 이걸 보여 주는 꺾은선 그래프(Line Chart)를 생성해 주고, 그 추세에 대해 간단히 설명해 줘.
2. 'A제품군'과 'B제품군'의 월별 매출액을 서로 비교하고 싶어. 이걸 명확하게 보여 주는 막대 그래프(Bar Chart)를 만들어 줄래? (예: 각 월별로 A, B 제품군 막대가 나란히 있도록)
3. 6개월 전체 기간 동안 각 제품군(A, B)이 전체 매출에서 차지하는 비중을 알고 싶어. 이걸 보여 주는 원그래프(Pie Chart)를 생성해 줘.
4. 모든 그래프는 제목, X축/Y축 이름(레이블)을 명확하게 표시해 주고, 누가 봐도 이해하기 쉽게 깔끔한 디자인으로 부탁해!

분석 결과 요약과 함께, 요청한 그래프 3개를 생성해서 보여 줘.

1. 월별 총 매출액 추세(꺾은선 그래프)
   - 설명
     지난 6개월 동안 전체 매출은 점진적으로 증가하는 추세를 보였습니다.
     특히 2024년 12월과 2025년 3월에 눈에 띄게 매출이 증가했으며, 이는 계절적 요인이나 판촉 활동의 영향일 가능성이 있습니다.
   - 시각화
     각 월의 총 매출액을 꺾은선으로 표시하였고, 추세를 쉽게 파악할 수 있도록 포인트와 그리드를 추가하였습니다.

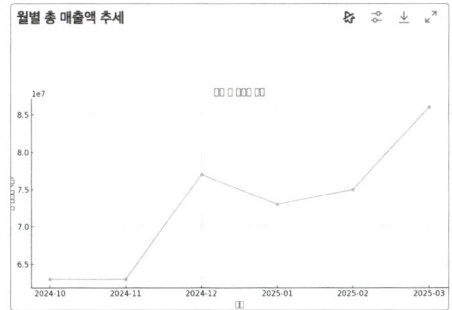

2. A제품군 vs B제품군 월별 매출 비교(막대그래프)
   - 설명
     매월 A제품군이 B제품군보다 높은 매출을 기록하고 있으며, 두 제품군 모두 점진적으로 매출이 상승하는 경향을 보입니다.
     특히 A제품군은 2025년 3월에 최고 매출을 기록하였습니다.
   - 시각화
     월별로 A, B 제품군의 막대를 나란히 배치하여 비교가 명확하게 드러나도록 구성했습니다.

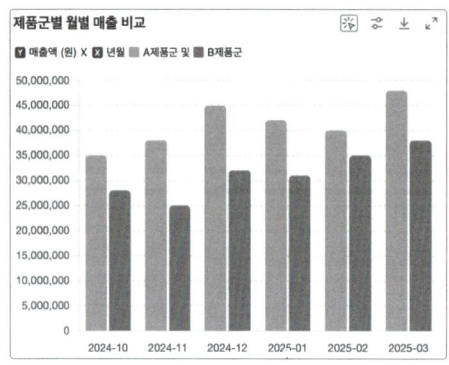

3. 전체 매출 대비 제품군 비중(원그래프)
- 설명
  전체 매출 중 A제품군이 약 55.9%, B제품군이 44.1%를 차지하고 있습니다.
  A제품군이 상대적으로 더 높은 비중을 차지하고 있어, 전략적인 집중 대상이 될 수 있습니다.
- 시각화
  비율을 한눈에 파악할 수 있도록 파이 차트를 제작하였고, 각 항목에 퍼센트를 표시했습니다.

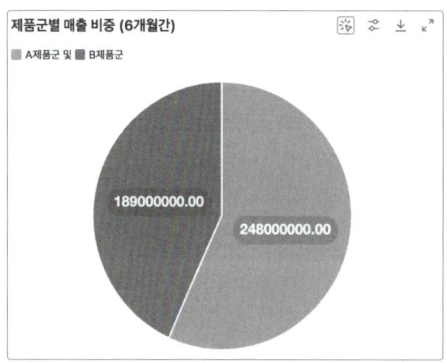

데이터가 넘쳐 나는 시대, 그 속에서 의미 있는 이야기를 찾아내고 효과적으로 전달하는 능력은 점점 더 중요해지고 있습니다. 데이터 시각화는 바로 그 핵심 도구 중 하나죠. 그래프 디자인은 챗GPT에게 맡기고, 우리는 그 차트가 보여 주는 진짜 의미를 찾아봅시다.

> **TIP**
> 챗GPT가 만든 그래프에서 색상이나 글자 크기 등 추가적인 디자인 수정을 요청해 보세요. 'A제품군 막대 색깔은 파란색 계열(#3366cc)로, B 제품군 막대 색깔은 주황색 계열(#ff9900)로 바꿔 줘.', '그래프 제목 글자 크기를 조금 더 크게 해 줘.' 등과 같이 원하는 수정 사항을 지시하면, 챗GPT가 디자이너처럼 차트의 세부적인 요소를 변경해 줍니다.

LESSON 45 | 시장 데이터 분석 및 인사이트 도출하기

새로운 사업 기회를 찾거나, 경쟁사 동향을 파악하거나, 요즘 시장 트렌드를 알아봐야 할 때. 가장 먼저 뭘 하시나요? 과거에는 습관처럼 구글부터 열고 키워드를 입력했겠죠. 쏟아지는 검색 결과 속에서 진짜 내가 원하는 정보를 찾기 힘듭니다. 여기저기 흩어진 정보를 또 비교하고 분석하는 건 보통 일이 아닙니다. 이때 챗GPT에게 검색을 맡기면, 이 지긋지긋한 과정을 확 단축시켜 줍니다. 정보 탐색과 분석을 챗GPT에게 맡겨 보세요.

똑 부러지는 리서치 요청 프롬프트

프롬프트 | 프롬프트 45

[새 채팅] 을 누르고 [GPT-5] 모델을 선택합니다. [도구-웹 검색]을 클릭한 후, 아래 [프롬프트 45]를 챗GPT에 입력합니다.

> 너는 지금부터 시장 조사 및 경쟁사 분석을 전문으로 수행하는 리서처 역할을 맡아야 해. 아래 [조사 요청 내용]에 대해, 최신 웹 정보를 적극적으로 검색하고 분석해서 그 결과를 보고서 형식으로 명확하게 정리해 줘.
>
> **조사 요청 내용**
> 1. 시장 트렌드 조사: 최근 1년(2024~2025년) 기준, 국내(한국) 키토제닉 도시락 시장에서 나타나는 주요 소비자 트렌드 3~5가지를 찾아서 요약해 줘(예: 건강식/특수식단 수요 증가, 구독 모델 다양화, 유명 맛집/셰프 협업 강화, 친환경 포장 관심 증대 등).
> 2. 주요 경쟁사 비교 분석: 국내 키토제닉 도시락 시장의 대표 주자라고 할 수 있는 상위 매출 3개 업체를 찾고 아래 항목 기준으로 비교 분석해 줘. 각 업체별 내용을 명확히 구분해서 설명해야 해.
>   - 가격대: 주력 상품군의 대략적인 가격 수준(예: 1~2인분 기준 평균 얼마 정도?)
>   - 메뉴 특징: 메뉴 종류의 다양성, 특별히 내세우는 메뉴 라인업(예: 한식 전문, 글로벌 요리, 간편식 등)
>   - 배송 시스템: 새벽 배송 여부, 배송 가능 지역 범위, 배송 속도 등 특징
>   - 타겟 고객층(추정): 어떤 고객들을 주로 공략하는 것으로 보이는지?
>   - 기타 강점/차별점: 앱 편의성, 브랜드 이미지, 마케팅 방식 등 추가적으로 언급할 만한 내용

3. 핵심 시사점 도출: 위 시장 트렌드와 경쟁사 분석 결과를 종합하여, 우리 회사(이제 막 시작하는 밀키트 스타트업이라고 가정)가 시장에 진입하거나 성장하기 위해 고려해야 할 핵심적인 시사점 또는 기회 요인을 1~2가지 정도로 간략하게 제안해 줘.

> **추가 요청 사항**
> - 조사하는 모든 정보는 최대한 신뢰할 수 있는 최신 자료를 바탕으로 하고, 가능하다면 정보의 출처(예: 특정 뉴스 기사 제목/날짜, 보고서 발행 기관 등)를 간략하게라도 언급해 주면 더욱 좋겠어.
> - 결과는 딱딱한 보고서 느낌보다는, 핵심 내용을 쉽게 파악할 수 있도록 명확하고 간결하게 정리해 줘.

2024~2025 국내 키토제닉 도시락 시장 트렌드 및 경쟁사 분석

1. 최근 1년간 국내 키토제닉 도시락 시장 주요 소비자 트렌드
   - 건강식/특수식단 수요 증가 및 '헬시플레저' 트렌드
     건강한 식습관에 대한 관심이 높아지며, 저탄수·고지방(키토제닉) 등 특수식단 도시락의 수요가 꾸준히 증가하고 있음. 특히 MZ세대를 중심으로 '헬시플레저(Healthy Pleasure)' 트렌드가 확산, 건강을 즐겁게 관리하려는 소비자가 늘고 있음
   - 메뉴 다양화 및 글로벌 요리 도입
     단순한 한식 위주에서 벗어나 글로벌 요리, 다양한 식재료를 활용한 메뉴가 확대되고 있음. 질리지 않는 식단 구성, 신메뉴 출시 등으로 소비자 선택권이 넓어지는 추세
   - 구독 모델 및 커뮤니티 기반 서비스 강화
     정기구독 모델을 통한 지속적 관리, 유튜브·카페 등 온라인 커뮤니티와 연계한 정보 제공 및 소통 강화가 두드러짐. 브랜드별로 자체 커뮤니티를 운영하며 충성 고객층을 확보하는 사례가 늘고 있음
   - 친환경 포장 및 지속가능성 관심 증가
     친환경 포장재 사용, 식품 안전성, 지속가능한 생산방식에 대한 소비자 요구가 증가. 친환경 이미지를 내세우는 마케팅도 활발하게 전개되고 있음
   - 가격 민감도 상승 및 가성비 중시
     고물가·경기 침체 영향으로 소비자들의 가격 민감도가 높아짐. 합리적 가격과 품질을 동시에 중시하는 소비자층이 확대되고 있음

2. 국내 키토제닉 도시락 시장 상위 3개 업체 비교 분석
   - 팀키토(Team Keto)
     누적 판매량 18만 건 돌파, 시장 점유율 1위
     14종 메뉴, 신선한 고기와 채소, 건강한 지방 사용 등 '맛과 건강' 모두 강조
     강력한 온라인 커뮤니티(유튜브, 네이버 카페 등)와 쉬운 영양 정보 제공이 차별점
     '키토인은 한 팀' 슬로건 아래 이타적 커뮤니티 운영, 브랜드 충성도 높음
     가격대는 1인분 기준 7,000~9,000원대, 전국 배송, 일부 새벽배송 가능
   - 키플(Keeple)
     키토제닉 전문 식품회사로, 한식·글로벌 메뉴, 저탄수화물 간식 등 다양한 HMR 라인업 보유
     맞춤식단, 다양한 메뉴, 건강식 전문성 강조
     1인분 기준 6,000~8,000원대, 전국 배송, 일부 지역 새벽배송

- 굽네 로드닭(Goobne RoadDak)
  닭가슴살 중심의 다이어트 도시락 브랜드로, 한식·퓨전·샐러드 등 다양한 메뉴 제공
  합리적 가격(1인분 5,000~7,000원대), 가성비와 대중적 브랜드 인지도 강점
  전국 배송, 일부 새벽배송, 지속적 신메뉴 출시
3. 핵심 시사점 및 시장 진입/성장 기회
- 커뮤니티 기반 브랜드 구축 및 맞춤형 콘텐츠 제공
  단순 제품 판매를 넘어, 영양 정보·식단관리법 등 쉬운 콘텐츠와 커뮤니티를 결합하면 브랜드 충성도를 높일 수 있음. '팀키토' 사례처럼 커뮤니티 중심의 마케팅이 효과적
- 메뉴 차별화 및 지속가능한 건강 포지셔닝
  저탄고지, 키토제닉 등 특수식단에 대한 전문성을 강화하고, 메뉴 다양화(글로벌 요리, 저탄수화물 간식 등)와 친환경 포장 등 지속가능성을 내세우면 차별화된 시장 포지션 확보 가능

빠르게 변하는 세상, 다들 어떻게 따라가고 계신가요? 살아남으려면 변화를 읽어야 하는데, 정보의 홍수 속에서 시간은 늘 부족하죠. 그래도 우리에겐 챗GPT라는 든든한 검색 도우미가 있습니다. 프롬프트를 구체적으로 작성해서 요청하기만 하면, 복잡한 데이터 속에서도 비즈니스에 필요한 인사이트를 건져 낼 수 있습니다.

TIP 챗GPT 분석 결과, 꽤 유용하긴 한데 가끔은 좀 더 깊이 파고들 필요가 있습니다. 특히 시장 트렌드나 경쟁사 정보는요. '어, 이건 좀 더 자세히 알아봐야겠다' 싶은 부분이 있다면, 주저 말고 바로 후속 질문을 던지세요. '앞서 말한 '키토제닉 도시락 수요 증가' 트렌드에 대해, 근거가 될 만한 데이터나 사례 위주로 더 찾아 줄래?' 이런 식으로요. 집요하게 요청하면, 표면적인 정보를 넘어 실제 액션으로 이어질 만한 구체적인 정보를 얻을 수 있습니다.

LESSON 46 | 교육 만족도 분석을 자동화하기

팀원이나 고객을 대상으로 발표나 세미나를 진행했다면, 참석자들의 솔직한 피드백이 궁금해지기 마련입니다. 수십, 수백 명의 답변을 일일이 분류하고 점수를 매겨 보고서까지 만들려면 생각만 해도 머리가 지끈거리죠. 이런 단순 반복 작업에 귀한 시간을 쓰는 건 너무 아깝습니다. 다행히 요즘엔 챗GPT 같은 AI에게 설문 결과 데이터를 통째로 던져 주면, 알아서 착착 분석해 주고 중요한 내용만 쏙쏙 뽑아 주니 살 것 같습니다. 보고서 쓰는 시간도 확 줄고요. 챗GPT로 만족도 설문 결과의 정량적 데이터(점수)와 정성적 데이터(주관식 답변)를 함께 분석하는 방법을 알아볼까요?

설문 결과 데이터 분석하기

예제파일 | Answer.csv
프롬프트 | 프롬프트 46-1

'업무 효율을 높이는 AI 활용법' 워크숍의 만족도 조사 결과를 분석해 보겠습니다. **[새 채팅]** 을 누르고 **[GPT-5]** 모델을 선택합니다. 예제 파일 **[Answer.csv]**를 프롬프트 입력 창에 드래그해 추가하고, 아래 **[프롬프트 46-1]**를 챗GPT에 입력합니다.

> [업무 효율을 높이는 AI 활용법] 워크숍 만족도 조사 결과를 담은 [엑셀 첨부 파일]을 읽고 아래 [지침]에 따라 답변 내용을 분류해 줘.
>
> **지침**
> - 참석자 200명 중에서 답변한 내용을 정리한 내용이야.
> - [첨부 파일]은 아래 [AI 활용법 워크숍 설문조사 설문]의 답변이야(총 50개)
> - [AI 활용법 워크숍 설문조사 설문]에서 1번에서 5번까지의 개별 설문을 대상으로 평균 점수를 계산할 것
> - [AI 활용법 워크숍 설문조사 설문]에서 5번에서 6번까지의 개별 설문을 대상으로 가장 많은 답변을 기록한 상위 3가지 항목 제시

- 7번 주관식 설문의 답변을 3가지 감정 카테고리로 분류해 줘
  - 긍정: 워크숍 내용, 강사, 운영 방식 등 워크숍 전반에 대한 만족, 칭찬, 긍정적인 기대를 표현하는 답변
    예시: '워크숍 내용이 매우 유익했습니다.', '강사님의 설명이 훌륭했습니다.', '다음 워크숍도 기대됩니다.'
  - 중립: 만족/불만족 어느 쪽으로도 치우치지 않고, 개선점이나 제안, 사실 전달, 모호한 의견, 무응답 등 객관적인 정보 위주거나 판단하기 어려운 답변
    예시: '워크숍 시간이 짧았습니다.', '자료가 조금 부족했습니다.', '...', '잘 모르겠습니다.'
  - 부정: 워크숍 내용, 강사, 운영 방식 등 워크숍 전반에 대한 불만족, 비판, 우려, 부정적인 경험을 표현하는 답변
    예시: '워크숍 내용이 너무 어려웠습니다.', '강사님의 설명이 부족했습니다.', '워크숍 환경이 불편했습니다.'

각 답변을 읽고, 가장 적절한 감정 카테고리를 선택하여 분류하고, 각 카테고리별 응답 개수와 대표 답변 3가지를 보여 줘. 답변 내용은 [출력 형식]을 참고해.

교육 설문조사 설문

1. 이번 워크숍 프로그램에서 제공된 내용을 얼마나 잘 이해하셨나요?
   1: 전혀 이해하지 못함, 5: 매우 잘 이해함
2. 이번 워크숍 프로그램 전반에 얼마나 만족하셨나요? (1: 매우 불만족, 5: 매우 만족)
3. 세션 'AI를 활용한 혁신적 교수법'에 대한 만족도를 평가해 주세요.
   1: 매우 불만족, 5: 매우 만족
4. 세션 'AI를 업무에 적용하는 방법'에 대한 만족도를 평가해 주세요.
   1: 매우 불만족, 5: 매우 만족
5. 행사장에서 제공된 식사의 만족도는 어떠셨나요?
   1: 매우 불만족, 5: 매우 만족
6. 이번 프로그램에서 가장 좋았던 점은 무엇인가요?
   (a) 네트워킹 기회, (b) 강연자의 전문성, (c) 내용의 유익성
7. 개선이 필요하다고 생각되는 부분은 무엇인가요?
   (a) 프로그램 시간, (b) 강연자의 참여도, (c) 기술적 시설, (d) 세션 다양성, (e) 행사장 위치
8. 기타 워크숍 프로그램에 대한 의견이나 건의사항이 있으시면 자유롭게 작성해 주세요.

출력 형식

첫 번째 줄에 설문 참석자 숫자와 답변 응답률을 제시할 것
예) 참석자 : 200명(설문 응답률 : 0%)
설문 문항 | 평균 점수
- 이번 교육 프로그램에서 제공된 내용을 얼마나 잘 이해하셨나요? | 평균 값
- 이번 교육 프로그램 전반에 얼마나 만족하셨나요? | 평균 값
- 세션 '혁신적 교수법'에 대한 만족도를 평가해 주세요. | 평균 값
- 세션 'AI를 업무에 적용하는 방법'에 대한 만족도를 평가해 주세요. | 평균 값
- 행사장에서 제공된 식사의 만족도는 어떠셨나요? | 평균 값
- 이번 프로그램에서 가장 좋았던 점은 무엇인가요?(상위 3개 답변)

(b) 강연자의 참여도
(d) 세션 다양성
(e) 행사장 위치
- 개선이 필요하다고 생각되는 부분은 무엇인가요?(상위 3개 답변)
(b) 강연자의 참여도
(a) 프로그램 시간
(c) 기술적 시설
- 기타 교육워크숍 프로그램에 대한 의견이나 건의사항이 있으시면 자유롭게 작성해 주세요.
긍정 답변 | 중립 답변 | 부정 답변(심각한 답변을 중심으로 3개 이상 배치)

 참석자: 200명(설문 응답률: 25%)

설문 문항	평균 점수
이번 교육 프로그램에서 제공된 내용을 얼마나 잘 이해하셨나요?	4.10
이번 교육 프로그램 전반에 얼마나 만족하셨나요?	3.86
세션 '혁신적 교수법'에 대한 만족도를 평가해 주세요.	3.78
세션 'AI를 업무에 적용하는 방법'에 대한 만족도를 평가해 주세요.	3.34
행사장에서 제공된 식사의 만족도는 어떠셨나요?	2.92

- 가장 좋았던 점(상위 3개 답변)
    (a) 네트워킹 기회 – 17건
    (b) 강연자의 전문성 – 17건
    (c) 내용의 유익성 – 16건
- 개선이 필요하다고 생각되는 부분(상위 3개 답변)
    (b) 강연자의 참여도 – 12건
    (d) 세션 다양성 – 12건
    (e) 행사장 위치 – 9건
- 기타 워크숍 프로그램에 대한 의견 감정 분류
    - 긍정 답변(9건)
        준비해 주신 분들의 노력에 감사합니다.
        전반적으로 만족합니다.
        다양한 강의가 좋았습니다.
    - 중립 답변(10건)
        세션을 다양하게 더 늘려 주세요.
        강의장의 접근성이 개선되었으면 합니다.
        준비하신분들 모두 고생하셨습니다.
    - 부정 답변(2건)
        기술적 문제가 있어서 불편했습니다.
        강의가 너무 지루했습니다. 다시 듣고 싶지 않습니다.
        필요하시면 각 문항별 상세 답변 내용도 카테고리별로 추가 분석해 드릴 수 있습니다.

엑셀 파일은 인식을 못 하는 경우가 있으므로 데이터 분석에는 CSV 파일을 활용하는 것을 추천드립니다. 챗GPT는 8가지 문항을 대상으로 사용자의 답변을 분석합니다. 1번부터 5번까지의 객관식 설문의 평균 점수를 계산하고, 6번과 7번의 답변을 빈도수가 높은 순으로 정리합니다. 그리고 마지막으로 주관식 답변을 긍정/중립/부정으로 나눠 제시합니다. 주관식 답변으로 나름 분류하지만 인간의 감정을 100% 이해하지는 못하는 것 같습니다.

TIP 그럴듯하지만 사실과 다른 정보(날조된 출처·수치·사실 등)를 생성하는 현상인 '환각hallucination'이 일어날 수 있으니 크로스 체크하시기 바랍니다.

이메일 보고서 작성하기

프롬프트 | 프롬프트 46-2, 프롬프트 46-3

챗GPT의 분석 결과를 토대로 팀장에게 보고할 이메일 초안을 작성해 보도록 하겠습니다. 아래 [**프롬프트46-2**]를 챗GPT에 입력합니다.

목표
워크숍 설문조사 분석 결과를 바탕으로 팀장에게 제출할 보고서 초안을 작성
아래 [이메일 보고서 작성 지침]을 기초로 작성

이메일 보고서 작성 지침
- 서론: 먼저 이번 워크숍 행사를 준비하고 진행한 데 대한 감사의 말로 시작
- 교육 목적 및 분위기: 최근 실시된 워크숍 행사의 목적과 현장 분위기를 간략히 전달
- 설문 결과: 미리 분석된 자료를 바탕으로 교육 만족도 조사 결과 보고
- 결론: 마지막으로 감사의 인사를 전하며 마무리

- 제목: 워크숍 설문조사 분석 결과 보고
- 수신: 팀장님
- 발신: [작성자 이름]
- 날짜: [작성일]

1. 서론
   팀장님, 안녕하세요. 이번 워크숍 프로그램을 성공적으로 준비하고 진행해 주신 모든 분들께 감사의 말씀을 드립니다. 워크숍이 원활하게 이루어질 수 있도록 각 부서에서 협조해 주신 덕분에 많은 참석자들이 워크숍에 참여하고 의미 있는 시간을 보낼 수 있었습니다.

2. 교육 목적 및 분위기

이번 워크숍 행사는 직원들의 역량 강화를 위해 기획되었으며, 특히 혁신적 교수법과 AI 기술을 업무에 적용하는 방법을 중심으로 진행되었습니다. 현장 분위기는 전반적으로 긍정적이었으며, 참석자들은 적극적으로 워크숍에 참여하였습니다. 일부 참가자들은 세션 종료 후에도 질의응답을 이어가며 높은 관심을 보였습니다.

3. 설문 결과

설문조사 결과, 총 200명의 참석자 중 50명이 응답하였으며, 응답률은 25%였습니다. 주요 결과는 다음과 같습니다.

워크숍 만족도 평균 점수

- 제공된 내용 이해도: 4.4
- 전반적 만족도: 3.8
- '혁신적 교수법' 세션 만족도: 4.6
- 'AI를 업무에 적용하는 방법' 세션 만족도: 3.5
- 식사 만족도: 3.8

참석자들이 가장 긍정적으로 평가한 요소(상위 3가지)

- 네트워킹 기회
- 강연자의 전문성
- 내용의 유익성

개선이 필요한 부분(상위 3가지)

- 강연자의 참여도
- 세션 다양성
- 행사장 위치

참석자 의견 요약

- 긍정적인 의견: 준비해 주신 분들의 노력에 감사합니다, 다양한 강의가 좋았습니다, 서먹서먹했던 분위기가 원활한 진행 덕분에 화기애애해서 좋았습니다.
- 중립적인 의견: 세션을 다양하게 더 늘려 주세요, 전반적으로 만족합니다, 강의장의 접근성이 개선되었으면 합니다.
- 부정적인 의견: 기술적 문제가 있어서 불편했습니다.

4. 결론

이번 워크숍 행사는 대체로 긍정적인 평가를 받았으며, 특히 강연자의 전문성과 네트워킹 기회 제공 측면에서 높은 점수를 받았습니다. 다만, 강연자의 참여도를 높이고 세션 구성을 다양화하는 등의 개선이 필요하다는 의견도 있었습니다. 이러한 피드백을 바탕으로 향후 워크숍 기획 시 보다 효과적인 운영 방안을 마련할 수 있도록 논의하면 좋겠습니다.

다시 한번 워크숍 준비와 진행을 위해 애써주신 모든 분들께 감사드립니다. 추가 논의가 필요하시면 언제든 말씀해 주세요.

감사합니다.

[작성자 이름] 드림

이메일로 보고서를 쓸 때는 서두에 행사를 지원해 준 것에 대한 감사 인사를 전하는게 좋습니다. 사람의 호감을 얻는 긍정적인 소통 방법이 바로 인사와 감사의 멘트니까요. 그리고 팀장은 오직 보고서의 내용만으로 워크숍 현장의 분위기를 이해할 수 있습니다. 워크숍 목적과 현장의 분위기를 구체적으로 전달하세요. 설문 결과의 의미와 맥락을 팀장이 쉽게 이해하게 만드는 것이 보고서의 목적입니다. 결론에서 다시 감사를 표현하는 것도 잊지 마세요.

이번 글에서 소개한 것처럼, 챗GPT를 활용하면 발표나 세미나 후에 가장 번거로운 설문 결과 분석과 보고서 작성 업무까지 한 번에 자동화할 수 있습니다. 반복적이고 소모적인 업무에서 벗어나, 피드백의 본질에 집중하고 다음 단계를 기획하는 창의적인 일에 시간을 더 써 보세요. 개인의 가치를 높이고, 나아가 팀 전체의 성과를 향상시키는 기회가 될 것입니다.

만약 동일한 주제의 워크숍을 여러 번 진행했다면, 각 차수별 설문 결과 데이터를 챗GPT에 제공하고 [프롬프트 46-3]을 입력해 보세요. 이렇게 하면 워크숍 개선의 실제 효과를 파악하고, 앞으로 집중해야 할 부분을 명확히 알 수 있습니다.

프롬프트 46-3

지난 1차, 2차 워크숍과 이번 3차 워크숍의 만족도 피드백 결과를 비교 분석해 줘. 특히 긍정/부정 피드백에 어떤 변화 추세가 있는지, 이전에 지적됐던 문제점들이 이번에는 어떻게 개선되었거나 여전히 남아있는지 알려 줘.

LESSON 47 | 조건에 따라 목록 분류하기

워크숍이나 팀 프로젝트를 할 때 조를 짜는 일, 은근히 머리 아프지 않나요? 다양한 팀, 역할, 성향을 가진 사람들이 골고루 섞여야 시너지도 나고 더 좋은 아이디어가 나오죠. 일일이 명단을 보며 수동으로 나누려면 시간이 너무 많이 걸립니다. 자칫 잘못하면 친한 사람들끼리만 뭉치거나, 특정 팀이 한 조에 몰리는 불상사가 생길 수도 있죠. 이럴 때 챗GPT에게 참가자 명단과 원하는 조건만 알려 주면, 알아서 최적의 조합으로 조를 나눠 줍니다. 복잡한 조 편성 스트레스에서 해방되는 거죠.

팀 구성하기

예제파일 | Employee List.csv
프롬프트 | 프롬프트 47

01 먼저, 프로젝트나 워크숍에 참여할 사람들의 명단을 준비합니다. 아래는 가상의 참가자 목록입니다. 이름, 성별, 소속팀, 역할, 성격 유형으로 정리했습니다. 실제 상황에 맞게 데이터를 준비해 보세요.

이름	성별	직무	근속연수	성격유형
김영민	남	개발(백엔드)	3년	분석형
이지은	여	개발(프론트)	2년	창의형
박수정	여	디자이너	1년	감각형
조민우	남	마케팅	4년	외향형
강보람	여	영업	5년	외향형
최준혁	남	인사	1년	분석형
정소라	여	기획	3년	창의형

한성욱	남	개발(백엔드)	2년	분석형
김소미	여	마케팅	4년	창의형
이강수	남	디자이너	5년	외향형
황미라	여	개발(백엔드)	3년	내향형
오준석	남	영업	2년	외향형
서지현	여	인사	4년	분석형
신동훈	남	기획	1년	창의형
임현주	여	개발(프론트)	5년	감각형
권태영	남	마케팅	2년	외향형
윤소희	여	디자이너	3년	창의형
장민석	남	개발(백엔드)	4년	분석형
유진아	여	기획	2년	감각형
진성민	남	영업	1년	외향형
나예슬	여	인사	3년	내향형
홍기태	남	디자이너	2년	창의형
백지원	여	개발(프론트)	4년	분석형
문승현	남	마케팅	5년	외향형
송미란	여	기획	1년	창의형
안태준	남	개발(백엔드)	3년	내향형
허지영	여	영업	2년	외향형
고민준	남	인사	4년	분석형
전수진	여	디자이너	3년	감각형
노태우	남	개발(프론트)	1년	창의형

02 [새 채팅]을 누릅니다. 그리고 예제 파일 [Employee List.csv]를 프롬프트 입력 창에 드래그해 추가하고, 아래 [프롬프트 47]을 챗GPT에 입력합니다.

[첨부 파일]에는 직원 목록이 저장되어 있어. 너는 공정한 팀 구성을 돕는 전문 퍼실리테이터야. 첨부한 [Employee List.csv] 파일을 분석해서, 아래 [지침]에 따라 최적의 프로젝트 팀을 구성해 줘.

지침
- 전체 직원을 한 팀당 5명씩 나눠 줘.
- 5명씩 편성하다가 남은 인원은 마지막 팀에 편성해 줘.
- 한 그룹에는 다양한 배경의 사람들이 포함되도록 골고루 나눠 줘.
- 남녀 성별, 근속연수, 성격유형 순서로 균등하게 섞이도록 구성해 줘.

출력 형식
- 각 그룹별 인원 명단을 별도로 정리할 것 (그룹 1 > 그룹 2 > ...)
- 이름, 성별, 직무, 근속연수, 성격유형으로 표로 제시
- 팀을 나눈 기준과 논리를 간단하게 설명할 것

아래는 전체 인원을 성별, 근속연수, 성격유형을 고려해 최대한 균형 있게 섞어 구성한 5인 단위의 팀 명단입니다. 총 35명의 참가자가 있어 7개 팀으로 나뉘며, 각 그룹은 다음과 같은 기준으로 구성했습니다.

팀 구성 기준 요약
- 성별: 남성과 여성이 팀별로 균형 있게 분포되도록 분산 배치
- 근속연수: 다양한 연차가 섞이도록 고연차부터 저연차 순으로 순환 배치
- 성격유형: 유사 유형이 몰리지 않도록 코드화해 분산

각 팀 표를 확인해 주세요. 추가 조정이 필요하면 알려 주시면 반영해 드리겠습니다.

이 프롬프트의 목표는 소속팀과 역할이 다른 구성원들을 각 팀에 우선적으로 배치하여 다양한 관점에서 시너지가 나도록 하는 것입니다. 데이터에는 남녀, 직무, 근속연수, 성격 유형

등 다양한 속성이 존재하죠. 특정한 속성을 기준으로 정리하도록 챗GPT에게 요청하세요.

이번 과정에서는 워크숍이나 팀 프로젝트를 진행할 때, 여러 조건을 고려하여 참가자를 팀으로 나누는 방법을 실습했습니다. 챗GPT를 활용하면 매번 번거로운 인원 배치를 즉시 자동화할 수 있습니다. 다양한 시나리오를 시뮬레이션해 보거나, 새로운 조건을 추가하여 여러 버전의 팀 구성을 시도해 볼 수도 있죠. 데이터만 준비되었다면, 더 이상 엑셀의 필터와 정렬 기능으로 씨름하지 않아도 됩니다.

특정 인물들 간의 관계가 불편해서 같은 조에 편성되지 말아야 한다면 프롬프트에 다음 조건을 추가해 보세요. '단, [김대리]와 [박주임]은 현재 다른 프로젝트에서 긴밀하게 협업하고 있으므로, 이번에는 다른 팀에 배정하여 새로운 시너지를 만들 수 있게 해 줘.'와 같이 구체적이면서도 긍정적인 제외 조건을 명시하는 방법도 있습니다.

CHAPTER
05

챗GPT로 프레젠테이션 자료 만들기

LESSON 48 | 프레젠테이션 목차 만들기

갑자기 '2시간 뒤 임원 보고!' 이런 폭탄이 떨어졌다고 생각해 보세요. 이런 절체절명의 순간에 챗GPT가 빛을 발하죠. 발표 주제랑 핵심 내용만 던져 주면, 순식간에 프레젠테이션의 목차 초안을 뽑아 주거든요.

팀 구성하기

예제파일 | Q2_2024_Report.docx
프롬프트 | 프롬프트 48

[새 채팅]을 누르고 [GPT-5] 모델을 선택합니다. 그리고 예제 파일 [Q2_2024_Report.docx]를 프롬프트 입력 창에 드래그해 추가하고, 아래 **[프롬프트 48]**을 챗GPT에 입력합니다. 한글 파일명은 에러가 나는 경우가 있으니 그럴 때는 파일명을 영문으로 바꿔 주세요.

> 너는 세계적인 프레젠테이션 기획 전문가야. 내가 업로드한, [Q2_2024_Report.docx]를 읽고 프레젠테이션 자료 작성을 위한 목차를 구성해 줘.
>
> **회사 정보**
> - 회사명: (주) OOOO
> - 대상 회의: 2025년 1분기 실적 보고용 임원 회의
> - 회의 성격: 경영진 및 투자자 대상, 약 30분 발표 예정
>
> **프레젠테이션 목차에 반드시 포함되어야 할 내용**
> - 2025년 [O]분기 매출 액 OOO원(전년 동기 대비 O% 증가율)
> - 영업이익 OOO 원(전년 동기 대비 O% 증가)
> - 각 부서별 성과
> - 이번 분기 주요 과제
>
> **요청 사항**
> - 프레젠테이션의 기본 목차를 4~5개 항목으로 구성
> - 각 항목에서 다룰 핵심 포인트 간단하게 정리
> - 임원들이 쉽게 이해하고 바로 피드백할 수 있는 구조로 작성
> - 제안된 목차와 각 섹션별로 어떤 내용을 강조하면 좋은지 구체적으로 설명

2025년 1분기 실적 보고용 프레젠테이션 목차 제안

(주) OOOO | 경영진 및 투자자 대상 발표 | 약 30분 발표 기준

1. 2025년 1분기 요약 실적
    - 핵심 지표 강조
        - 매출액 ○○○원(전년 동기 대비 ○% 증가)
        - 영업이익 ○○○원(전년 동기 대비 ○% 증가)
    - 요점 정리: 1장의 그래프 또는 테이블로 매출 및 영업이익 비교
    - 강조 포인트
        - 숫자만 나열하지 말고, '무엇이 성장을 견인했는가?'를 간결하게 시각화

2. 부서별 성과 하이라이트
    - 마케팅팀: 웹사이트 유입 30%↑, CPA 20%↓, ROAS 15%↑, 신규 고객 15%↑, 전환율 30%
    - 제품팀: 주요 기능 릴리스 및 고객 피드백
    - 고객지원팀: 응대 속도 개선 및 고객 만족도 상승
    - 강조 포인트
        - 각 부서 성과는 '비즈니스 임팩트' 중심으로 정리
            예: 고객 확보, 수익 기여 등
        - 각 부서별 성과를 하나의 슬라이드로 요약해 한눈에 비교 가능하도록 구성

3. 2분기 주요 마케팅 전략 및 성과 분석
    - 디지털 마케팅 최적화: SEO, 콘텐츠, 광고 효율 등
    - 신규 캠페인 성과: 첫 달 무료 체험 → 유료 전환율 30%
    - 소셜 미디어 운영 강화: 팔로워 15%↑, 잠재 고객 DB 20%↑
    - 강조 포인트
        - 성과 수치를 단순 나열하는 것이 아니라 고객 여정 흐름을 중심으로 전개
        - '성장 스토리텔링'으로 구성(문제 → 전략 → 실행 → 성과 → 인사이트)

4. 2025년 1분기 과제 및 대응 전략
    - 핵심 과제: 랜딩 페이지 전환율 개선, 확보된 잠재 고객의 실제 구매 전환
    - 대응 방안: A/B 테스트 지속, CTA 강화, UX 개선, 마케팅 자동화 도입 예정
    - 강조 포인트
        - 과제만 말하는 것이 아니라 '이미 실행 중인 노력'과 '추진 일정' 포함
        - 예상되는 리스크와 대응 계획도 간략히 언급

5. 향후 전략 및 2분기 주요 KPI
    - 목표 제시: 전환율 10% 향상, 신규 유입 채널 다변화(제휴 마케팅, 오프라인 접점 등)
    - KPI 예시: 고객 전환율, ROAS, 신규 유입 수 등
    - 강조 포인트
        - '다음 분기 무엇이 달라질 것인가?'를 핵심 질문으로 잡고 구조화
        - 임원들이 '성과 가속화 방안'에 쉽게 피드백할 수 있도록 간결하게 도표 구성
        - 프레젠테이션 구조 요약

섹션	목표	전달 방식
요약 실적	전반적 성과 인지	그래프 + 수치
부서별 성과	조직 전체 성과 기여도	한눈에 비교
마케팅 전략	2분기 주요 성과 중심	고객 여정형 스토리
주요 과제	현재 문제 인식 및 대응	계획형 슬라이드
향후 전략	미래 지향적 목표 설정	KPI 중심 설계

다음 단계 제안
- 슬라이드 샘플 프레임 요청
- 각 섹션별 디자인 요소/비주얼 제안
- 프레젠터 스크립트 구성
- 투자자용 버전 따로 분기해서 요약
- 발표자료 초안 pptx로 제작

프레젠테이션 자료는 큰 틀의 범위에서 구조를 짠 후에 각 항목에 상세한 내용을 채워 넣으면 됩니다. 파워포인트부터 덜컥 실행해 놓고 템플릿 고르느라 시간 보내지 말고 자료를 읽는 사람에게 무엇을 전달할 것인지 핵심을 먼저 잡으세요.

챗GPT는 바쁜 직장인들의 프레젠테이션 준비 시간을 획기적으로 줄여 주는 믿음직한 파트너입니다. 해당 업무의 담당자가 없는 경우가 많은 스타트업이나 중소기업 직원들에게는 매우 유용하죠.

TIP 목차부터 정하라: 디자인이나 그래프는 나중 문제입니다. 우선 챗GPT로 목차부터 뽑으세요. 자료를 정하기 위해 필요한 부분이 보이기 시작할 겁니다.

LESSON 49 | 목차만으로 발표 자료 만들기

챗GPT 도움으로 발표 목차까지는 기가 막히게 뽑았지만 지금부터가 문제입니다. 목차만 있다고 발표 자료가 저절로 만들어지는 건 아니니까요. 결국엔 한눈에 들어오는 슬라이드로 디자인해야 합니다. 목차가 아무리 탄탄해도 슬라이드가 촌스러우면 말짱 도루묵이죠. 바로 이 '텍스트'와 '비주얼' 사이의 깊은 골짜기를 Gamma AI가 메워 줄 수 있습니다.

Gamma AI로 슬라이드 초안 만들기

01 검색 사이트에서 'Gamma AI'를 검색하거나, 다음 링크 https://gamma.app/를 직접 입력합니다. [**무료로 가입하기**] 버튼을 클릭하면, 구글 계정으로 간편하게 회원 가입할 수 있습니다.

02 Gamma AI에 접속하고, 홈에서 **[+ 새로 만들기]** 버튼을 클릭합니다.

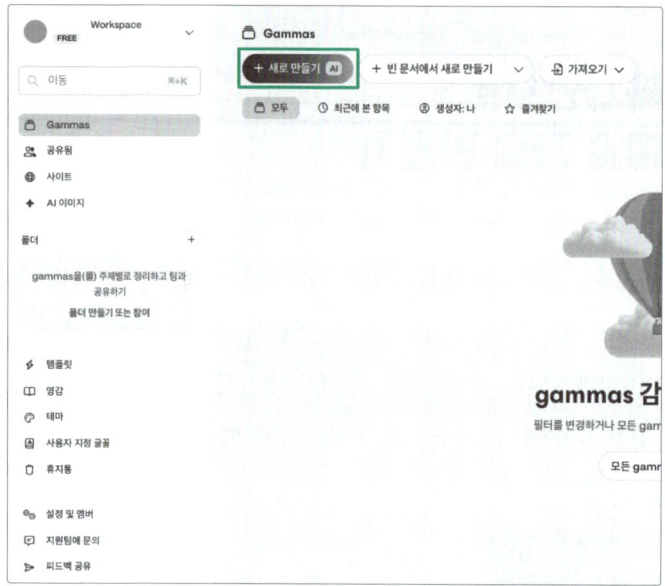

03 **[AI로 만들기]** 화면에서 첫 번째인 **[텍스트로 붙여넣기]**를 선택합니다.

04 '텍스트로 붙여넣기' 페이지가 나타납니다. [**프롬프트 48**]의 챗GPT 답변을 붙여넣기 하고, [**노트나 개요에서 생성합니다-프롬프트 에디터로 계속하기**]를 클릭합니다.

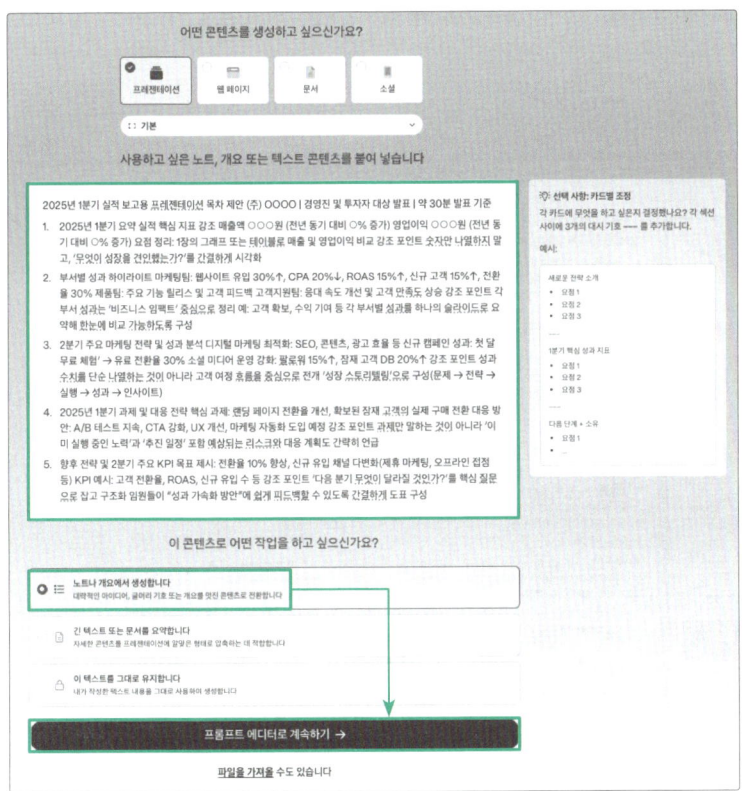

Gamma AI는 단순히 '예쁜 슬라이드'를 자동으로 만들어 주는 툴이 아닙니다. 챗GPT가 뽑아 준 목차와 핵심 메시지를 받아, 이를 시각적으로 설득력 있는 구조로 재배치해 주는 것이 강점입니다. 사용자는 주제와 자료를 입력하기만 하면, Gamma AI가 텍스트에 어울리는 레이아웃과 이미지, 컬러 톤을 제안해 줍니다. 일일이 도형을 맞추거나 서식을 조정할 필요 없이, 발표 자료의 초안을 빠르게 완성할 수 있죠.

무엇보다 Gamma AI는 '콘텐츠의 흐름'을 유지하면서도 시각적 몰입도를 높여 준다는 점에서 유용합니다. 글로만 남겨두면 추상적으로 느껴지는 아이디어도, Gamma AI를 거치면 직관적인 슬라이드로 변환됩니다. 이 조합은 발표자가 메시지 전달에만 집중할 수 있도록 도와주며, 청중에게도 명확하고 설득력 있는 경험을 선사합니다.

05 '프롬프트 편집기' 페이지가 나타납니다. 생성할 슬라이드의 형식을 지정할 수 있습니다. 옵션 [① **콘텐츠의 양-압축**, ② **텍스트의 양-간결하게**, ③ **출력 언어-한국어**, ④ **이미지 출처-AI 이미지**, ⑤ **AI 이미지 모델-Flux Fast 1.1**, ⑥ **형식-프레젠테이션**]을 설정합니다. [**계속**]을 클릭합니다.

TIP Gamma AI에서 가입 시 지급하는 크레딧은 한정적입니다. 슬라이드를 만들면 크레딧이 소요되므로 연습할 때 아껴서 사용하세요.

06 '완성' 페이지가 나타납니다. 위쪽 [테마]을 클릭하고, 오른쪽에 [테마] 탭에서 원하는 테마를 선택하면 테마가 바로 적용됩니다.

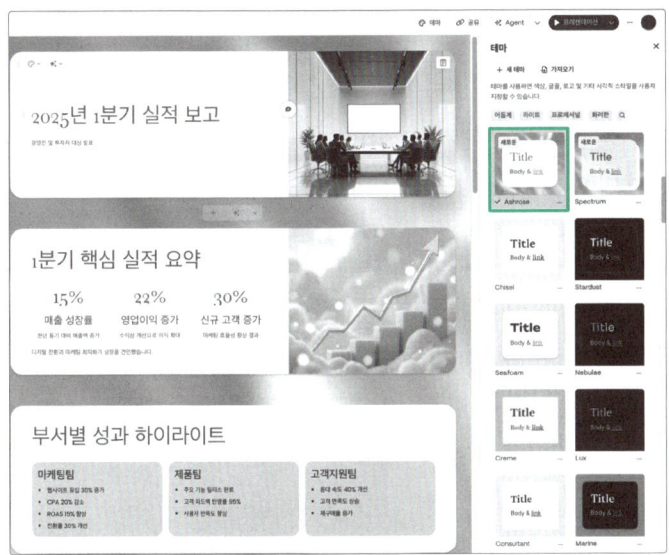

07 오른쪽 탭에서 텍스트, 이미지, 레이아웃, 차트/그래프 등의 요소를 필요에 따라 수정할 수 있습니다. 상황에 맞게 요소를 설정하여 마무리합니다.

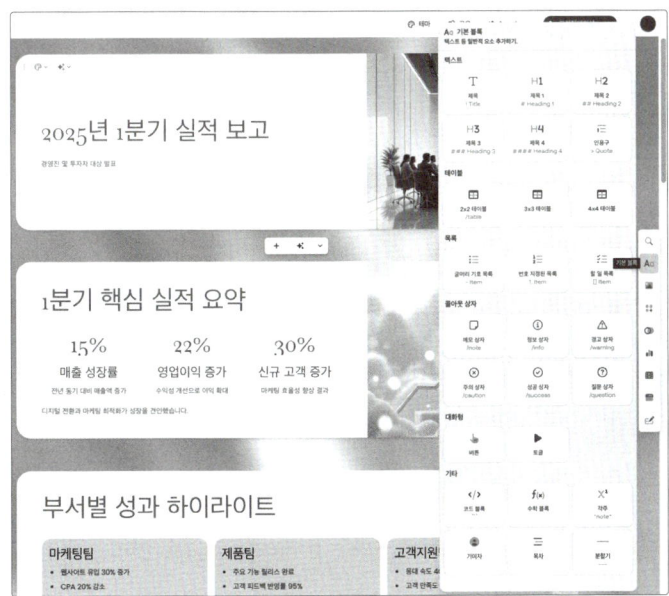

08 [공유-내보내기-PowerPoint로 내보내기]를 누르면 PowerPoint 파일로 다운로드할 수 있습니다.

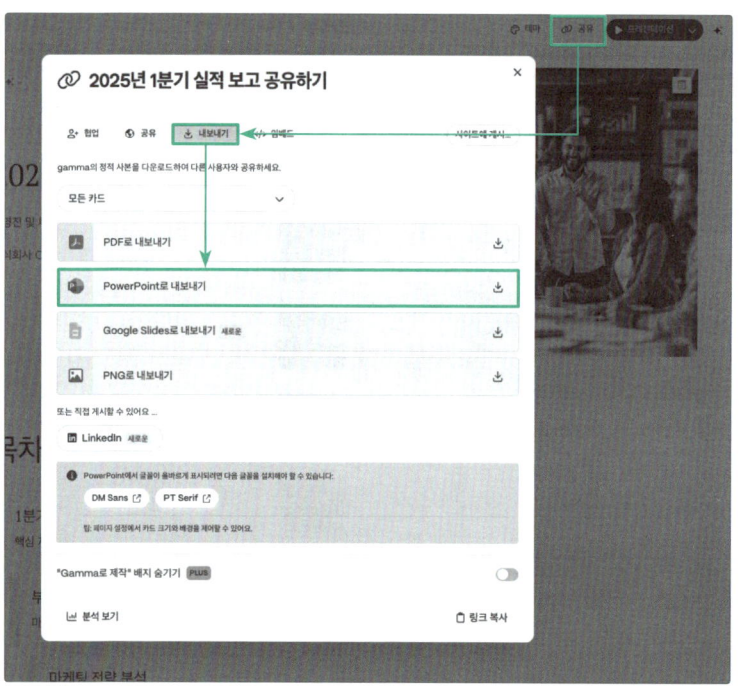

Gamma AI를 활용하면 텍스트만으로 프레젠테이션을 간단하게 만들 수 있습니다. 멋진 디자인은 기본이고요. 이제 더 이상 프레젠테이션 때문에 밤을 새우지 않아도 됩니다. 챗GPT가 핵심 내용을 빠르게 정리하고, Gamma AI가 그것을 매력적인 슬라이드로 만들어 주니까요. 챗GPT와 Gamma AI, 이 2가지 도구만 제대로 활용해도 업무의 효율은 물론, 프레젠테이션의 완성도가 훨씬 높아질 겁니다.

> **TIP** Gamma AI가 자동으로 채워 준 본문 텍스트가 좀 어색하거나 장황하게 느껴진다면? 해당 텍스트 블록을 선택하고 Gamma AI의 AI 편집 기능을 활용해 보세요. '이 문단 내용, 좀 더 간결하게 핵심만 요약해 줘.', '이 내용을 대표님이 이해할 수 있게 쉬운 용어로 바꿔 줘.'와 같이 요청하면, 텍스트를 다시 다듬어 줍니다.

LESSON 50 | 내부 평가를 전략으로 바꾸는 기획안 작성하기

이전 실적 보고를 통해 '건강 간식'이라는 제품군에 대한 내부 검토가 이루어졌고, 그 결과 신제품 개발 미션이 주어졌습니다. 매출 성장률은 목표를 밑돌고, 신제품 출시 일정은 지연되었으며, 마케팅 효율도 기대에 미치지 못했습니다. 무엇보다 경쟁사 대비 우리 제품만의 뚜렷한 USP_{unique selling proposition}가 부족하다는 평가가 핵심 문제였습니다. 이럴 때 챗GPT를 '신제품 기획 전문가'로 설정해 실적과 상황을 제공하면, 문제 해결을 위한 스토리라인과 실행 전략을 구체적으로 제안받을 수 있습니다.

신제품 기획하기   프롬프트 | 프롬프트 50

[새 채팅] 을 누르고 [GPT-5] 모델을 선택합니다. 그리고 아래 [프롬프트 50]을 챗GPT에 입력합니다. 문제점과 해결책, 기대효과를 바탕으로 프레젠테이션에 필요한 스토리라인 등 작성해야 하는 내용이 있다면 [목표]에 구체적으로 써 주세요.

> 너는 신제품 기획 전문가야. 지금부터 내가 제공하는 데이터(2024년 실적)를 토대로 우리 회사가 새롭게 기획하는 제품의 스토리라인을 짜 줬으면 해.
>
> **대상 시장**
> 국내 30~40대 주부/주부+맞벌이 부부
>
> **기존 제품**
> 영유아 건강 간식
>
> **지난 분기 실적**
> - 매출 성장률 5%(목표 대비 -3%)
> - 신제품 출시 준비 일정 지연: 원재료 수급 문제
> - 마케팅 비용 대비 전환율 0.8%(동종 업계 평균 1.2%)

> **지적 상황**
> - 경쟁사 대비 USP(차별화 포인트)가 부족
> - 가격대와 품질의 균형이 모호하다는 고객 불만 다수
> - 광고 크리에이티브 소재가 진부하다는 평
>
> **목표**
> - 30~40대 출산 직후 부모를 위한 간편 간식 밀키트 신제품 개발
> - '문제점-해결책-기대효과'를 중심으로 프레젠테이션 스토리라인을 구체적으로 작성
> - 제품의 핵심 USP와 어떤식으로 광고/홍보를 펼칠지 간략한 아이디어도 추가

 신제품 기획 프레젠테이션 스토리라인

1. 시장 및 대상 분석
   - 국내 30~40대 주부/맞벌이 부부의 라이프스타일 변화
   - 출산 이후 부모의 식사 시간 부족 & 체력 저하
   - 간편하고도 건강한 '간식+식사 대용' 제품의 니즈 증가

2. 문제점 진단(기존 제품 & 경쟁사 분석)
   - 내부 문제
     - 매출 성장률 저조(목표 대비 -3%)
     - 신제품 일정 지연 → 시장 선점 실패
     - 마케팅 전환율 0.8%(업계 평균 1.2%보다 낮음)
   - 고객 불만
     - 제품 특장점 부족(USP 부족)
     - 가격 대비 품질 애매 → 신뢰감 저하
     - 광고소재 진부함 → 감정적 설득 실패

이번 과정을 통해서 실적 보고서의 문제점들이 오히려 새로운 기회가 될 수 있다는 걸 발견할 수 있습니다. 챗GPT로 신제품 기획을 해 보니, 단순한 아이디어 제안을 넘어서 페르소나를 확실히 잡고 문제-해결-효과 흐름으로 이야기를 구성하니까 설득력이 훨씬 좋아지네요. 챗GPT를 이렇게 전략적으로 활용하면 실제 시장 성과로도 이어질 수 있습니다.

>  **TIP**
>
> 과거의 실수를 피하는 데 집중하다 보면, 새로운 계획 자체에 숨어있는 또 다른 위험 요소를 놓칠 수도 있습니다. 챗GPT에게 이렇게 물어보세요. '네가 제안해 준 이 '댕댕이 건강 구독 박스' 마케팅 계획을 실행할 때, 과거와는 다른, 새롭게 발생할 수 있는 예상치 못한 위험 요인(Risk)은 없을까?' 이렇게 하면, 새로운 계획에 대한 잠재적 위험까지 미리 점검하고 대비책을 고민해 볼 수 있습니다.

LESSON 51 | 기획안으로 발표 자료 만들기

이전 단계에서 우리는 실적 보고서를 분석하고, 챗GPT를 활용해 신제품 기획 스토리라인까지 도출했습니다. 이제 이 2가지 자료를 바탕으로, 이전에 작성한 발표 자료를 리뉴얼하고자 합니다. 실적의 흐름과 신제품 전략을 자연스럽게 연결해, 경영진이 쉽게 이해하고 피드백할 수 있는 명확한 슬라이드를 만들어 봅니다.

Gamma AI로 슬라이드 만들기 2

예제파일 | Q2_2024_Report.docx, Q2_2024_Report.pptx
프롬프트 | 프롬프트 51

01 [새 채팅]을 누르고 [GPT 5] 모델을 선택합니다. 예제 파일 [Q2_2024_Report.docx], [Q2_2024_Report.pptx]를 프롬프트 입력 창에 드래그해 추가하고, 아래 [프롬프트 51]을 챗GPT에 입력합니다. [신제품 기획 프레젠테이션 스토리라인]에는 [프롬프트 50]의 챗GPT 답변을 붙여넣기 합니다.

> 너는 신제품 기획 전문가야. 내가 제공하는 'Q2_2024_Report.docx' 파일과 'Q2_2024_Report.pptx' 파일에서 [지난 분기 실적]과 그에 따른 [지적 사항]을 반영한 [신제품 기획 프레젠테이션 스토리라인]을 다시 검토해 주고, 모든 내용을 반영한 새로운 슬라이드 스토리라인을 작성해 줘.
>
> **파일 정보**
> - Q2_2024_Report.docx: 2024년 2분기 실적 데이터
> - Q2_2024_Report.pptx: 2024년 2분기 실적 내용의 핵심을 파워포인트 슬라이드로 제작
>
> **기존 제품**
> - 영유아 건강 간식
>
> **지난 분기 실적**
> - 매출 성장률 5%(목표 대비 -3%)
> - 신제품 출시 준비 일정 지연: 원재료 수급 문제
> - 마케팅 비용 대비 전환율 0.8%(동종 업계 평균 1.2%)

> **지적 사항**
> - 경쟁사 대비 USP(차별화 포인트)가 부족
> - 가격대와 품질의 균형이 모호하다는 고객 불만 다수
> - 광고 크리에이티브 소재가 진부하다는 평
>
> **신제품 기획 프레젠테이션 스토리라인**
> - 프롬프트 50의 챗GPT 답변

 신제품 기획 프레젠테이션 슬라이드 스토리라인(최종안)

1. 지난 분기 성과와 한계 요약
   - 매출 성장률: 5%(목표 8% 대비 3%p 미달)
   - 원재료 수급 불안으로 신제품 일정 지연
   - ROAS는 120%로 목표 달성, 그러나 전환율은 0.8%로 업계 평균 이하
   - 고객 설문 결과
     - '제품이 비슷비슷하다'는 반응 다수
     - '가성비 불만' 및 '광고 진부함' 지적

2. 핵심 문제 도출과 시장 기회
   - 내부 요인: 제품 기획/출시 일정의 반복적 지연, 고정된 마케팅 채널
   - 외부 요인: 경쟁사 제품의 독보적 USP(브랜드 스토리, 성분), 가격 다양성
   - 기회: 산후 부모 대상 제품군 확장 → 감성 + 실용 니즈 동시 충족 가능

3. 고객 정의 및 페르소나 업데이트
   - 이름: 서지현, 38세, 출산 후 3개월
   - 상황: 육아 초기 스트레스 + 빠른 체력 회복 필요
   - 니즈: 영양 균형, 조리 편의성, 아기와 함께 먹는 안전함

4. 제품 콘셉트 – 맘편한 영양 밀키트
   - 콘셉트: 출산 후 1년 이내 부모 대상, '아이와 함께 먹는 산후 회복 간식'
   - 제품 포인트
     - 철분/오메가3 보강, 저염 간식
     - 조리시간 10분, 냉동 보관 30일
     - 개별 식단 맞춤 옵션 → 고부가가치화

5. USP와 차별화 전략
   - 타사 대비 차별점
     - '엄마를 위한 간식'이라는 정체성 명확화
     - 산후 식단 자문단 도입 → 신뢰도 강화
     - 실제 워킹맘 후기 기반 콘텐츠 → 감성 설득
     - 기존 제품과 연계 가능성 언급(업셀링)

6. 마케팅 전략
   - 콘텐츠 방향: '10분의 위로' 슬로건, 워킹맘 브이로그형 광고
   - 채널 전략

- 산후조리원 제휴 체험단
- 인스타 릴스/유튜브 쇼츠 기반 콘텐츠 마케팅
- 네이버 스마트스토어 + 카카오 선물하기 입점

7. 기대 효과 및 KPI
- 시장 내 독점 포지셔닝 가능(산후 부모 대상)
- 브랜드 가치 강화 → '엄마도 챙기는 브랜드'
- 마케팅 전환율 목표: 1.5%(기존 0.8% 대비 두 배 향상)
- 신규 유입 채널 다변화 + 고객 체험 기반 DB 확보

8. 실행 일정
- 1주차: 기획안 확정, 자문단 구성
- 2~3주차: 레시피 설계 및 시제품 제작
- 4~5주차: 콘텐츠 촬영 및 광고소재 제작
- 6~8주차: 체험단 운영 → 피드백 반영 후 론칭

02 이렇게 다듬은 내용으로 Gamma AI를 이용해 슬라이드를 구성해 보겠습니다. Gamma AI에 접속합니다. **[+ 새로 만들기]** 버튼을 클릭합니다.

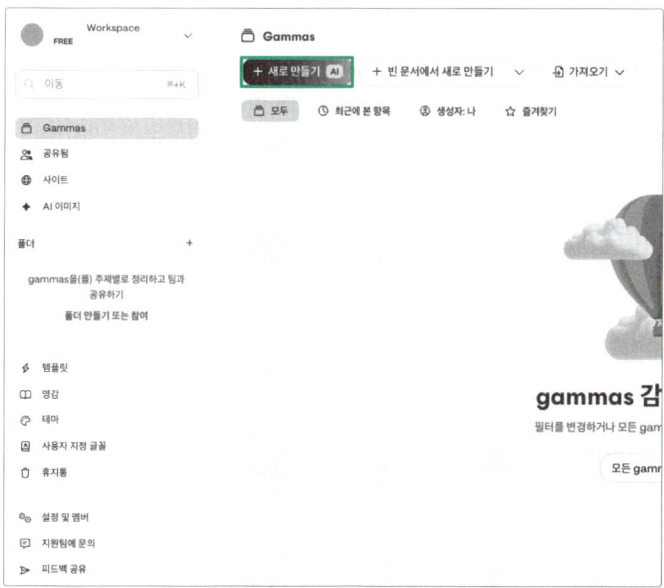

03 [AI로 만들기] 화면에서 첫 번째인 [텍스트로 붙여넣기]를 선택합니다.

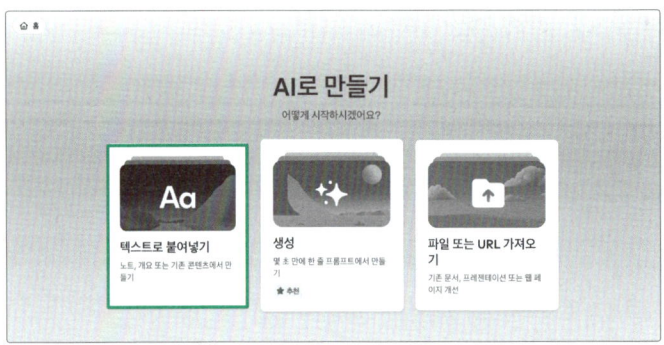

04 '텍스트로 붙여넣기' 페이지가 나타납니다. [프롬프트 51]의 챗GPT 답변을 붙여넣기 하고, [노트나 개요에서 생성합니다-프롬프트 에디터로 계속하기]를 클릭합니다.

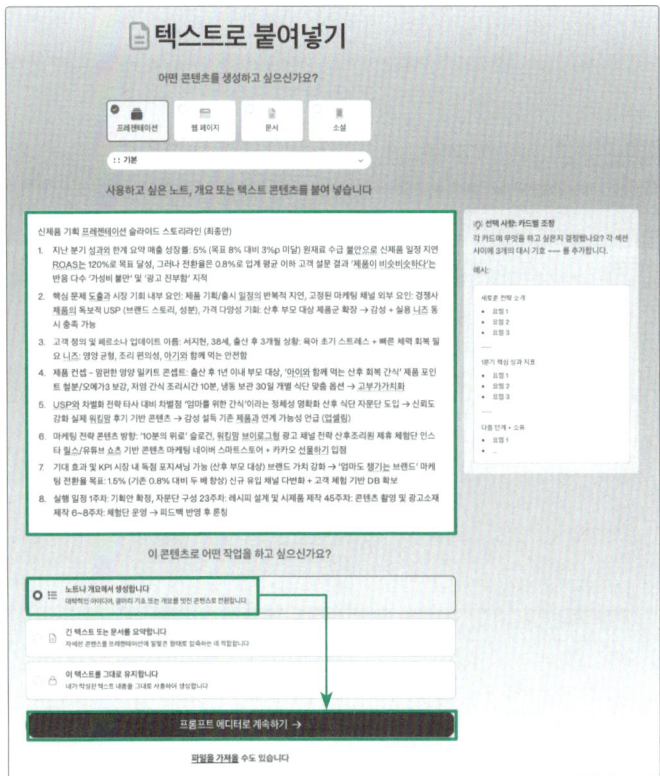

05 '프롬프트 편집기' 페이지가 나타납니다. 생성할 슬라이드의 형식을 지정할 수 있습니다. 옵션 [① 콘텐츠의 양-압축, ② 텍스트의 양-간결하게, ③ 출력 언어-한국어, ④ 이미지 출처-AI 이미지, ⑤ AI 이미지 모델-Flux Fast 1.1, ⑥ 형식-프레젠테이션]을 설정합니다. [계속]을 클릭합니다.

06 '완성' 페이지가 나타납니다. 위쪽 [테마]을 클릭하고, 오른쪽에 [테마] 탭에서 원하는 테마를 선택하면 테마가 바로 적용됩니다.

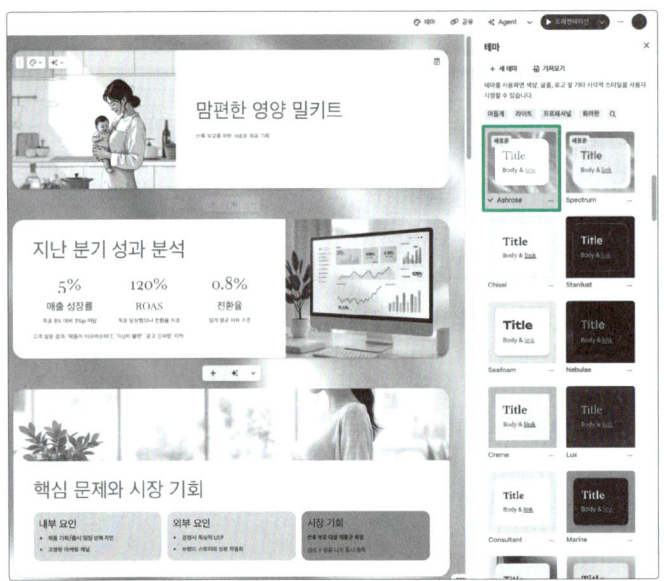

07 오른쪽 탭에서 텍스트, 이미지, 레이아웃, 차트/그래프 등의 요소를 필요에 따라 수정할 수 있습니다. 상황에 맞게 요소를 설정하여 마무리합니다.

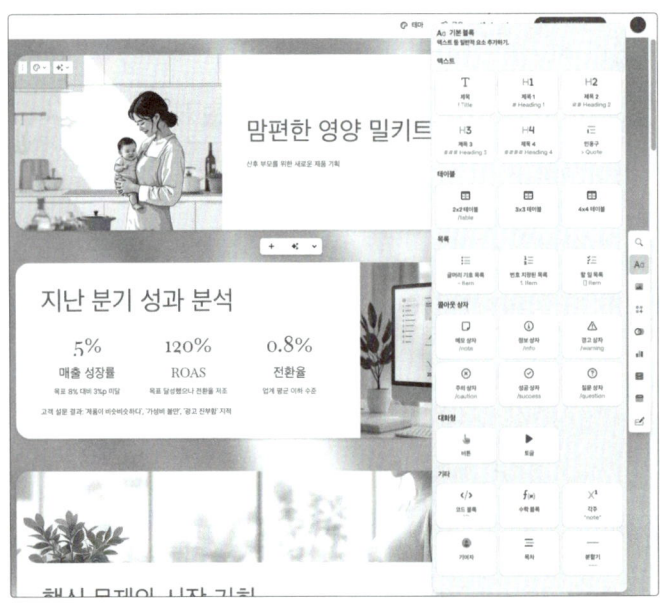

08 [공유-내보내기-PowerPoint로 내보내기]를 누르면 PowerPoint 파일로 다운로드합니다.

'실적 보고에서 발견된 문제점을 해결하고, 그 흐름을 따라 신제품 발표를 기획하는' 과정을 진행해 봤습니다. 이렇게 데이터 분석부터 창의적 기획, 그리고 시각적 표현까지 AI의 도움을 받으면서도, 우리의 전략적 통찰력은 그대로 살릴 수 있습니다.

 **TIP**
슬라이드 분량 = 발표 시간: 1장당 1분 정도로 생각하고, 시각적 자료와 말로 풀어낼 부분을 적절히 분리하면 효율적이에요.

LESSON 52 | 상황에 맞는 그래프 선택하기

마케팅 실적 데이터를 표 형태로만 정리해서 보고하면, 중요한 부분이 어디인지 한눈에 들어오지 않습니다. 그래서 차트나 그래프로 만들고 싶은데, 꺾은선 그래프가 어울리는지 막대그래프가 어울리는지 결정하기 힘들죠. 이럴 때는 챗GPT에게 데이터 종류에 딱 맞는 차트를 추천받고, 생성까지 할 수 있습니다.

그래프 만들기

프롬프트 | 프롬프트 52

[새 채팅]을 누르고 모델은 [GPT-5] 모델을 선택합니다. 그리고 아래 [프롬프트 52]를 챗GPT에 입력합니다.

> 너는 마케팅 데이터를 분석하고 그 의미를 시각 자료로 표현하는 데이터 시각화 전문가야. 아래는 지난 6개월간 우리 웹사이트의 유입 채널별 성과 데이터(CSV 텍스트 형식)야.
>
> **마케팅 데이터**
> 기간,유입채널,방문자수,구매전환수,구매전환율(%)
> 2024-10,검색광고,15000,300,2.0
> 2024-10,소셜미디어,8000,120,1.5
> 2024-10,이메일,3000,90,3.0
> 2024-11,검색광고,16000,352,2.2
> 2024-11,소셜미디어,9000,144,1.6
> 2024-11,이메일,3200,102,3.2
> 2024-12,검색광고,18000,414,2.3
> 2024-12,소셜미디어,10000,170,1.7
> 2024-12,이메일,3500,119,3.4
> 2025-01,검색광고,17000,374,2.2
> 2025-01,소셜미디어,11000,187,1.7
> 2025-01,이메일,3300,112,3.4
> 2025-02,검색광고,17500,385,2.2

2025-02,소셜미디어,12000,216,1.8
2025-02,이메일,3600,122,3.4
2025-03,검색광고,19000,437,2.3
2025-03,소셜미디어,13000,247,1.9
2025-03,이메일,3800,133,3.5

> **분석 요청**

이 데이터를 바탕으로 아래 각 질문에 대해
(1) 이 데이터에 가장 적합한 차트 종류를 선택해 줘.
(2) 차트를 선택한 간단한 이유를 설명해 줘.
(3) 추천한 그 차트를 데이터에 기반해서 생성해 줘.

1. 지난 6개월간 전체 웹사이트의 월별 총 방문자 수가 어떻게 변했는지 그 '추세'를 보여 주고 싶어. 어떤 차트가 좋을까?
2. 6개월 전체 기간 동안 어떤 유입 채널에서 가장 많은 방문자를 데려왔는지 채널별 '규모'를 비교하고 싶어. 어떤 차트가 좋을까?
3. 최근 월(2025년 3월) 기준으로, 각 유입 채널이 전체 구매 전환 수에서 차지하는 '비중'을 보여 주고 싶어. 어떤 차트가 좋을까?
4. 지난 6개월 동안 각 채널별 월별 구매 전환율(%)이 어떻게 변화했는지 그 '추세와 채널 간 비교'를 동시에 보여 주고 싶어. 어떤 차트가 좋을까?

모든 차트는 제목, X축/Y축 레이블 등을 명확하게 포함해서 이해하기 쉽게 만들어 줘. 분석과 추천, 그리고 차트 생성까지 해 줘.

분석 1: 지난 6개월간 월별 총 방문자 수 추세

- 추천 차트 유형: 꺾은선 그래프(Line Chart)
- 추천 이유
  - 시간의 흐름에 따라 값이 어떻게 변했는지 '추세'를 가장 직관적으로 보여 주는 데 선형 차트가 적합합니다.
  - 월별 방문자 수의 증감 패턴을 한눈에 파악할 수 있습니다.
- 생성된 차트 설명
  - X축은 '기간(월)'을 나타냅니다.
  - Y축은 해당 월의 전체 방문자 수 총합입니다.
- 전체 트렌드: 2024년 10월 이후로 월별 방문자 수는 꾸준히 증가하는 모습을 보입니다.

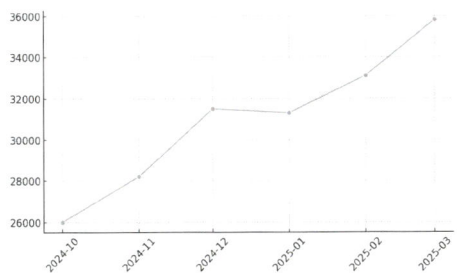

분석 2: 유입 채널별 총 방문자 수 비교

- 추천 차트 유형: 막대그래프(Bar Chart)
- 추천 이유
    - 범주형 데이터(유입 채널)별 '절대 수치'를 비교하기에 적합한 차트입니다.
    - 막대 길이로 각 채널의 규모 차이를 쉽게 인식할 수 있습니다.
- 생성된 차트 설명
    - X축은 유입 채널 이름들, Y축은 최근 6개월간 총 방문자 수입니다.
    - 검색광고가 가장 큰 방문자 유입원을 차지하고 있으며, 그 뒤를 소셜미디어, 이메일이 따릅니다.

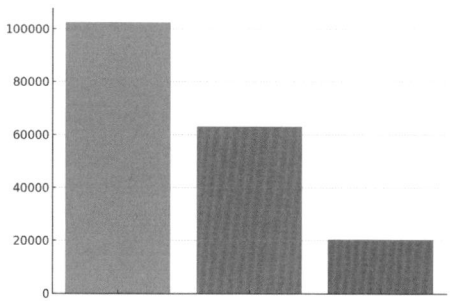

분석 3: 2025년 3월 기준 유입 채널별 구매 전환 비중

- 추천 차트 유형: 원그래프(Pie Chart)
- 추천 이유
    - 전체 대비 각 항목의 비율을 시각적으로 강조할 수 있어 구성 비율을 보여 주기에 이상적입니다.
    - 사용자가 '비중'을 직관적으로 이해할 수 있습니다.
- 생성된 차트 설명
    - 각 조각은 2025년 3월에 발생한 총 구매 전환 수(817) 중에서 각 유입 채널이 차지하는 비율을 나타냅니다.
    - 검색광고가 전체의 절반 이상을 차지하며 가장 높은 기여도를 보이고 있습니다.

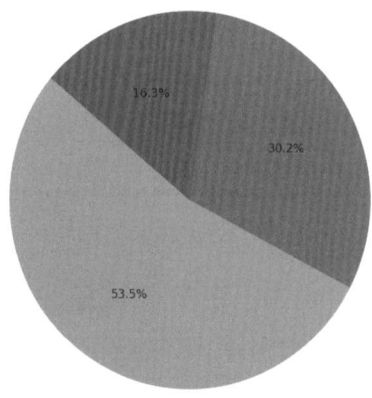

분석 4: 유입 채널별 월별 구매 전환율(%) 변화 추세 및 비교
- 추천 차트 유형: 다중 선형 차트(Multi-series Line Chart)
- 추천 이유
  시간 변화에 따른 복수 채널의 수치를 동시에 비교할 수 있어 전환율의 변화 패턴과 채널 간의 차이를 한눈에 파악할 수 있습니다.
- 생성된 차트 설명
  - X축은 '월별 기간', Y축은 '구매 전환율(%)'을 나타냅니다.
  - 이메일 채널은 항상 가장 높은 전환율을 유지하고 있으며, 검색광고는 점진적으로 상승 중입니다.
  - 소셜미디어도 다소 상승 추세를 보이지만, 다른 채널 대비 전환율이 낮은 편입니다.

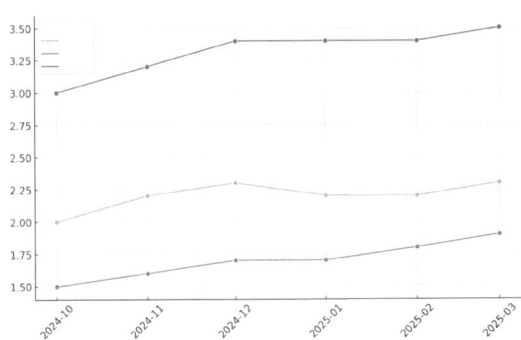

데이터를 시각화하는 능력은 이제 모든 직장인에게 필요한 기본 소양이 되었습니다. 하지만 어떤 데이터를 어떤 차트로 보여 줘야 가장 효과적일지 판단하는 것은 여전히 어려운 숙제죠. 챗GPT를 이용하면 데이터를 쉽고 빠르게 작성할 수 있습니다.

TIP 대안적인 시각화 방법에 대한 탐색과 장단점 비교를 요청하거나, 이미 생성된 차트의 특정 디자인 요소(색상, 굵기, 레이블 추가 등)를 구체적으로 수정해 달라고 요청하면, 단순히 챗GPT가 만들어 준 결과물을 수동적으로 받는 것을 넘어, 내 의도와 필요에 꼭 맞는 최적의 데이터 시각화 결과물을 능동적으로 만들 수 있습니다.

LESSON 53 | 아이디어를 다이어그램으로 만들기

머릿속 아이디어를 도식화하는 건 언제나 고민입니다. 특히 실적 보고나 신제품 발표 준비할 땐 더욱 그렇지 않나요? 텍스트만 가득한 자료보단 한눈에 들어오는 그림 하나가 더 강력한 법이죠. 'Napkin AI'는 그 이름처럼, 마치 냅킨 위에 아이디어를 빠르게 스케치하듯, 텍스트를 입력하면 내용을 분석해서 순서도flowchart, 마인드맵mind map, 다이어그램diagram 등 다양한 형태로 시각화해 주는 도구입니다.

다이어그램 만들기

프롬프트 | 프롬프트 53

01 검색 사이트에서 'Napkin AI'를 검색하거나, 다음 링크 https://www.napkin.ai/ 를 직접 입력합니다. 오른쪽 위 **[Get Napkin Free]** 버튼을 클릭하면, 구글 계정으로 간편하게 회원 가입할 수 있습니다.

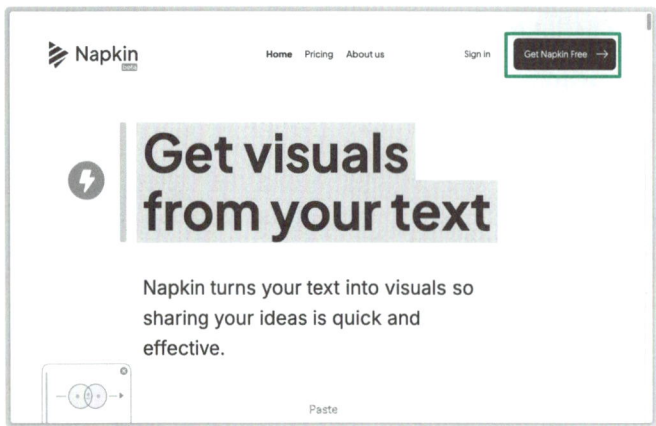

02 [New Napkin-Blank Napkin] 버튼을 클릭합니다.

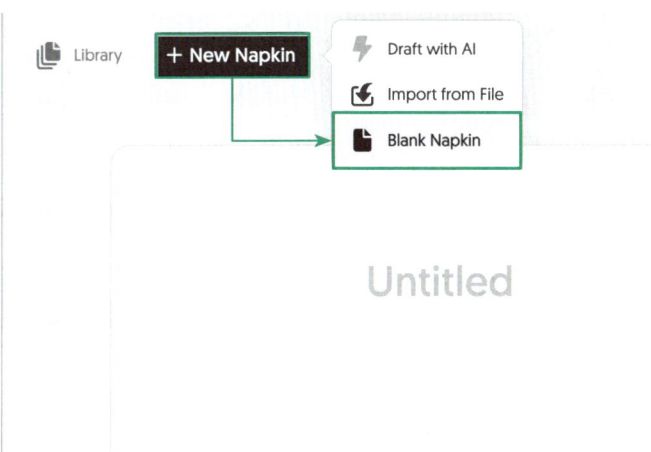

03 아래 [프롬프트 53]을 Ctrl + C 를 눌러 복사합니다.

[프롬프트 53]
신규 마케팅 전략 발표 핵심 요약

문제 상황
- 기존 기능 이용률 저조(특히 2030 사용자)
- 2030 사용자 이탈률 증가 추세
- 경쟁사 B 서비스의 성장 및 시장 점유율 확대

원인 분석
- 현 UI/UX가 타겟 사용자(2030)에게 불편함
- 경쟁사 대비 차별화된 매력 포인트 부재
- 2030 트렌드 및 니즈 분석 부족

해결 전략
- 사용자 중심 UI/UX 전면 개편(더 쉽고 직관적으로)
- 2030 맞춤형 신규 프로모션 기획(참여 유도형)
- 2030 선호 인플루언서 협업 콘텐츠 마케팅

기대 효과
- 주요 기능 이용률 20% 상승
- 2030 사용자 이탈률 15% 감소
- 신규 가입자 수 10% 증가 목표
- 브랜드 이미지 개선 및 경쟁력 강화

04 Napkin에 Ctrl + V 를 눌러 붙여넣기 합니다.

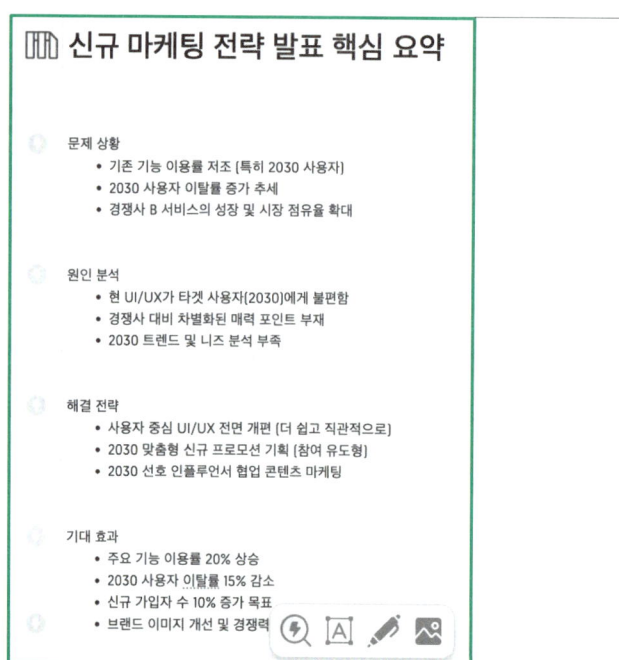

05 전체 텍스트를 드래그하여 선택하고 왼쪽 **[번개 모양]** 아이콘을 클릭합니다.

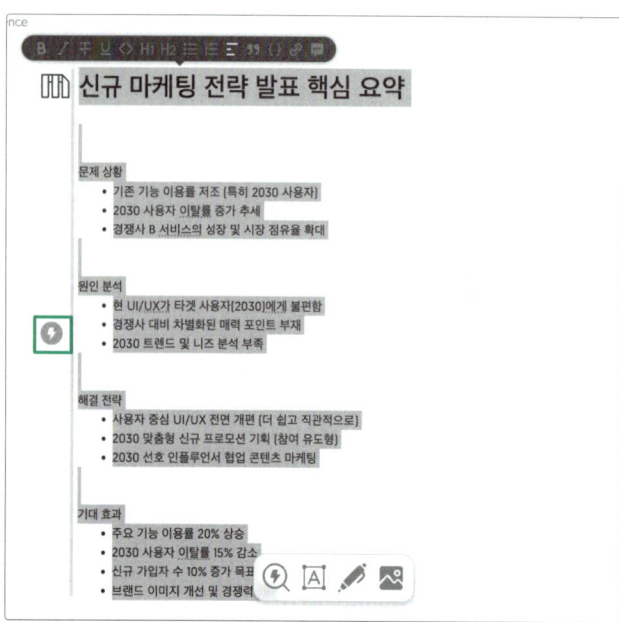

06 텍스트 아래에 다양한 다이어그램이 생성됩니다. 마음에 드는 다이어그램을 발견하면 클릭해 완성합니다.

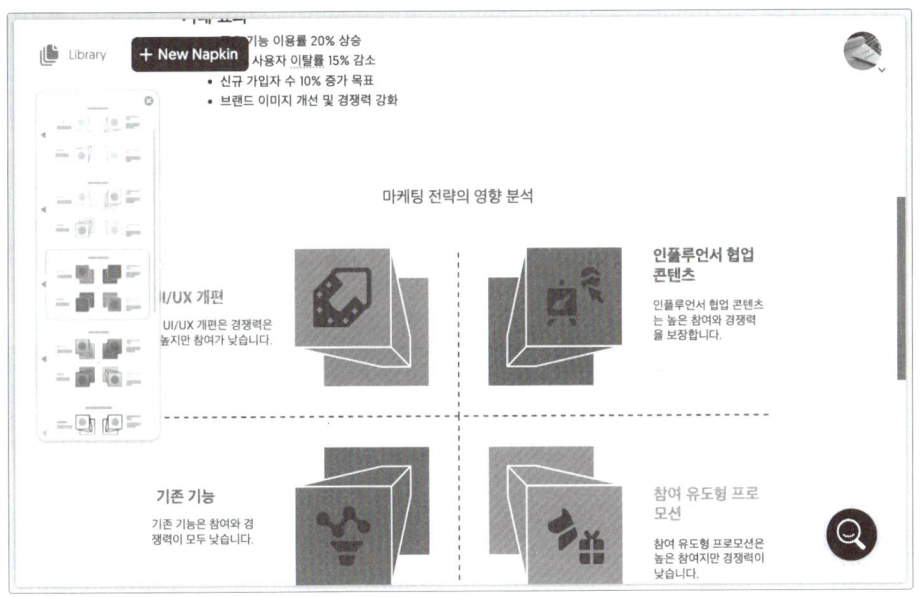

발표와 설득의 시대, 좋은 콘텐츠만큼이나 중요한 건 '어떻게 보여 줄 것인가'라는 점입니다. 오늘 알아 본 Napkin AI 같은 도구를 활용하면 복잡하고 어려운 내용도 쉽게 도식화할 수 있습니다. 처음엔 좀 어색할 수 있지만, 계속 시도하고 활용하다 보면 어느새 Napkin AI에 익숙해질 거예요.

> **TIP**
>
> **핵심만 남기세요:** Napkin AI에게 너무 많은 정보를 한꺼번에 주면 오히려 혼란스러운 결과가 나올 수 있어요. 시각화하고 싶은 가장 중요한 메시지, 키워드 중심으로 텍스트를 간결하게 다듬는 것이 중요합니다.

LESSON 54 | 발표 준비하기

발표, 생각만 해도 등줄기에 식은땀이 흐르지 않습니까? 임원 보고나 중요한 클라이언트 앞이라면 더 심하죠. PPT는 만들었는데 막상 무슨 말을 해야 할지 막막합니다. 극도의 긴장 속, 화면을 앞에 둔 채 말문이 막히는 최악의 상황만큼은 막아야 합니다. 이럴 때는 스크립트를 작성해 놓고 반복적으로 연습하는 것만이 방법입니다. 그런데 스크립트 작성이 어렵다고요? 걱정 마세요. 우리에겐 챗GPT가 있잖아요.

스크립트 작성하기

예제파일 | MealKit_Renewal.pptx
프롬프트 | 프롬프트 54

[새 채팅]을 누르고 [GPT-5] 모델을 선택합니다. 그리고 예제 파일 [MealKit_Renewal.pptx]를 프롬프트 입력 창에 드래그해 추가하고, 아래 [프롬프트 54]를 챗GPT에 입력합니다.

> 너는 마케팅 분야의 발표 전문가야. 우리 회사 임원진(CEO, CTO, CFO)을 상대로 신제품 개발 프레젠테이션을 진행하려고 해. 내가 업로드 한, [MealKit_Renewal.pptx]를 바탕으로 아래 요청 사항에 따라 발표 스크립트를 작성해 줘.
>
> **청중의 니즈**
> - 데이터 기반의 핵심 결과와 ROI를 중요하게 생각해.
> - 전문 용어보다는 쉽고 간결한 설명을 선호해.
>
> **발표 목표**
> 아래 제공된 발표 자료 내용을 바탕으로, 임원진에게 신제품 개발에 필요한 마케팅 전략을 명확하게 설명하고, 계획에 대한 긍정적인 반응과 승인을 얻는 것이 목표야.
>
> **요청 사항**
> - 발표 스크립트 초안 작성: 제공된 슬라이드를 바탕으로, 자연스러운 구어체 발표 스크립트를 작성해 줘.

- 톤앤매너: 자신감 있고, 논리적이면서도 설득력 있는 어조를 유지해 줘. 딱딱하지 않게, 중간중간 부드러운 연결 멘트도 넣어 주면 좋겠어.
- 시간 배분: 전체 발표 시간은 10분 내외로 맞춰 줘. 각 슬라이드별 예상 발표 시간을 (괄호 안에) 표시해 줘.
- 핵심 강조: 각 슬라이드의 핵심 메시지와 기대 효과(특히 ROI, KPI)를 명확하게 강조해 줘.
- 시작/마무리: 발표 시작 시 임원분들께 감사 인사를 전하고, 발표 목적을 간단히 언급하는 오프닝 멘트와, 마지막에 질의응답을 유도하고 긍정적인 마무리를 하는 클로징 멘트를 넣어 줘.

출력 형식
- 슬라이드 번호와 제목 명시
- 각 슬라이드별 예상 소요 시간
- 구어체 스크립트(자연스러운 흐름)

좋습니다. 아래는 업로드하신 [MealKit_Renewal.pptx]를 바탕으로 구성한 임원진 대상 발표 스크립트 초안입니다. 톤은 자신감 있고 논리적이며 설득력 있는 말투를 유지하되, 전문 용어는 자제하고 쉽게 설명하는 방향으로 구성했습니다. 각 슬라이드마다 예상 발표 시간과 함께, 핵심 메시지와 기대 효과를 강조해드렸습니다.

발표 스크립트 초안
전체 소요 시간: 약 10분

슬라이드 1. 맘편한 밀키트 리뉴얼: 10분의 위로(1분)
안녕하세요, 바쁘신 와중에도 시간 내주셔서 감사합니다.
오늘은 신제품 '맘편한 밀키트' 리뉴얼 기획안을 공유드리고자 합니다.
본 발표의 목적은, 변화하는 소비자 니즈에 맞춰 준비한 마케팅 전략을 통해 신제품 개발의 타당성과 ROI 가능성을 함께 검토하고, 임원진의 피드백과 승인을 받는 데 있습니다.

슬라이드 2. 시장 환경 및 실적 분석(1분)
현재 저희 제품은 매출 성장률이 5%로 정체된 상태이며,
목표 대비 -3% 하회하고 있습니다. 전환율도 업계 평균보다 낮은 0.8%에 머물고 있습니다.
가장 큰 원인은 신제품 출시 지연으로 인한 경쟁사 선점입니다.
뿐만 아니라, 광고가 진부하고, 고객은 우리 제품의 강점이 무엇인지 헷갈려 합니다.
▶ 핵심 메시지: 타깃 소비자에게 더 분명한 메시지 전달과, 진정성 있는 브랜딩이 시급합니다.

슬라이드 3~5. 고객 인사이트(1.5분)
저희는 고객의 목소리에서 해답을 찾았습니다.
아이를 위한 식사지만, 결국 엄마도 함께 먹는 한 끼라는 점.
'건강보다 쉬운 게 먼저'라는 현실적 니즈, 그리고 '나도 챙김받고 싶다'는 감정적 결핍.
대표 페르소나는 서지현 씨입니다. 출산 3개월 차 워킹맘,
그녀는 감정적 공감 > 실용성 > 가격 순으로 구매를 결정합니다.
▶ 핵심 메시지: 제품은 기능을 넘어서 '감정'을 팔아야 합니다.

슬라이드 6. 신제품 콘셉트 – 맘편한 밀키트(1분)
그래서 저희가 새롭게 제안하는 콘셉트는
'10분의 위로' – 엄마의 감정을 어루만지는 밀키트입니다.
정서적 안정, 맞춤 영양, 10분 조리.

특히 '1인+아기'가 함께 먹을 수 있도록 구성되어, 타깃 니즈를 직접 충족합니다.
▶ 기대 효과: 제품 사용 이유가 명확해지고, 재구매율이 높아질 가능성이 큽니다.

슬라이드 7~8. 기존 문제 → 개선된 해결책(1.5분)
기존 문제는 3가지입니다. USP 부족, 가격-품질 포지셔닝 애매함, 진부한 광고.
우리는 이에 대해 아래와 같이 개선 방향을 잡았습니다.
'10분의 위로'라는 감정 중심 브랜딩
가격대 세분화 & 선물형 포장 병행
스토리텔링 중심의 브이로그 콘텐츠
자연스러운 구매-후기 흐름 유도하는 커뮤니티 마케팅
▶ 핵심 메시지: 고객과 연결되는 '공감 흐름'을 만들어야 전환율이 오릅니다.

슬라이드 9. 기대 효과 – 소비자/유통/내부(1분)
이 제품의 가치는 단순한 식사가 아닙니다.
고객에게는 자존감 회복, 유통엔 새 카테고리로 차별화,
그리고 내부적으로는 마진 중심 구조와 재구매 유도 가능성이 핵심입니다.
▶ ROI 측면에서 고객 충성도 확보와 안정적 반복 수익 구조를 기대할 수 있습니다.

슬라이드 10. 제품 구성 & 콘셉트(0.5분)
제품은 크게 4가지 유형으로 나뉩니다.
회복/수면 보조/철분 강화/체중 회복
각각은 엄마의 상황별 정서와 영양을 반영하며,
패키지에는 감정 언어를 삽입해 공감을 유도합니다
▶ 고객 입장에서 '제품 설명이 아니라, 내 마음을 읽었다'는 느낌을 주는 게 핵심입니다.

슬라이드 11. 마케팅 전략 및 실행 일정(1.5분)
전체 실행은 8주 내외입니다.
기획 확정 – 인사이트 기반 UX
전문가 자문 – 식영 & 정서 전문가 협업
MVP 개발 – 조리 실험
콘텐츠 제작 – 후기, 브이로그
소프트 런칭 – 스마트스토어 & SNS 캠페인
▶ 실행 일정이 빠르고, 비용 대비 기대효과가 분명한 구조입니다.
빠른 피드백 루프와 시장 반응 기반 수정이 가능하다는 것이 강점입니다.

클로징 멘트(0.5분)
지금까지 신제품 '맘편한 밀키트' 리뉴얼 전략을 말씀드렸습니다.
이번 리뉴얼은 단순한 제품 출시가 아닌,
브랜드 감정 자산을 쌓아가는 장기 전략의 출발점입니다.
임원 여러분의 조언과 승인을 통해,
더 많은 워킹맘들의 삶에 '10분의 위로'를 전달할 수 있기를 기대합니다.

이상입니다. 질문 있으시면 편하게 말씀 부탁드립니다.

가장 중요한 점은 막연하게 '멋진 스크립트를 작성해 줘.'라고 하면 안된다는 점입니다. 내가 원하는 결과물이 어떤 형태인지 분명하게 인식하고 맥락과 요구사항을 구체적으로 전달해야 합니다. 챗GPT가 만든 초안은 말 그대로 '초안'에 불과할 뿐입니다. 초안에 자신만의 스토리텔링을 녹여 내야 하겠죠. 딱딱한 표현을 여러분만의 말투로 자연스럽게 바꾸고, 강조하고 싶은 부분을 추가하세요. 또한 완성된 스크립트는 소리 내어 읽으며 시간을 측정해 보시기 바랍니다.

발표 스크립트를 챗GPT로 뽑아냈다면, 그다음 단계는 '내 것'으로 만드는 작업입니다. AI가 제시한 문장은 매끈할 수 있지만, 발표자가 직접 말할 때 어색하거나 현장에서 전달력이 떨어질 수 있습니다. 따라서 반드시 자신의 말투로 다듬고, 불필요한 문장을 덜어내며, 청중이 집중해야 할 대목에는 의도적으로 간격이나 강조를 넣는 것이 필요합니다. 이런 과정을 거쳐야 비로소 스크립트는 '읽는 글'이 아니라 '전달하는 말'로 완성됩니다.

또한 최종 점검 단계에서는 시간을 직접 재 보면서 리허설을 해 보길 권합니다. 글로만 봤을 때는 적절해 보이던 분량도 실제로 말해 보면 길거나 짧을 수 있습니다. 소리 내어 읽으며 억양과 속도를 확인하고, 필요하다면 중간에 청중과 교감할 수 있는 질문이나 에피소드를 추가하세요. 이렇게 하면 챗GPT의 초안은 단순한 글을 넘어, 발표자가 자신 있게 무대에 설 수 있는 살아 있는 스크립트로 변모합니다.

TIP

페르소나 구체화하기: 타깃을 설정할 때 단순히 '임원'이라고 하기보다, '숫자에 밝고 ROI를 중시하는 CFO', '기술 구현 가능성에 관심 많은 CTO'처럼 청중의 특징을 더 상세히 설정해 주세요.

LESSON 55 | 엘리베이터 스피치 연습하기

챗GPT와 함께 임원 보고용 발표 스크립트를 만들어 봤습니다. 덕분에 밤새우지 않아도 문제없이 스크립트를 작성할 수 있었습니다. 이번에는 단 1분 만에 신제품의 가치를 전달해야 하는 자리에 섰다고 상상해 봅시다. 이때 필요한 것이 엘리베이터 스피치입니다. 엘리베이터 스피치는 1분 안에 우리 제품이나 회사를 매력적으로 소개하는 기술로 준비된 대본을 그대로 외우는 것이 아니라, 핵심 가치를 간결하게 풀어내며 듣는 이의 관심을 끌어야 합니다. 제품의 가치를 말로 전달한다는 게 쉬운 일은 아니죠. 네트워킹 행사 같은 자리에서 회사를 간결하게 소개해야할 때 어떻게 대처하는 게 좋을지 챗GPT로 알아봅시다.

60초 스피치 초안 완성하기

예제파일 | MealKit_Renewal.pptx
프롬프트 | 프롬프트 55-1, 프롬프트 55-2

01 [새 채팅]을 누르고 [GPT-5] 모델을 선택합니다. 그리고 예제 파일 [MealKit_Renewal.pptx]를 프롬프트 입력 창에 드래그해 추가하고, 아래 [프롬프트 55-1]을 챗GPT에 입력합니다.

> 너는 설득 커뮤니케이션 전문가이자, 스타트업의 1분 스피치를 전문적으로 코칭하는 '스피치 코치'야. 내가 업로드 한 [MealKit_Renewal.pptx]를 바탕으로 1분 스피치 원고를 만들어 줘. 그리고 너가 만든 원고를 아래 기준에 맞게 분석해 줘.
>
> **청중 분석**
> - 이 스피치의 주 청중은 스타트업 컨퍼런스에 참석한 잠재 투자자 및 파트너사 담당자
> - 이들은 시간이 부족하며, 맘편한 밀키트의 핵심 가치, 차별점, 성장 가능성(시장성)에 관심이 많음
>
> **스피치 목표**
> 60초 안에 청중의 흥미를 유발하고, '맘편한 밀키트'의 핵심 가치와 매력을 명확히 전달하여, 후속 미팅이나 투자 논의로 이어질 가능성을 높이는 것

요청 사항

- 제공된 스피치 초안을 아래 기준으로 평가하고, 구체적인 개선 방안을 제안할 것
- 메시지 명확성: '맘편한 밀키트'의 핵심 가치와 타겟 고객이 명확하게 전달하고, 불필요하거나 모호한 표현은 없는지 확인할 것
- 설득력 및 차별성: 왜 이 제품을 써야 하는지(Benefit), 다른 제품과의 차별점은 무엇인지가 설득력 있게 제시되는지 확인하고, 청중의 흥미를 끌 만한지 확인할 것
- 구조 및 흐름: 도입부-문제 제기-해결책-핵심 가치/차별점-마무리 구조가 효과적인지 보고, 논리적 흐름이 자연스러운지 확인할 것
- 간결성 및 시간: 60초 안에 전달 가능한 분량인지 확인할 것
- 임팩트: 시작과 끝이 인상적인지, 기억에 남을 만한 핵심 문구나 키워드가 있는지 확인할 것
- 개선 제안: 위 분석 결과를 바탕으로, 스피치를 더 강력하고 설득력 있게 만들 구체적인 개선안을 제안하고, 특히, 투자자들이 관심을 가질 만한 '성장 가능성'이나 '시장성'을 짧게라도 암시할 수 있는 부분이 있다면 제안할 것

출력 형식

- 각 평가 기준(명확성, 설득력 등)에 대한 구체적인 피드백
- 개선이 필요한 부분 명시 및 수정 제안
- 전반적인 총평 및 핵심 개선 방향 요약

1분 스피치 원고

요즘 육아는 '엄마의 시간'부터 챙겨야 합니다.
'맘편한 밀키트'는 출산 후 엄마의 감정 회복과 영양 보충을 동시에 돕는 제품입니다.
하루 세끼조차 버거운 산후 3~12개월 워킹맘을 위해, 10분 만에 완성되는 1인+아기 구성의 간편 영양 밀키트를 제안합니다.
산후 회복에 필요한 철분, 단백질, 오메가3를 맞춤 설계하고, 아이도 함께 먹을 수 있게 저염·무첨가로 개발했습니다.
단순한 식사가 아니라 '위로가 되는 식사', '감정을 돌보는 식사'로 포지셔닝합니다.
이미 유사 제품군은 급성장 중이며, 우리는 감정적 공감과 브랜딩에서 차별화된 전략을 갖고 있습니다.
정서심리·영양 전문가 협업, 커뮤니티 기반 후기 마케팅, 감성형 패키징까지 준비했습니다.
우리는 '밥보다 위로가 필요한 순간'을 위해, 새로운 시장을 엽니다.

평가 및 분석

1. 메시지 명확성
   - 강점: 타겟(산후 3~12개월 워킹맘)과 제품 콘셉트(정서+영양 중심 식사)이 명확하게 드러남
   - 개선 제안: '10분 만에 완성되는…'이라는 문장은 더 간결하게 강조 가능
     예: '단 10분, 아기와 함께 먹는 회복식'
2. 설득력 및 차별성
   - 강점: 단순 간편식이 아닌 정서 회복이라는 관점을 강조해 차별성이 있음
   - 개선 제안: 시장성과 재무적 잠재력을 암시하는 한 문장 추가
     예: '육아 밀키트 시장은 연 20% 이상 성장 중이며, 우리는 가장 감성적인 제품을 준비했습니다.'

3. 구조 및 흐름
- 강점: 도입 → 문제 제기 → 해결책 → 가치 및 차별화 → 마무리의 흐름이 명확함
- 개선 제안: 없음

4. 간결성 및 시간
- 강점: 약 150단어 내외로 평균 말하기 속도 기준 55~60초 이내에 전달 가능
- 개선 제안: 없음

5. 임팩트
- 강점: '밥보다 위로가 필요한 순간' 등 인상적인 감성 표현이 존재함
- 개선 제안: 마지막 문장을 보다 미래지향적으로 조정할 수 있음
  예: '우리는 새로운 육아 식사 시장을 이끌 브랜드로 성장하고자 합니다.'

---

02 이번에는 직접 스피치 연습을 진행해 볼까요? 아래 **[프롬프트 55-2]**를 챗GPT에 입력해 주세요. 그리고 입력 창 오른쪽의 '음성 모드 사용'을 클릭합니다. 잠시 기다리면 화면 가운데 파란색 동그라미가 나타나고 화면이 음성 모드로 전환됩니다. 이제 채팅 대신에 직접 스피치를 진행해 보세요.

지금부터 내가 아래와 같은 방식으로 스피치 연습을 진행하려고 해.
- 문장을 또박또박 말하는지 확인해 줘.
- 발음에 문제가 없는지 확인해 줘.
- 문장마다 어디서 끊어야 할지 '/'로 표시해 줘.
- 어떤 단어를 강조해야 할지 별표로 표시해 줘.

좋아요!
아래에 문장을 자연스럽게 끊어 읽을 수 있도록 /로 표시해드리고,
강조하면 좋은 단어는 별표 처리했어요.
약간 아쉬웠던 발음 포인트와 억양 팁도 함께 드릴게요.

요즘 육아는 / 엄마의 식사부터 챙겨야 합니다.
맘편한 밀키트는 / 출산 후 산후 3~12개월 엄마들을 위한 / 회복형 식사입니다.
아이와 함께 먹을 수 있는 구성으로 / 10분 만에 조리 가능합니다.
철분, 단백질, 오메가3 등 / 산후 회복 영양소를 맞춤 설계했습니다.
저염, 무첨가로 / 아이도 안심하고 먹을 수 있도록 만들었습니다.
단순한 끼니가 아니라 / 정서를 돌보는 식사로 포지셔닝했습니다.
정서심리 전문가, 영양학 자문, 커뮤니티 기반 마케팅을 기반으로
육아 식품 시장에서 / 감정적 공감과 브랜딩으로 / 차별화에 나서고자 합니다.
밥보다 위로가 필요한 순간 / 우리는 그 시장을 엽니다.

이제 위 문장을 따라 천천히 낭독하면서, 끊어야 할 타이밍과 강조 단어에 신경 써 보세요.
연습하면서 불명확한 발음이나 어색한 흐름이 있다면 알려 주시면 추가 피드백 드릴게요.

저도 연습삼아 진행해 봤는데요, 틀린 발음과 누락시킨 부분까지 정확히 찾아 주네요. 문장의 어느 부분에서 끊어야 할지, 어느 단어가 중요한지 제안해 준 부분도 좋았습니다. 여러분도 반드시 연습해 보시기 바랍니다.

60초 스피치가 별건가요? 제품이 무엇이고, 누구를 위해 개발되었는지 핵심만 잘 파악하면 끝 아닌가요? 스피치에 익숙해지려면 제품의 가치를 이해하고 그것을 고객에게 전달하려는 결연한 의지가 있어야 합니다. 반복적인 연습은 당연하고요.

문장 단위로 끊어서 연습: 1분 스피치는 스토리 구성도 중요하지만, 숨쉬기 포인트와 강조 단어까지 함께 고려하세요. 챗GPT에게 물어 봐도 좋겠죠?

LESSON 56 | 텍스트로 이미지 만들기

Sora는 텍스트만으로도 이미지와 영상을 생성해 주는 기능입니다. 디자인 능력이 없어도 프롬프트만 제공하면 광고 시안이나 상세 페이지도 만들 수 있죠. 챗GPT로는 광고 콘셉트와 스토리라인을 만들고 SORA를 이용해서 이미지나 영상을 제작하는 겁니다. 가성비와 가심비를 모두 잡는 전략이랄까요.

Sora로 광고 아이디어 구체화하기

프롬프트 | 프롬프트 56-1, 프롬프트 56-2

01 [새 채팅]을 누르고 [GPT-5] 모델을 선택합니다. 그리고 아래 [프롬프트 56-1]를 챗GPT에 입력합니다.

> 신제품 '맘편한 밀키트'의 광고 콘셉트는 '오늘도 육아하느라 밥 놓친 당신에게, 10분의 위로'야. 타겟은 [30대 육아맘]이고, 제품은 [10분 만에 완성되는 간편한 식사]야. 따뜻하고 공감 가는 분위기였으면 좋겠어. 이 콘셉트를 바탕으로 Sora에서 사용할 [이미지 제작 프롬프트 아이디어]를 1가지 제안하고, 아이디어를 이미지로 생성할 영어 프롬프트를 작성해 줘.
>
> 프롬프트에는 이미지를 그리기 위한 장면을 섬세하게 연출했으면 좋겠어. 영화적인 샷을 사용하고 30대 초반 엄마의 지친 모습과 아이를 향한 다정한 모습을 살려 줘. 카메라는 맘편한 밀키트와 엄마의 시선을 교차적으로 향하게 해 주고 포장을 천천히 확대하도록 연출해 줘. 따뜻하고 공감적인 화면을 연출해 주고 채도는 낮은 색상의 팔레트를 적용해 줘.

> 좋아요. 아래는 '오늘도 육아하느라 밥 놓친 당신에게, 10분의 위로'라는 콘셉트에 맞는 Sora 이미지 제작용 프롬프트 아이디어입니다. 따뜻하고 공감 가는 영화적 장면 연출에 중점을 두었으며, 채도 낮은 색상 팔레트를 고려해 묘사했습니다.
>
> [이미지 제작 아이디어]
> 장면은 늦은 오후, 따스한 주방.
> 육아로 지쳐 있는 30대 초반 엄마가 아이를 옆에 두고 식탁에 앉아 있다.
> 엄마는 잠시 숨을 고르며 테이블 위의 '맘편한 밀키트'를 바라보는 중이고,
> 아이(돌 무렵)는 조용히 엄마 옆에 기대어 앉아 손을 엄마 무릎에 얹고 있다.

엄마의 시선은 밀키트 포장을 향하고, 카메라는 포장에 살짝 포커스를 둔 채 엄마 얼굴을 비스듬히 담는다.
전체 분위기는 따뜻하고 잔잔하며, 일상의 고단함 속 작은 위로의 순간을 포착한다.
채도는 낮고 부드러운 컬러 톤(베이지, 연브라운 계열)을 적용한다.

Sora용 영어 프롬프트
A cinematic shot of a kitchen in the late afternoon. A tired woman in her early 30s, with slightly tousled hair and gentle eyes, sits at the dining table next to her baby (around 12 months old). She looks at a meal kit package in front of her with a soft, emotional gaze. The baby leans against her side, one small hand resting on her knee. The camera captures a diagonal angle, focusing slightly on the meal kit packaging while including the mother's warm, weary expression in the background. The atmosphere feels warm and empathetic, evoking quiet comfort after a long day. Use a soft, muted color palette with low saturation—beige, warm gray, and pale browns. Natural light from a nearby window adds depth and intimacy.

02 다음 링크 https://sora.chatgpt.com/explore를 직접 입력합니다.

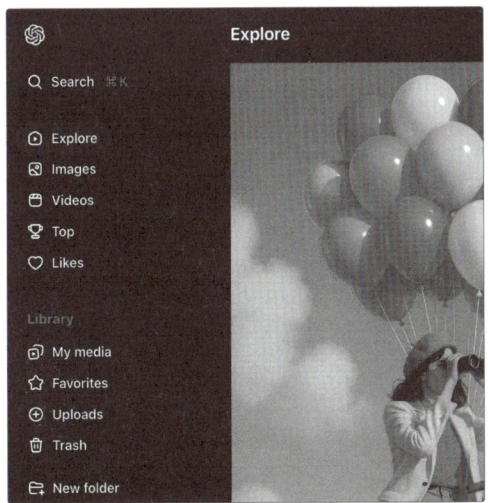

TIP
SORA는 기본 플랜으로도 이미지나 짧은 영상은 만들 수 있지만, 해상도·영상 길이·생성 속도 등에서 제약이 있기 때문에 실제 업무나 마케팅 현장에서 쓰기에는 한계가 있습니다. 본격적으로 광고나 상세 페이지용 콘텐츠를 제작하려면 프로 요금제가 사실상 필수라 할 수 있습니다.

03 [프롬프트56-2]를 Ctrl+C를 눌러 복사합니다.

[프롬프트56-2]
A cinematic shot of a kitchen in the late afternoon. A tired woman in her early 30s, with slightly tousled hair and gentle eyes, sits at the dining table next to her baby (around 12 months old). She looks at a meal kit package in front of her with a soft, emotional gaze. The baby leans against her side, one small hand resting on her knee. The camera captures a diagonal angle, focusing slightly on the meal kit packaging while including the mother's warm, weary expression in the background. The atmosphere feels warm and empathetic, evoking quiet comfort after a long day. Use a soft, muted color palette with low saturation—beige, warm gray, and pale browns. Natural light from a nearby window adds depth and intimacy.

04 홈 화면 아래 프롬프트 입력 창에 **[프롬프트56-2]**를 Ctrl+V를 눌러 붙여넣기 합니다. SORA가 생성하는 이미지는 사용자에 따라 다를 수 있습니다.

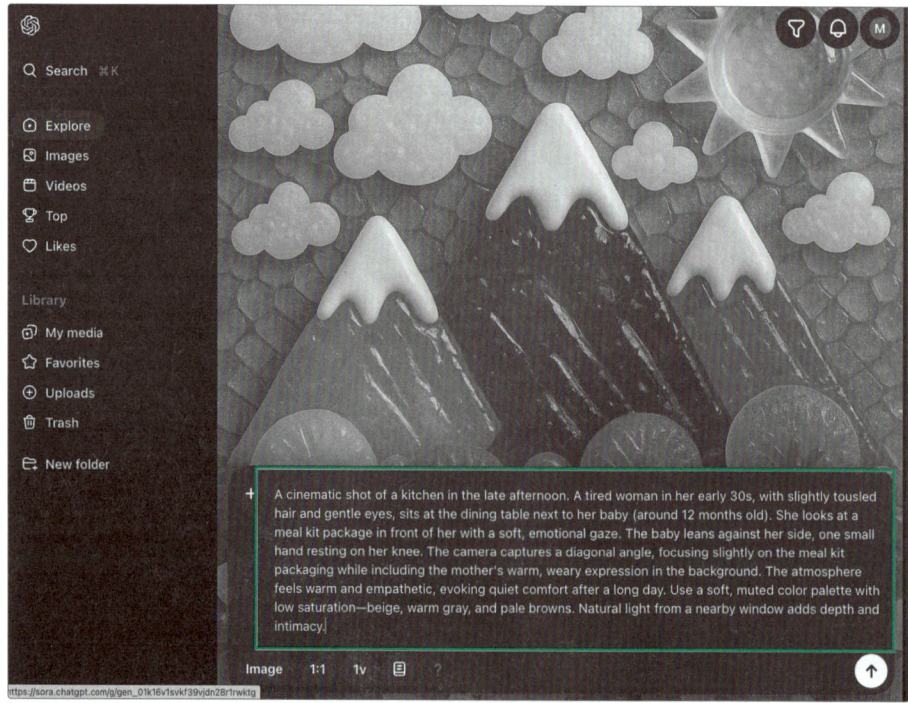

05 프롬프트 입력 창 왼쪽의 동영상 옵션 [① Image, ② 2:3, ③ 2v]을 설정하고 [Create Image]를 클릭합니다.

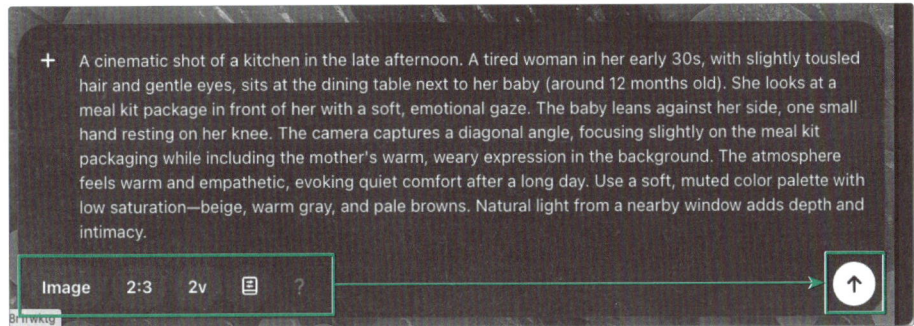

06 이미지가 생성됩니다. SORA가 생성하는 이미지는 사용자에 따라 다를 수 있습니다.

Sora로 제작된 이미지는 SNS 광고 소재, 배너 광고, 심지어는 내부 보고용 프레젠테이션 자료로도 바로 활용할 수 있습니다.

TIP Sora용 프롬프트를 제작할 때는 내용에 담을 감정이나 메시지를 명확한 메시지로 정리하는 게 중요합니다. 그리고 3~4줄의 내용으로 마치 무대의 연출자가 된 것처럼 프롬프트를 디자인 해 보세요. 물론 이 부분도 챗GPT에게 요청할 수 있답니다.

CHAPTER
06

챗GPT와 함께 레벨업하기

LESSON 57 | 할 일 목록으로 스케줄 만들기

오늘 처리해야 할 업무 목록을 쭉 적어 놓고 보니, 까마득합니다. 이메일 답장도 해야 하고, 보고서도 써야 하고, 회의 준비도 해야 하죠. 뭐부터 손대는 게 좋을까요? 무엇이 중요하고 급한 일인지, 우선순위 정하기가 제일 어렵습니다. 뒤죽박죽 상태인 일 목록을 챗GPT한테 보여 주면서 '뭐부터 처리하는 좋을까?'라고 요청할 수 있다면 좋겠죠. 하루를 2배로 효율적으로 쓰는 챗GPT 활용법을 알아보겠습니다.

갓생 시간표를 짜기

프롬프트 | 프롬프트 57

[새 채팅]을 누르고 [GPT-5] 모델을 선택합니다. 그리고 아래 [프롬프트 57]을 챗GPT에 입력합니다.

> 너는 지금부터 나의 시간 관리와 생산성을 극대화해 주는 최고의 비서야. 아래는 내가 오늘 하루 동안 처리해야 할 업무 목록이야.
>
> **오늘 할 일 목록**
> - A 프로젝트 최종 결과 보고서 작성 및 팀장님께 제출(오늘 오후 5시까지 반드시 마감!)
> - B 거래처에서 요청한 견적서 발송(어제 요청받음, 최대한 빨리 보내는 게 좋음)
> - 다음 주 월요일 팀 회의 자료 준비(중요하지만, 오늘 다 못해도 괜찮음)
> - 동료 C가 부탁한 지난 분기 데이터 정리 및 전달(간단하지만, 잊지 말고 오늘 중 처리)
> - 이번 달 사용 경비 영수증 처리 및 정산(매우 귀찮지만, 미루면 안 됨)
> - 오후 2시~3시: 주간 정기 팀 미팅(필수 참석)
> - 신규 서비스 D 아이디어 구체화 개인 브레인스토밍(중요도 높지만, 시간 날 때)
> - 받은 메일함 확인 및 중요 메일 답변(수시로)
>
> **나의 요청 사항**
> 1. 이 업무 목록을 '아이젠하워 매트릭스(중요도/긴급도 매트릭스)' 기준으로 분석해서, 4가지 사분면으로 분류하고, 처리해야 할 우선순위를 정해 줘.

2. 정해진 우선순위를 바탕으로, 업무 처리 순서를 제안해 줘.
3. 각 업무에 대략 어느 정도 시간이 소요될지 추정해서, 오늘 근무 시간(오전 9시~오후 6시, 점심 시간 12시~1시 제외) 동안의 구체적인 시간 계획표 초안을 '타임 블록(09:00~09:30/09:30~11:00...)' 형식으로 만들어 줘.

내가 오늘 중요한 일을 놓치지 않고, 최대한 집중해서 효율적으로 하루를 보낼 수 있도록 최적의 계획을 세워 줘.

훌륭한 비서가 되어드릴게요! 우선, 주신 업무 목록을 아이젠하워 매트릭스(Eisenhower Matrix)에 따라 분석하고, 우선순위와 최적의 업무 처리 순서를 제안한 뒤, 실제 타임 블록(Time Block) 형식의 일정표로 정리해드릴게요.

1. 아이젠하워 매트릭스 분석(중요도/긴급도 기준)

구분	중요도	긴급도	업무
1사분면	높음	높음	A 프로젝트 최종 결과 보고서 작성 및 제출 B 거래처 견적서 발송 주간 정기 팀 미팅(2~3시)
2사분면	높음	낮음	팀 회의 자료 준비 신규 서비스 D 아이디어 브레인스토밍
3사분면	낮음	높음	동료 C의 데이터 정리 메일 확인 및 답변
4사분면	낮음	낮음	이번 달 경비 정산

2. 추천 업무 처리 순서 및 전략
- B 거래처 견적서 발송(긴급도 높음, 빠르게 처리 가능)
- A 프로젝트 결과 보고서 작성 및 제출(가장 중요 & 데드라인 있음)
- 주간 정기 팀 미팅(2~3시)(고정 스케줄)
- 동료 C 데이터 정리 후 전달(짧고 단순, 잊지 않게 오전에 끼워 넣기)
- 메일 확인 및 필수 회신(수시 확인, 짧은 시간에 집중적으로 처리)
- 신규 서비스 D 아이디어 브레인스토밍(중요도 높아 오후 집중 가능한 시간에 배치)
- 팀 회의 자료 준비(계획성 있는 업무, 퇴근 전 착수)
- 경비 정산(마지막 여유 시간 또는 다음날로 넘겨도 무방한 수준)

3. 오늘의 타임 블록 일정표(점심시간: 12:00~13:00 제외)

시간	업무
09:00~09:30	오늘 업무 목록 리뷰 + 메일 확인
09:30~11:00	B 견적서 작성 및 발송
11:00~12:00	A 프로젝트 보고서 작성(1차)
12:00~13:00	점심시간
13:00~14:00	A 프로젝트 보고서 마무리 및 제출
14:00~15:00	주간 팀 미팅(고정 일정)

15:00~15:30	C 데이터 정리 및 전달
15:30~16:30	팀 회의 자료 초안 준비
16:30~17:00	메일 재확인 및 회신
17:00~17:30	경비 영수증 정산
17:30~18:00	D 서비스 아이디어 브레인스토밍

추가 팁
- 메일 확인은 오전/오후 한 번씩만 집중해서 처리(중간중간 신경 쓰면 흐름 깨짐)
- 브레인스토밍은 생각이 유연한 퇴근 직전 시간 추천
- 경비 정산은 두뇌 피로도가 높을 때 처리해도 무방

매일 아침 '오늘 뭐부터 해야 하나' 막막함 속에서 하루를 시작하는 대신, 챗GPT에게 질문하여 업무의 우선순위와 실행 계획을 세워 보세요. 챗GPT가 할 일 목록을 객관적인 기준으로 분석하고, 효율적인 하루를 보낼 수 있도록 시간 계획 초안까지 제시해 줍니다.

아침에 챗GPT가 짜준 시간 계획표를 한번 쓱 훑어보며, 오늘 하루 내가 해야 할 일을 머릿속에 그려 보세요. '지금 이 시간에는 OOO에 집중해야지!' 하고 명확한 목표를 가지면, 딴짓하지 않고 중요한 일에 몰입하기 훨씬 수월해집니다

LESSON 58 | 업무 체크리스트 만들기

메일을 보내고 나니 첨부 파일이 빠졌거나, 보고서 제출했는데 치명적인 오타가 발견되는 실수 한 번쯤 경험하셨죠? 여러 가지 일을 동시에 처리하다 보면, 아무리 익숙한 업무라도 실수가 불쑥 튀어나오곤 하더라고요. 챗GPT에게 업무를 설명해 주면 실수를 방지하기 위한 체크리스트를 작성해 줄 수 있습니다. 어떻게 하는지 지금부터 함께 알아볼까요?

실수 방지용 체크리스트를 만들기

프롬프트 | 프롬프트 58

[새 채팅] 을 누르고 모델은 **[GPT-5]** 모델을 선택합니다. 그리고 아래 **[프롬프트 58]**를 챗GPT에 입력합니다.

> 너는 지금부터 사소한 실수도 용납하지 않는, 극도로 꼼꼼한 '업무 완벽주의자'야. 내가 매주 진행하는 '주간 이메일 뉴스레터 발송' 업무에 대한 [주요 진행 절차]와 [과거 주요 실수 경험]을 아래에 적을게.
>
> **주요 진행 절차**
> 담당 업무: 매주 금요일 오후 3시 주간 이메일 뉴스레터 발송
> 1. 신규 블로그 글 링크, 이벤트 공지, 고객 후기 등 이번 주 뉴스레터에 포함될 콘텐츠 최종 확정 및 내용 검수
> 2. 스티비 등 이메일 마케팅 솔루션 접속 후 새 캠페인 생성
> 3. 기존 템플릿 불러와서 제목, 본문 텍스트, 이미지, 버튼 링크 등 확정된 콘텐츠 삽입 및 편집
> 4. 전체 구독자, VIP 그룹 등 발송 대상 그룹 정확하게 선택(※과거에 다른 그룹으로 잘못 보낸 적 있음! 매우 중요!)
> 5. 테스트 메일 발송하여 본인 및 동료 여러 명이 PC/모바일 환경에서 직접 수신 확인(※과거에 링크 오류, 이미지 깨짐 발견된 적 있음!)
> 6. 최종 확인 후 예약 발송 시간 정확히 설정
> 7. 발송 완료 후 몇 시간 뒤 오픈율, 클릭률 등 기본 데이터 확인 및 간단 기록
>
> **과거 주요 실수 경험**
> 제목 오타, 본문 링크 오류, 이미지 깨짐 현상, 발송 대상 그룹 잘못 선택, 예약 시간 오설정 등

> **나의 요청**
> - 이 업무를 단 하나의 실수도 없이 완벽하게 처리하기 위한, 상세한 '단계별 실행 체크리스트'를 만들어 줘.
> - 특히, 내가 과거에 했던 실수들이나 일반적으로 이메일 발송 시 발생하기 쉬운 오류들을 예방하기 위해 더블 체크, 트리플 체크가 필요한 구체적인 확인 항목들을 각 단계별로 최대한 많이 포함시켜 줘.
> - 체크리스트는 각 항목 앞에 네모 박스(□)를 넣어서 내가 실제로 인쇄하거나 화면에 띄워놓고 하나씩 체크하면서 사용할 수 있는 실용적인 형태로 만들어 줘.
> - 사소한 거 하나라도 놓치지 않도록, 정말 '이것만 따라 하면 실수할 일 없다!' 싶을 정도로 꼼꼼하게 작성해 줘.

주간 이메일 뉴스레터 발송 업무: 완벽 실행 체크리스트
매주 금요일 오후 3시 발송
※ 발송 전 최소 2시간 전까지 모든 준비 완료가 이상적(오전 11시 전까지 사전 테스트 완료 권장)

1단계: 콘텐츠 확정 및 검수
□ 이번 주 뉴스레터 콘텐츠 항목 리스트화 완료
□ 각 콘텐츠의 목적과 대상 독자층 확인
□ 모든 텍스트 문법/맞춤법 검사 완료(※ 제목 포함!)
□ 제목 문구 최종 확정(※ 오타 및 의미 혼동 없음 확인)
□ 링크 삽입된 항목은 다음 기준으로 점검
□ 클릭 시 정상 작동 여부
□ 해당 링크가 최신이며 의도한 페이지로 연결되는지
□ 이미지 파일 점검
□ 깨지지 않는 고해상도 이미지 사용
□ 모든 이미지에 ALT 텍스트 입력 완료
□ CTA 버튼 문구 확인 및 링크 점검
□ 버튼 텍스트가 명확하고 클릭을 유도하는지
□ 버튼 링크 정상 연결 여부 확인

2단계: 이메일 캠페인 생성
□ 이메일 마케팅 솔루션(예: 스티비) 로그인 완료
□ 새 캠페인 생성 후 날짜/이름 정확하게 명명(예: 2025년 4월 3주차 뉴스레터)
□ 기존 공식 템플릿 정확히 불러오기
□ 템플릿 최신 버전 사용 여부 재확인

3단계: 콘텐츠 삽입 및 편집
□ 제목, 서브제목, 본문 텍스트 정확히 입력 완료
□ 줄바꿈, 마크다운/스타일, 강조 표시 오류 없는지 확인
□ 링크 삽입 완료 및 모든 링크 클릭 테스트
□ 이미지 및 버튼 삽입 완료(오류 없는지 다시 확인!)
□ Footer(구독취소, 회사 정보 등) 최신 정보로 유지
□ 테스트 콘텐츠로 잘못된 샘플 텍스트(예: Lorem ipsum) 남아있지 않은지 확인

4단계: 발송 대상 그룹 선택(과거 실수 있음 – 트리플 체크 필수!!)
☐ 이번 발송 대상 그룹 정확히 기획 및 확인(예: 전체 구독자, VIP 고객 등)
☐ 마케팅 툴에서 대상 그룹 정확하게 선택 완료
☐ 실제 발송 대상 수(숫자) 눈으로 확인
☐ 지난주와 비교해 수치가 비정상적으로 다르지 않은지 확인

5단계: 테스트 메일 발송 및 검토
☐ 테스트 메일 본인에게 발송 완료
☐ 내부 동료 2인 이상에게 테스트 발송 완료
☐ PC/모바일/다크모드 환경에서 각각 수신 테스트 완료
☐ 각 테스트 환경에서 다음 항목 확인
☐ 제목, 본문 오탈자 없음
☐ 링크 정상 작동
☐ 이미지 깨짐 없음
☐ 버튼 클릭 시 정확한 위치 이동
☐ 전체 구성이 보기 좋고 가독성 있음
☐ 모든 피드백 반영 여부 체크 완료

6단계: 최종 발송 예약 설정
☐ 발송 시간 정확히 설정(금요일 오후 15:00)
☐ AM/PM 실수 여부 재확인(※예약 시간은 24시간제 기준 권장)
☐ 발송 예약 시간대 확인(예: KST 기준인지)
☐ 예약 발송 버튼 클릭 후 예약 상태로 저장되었는지 확인

7단계: 발송 후 모니터링 및 기록
☐ 발송 후 2~3시간 뒤 오픈율/클릭률 데이터 확인
☐ 기본 KPI 비교 기록(예: 평균 대비 오픈율/클릭률 추이)
☐ 주요 이슈 발생 시 즉시 대응 및 기록
☐ 사내 업무 시스템 or 문서에 결과 간단히 정리
☐ 다음 주 뉴스레터 기획에 참고할 내용 메모

보너스: 사전 점검용 하루 전 목요일 체크리스트(간략 확인)
☐ 콘텐츠 최종 확정 되었는가?
☐ 마케팅 솔루션 접속 테스트 이상 없음?
☐ 지난 뉴스레터의 이슈사항 확인하고 반영했는가?

꼼꼼함은 타고나는 성격이라기보다, 실수를 줄이려는 노력과 체계적인 습관에 가깝죠. 챗GPT로 미처 생각하지 못했던 실수를 찾아, 일을 마무리해 보세요.

TIP 새로운 팀원에게 업무를 가르칠 때, 말로만 설명하는 대신 챗GPT가 만든 상세 체크리스트를 함께 제공해 보세요. 교육 담당자의 부담도 훨씬 줄어듭니다.

LESSON 59 | 상사에게 보고하기

프로젝트를 진행하다 보면 예상치 못한 문제가 터지곤 합니다. 밤새 고민해서 해결 방안까지 찾았지만 또 다른 고민이 시작됩니다. 문제 상황만 잔뜩 늘어놓자니 일 못하는 사람처럼 보일까 걱정되고, 그렇다고 해결책만 툭 던지자니 '그래서 문제가 뭔데?' 하는 질문이 돌아올 것 같습니다. 어떤 순서로 뭘 강조해서 말씀드려야 팀장님 마음을 움직일지, 챗GPT의 의견을 들어 볼까요?

팀장님 설득용 보고 시나리오 만들기

프롬프트 | 프롬프트 59

[새 채팅]을 누르고 **[GPT-5]** 모델을 선택합니다. 그리고 아래 **[프롬프트 59]**를 챗GPT에 입력합니다.

> 너는 핵심을 짚어 명확하게 보고하고, 까다로운 상사까지 설득하는 커뮤니케이션 전략 전문가야. 아래 [프로젝트 문제 상황 및 해결 방안], 그리고 [보고 대상 정보]를 깊이 있게 분석해서, 내가 팀장님께 상황을 보고하고 해결 방안을 성공적으로 승인받기 위한 보고(전달) 방식과 순서, 그리고 각 단계별 강조 포인트에 대해 구체적으로 조언해 줘.
>
> **프로젝트 문제 상황 및 해결 방안**
> - 문제 요약: 핵심 개발자 퇴사로 'AI 추천' 기능 프로젝트 1달 이상 지연 위기
> - 해결 방안 제안: 핵심 기능만 먼저 개발/오픈하는 '단계적 오픈' 방식 제안(1단계 6월 초 오픈 목표)
>
> **보고 대상 정보**
> - 보고 대상: 김철수 팀장님
> - 성향: 결과 중심적, 일정 지연에 민감, 합리적 대안/근거 중시
>
> **구체적인 조언 요청**
> 1. 팀장님께 이 상황을 보고할 때, 어떤 순서로 내용을 전달하는 것이 팀장님 스타일(결과 중시, 일정 민감)에 비추어 가장 효과적일까?
>   예: 결론부터? 문제 상황 상세 설명부터? 해결 방안 강조부터?

2. 각 전달 순서별로 어떤 내용을, 어떤 뉘앙스로, 어떤 표현을 사용해서 강조하는 것이 팀장님을 설득하는 데 유리할까?
팀장님의 예상 질문이나 우려를 고려해 줘.
3. 이런 민감한 사안을 보고할 때 절대적으로 피해야 할 말이나 태도가 있다면 알려 줘.
예: 변명, 책임 전가, 문제 축소 등
4. 내가 제안하는 '단계적 오픈' 방안이 왜 합리적이고 최선의 대안인지 설득력 있게 어필하기 위한 핵심 논리나 강조 포인트를 몇 가지 제안해 줘.
팀장님께 문제 상황의 심각성은 정확히 알리면서도, 내가 주도적으로 해결 방안을 찾았다는 인상을 주고, 최종적으로 제안하는 해결책에 대한 승인을 얻어 낼 수 있는 최적의 커뮤니케이션 전략을 짜 줘.

1. 보고 순서: 팀장님 스타일에 최적화된 전달 구조
[1] 결론(현재 위기와 대안 요약)
[2] 영향 요약(일정·성과에 미치는 영향)
[3] 원인 설명(핵심 개발자 퇴사)
[4] 해결 방안 상세(단계적 오픈 방식)
[5] 기대 효과 및 리스크 관리 방안
[6] 요청사항(1단계 오픈 승인 요청)

- 왜 이 순서인가?
팀장님은 결과 중심적 + 일정 민감형이기 때문에, 결론을 먼저 던지지 않으면 '답답함'을 느껴.
상세 원인을 먼저 말하면 '그래서 어쩌라는 거지?'라는 반응이 나올 수 있어.
반면, '문제는 있다. 하지만 이렇게 풀겠다'는 통제력 있는 톤이 신뢰를 줘.

2. 단계별 전달 전략 및 표현법
[1] 결론 먼저 – 위기 상황과 대안의 핵심 요약
- 표현 예시
'결론부터 말씀드리면, 핵심 개발자 퇴사로 인해 'AI 추천 기능'의 전체 일정이 1달 이상 지연될 가능성이 높습니다. 이에 따라, 우선 핵심 기능만 6월 초에 1차 오픈하고, 나머지는 후속 단계로 나누는 '단계적 오픈' 방식으로 전환을 제안드립니다.'
- 전략 포인트
'결론부터 말씀드리면' → 신뢰 유도
'~가능성이 높습니다' → 과장 없이 위험 신호 전달
'전환을 제안드립니다' → 소극적 아닌 주도적 톤

[2] 영향 요약 – 일정과 성과에 미치는 구체적 리스크
- 표현 예시
'이대로 가면 전체 프로젝트 일정이 7월 중순 이후로 밀릴 수 있고, 마케팅팀과의 연동 일정에도 영향이 불가피합니다. 내부 리뷰 일정도 재조정이 필요해집니다.'
- 전략 포인트
일정 지연의 파급효과를 구체적으로 언급 → 팀장님은 일정 연쇄에 민감함
'내부 리뷰 일정 조정 필요' → 부서 간 영향도 언급해 조율 필요성 시사

[3] 원인 설명 – 변명 NO, 팩트 전달 YES
- 표현 예시
  '직전까지 투입되던 A 개발자가 개인 사정으로 긴급 퇴사하면서, 머신러닝 기반 추천 알고리즘 구현이 중단됐습니다. 내부 백업 인력이 없었기에 대체 투입이 어려운 상황입니다.'
- 전략 포인트
  '개인 사정으로 퇴사' → 책임 전가 피하고 사실만 전달
  '내부 백업 인력 없음' → 리스크 관리의 한계 명시, 하지만 핑계 아님

[4] 해결 방안 상세 – 단계적 오픈의 구체 설계
- 표현 예시
  '그래서 핵심 추천 알고리즘만 먼저 구축하여, 상품 추천 기능의 MVP 형태로 6월 초에 1차 오픈하고, 이후 사용자 피드백 기반으로 추가 기능을 붙이는 방식으로 전환하겠습니다.'
- 전략 포인트
  '피드백 기반 확장' → 일정 지연 대신 유연한 확장성 확보

[5] 기대 효과 및 리스크 관리
- 표현 예시
  '이 방식이면 마케팅팀 타임라인에 맞춰 주요 기능을 선보일 수 있고, 사용자 반응을 조기에 확보해 실제 사용 기반으로 고도화를 이어갈 수 있습니다. 리스크는 있겠지만, 현재 리소스 조건에서 최선의 전략이라 판단됩니다.'
- 전략 포인트
  '~조건에서 최선' → 절충이 아닌 전략적 선택임을 강조
  '사용자 반응 기반 고도화' → 팀장님이 선호할 수 있는 시장 데이터 기반 접근

[6] 요청사항 – 명확한 승인 요청
- 표현 예시
  '6월 초 1단계 오픈 안으로 진행해도 괜찮을지 승인 부탁드립니다. 만약 동의 주신다면 금주 내 상세 기능 범위와 타임라인을 다시 정리해서 공유드리겠습니다.'
- 전략 포인트
  '진행해도 괜찮을지' → 강요 아닌 존중 표현
  '상세 계획 공유' → 후속 행동을 미리 언급해 신뢰 확보

3. 절대 피해야 할 표현/태도

잘못된 태도	대안 표현	이유
이건 어쩔 수 없는 상황입니다	예상 밖 변수였지만, 현재 조건에서 최선의 시나리오를 짰습니다	책임 회피로 보일 수 있음
개발자 퇴사는 제 책임이 아닙니다	리스크 관리 차원에서 더 견고한 백업 구조가 필요하다는 교훈이 됐습니다	문제 전가처럼 들림
그래도 다들 열심히 하고 있습니다	현실적 리소스 내에서 우선순위를 명확히 하여 결과 중심으로 접근하겠습니다	감정적 어필은 설득력 약함

4. '단계적 오픈'이 최선인 이유를 설득하는 핵심 논리
- 일정 준수 측면: 전체 오픈보다 빠르게 핵심 가치 제공 가능, 일정 지연 최소화
- 리스크 분산: 한 번에 오픈하는 것보다 기능별로 안정성 확보 가능
- 고객 피드백 활용: 실 사용자 반응을 통해 유의미한 데이터 기반 개선 가능
- 리소스 효율화: 핵심 인력 공백 상황에서 선택과 집중이 필요한 시점

실무에서 중요한 점은 단순히 문제를 해결하는 능력만이 아닙니다. 문제를 어떻게 설명하고, 어떤 방식으로 도움을 요청하며, 상대방이 공감하도록 설득하느냐가 성패를 좌우합니다. 특히 상사나 의사결정권자에게 보고할 때는 불필요한 감정보다는 상황의 핵심과 해결 방안을 논리적으로 전달해야 하죠. 이 과정에서 챗GPT는 보고서나 발표 자료를 준비하는 데 있어 '전략적 보조자' 역할을 해 줄 수 있습니다.

프로젝트의 문제 상황을 인지하고 해결책을 찾는 것도 중요하지만, 그 내용을 어떻게 전달하고 상사를 설득하여 필요한 지원을 얻어 내는 것이 중요합니다. 특히 상황이 민감할수록 더욱 정교한 커뮤니케이션 전략이 필요하죠. 챗GPT는 이러한 상황에서 우리가 미처 생각하지 못했던 효과적인 전달 순서, 강조 포인트, 설득 논리 등을 제안해 줍니다. 챗GPT의 도움을 받아 철저히 준비하고 자신감 있게 소통하는 직장인이 되시길 바랍니다.

챗GPT가 제안한 보고 순서와 강조 포인트를 바탕으로, 실제 팀장님 앞에서 어떻게 말할지 구체적인 '대화 스크립트'를 미리 작성하고 연습해 보세요. 머릿속으로만 생각하는 것과 입으로 소리 내어 말하는 것은 천지 차이입니다.

LESSON 60 | 업무 몰입 환경 만들기

'오늘이야말로 정말 집중하고야 말겠어'라고 결심하는 순간, 요란하게 울리는 슬랙, 이메일, 말을 거는 동료까지 도저히 집중이 안됩니다. 한 번 흐름이 끊기면 다시 집중하기까지 또 한세월이죠. 그럴 때는 챗GPT와 완전한 집중 상태를 뜻하는 딥 워크 Deep Work 환경을 만들어 보세요. 내 상황에 딱 맞는 비법들을 알려 준답니다.

딥워크 환경 조성하기

프롬프트 | 프롬프트 60

[새 채팅] 을 누르고 [GPT-5] 모델을 선택합니다. 그리고 아래 [프롬프트 60]를 챗GPT에 입력합니다.

> 너는 개인의 집중력과 생산성을 최고로 끌어올리는 전문 코치야 아래 내가 처한 [근무 환경 및 집중 어려움] 상황을 분석하고, 방해 요소를 효과적으로 차단하고 하루 중 최소 2시간 이상 업무에 몰입하는 '딥워크(Deep Work)' 상태를 유지하기 위한 구체적이고 실천 가능한 방법 5가지 이상을 제안해 줘.
>
> **나의 근무 환경 및 집중 어려움**
> - 환경: 오픈 스페이스 사무실(소음/시선 분산 심함), 복도 쪽 자리
> - 업무: 고도의 집중력 필요한 기획/분석/코딩 위주
> - 방해 요소: 디지털 알림(슬랙/메일), 주변 소음/대화, 동료의 직접 방문/질문, 나의 딴짓 습관
> - 목표: 하루 2시간+ 딥워크 시간 확보
>
> **팁 제안 시 특별히 고려해 줄 점**
> - 내가 처한 '오픈 스페이스 + 복도 쪽 자리'라는 최악의 환경을 극복할 수 있는 아이디어가 필요해.
> - 단순히 '알림 끄세요', '이어폰 끼세요' 같은 누구나 아는 이야기 말고, '어떻게' 알림을 관리하고, '어떤' 이어폰이 좋고, '동료에게 어떻게' 양해를 구할지 등 구체적인 실행 방법 중심으로 알려 줘.
> - 디지털 환경 관리, 물리적 공간 활용, 그리고 나의 마음가짐/습관 개선 측면에서 다각도로 접근해 줘.

좋습니다. 지금 당신의 상황은 '집중력의 지옥 난이도 코스'입니다. 오픈 스페이스 + 복도 자리라는 극악의 환경에서도 딥워크를 실현하려는 의지 자체가 이미 절반의 성공입니다. 이제 남은 건, 그 환경을 '딥워크 존'으로 바꾸는 시스템을 만드는 것이죠.
아래는 단순한 팁이 아니라, 당신이 처한 물리적 환경·디지털 환경·심리적 루틴까지 통합적으로 고려한 구체적이고 실천 가능한 딥워크 전략 6가지입니다.

① 시선과 소음을 동시에 차단하는 '딥워크 방어막' 만들기
- 이어폰 대신 '노이즈 캔슬링 헤드폰' + 시선 차단 스크린 조합
  추천 제품: Sony WH-1000XM5(또는 Bose QC 시리즈)
  백색소음(예: Noisli나 Café background noise) 또는 40Hz 바이노럴 비트 사용
- '미니 데스크 패널' 설치
  책상 앞과 양 옆에 붙일 수 있는 접이식 천 패널(ex. Flexispot Desk Privacy Panel)을 설치
  시선뿐 아니라 무의식적 방해 차단 효과 ↑
  보너스 팁: 헤드폰 위에 '집중 시간입니다!' 이라고 적힌 미니 카드 꽂기 → 비언어적 차단 사인이 효과적

② 알림 차단이 아니라 '알림 리디자인'
- 슬랙 & 이메일 집중 모드 설정
  슬랙: /dnd 명령어 → '오전 10~12시 집중 중입니다' 상태 설정
  이메일: 받은편지함 자동 숨기기 플러그인(예: Gmail용 Inbox When Ready)
- 집중 앱 설치
  PC/모바일 둘 다에 [Forest]나 [FocusMe], [Cold Turkey] 설치 → 딴짓 시 아예 앱/사이트 차단
  하루 딥워크 목표 시간(예: 120분)을 설정하고 타이머로 가시화

③ 동료 방해를 줄이는 '명시적 집중 루틴 선언'
- 동료와 '딥워크 룰' 사전 공유
  '오전 10시~12시는 집중 시간이라 부재중일 수 있어요. 급한 건 메신저에 남겨 주세요.'
  자리 옆 미니 깃발 or 표시등 설치
  초록(가능)/빨강(집중 중) 표시를 물리적으로 보여 줄 수 있는 USB 신호등 or 종이 깃발
  예: Luxafor Flag LED Busy Light or DIY 표시 시스템

④ 공간 리셋 루틴: 사무실을 떠나 딥워크 수행
- 딥워크 전용 '이동 키트' 만들기
  노트북, 메모지, 헤드폰, 생수, 마우스만 담긴 미니 가방 준비
  하루 1회 60~90분, 외부 공간 이동
  사무실 내 회의실, 빈 상담실, 심지어 건물 카페 라운지라도 OK
  매일 같은 시간, 같은 장소로 습관화

⑤ 뇌의 예열-냉각 루틴: 딥워크의 시작과 끝을 제어
- 딥워크 시작 루틴(매번 동일하게)
  헤드폰 착용 → 책상 정리 → 5분 명상 or 40초 타이핑(warm-up) → 딥워크 시작
- 딥워크 종료 루틴
  종료 5분 전, 오늘 성과 메모 → 브라우저 & 파일 정리 → 짧은 스트레칭
  이 루틴이 반복되면 뇌가 집중 상태와 이완 상태를 구분하게 됨

⑥ 자기 습관 감시 시스템: '딴짓' 추적 + 보상 설계
- 딥워크 시간 기록 앱 사용
  Toggl Track or [RescueTime]으로 매일 딥워크 시간 자동 기록
- 보상 시스템 설정
  '딥워크 2시간 달성 시 → 커피 한 잔', '딥워크 누적 10일 성공 시 → 금요일 조기 퇴근' 식의 셀프 인센티브 제공
- 팁
  시간 설정은 '시간블록 + 쿠폰' 방식으로
  시간블록 예시:
  오전 10:00~11:30 → 딥워크 블록 1
  오후 14:00~14:30 → 딥워크 블록 2(짧고 강하게)
- 딥워크 쿠폰제
  동료에게 '딥워크 시간 중 급한 일은 '딥워크 쿠폰' 써서 꼭 호출해 주세요'라고 안내
  딱 하루 2회 쿠폰만 사용 가능하게 설정 → 불필요한 호출 방지

이 모든 전략의 핵심은 '시스템화된 집중 보호구역 만들기'입니다. 뇌는 반복되는 패턴과 시그널에 익숙해지면, 자동으로 그 시간에 집중 상태로 진입하려는 습관을 들입니다.
필요하다면, 위 전략 중 일부를 PDF 포스터나 체크리스트로 만들어서 프린트해 책상 앞에 두는 것도 추천드려요.

쉴 새 없이 쏟아지는 정보와 연결 요구 속에서 업무에 집중하기 위한 환경을 조성하는 것은 직장인에게 주어진 가장 큰 숙제이자 기회입니다. '딥 워크'는 단순히 일을 빨리 끝내는 기술이 아니라, 더 깊이 생각하고 더 창의적인 결과물을 만들어 내는 핵심 역량이죠. 챗GPT가 제안하는 다양한 팁들을 적극적으로 시도해 보며, 방해 요소를 지혜롭게 관리하고 몰입의 힘을 되찾아 보세요.

TIP
만약 팀 전체의 집중력 저하가 문제라고 느껴진다면, 챗GPT가 제안한 업무 환경을 바탕으로 팀 회의 때 '우리 업무 효율을 높이기 위해 이런 규칙을 함께 만들어 보는 건 어떨까요?' 하고 건설적으로 제안해 보세요.

LESSON 61 | 나의 업무 스타일 분석하기

'아, 나도 진짜 인정받고 싶다!' 이런 생각, 누구나 하죠. 근데 막상 내가 뭘 잘하고, 어떤 점이 부족한지, 객관적으로 아는 건 또 다른 문제입니다. 그런데 회사에서 나에 대한 객관적인 피드백을 누구한테 요청할 수 있겠어요? 이럴 때, 나만을 위한 챗GPT를 이용하면 내 업무 스타일의 강점, 약점, 개선 필요한 부분을 진단해 볼 수 있는 체크리스트 만들 수 있습니다.

자가 진단 체크리스트 만들기

프롬프트 | 프롬프트 61

[새 채팅] 을 누르고 [GPT-5] 모델을 선택합니다. 그리고 아래 [프롬프트 61]를 챗GPT에 입력합니다.

> 너는 개인의 성장을 돕는 커리어 코치야. 스스로 나의 업무 스타일을 객관적으로 되돌아보고, 강점과 약점을 파악하여 개선점을 찾기 위한 '자기 진단 체크리스트'를 만들고 싶어.
> 아래 제시된 4가지 핵심 업무 영역을 중심으로, 각 영역별로 나의 현재 상태를 평가해 볼 수 있는 구체적인 체크리스트를 7~10개 정도씩 만들어 줘.
>
> **핵심 진단 영역**
> 1. 업무 효율성
> 2. 커뮤니케이션
> 3. 문제 해결 능력
> 4. 시간 관리
>
> **체크리스트 항목 구성 가이드**
> - 각 항목은 내가 '매우 그렇다/그렇다/보통/아니다/전혀 아니다'(5점 척도) 또는 '자주 그런다/가끔 그런다/거의 안 그런다'(3점 척도) 등으로 스스로 점수를 매기거나, 구체적인 나의 행동 패턴을 떠올려볼 수 있는 질문 형태로 만들어 줘.
> - '일을 잘하는가?' 같은 너무 추상적인 질문보다는, '업무 목표를 명확히 이해하고 실행 계획을 세우는 편인가?', '불필요한 회의나 작업을 줄이려고 노력하는가?'와 같이 관찰 가능한 구체적인 행동이나 습관에 대해 묻는 질문으로 구성해 줘.

- 나의 강점을 확인할 수 있는 긍정적인 질문과 개선점을 파악할 수 있는 부정적/비판적 질문을 균형 있게 섞어 주면 좋겠어.
- 내가 이 체크리스트를 통해 '아, 내가 이런 점은 강점이구나!', '아, 이런 부분은 내가 좀 더 신경 써야겠네!' 하고 스스로 깨달음을 얻고 실제 행동 변화로 이어질 수 있도록, 깊이 있는 자기 성찰을 유도하는 질문으로 만들어 주고, 각 문항이 시작되기 전에 점수 척도를 보여 줘.

자기 진단 체크리스트(총 4개 영역)

1. 업무 효율성(Work Efficiency)
[점수 척도] 매우 그렇다/그렇다/보통이다/아니다/전혀 아니다(5점 척도)
1. 나는 업무를 시작하기 전, 목표와 우선순위를 명확히 정리하는 편이다.
2. 반복적인 업무는 자동화하거나 효율적인 도구를 활용해 시간을 줄이려 한다.
3. 업무 중 산만해지거나 딴짓을 하는 시간이 많다.
4. 불필요한 회의, 메일, 보고서를 줄이기 위한 노력을 한다.
5. 나의 업무 방식이나 프로세스를 주기적으로 되돌아보고 개선하려 한다.
6. 일의 전체 흐름을 파악하고, 중요한 부분에 먼저 집중하는 편이다.
7. 일이 밀리면 야근이나 몰아서 처리하는 방식에 의존하는 경향이 있다.
8. 하나의 일을 시작하면 끝까지 집중해서 마무리하는 편이다.
9. 내가 맡은 일의 결과물이 다른 팀에 어떤 영향을 주는지 의식하며 일한다.
10. 나는 한정된 자원(시간, 인력 등) 내에서 최대한의 성과를 내려는 노력을 한다.

2. 커뮤니케이션(Communication)
[점수 척도] 자주 그런다/가끔 그런다/거의 안 그런다(3점 척도)
1. 협업 시, 상대방의 역할과 기대치를 명확히 조율하려고 한다.
2. 피드백을 줄 때 상대방이 수용할 수 있는 방식으로 표현하려고 노력한다.
3. 회의나 대화 중에 내 의견만 강조하고 타인의 말을 놓칠 때가 있다.
4. 이메일이나 메시지를 쓸 때, 목적이 분명하고 핵심 내용이 잘 전달되도록 신경 쓴다.
5. 갈등 상황에서 피하거나 감정을 억누르기보다는, 해결을 위한 대화를 시도한다.
6. 나와 협업하는 사람들이 나의 의도를 명확히 이해하고 있는지 자주 확인한다.
7. 상사나 동료에게 '요청' 또는 '보고'가 누락되어 문제가 된 적이 있다.
8. 팀워크 향상을 위해 먼저 다가가거나 관계를 형성하려고 노력한다.
9. 전달한 메시지에 오해가 생기지 않도록 예시, 그림, 문서 등을 활용하는 편이다.
10. 내가 한 말이나 쓴 글이 오해를 불러일으킨 적이 종종 있다.

3. 문제 해결 능력(Problem Solving)
[점수 척도] 매우 그렇다/그렇다/보통이다/아니다/전혀 아니다(5점 척도)
1. 예상치 못한 문제가 생기면, 당황하기보단 해결책을 찾는 데 집중하는 편이다.
2. 문제 상황에서 근본 원인을 분석하려는 습관이 있다.
3. '이전에도 이렇게 했으니' 같은 관성적인 방식에 너무 의존할 때가 있다.
4. 업무상 생긴 문제를 혼자 해결하려 하기보다, 적절한 사람에게 도움을 요청한다.
5. 다양한 해결 방안을 모색하고, 가장 효과적인 대안을 선택하려 한다.
6. 비슷한 문제가 반복되는 경우, 재발 방지를 위한 프로세스를 설계한다.
7. 불확실하거나 모호한 상황에서 결정을 미루는 경향이 있다.

8. 자료, 데이터, 근거를 기반으로 문제 해결을 시도하는 편이다.
9. 문제가 발생했을 때, 책임 소재보다는 해결 방안에 집중한다.
10. 내가 만든 해결책이 이후 업무나 팀에 어떤 파급효과를 줄지 고려한다.

4. 시간 관리(Time Management)
[점수 척도] 매우 그렇다/그렇다/보통이다/아니다/전혀 아니다(5점 척도)
1. 하루 업무를 시작하기 전에 중요한 일정이나 할 일을 정리하는 습관이 있다.
2. 긴급하지 않지만 중요한 일을 미루지 않고 처리하는 편이다.
3. 자주 '마감 직전'까지 일을 미루는 경향이 있다.
4. 갑작스러운 요청이나 업무 변경에도 유연하게 대응할 수 있다.
5. 업무 시간이 아닌 시간(예: 퇴근 후, 주말)에 업무 걱정이나 일 처리를 자주 한다.
6. 내가 가장 집중이 잘 되는 시간대를 파악하고, 그 시간에 중요한 일을 배치한다.
7. 내가 맡은 일이 언제까지 끝나야 하는지 정확히 알고 있으며, 그 일정에 맞춘다.
8. 너무 많은 일정을 계획하여 스스로를 과도하게 압박할 때가 있다.
9. 시간 블록이나 일정 앱 등을 활용해 나의 시간을 관리하고 조율한다.
10. 일정이 변경되거나 지연될 경우, 그에 따른 영향도를 빠르게 판단하고 조정한다.

바쁜 일상이지만 스스로를 객관적으로 돌아보고 성찰하는 시간을 가져 봅시다. 챗GPT가 제안하는 체계적인 체크리스트에 점수를 매겨 보고, 결과 분석을 다시 챗GPT에게 맡겨 보세요. 나의 강점과 약점, 그리고 나아가야 할 방향이 무엇인지 명확하게 분석해 줄 겁니다.

체크리스트 결과에서 꾸준히 높은 점수를 받은 항목들은 나의 핵심 강점일 가능성이 높습니다. 내가 어떤 부분에서 뛰어난지 명확히 인지하고, 이 강점을 앞으로 어떻게 더 발전시키고 업무에 적극적으로 활용할지 계획을 세워 보세요.

LESSON 62 | 챗GPT에게 공감받기

'요즘따라 일하는 게 왜 이렇게 힘들지?' 팀장님이나 동료에게 털어놓자니 괜히 약점 잡히는 것 같습니다. 그렇다고 비싼 돈 내고 전문 코치를 찾아가는 것도 부담스럽죠. 답답한 마음을 풀 곳이 없어 혼자 힘들어하는 분들이 꽤 많습니다. 챗GPT에게 코칭을 받는 건 어떨까요? 내가 겪는 어려움이나 성과에 대해 이야기하면, 따끔한 조언과 함께 나아갈 방향까지 제시해 주는 코치 말이죠.

나만의 커리어 코치 만들기

프롬프트 | 프롬프트 62

[새 채팅] 을 누르고 [GPT-5] 모델을 선택합니다. 그리고 아래 [프롬프트 62]를 챗GPT에 입력합니다. [나의 이야기] 밑에 여러분의 처지를 입력해 주세요.

너는 나의 커리어 성장과 고민 해결을 돕는 커리어 코치야. 너는 깊은 공감 능력을 가졌고 예리한 질문을 통해 통찰력을 이끌어 내는 전문가야. 나는 너에게 나의 현재 상황, 성과, 또는 고민에 대해 솔직하게 이야기할 거야.

너는 내 이야기를 주의 깊게 듣고, 판단하거나 평가하기보다는 내가 스스로 문제의 본질을 파악하고 해결책을 찾아갈 수 있도록 도와주는 '열린 질문(Open-ended questions)'을 먼저 던져 줘. 그리고 대화를 통해 내가 나의 강점을 발견하고 활용하며, 약점은 인지하고 보완해 나갈 수 있도록, 때로는 따뜻한 격려를, 때로는 성장을 위한 통찰력 있는 조언이나 새로운 관점을 제시해 줘.

자, 그럼 이제부터 내가 내 이야기를 시작할게. 잘 들어 줘.

나의 이야기

안녕하세요, 코치님. 저는 IT 스타트업에서 마케터로 일하고 있는 3년차 이대리라고 합니다. 최근에 제가 리딩했던 '신규 앱 런칭 캠페인'이 다행히 목표했던 신규 가입자 수를 120% 초과 달성하면서 결과적으로는 성공했어요. 팀에서도 칭찬을 많이 받았고요. 근데 솔직히 기쁘면서도 마음 한편이 좀 찜찜해요. 프로젝트를 진행하는 동안, 특히 개발팀이나 디자인팀과 협업할 때 제 의견을 명확하게 전달하거나 그들을 설득하는 과정에서 제가 좀 부족하다는 느낌을 많이 받았거든요. 제가 생각

> 했던 방향과 다르게 진행될 때도 있었고, 가끔 커뮤니케이션 미스로 오해가 생겨서 감정적으로 힘들 때도 있었어요. 결과는 좋았지만, 과정에서의 이런 소통 문제가 계속 마음에 걸리고, 앞으로 제가 팀 프로젝트를 더 잘 이끌어 가려면 이 부분을 어떻게 개선해야 할지 진지하게 고민 중입니다.
>
> 이제 코치로서, 나의 이 이야기에 대해 어떤 질문을 해 주고 싶어? 우리의 코칭 세션을 시작해 줘.

이대리님, 진심을 담아 이야기해 주셔서 고맙습니다. 성과가 훌륭했음에도 과정에서 느낀 아쉬움을 이렇게 솔직하게 들려주신 건, 이미 더 성장하고 싶다는 마음의 표현이기도 해요. 그 마음을 소중하게 여기고 함께 풀어가 볼게요.

우선, 이 질문부터 드리고 싶어요.
당시 협업 과정에서 어떤 순간에 가장 답답하거나 힘들다고 느꼈는지, 구체적인 1~2가지 장면을 떠올려 보실 수 있을까요?
그 장면 속에서 어떤 감정을 느꼈는지도 함께 말해 주시면 좋아요. 이야기를 하나하나 들으면서, 이대리님만의 소통 스타일과 협업에서의 강점, 그리고 앞으로 더 강화할 수 있는 부분들을 같이 발견해 나가고 싶습니다.
편하게 말씀해 주세요.

챗GPT 코치의 질문에 답하며 코칭 세션을 진행해 보시기 바랍니다. 언제든 여러분의 이야기에 귀 기울이고, 성장을 위한 질문과 조언을 건네주는 챗GPT라는 특별한 코치와 진솔한 대화를 경험해 보세요. 여러분의 진짜 모습을 꼭 발견하실 수 있을 겁니다.

TIP
챗GPT 코치가 던지는 객관적이고 탐색적인 질문에 답하다 보면, 평소 막연하게 생각했던 나의 강점, 약점, 가치관, 업무 스타일 등을 훨씬 더 명확하게 인식하게 됩니다. '아, 내가 이럴 때 보람을 느끼는구나', '나는 이런 방식의 소통을 불편해 하는구나'와 같이 나 자신에 대한 이해도가 깊어지는 거죠.

LESSON 63 | 현명한 소비 습관 만들기

스타트업이나 중소기업 직장인이라면 재테크는커녕 가계부 쓰는 것도 사치처럼 느껴질 때가 많습니다. 엑셀만 붙잡다 시간을 다 보내고, 정작 어디에 돈이 줄줄 새는지 파악도 못한 채 다음 달 월급을 기다리는 악순환이 반복되죠. 이 지긋지긋한 패턴, 챗GPT로 좀 더 스마트하게 끊어 낼 방법이 있다면 얼마나 좋을까요? 챗GPT를 활용한 현명한 소비 습관 만들기 프롬프트를 살펴보겠습니다.

소비 습관 코치 만들기

프롬프트 | 프롬프트 63

[새 채팅] 을 누르고 [GPT-5] 모델을 선택합니다. 그리고 아래 [프롬프트 63]을 챗GPT에 입력합니다. [내 정보]에 여러분의 내용을 채워 주세요.

> 너는 Z세대 직장인을 위한 최고의 재무 설계사이자, 부업 컨설턴트야. 나는 현재 스타트업에서 일하고 있고, 경제적 자립을 통해 N잡을 시작하는 게 목표야. 아래 [내 정보]를 바탕으로, 막연한 조언이 아닌 구체적이고 실용적인 '재정 독립 액션 플랜'을 짜 줘.
>
> [내 정보]
> - 직업: 스타트업 마케터(3년 차)
> - 월 실수령액: 280만 원
> - 월 고정 지출:
>   - 월세 및 관리비: 60만 원
>   - 통신비/OTT: 8만 원
>   - 보험료: 7만 원
> - 지난 3개월 월 평균 변동 지출(카드 내역 기반)
>   - 배달 음식/외식: 55만 원
>   - 카페/디저트: 15만 원
>   - 온라인 쇼핑(의류/화장품): 25만 원
>   - 교통비(택시 포함): 15만 원

- 취미(웹소설/웹툰/게임): 10만 원
- 경조사/선물: 10만 원(평균)
• 나의 강점 및 흥미
  - 글쓰기에 자신 있음(블로그 운영 경험)
  - SNS 트렌드에 밝고, '짤'이나 '밈'을 잘 활용함
  - 주말에 웹소설/웹툰 보는 것을 즐김
• 재정 목표: 6개월 안에 월 30만 원 이상의 추가 수익 파이프라인 만들기

요청 사항

1. 소비 패턴 분석 및 '전략적 절약' 제안: 내 지출 내역에서 가장 비효율적인 부분 TOP 3를 짚어 줘. 단순히 '줄이세요'가 아니라, 대체할 수 있는 현실적인 대안과 함께 제안해 줘.
   예: 배달 음식을 주 1회 줄이고, 대신 밀키트를 활용하면 월 O만 원 절약 가능 등
2. '부업' 기회 발굴 및 추천: 나의 강점과 흥미, 그리고 위에서 절약한 금액을 '시드 머니'로 활용할 수 있는 부업 아이디어 3가지를 제시해 줘. '블로그 하세요' 같은 뻔한 소리 말고, 나의 특성에 맞춰 '어떤 주제로, 어떤 플랫폼에서, 어떻게 시작할 수 있는지' 구체적인 실행 계획을 포함해 줘.
3. 초기 투자 전략 제안: 위에서 제안된 부업 중 가장 실현 가능성이 높은 1가지에 대해, 절약한 돈을 어떻게 초기 자본으로 활용할 수 있는지 구체적인 예산을 짜 줘.
   예: 월 15만 원 절약 시, 3개월 모은 45만 원으로 OOO 유료 툴 구독, XXX 강의 수강 등

1. 소비 패턴 분석 & 전략적 절약 제안

가장 비효율적인 지출 TOP 3 및 대안

• 배달 음식/외식(월 55만 원)
  - 문제: 고정 지출 대비 과도하며 건강에도 부담
  - 대안: 주 2회 밀키트 활용(1회당 약 8천 원) + 나머지 직접 요리
  - 기대 절약액: 월 20만 원
• 카페/디저트(월 15만 원)
  - 문제: 주말 웹소설/웹툰 시간과 결합되어 습관성 소비
  - 대안: 드립백/캡슐커피, 홈카페 용품(텀블러 포함)으로 전환
  - 기대 절약액: 월 8만 원
• 온라인 쇼핑(월 25만 원)
  - 문제: 비정기적 지출이나 누적 시 큰 금액 소모
  - 대안: 뷰티/패션 제품 리뷰 체험단 적극 활용, '1개 들이면 1개 뺀다' 쇼핑 룰 적용, 기대 절약액: 월 10만 원
• 총 기대 절약 가능 금액: 월 약 38만 원

2. 부업 기회 발굴 및 추천

부업 ① 웹소설 트렌드 큐레이션 SNS 운영
• 플랫폼: 인스타그램 + 유튜브 쇼츠 + 블로그(선택)
• 주제: Z세대 취향 웹소설/웹툰 추천 + 밈 활용 리뷰

- 강점 활용
    - 트렌드 감각 있는 짤/밈 제작 능력
    - 글쓰기 실력
- 수익화 전략
    - 출판사/플랫폼 협찬 유도
    - 블로그 애드센스 및 제휴 마케팅
- 실행 단계
    - 계정 개설 및 브랜드 콘셉트 기획(1주차)
    - 10개 콘텐츠 제작 및 업로드(2~4주차)
    - 주 3회 포스팅 운영(2개월차~)
    - 협찬 DM/콜라보 제안(3개월차~)

부업 ② 디지털 굿즈 제작(짤 기반)
- 플랫폼: 크몽, 아이디어스, 스마트스토어, Etsy
- 주제 예시
    - 짤로 보는 감정 카드
    - 웹툰 주인공 자아분석 워크북
    - 세대 감성 SNS 밈 노트
- 수익화 전략: 다운로드형 PDF 판매
- 실행 단계
    - Canva/미리캔버스 등으로 디자인 시안 제작
    - 스마트스토어/크몽에 상품 등록
    - SNS 연계 홍보 콘텐츠 발행

부업 ③ 마케터 대상 글쓰기/콘텐츠 전략 강의
- 플랫폼: 브런치 연재 → 탈잉, 클래스101 등
- 주제: 짤로 말하는 마케팅, 바이럴 글쓰기 실전법
- 수익화 전략
    - 유료 강의 개설
    - 브런치/링크트리 기반 콘텐츠 마케팅
- 실행 단계
    - 브런치에 사례 기반 콘텐츠 시리즈 연재(1~2개월차)
    - 강의 기획서 작성 및 플랫폼 등록(3개월차~)

3. 초기 투자 전략 제안(가장 실현 가능성 높은 부업: 웹소설 큐레이션 SNS)
- 총 시드머니 예산: 월 38만 원 절약 × 3개월 = 114만 원
- 예산 배분 계획
    - Canva Pro 구독(3개월): 약 4만 원
    - 인스타그램 광고 테스트 집행: 월 5만 원 × 3개월 = 15만 원
    - 도메인 및 블로그용 간단한 호스팅: 약 8만 원
    - 리디셀렉트/카카오페이지 정기 구독(자료 확보용): 월 1만 원 × 3개월 = 3만 원
    - 디지털 작업 환경 개선(예: 펜슬/태블릿): 최대 20만 원
    - 예비비 및 추가 광고 예산: 10만 원 이상 확보
    - 총 예상 사용액: 약 60만 원(잔여금 약 54만 원)

필요하다면,
콘텐츠 캘린더(Notion 기반)
SNS 계정 명/브랜드 문구
첫 포스팅/템플릿 디자인 도와드릴게요!
'월급 외의 수익 흐름'이 인생의 판도를 바꿔줄 시작이 될 수 있어요. 지금이 딱 좋아요.

챗GPT는 우리가 입력한 데이터를 기반으로 개인적이면서도 현실적인 재무 컨설팅을 해 줍니다. 단순히 특정 분야의 돈을 아끼는 수준이 아닌 절약한 돈으로 어떤 가치를 새롭게 창출할 수 있는지 제안해 주는 것에 초점을 맞춰 보세요. 경제적 불확실성 시대에, '열심히' 일하는 것만으로는 불안감을 해소하기 어렵습니다. 중요한 것은 나의 상황을 객관적으로 분석하고, 제한된 자원 속에서 최적의 전략을 세우는 것이죠. 챗GPT는 바로 이 지점에서 강력한 무기가 될 수 있습니다.

TIP

챗GPT가 부업 아이디어를 주면, '그 부업의 초기 시장 진입 리스크는 뭐야?', '월 30만 원 순수익을 내려면, 인스타그램 팔로워가 대략 몇 명 정도 필요하고, 도달하는 데 몇 개월이 걸릴까?'와 같이 집요하게 파고드세요. 챗GPT는 당신이 똑똑하게 질문하는 만큼, 더 깊이 있는 답변을 내놓는다는 사실을 잊지 마세요.

LESSON 64 | 나의 강점과 잠재력 찾기

내가 뭘 잘하는지, 어떤 분야에 재능이 있는지 알기는 어렵습니다. 하지만 챗GPT를 활용하면 이력서, 포트폴리오, SNS 활동까지 분석해 강점과 잠재력을 발견할 뿐만 아니라, 적성과 잘 맞는 회사를 찾아 구체적인 액션 플랜까지 구체적으로 알 수 있죠. 자, 그럼 챗GPT로 커리어 코칭을 만들어 활용해 보겠습니다.

나의 핵심 가치관 알아보기

프롬프트 | 프롬프트 64

[새 채팅] 을 누르고 [GPT-5] 모델을 선택합니다. 입력 창에서 [도구-웹 검색]을 클릭한 후, 아래 [프롬프트 64]를 챗GPT에 입력합니다. [나의 핵심 가치관 및 선호/기피 조건]은 여러분의 내용으로 수정하세요.

> 너는 다양한 직업 가치관을 깊이 이해하고 공감하는 커리어 코치야. 나는 현재 [2년 차 UI/UX 디자이너]로 일하고 있고, 이직을 통해 [프로덕트 디자이너 또는 서비스 디자이너]로 성장하고 싶어. 무엇보다 나에게는 '성장 가능성', '수평적인 조직 문화', '워라밸 보장', 그리고 '업무 자율성'이 매우 중요해. 이런 내 가치관과 선호도를 바탕으로, 나에게 잘 맞는 회사 유형이나, 혹시 알고 있다면 구체적인 회사 이름 몇 군데를 추천해 주고, 그 이유도 상세히 설명해 줬으면 좋겠어. 마지막으로, 면접 과정에서 내가 중요하게 생각하는 가치관과 회사의 실제 문화가 부합하는지 확인하기 위해 어떤 질문들을 던져 보면 좋을지, 면접관이 감탄할 만한 센스 있는 질문 리스트도 알려 줘.
>
> **나의 핵심 가치관 및 선호/기피 조건**
>
> **0순위 가치**
> 1. 성장 가능성: 새로운 기술을 배우고 적용할 기회가 많고, 도전적인 프로젝트를 통해 실력을 키울 수 있는 환경으로 사내 스터디나 교육 지원이 활발
> 2. 수평적이고 자유로운 조직 문화: 직급이나 나이에 상관없이 자유롭게 의견을 내고 토론할 수 있는 분위기로 서로 존중하고 협력하는 문화
> 3. 워라밸 보장: 유연 근무제(선택적 근로시간제, 재택근무 등)가 잘 정착되어 있고, 불필요한 야근이나 주말 근무는 지양하는 문화로 '쉴 때는 확실히 쉬자'는 분위기

필요하다고 생각하는 가치
1. 업무 자율성: 내가 맡은 디자인 작업에 대해 충분한 권한과 책임을 부여받고, 창의적인 아이디어를 존중받는 환경
2. 회사가 추구하는 비전과 가치: 단순히 돈을 버는 것을 넘어, 사회에 긍정적인 영향을 미치거나 사용자의 삶을 개선하는 등 의미 있는 일을 할 수 있는 환경

기피하는 조건
1. 잦은 야근과 주말 근무가 당연시되는 문화
2. 경직되고 수직적인 위계질서, 탑다운 방식의 의사결정 구조
3. 의미 없는 회의나 보여 주기식 업무가 많은 곳
4. 개인의 성장을 지원하지 않고 소모품처럼 대하는 환경
5. 업계 평균에 비해 현저히 낮은 연봉

추가 요청
- 추천 회사 유형 또는 회사명: 가능하다면, 해당 기업의 조직 문화나 복지에 대한 간략한 정보도 함께 제공
- 면접 시 활용할 질문 리스트: 단순 확인형 질문보다는, 회사의 실제 분위기를 파악하고 나의 가치관을 어필할 수 있는 전략적인 질문

당신의 핵심 가치관인 성장 가능성, 수평적인 조직 문화, 워라밸 보장, 그리고 업무 자율성을 고려할 때, 다음과 같은 회사 유형과 구체적인 기업들을 추천드립니다.

당신에게 잘 맞는 회사 유형
1. 디자인 중심의 프로덕트 조직
   디자인이 단순한 지원 역할이 아닌, 제품 전략과 방향성에 핵심적인 역할을 하는 회사들입니다.
   디자이너가 초기 기획 단계부터 참여하며, 사용자 경험을 최우선으로 고려하는 문화가 특징입니다.
2. 유연한 근무 환경과 수평적인 조직 문화
   직급보다는 역할 중심의 협업을 지향하며, 유연 근무제나 재택근무가 잘 정착된 회사들입니다.
   의사결정 과정에서 다양한 의견을 수렴하고, 투명한 커뮤니케이션을 중요시합니다.
3. 성장과 학습을 지원하는 기업
   사내 교육 프로그램, 외부 세미나 참여 지원, 멘토링 제도 등을 통해 직원의 성장을 적극적으로 지원하는 회사들입니다.

추천 기업 리스트
1. 카카오
   - 조직 문화: 수평적인 조직 구조와 자유로운 커뮤니케이션을 강조합니다.
   - 근무 환경: 유연 근무제와 재택근무가 가능하며, 워라밸을 중요시합니다.
   - 성장 지원: 사내 교육 프로그램과 자기 개발을 위한 지원이 활발합니다.
2. 네이버
   - 조직 문화: 디자인과 개발 간의 협업이 활발하며, 의견을 자유롭게 나눌 수 있는 환경입니다.
   - 근무 환경: 유연 근무제와 재택근무를 도입하여 직원의 워라밸을 보장합니다.
   - 성장 지원: 다양한 사내 교육과 외부 세미나 참여를 지원합니다.

면접 시 활용할 전략적 질문 리스트

면접에서 회사의 실제 문화와 당신의 가치관이 부합하는지 확인하기 위해 다음과 같은 질문을 고려해 보세요.

1. 성장 가능성 확인
   - 최근 팀에서 도입한 새로운 디자인 툴이나 프로세스가 있다면 소개해 주실 수 있나요?
   - 디자이너의 역량 강화를 위해 회사에서 어떤 지원을 제공하나요?
2. 수평적 조직 문화 탐색
   - 디자인 관련 의사결정은 어떤 방식으로 이루어지며, 다양한 의견은 어떻게 수렴되나요?
   - 팀 내에서 의견 충돌이 발생했을 때 이를 어떻게 해결하나요?
3. 워라밸과 자율성 확인
   - 유연 근무제나 재택근무에 대한 팀의 접근 방식은 어떤가요?
   - 디자이너가 프로젝트를 주도적으로 이끌 수 있는 기회가 자주 주어지나요?
4. 센스 있는 질문
   - 팀에서 최근에 가장 자랑스러웠던 프로젝트나 성과는 무엇인가요?
   - 디자인 팀의 문화나 분위기를 한 단어로 표현한다면 무엇이라고 하시겠어요?

이러한 질문들을 통해 회사의 실제 문화와 당신의 가치관이 얼마나 부합하는지 파악할 수 있을 것입니다. 또한, 이러한 질문은 면접관에게 당신의 진지한 관심과 준비성을 어필하는 데 도움이 됩니다. 추가로, 특정 회사에 대한 더 자세한 정보나 포트폴리오 준비에 대한 조언이 필요하시면 언제든지 말씀해 주세요!

지금까지 챗GPT를 활용한 커리어 코칭 방법을 살펴봤습니다. 챗GPT는 분명 강력한 도구이지만, 기억해야 할 중요한 점이 있어요. 챗GPT는 수많은 데이터를 바탕으로 다양한 가능성을 제시해 줄 수 있지만, 최종적인 선택과 결정은 결국 '여러분'의 몫이라는 것입니다.

TIP
챗GPT에게 질문할 때, 최대한 솔직하게 여러분의 상황과 고민, 원하는 바를 입력하세요. 마치 친한 친구에게 털어놓듯이 말이죠. 여러분이 제공하는 정보가 진솔할수록, 챗GPT는 더욱 정교하고 여러분의 현실에 맞는 답변을 제공할 확률이 높아집니다.

LESSON 65 | 커리어 로드맵 만들기

이직이나 새로운 도전을 위해 밤새 공들여 이력서를 완성했는데, 내가 지원하려는 직무에 빗나가서 '서류에서 광탈하면 어쩌나' 하는 불안감 모두 느껴 봤죠? 그렇게 불안할 때는 챗GPT에게 이력서와 지원할 회사 채용 공고 내용을 보여 주고 개선할 부분이 무엇인지 컨설팅을 받는 방법도 있습니다. 합격률 높이는 이력서 첨삭 방법, 어떻게 하는지 같이 알아볼까요?

맞춤형 커리어 코치 만들기

프롬프트 | 프롬프트 65

[새 채팅] 을 누르고 [GPT-5] 모델을 선택합니다. 그리고 아래 [프롬프트 65]를 챗GPT에 입력합니다. [이력서], [직무 채용 공고] 밑에 여러분의 내용을 채우세요.

> 너는 IT/스타트업 분야 채용 경험이 풍부한 베테랑 채용 전문가야. 아래 첨부된 [이력서]와 내가 이번에 꼭 합격하고 싶은 [직무 채용 공고] 내용을 꼼꼼하게 비교 분석해서, [디지털 마케팅 전문가] 포지션에 적합한 인재라는 인상을 강력하게 줄 수 있도록, 채용 담당자의 입장에서 냉철하고 실용적인 피드백과 개선 방안을 만들어 줘.
>
> [이력서]
> - 핵심 역량 요약
>   - 3년차 주니어 마케터
>   - 다양한 SNS 채널 운영 및 관리 경험과 콘텐츠 기획/제작 능력 보유
>   - 데이터 분석을 통해 캠페인 성과를 개선한 경험 있음
>   - 창의적이고 적극적인 자세로 업무에 임함
>   - 주요 경력(OO회사/마케터/2022.03 ~ 현재):
>   - 회사 인스타그램 채널 주 담당자로 운영(콘텐츠 기획, 제작, 발행, 소통 등) → 재임 기간 중 팔로워 수 50% 이상 증가에 기여
>   - 분기별 신제품 출시 캠페인 기획 단계부터 참여하여 아이디어 제안 및 실행 지원
>   - 월간 마케팅 채널별 성과 데이터 취합 및 결과 보고서 작성 보조

직무 채용 공고
- 모집 직무: 디지털 마케팅 전문가(대리급, 경력 3~5년)
- 주요 역할
  - 데이터 분석 기반의 디지털 마케팅 전략 수립 및 실행
  - 퍼포먼스 마케팅(검색 광고, 디스플레이, 앱 마케팅 등) 직접 운영 및 최적화(ROAS 관리)
  - A/B 테스트 등 그로스 해킹 실험 설계 및 성과 분석
  - 마케팅 예산 계획 및 집행 관리
  - 신규 마케팅 채널 발굴 및 테스트
- 자격 요건
  - 디지털 마케팅 경력 3년 이상 필수
  - 데이터 분석 능력 및 관련 툴(GA, Amplitude 등) 활용 능력 필수
  - 퍼포먼스 광고 매체 운영 경험 필수
  - (우대) SQL 활용 능력, 그로스 해킹 경험, 팀 리딩 경험

이력서 개선 전략 조언 요청
1. 강점 매칭 & 부각: 이력서에 기술된 경험들 중에서, [목표 직무]의 역할 및 자격 요건과 가장 부합하여 더 구체적인 성과를 넣어 강조하거나 어필하면 좋은 부분이 있다면 짚어 줘.
2. 약점/공백 보완: 이력서에서 [목표 직무]에 지원하기에 부족해 보이거나 아예 언급되지 않은 중요한 경험/역량(Gap)을 찾아줘. 이 부분을 보완하기 위해 기존 경험을 재해석할 방법, 혹은 어떤 내용을 추가하면 좋을지 아이디어를 제안해 줘.
3. '합격 키워드' 활용: 채용 공고에 반복적으로 등장하는 핵심 키워드를 내 이력서 경력 기술 부분에 자연스럽게 녹여 줘.
4. 첫인상 개선(요약/헤드라인): 이력서 맨 앞의 '핵심 역량 요약' 부분이나 전체적인 인상을 [목표 직무] 채용 담당자 입장에서, 매력을 느낄 수 있도록 개선해 줘.

아래는 당신의 이력서를 디지털 마케팅 전문가(대리급) 채용 공고에 맞추어 채용 담당자의 시선에서 분석한 피드백과 구체적인 개선 제안입니다.

디지털 마케팅 전문가 포지션 지원을 위한 이력서 개선 전략

1. 강점 매칭 & 부각

지원자의 강점 중 다음 항목은 채용 공고와 직접적으로 연결되며, 더 구체적인 수치 및 맥락을 추가해 강화할 수 있습니다.
- SNS 운영 성과
  - 현재: 인스타그램 채널 주 담당자로 운영(콘텐츠 기획, 제작, 발행, 소통 등)
  - 개선 제안
    - 브랜드 인스타그램 채널 주 담당자로, 월 평균 콘텐츠 12건 기획·제작 및 성과 리포트 작성
    - 팔로워 수 50% 증가(약 3000명 → 4500명), 평균 좋아요 수 2배 이상 증가 등 채널 성과 성장 견인
- 캠페인 기획 참여 경험
  - 현재: 신제품 캠페인 기획 참여 및 실행 지원
  - 개선 제안:

- 신제품 3종 론칭 디지털 캠페인 기획 단계부터 참여, 타깃 분석 기반 콘텐츠 아이디어 제안 및 인플루언서 협업 제안 실행
    - 캠페인 도달 수 약 30만 회, 랜딩 페이지 전환율 약 5.4% 기록
- 데이터 분석 관련 경험
  - 현재: 성과 데이터 취합 및 결과 보고서 작성 보조
  - 개선 제안:
    - 인스타그램, 유튜브, 블로그 등 채널별 월간 데이터 집계 및 기본 분석.
    - Google Analytics를 활용해 주요 유입 경로, 이탈률 등 트래픽 흐름 파악 후 팀 회의에 공유

2. 약점/공백 보완

현재 이력서에 부족하거나 언급되지 않은, 하지만 채용 공고에 명시된 핵심 자격 요건은 다음과 같습니다.

요구 역량	현재 이력서 반영 여부	보완 아이디어
퍼포먼스 마케팅(검색·디스플레이·앱 광고) 직접 운영 경험	없음	최근 실행한 SNS 광고 집행 경험(있다면) 추가. 없다면 '콘텐츠 기획자가 광고 캠페인 타겟/크리에이티브 기획에 참여한 경험' 강조
ROAS 등 성과 기반 캠페인 최적화 경험	간접적 언급	KPI 설정 및 성과 분석을 일부 맡았던 경험을 수치 기반으로 기술
데이터 분석 툴 (GA, Amplitude 등) 활용	일부 언급	GA 사용 사례를 구체화하고, Amplitude나 Tableau 등 학습 중이면 이수 내용 추가
A/B 테스트 및 실험 설계	없음	'SNS 콘텐츠 A/B 비교 테스트를 통해 클릭률 개선' 등의 사례로 간접적 경험 어필
마케팅 예산 및 집행 관리	없음	해당 경험이 없을 경우, '캠페인 실행 단계에서 예산 기준에 맞춘 콘텐츠 기획 또는 효율 분석 참여' 식의 보완 표현 가능

3. '합격 키워드' 활용 제안

채용 공고에 반복적으로 등장한 주요 키워드를 이력서 내 경험 서술에 자연스럽게 녹여 다음처럼 표현하면 효과적입니다.

- 추천 삽입 키워드 리스트
    - 디지털 마케팅 전략
    - 퍼포먼스 마케팅
    - A/B 테스트
    - ROAS
    - 마케팅 예산
    - 데이터 분석 기반
    - 캠페인 성과 개선
    - 신규 채널 테스트
    - 전환율/클릭률/도달 수
- 예시 문장
    - 데이터 분석 기반 콘텐츠 기획을 통해 SNS 전환율 개선을 도모
    - 신제품 캠페인에서 ROAS 350% 이상을 달성한 키 크리에이티브 기획에 참여
    - 검색 광고 소재에 대한 A/B 테스트 기획안 작성 및 CTR 비교 분석 경험

4. 핵심 역량 요약(헤드라인) 개선 제안
- 현재 요약
  - 3년차 주니어 마케터
    - 다양한 SNS 채널 운영 및 관리 경험과 콘텐츠 기획/제작 능력 보유
    - 데이터 분석을 통해 캠페인 성과를 개선한 경험 있음
    - 창의적이고 적극적인 자세로 업무에 임함
- 개선 제안
  - 디지털 마케팅 경력 3년차 마케터로, 콘텐츠 기획부터 채널 운영·성과 분석까지 전 주기를 경험했습니다. SNS 기반 브랜딩 캠페인을 직접 운영하여 팔로워 수 50% 이상 성장에 기여했으며, Google Analytics를 통한 유입 경로 분석, 전환율 개선에도 적극 참여했습니다. 퍼포먼스 마케팅 영역으로의 확장을 위해 광고 효율 분석, A/B 테스트 등 실전 감각을 키우고 있습니다.
- 개선 포인트
  - '주니어 마케터'라는 포지셔닝 대신 역량 중심 표현 사용
  - 정량 성과 강조(팔로워 수, 전환율 등)
  - 부족한 항목(퍼포먼스 마케팅, 데이터 분석)에 대한 학습/의지 표현 추가
- 최종 조언
  현재 이력서는 SNS 콘텐츠 기획 및 채널 운영에 강점이 있는 실무형 인재로 보입니다. 다만, 퍼포먼스 마케팅, 예산 운용, 실험 설계 등 '전략 실행자'로서의 무게감이 부족해 보일 수 있으므로, 그에 가까운 실무 경험을 끌어내어 연결하거나, 부족한 부분은 학습 및 확장 의지를 명시하는 것이 중요합니다.

  경력 기술서 분량이 여유가 있다면, 각 캠페인의 목표(KPI), 내가 한 역할, 성과 수치를 STAR 기법에 따라 2~3줄로 정리하는 것도 추천드립니다.

정성껏 준비한 경력과 역량, 지원하는 회사가 알아봐 주길 바란다면 이력서를 그냥 제출하지 마시고 챗GPT를 활용해 보세요. 강점은 최대한 부각하고 약점은 보완하는 이력서를 만들 수 있습니다.

더 이상 하나의 이력서로 모든 회사에 지원하지 마세요. 지원하는 회사의 채용 공고마다 맞춤형 이력서를 챗GPT의 도움을 받아 작성할 수 있어요. 챗GPT의 조언에 따라 각 회사/직무 버전의 이력서를 만드는 겁니다.

LESSON 66 | 나만의 커리어 스토리 만들기

이직할 때 제일 고민이 되는 것이 바로 자기소개서입니다. 첫 문장부터 막히는 바람에 시간만 보내기도 하죠. 나름의 경력도 쌓았고, 업무적인 능력도 제법 괜찮은데, 막상 '나'라는 사람을 글로 표현하는 일이 너무나 힘듭니다. 어떻게 해야 인사담당자의 눈길을 사로잡을 수 있을지 고민되죠. 그렇다고 주변 사람들에게 내 자기소개서를 들이밀며 피드백을 받기도 영 부담스럽습니다. 오늘은 단순히 글자 수를 채우는 게 아닌 나의 강점과 스토리를 자기소개서에 매력적으로 담아내는 방법을 살펴보겠습니다.

자기소개서 작성하기

프롬프트 | 프롬프트 66-1, 프롬프트 66-2

01 [새 채팅]을 누르고 [GPT-5] 모델을 선택합니다. 그리고 아래 [프롬프트 66-1]을 챗GPT에 입력합니다.

> 너는 사용자가 자기 본질을 탐구하도록 돕는 탁월한 커리어 코치야. 사용자는 지금 새로운 도전을 앞두고 자기소개서를 쓰려고 하는데, 그 전에 자신을 아주 깊이 이해하는 시간을 갖고 싶어 해. 사용자가 아래 항목들을 명확히 파악해서 자신만의 강점과 스토리를 발견할 수 있도록, 깊은 생각과 솔직한 답변을 끌어내는 구체적인 질문 10개를 아래 사항을 반영해서 만들어 줘.
>
> 1. 진짜 중요하게 생각하는 핵심 가치
> 2. 지난 경력에서 가장 큰 성취감을 느꼈던 순간과 그 이유
> 3. 동료들이 생각하는 자신의 모습(긍정적인 평가와 개선할 점 모두)
> 4. 어떤 일을 할 때 가장 즐겁고 깊이 몰입하는지
> 5. 나를 키운 뼈아픈 조언
> 6. 힘들었지만 끝끝내 이겨 낸 경험
> 7. 나와 단짝인 동기
> 8. 내가 원하는 최고의 근무 환경
> 9. 나에게 주고 싶은 특별한 선물
> 10. 미래의 나에게 주는 편지

> 각 질문은 사용자가 단순히 사실을 나열하는 게 아니라, 자신의 경험과 감정을 진솔하게 탐색하도록 유도해야 해. 이 질문들을 통해 사용자가 자기소개서에 담을 자기만의 빛나는 이야기를 찾도록 도와 줘.

 아주 멋진 출발이에요. 자기소개서를 쓰기에 앞서 자기 자신을 깊이 이해하려는 태도는, 진심 어린 글을 쓰기 위한 가장 중요한 기반이 됩니다. 아래는 당신이 진짜 중요하게 여기는 가치, 경험, 감정, 인간관계, 그리고 앞으로 나아갈 방향까지 진솔하게 마주할 수 있도록 설계한 10개의 질문입니다. 각 질문은 단순한 정보가 아니라 당신만의 스토리와 감정을 끌어내는 데 초점을 맞췄어요. 깊이 생각하고, 마음속에서 자연스럽게 떠오르는 장면을 따라가 보세요.

1. 내가 어떤 사람인지 정의하는 '핵심 가치'는 무엇인가요? 그 가치를 갖게 된 계기나, 그 가치가 시험받았던 순간은 언제였나요? 그때 어떤 선택을 했고, 그 선택이 나에게 어떤 영향을 미쳤나요?
2. 이전 일이나 프로젝트 중에서 '진짜 나답다'고 느끼며 성취감을 깊이 느꼈던 순간은 언제였나요? 무엇이 그 일을 특별하게 만들었고, 어떤 감정을 느꼈나요? 그 경험을 통해 나는 무엇을 배웠나요?
3. 동료들이 나에 대해 해 준 말 중 가장 인상 깊었던 '칭찬'과 '쓴소리'는 무엇이었나요? 그 말에 내가 어떻게 반응했고, 내게 어떤 변화가 일어났나요?
4. 일을 할 때 시간 가는 줄 모르고 몰입했던 경험이 있다면, 그때의 상황과 이유는 무엇이었나요? 그 경험을 통해 '나에게 맞는 일'은 어떤 특성을 가지고 있다고 느꼈나요?
5. 나를 단단하게 만든, 가슴 아팠지만 고마운 조언은 무엇이었나요? 그 말을 들었을 당시 나는 어떤 상태였고, 지금 돌아보면 그 조언이 어떤 의미로 다가오나요?
6. 겉으로는 괜찮아 보였지만, 사실은 꽤 힘들었던 시기가 있었나요? 그때 어떤 감정들이 있었고, 어떻게 버티고 극복해 냈나요? 그 경험이 지금의 나에게 어떤 영향을 주고 있나요?
7. 내가 어떤 상황에서 가장 큰 동기와 에너지를 느끼는지 떠올려 본다면, 공통된 요소는 무엇인가요? 내가 좋아하는 방식으로 움직였던 순간에는 어떤 일이 있었나요? 함께 했던 사람, 공간, 감정은 어땠나요?
8. '이런 환경이라면 나는 정말 잘할 수 있다'고 느끼는 이상적인 근무 환경은 어떤 모습인가요? 반대로, 무엇이 나의 에너지를 떨어뜨리고 지치게 하나요?
9. 지금의 나에게 '선물' 하나를 준다면, 어떤 걸 주고 싶나요? 그 선물을 통해 나에게 어떤 위로나 격려, 회복이 필요하다고 느끼고 있나요?
10. 5년 후의 내가 지금의 나에게 편지를 쓴다면, 어떤 말을 해 주고 있을까요? 지금 이 순간의 고민과 바람, 그리고 앞으로 걸어갈 길에 대해 어떤 응원과 조언을 해 줄까요?

이 질문들에 스스로 깊이 몰입해서 답해 보면, 자기소개서에 쓸 '형식적인 이력'이 아니라 진짜 당신의 이야기를 담을 수 있는 나만의 문장이 자연스럽게 떠오르게 될 거예요.
필요하다면 각 질문에 대한 답변 정리도 함께 도와드릴게요. 언제든 말씀 주세요.

챗GPT는 위와 같은 프롬프트를 받으면, 마치 숙련된 코치처럼 여러분의 내면을 들여다볼 수 있는 질문을 생성해 줄 겁니다. 그 질문에 차례대로 대답하면서 생각을 정리해 보세요. 그러면 이전에는 미처 모르던 자신의 강점, 업무 능력, 가치관 등을 새롭게 발견할 수 있답니다. 이런 답변들이 매력적인 자기소개서의 바탕이 되는 겁니다. 추상적인 표현보다는 구체적인 경험에서 무엇을 느끼고 그 느낀점을 업무에 반영했는지 스토리를 만들어 보세요.

02 챗GPT가 제안한 10가지 질문에 성실하게 답하셨나요? 여러분의 내면을 찾는 과정을 마쳤다면, 이제 자기소개서의 틀을 잡고 내용을 넣을 차례입니다. 아래 **[프롬프트 66-2]**를 챗GPT에 입력해 주세요.

너는 채용 전문가이자 스토리텔링 전략가야. 나는 [회사 이름 입력]의 콘텐츠 마케터 포지션에 지원하려고 해. 앞서 '자기 정체성 찾기'를 통해 파악한 나의 정보는 다음과 같아.

- 이 정보를 바탕으로,([회사 이름 입력]의 [콘텐츠 마케터] 직무에 최적화된 자기소개서 목차를 구성해 줘.
- 각 항목별로 어떤 핵심 내용을 어떤 경험과 연결해서 작성하면 좋을지 구체적인 가이드라인을 제시해 줘.
- 특히 나의 강점과 경험을 효과적으로 어필할 수 있도록 해 주고, 지원 동기와 입사 후 포부는 회사의 비전과 나의 성장 목표가 연결되도록 작성하는 데 도움을 줘.
- 각 항목은 설득력 있고 흥미를 유발할 수 있도록 작성해 줘.

[여기에 여러분의 10가지 대답 입력]

콘텐츠 마케터 직무 지원용 자기소개서 목차 및 작성 가이드라인

1. 나를 움직이게 하는 핵심 가치

   핵심 내용
   - 내가 일을 대할 때 가장 중요하게 여기는 가치(예: 진정성, 창의성, 연결감 등)를 밝힘
   - 콘텐츠 마케팅이라는 직무에서 이 가치가 왜 중요한지 연결시켜 서술

   활용 경험 예시
   - 특정 캠페인에서 고객 중심의 콘텐츠를 만들기 위해 고민한 사례
   - 진정성을 중시해 브랜드 톤앤매너를 설계하거나, 피드백을 반영한 경험 등

2. 가장 큰 성취감을 느꼈던 순간

   핵심 내용
   - 업무적 성취 중 '기획 → 실행 → 반응'까지 주도적으로 경험한 사례
   - 단순한 성과보다, '어떤 과정'을 통해 성과를 이뤘는지에 초점

   활용 경험 예시
   - SNS 콘텐츠 시리즈 기획 후 사용자 반응 폭발 → KPI 달성
   - 신규 채널 오픈 또는 캠페인 콘텐츠 확산 경험

3. 동료들이 바라보는 나의 강점과 보완점

   핵심 내용
   - 협업 과정에서 인정받은 나의 장점(예: 커뮤니케이션, 책임감 등)
   - 피드백을 통해 깨닫고 개선해온 부분도 함께 제시(예: 과한 완벽주의, 일정 감각 등)

활용 경험 예시
- 피드백을 반영해 프로젝트 운영 방식을 바꿨던 사례
- 주변의 평가를 수용하며 성장한 과정을 드러내기

4. 내가 깊이 몰입하는 순간

    핵심 내용
    - 어떤 종류의 업무에서 '몰입'을 경험하는지 구체적으로 설명
    - 마케터로서의 방향성과 어떻게 맞닿아 있는지 서술

    활용 경험 예시
    - 타겟 페르소나를 분석하며 콘텐츠 기획에 몰입했던 사례
    - 짧은 카피 하나에 여러 번 수정하며 고민했던 과정 등

5. 나를 키운 뼈아픈 조언

    핵심 내용
    - 초기에 겪었던 실패나 부족함을 찌르는 조언이었지만, 그것을 받아들여 바뀐 이야기
    - 단순한 회고가 아니라, 구체적 행동의 변화를 중심으로 전개

    활용 경험 예시
    - '그건 니가 하고 싶은 콘텐츠지'라는 말에서 타겟 중심 사고를 갖게 된 계기
    - '매우 꼼꼼한데, 너무 느려'라는 피드백을 받고 워크플로 개선한 사례

6. 극복한 경험

    핵심 내용
    - 감정적으로도 어려웠지만, 끝까지 버티고 해결한 프로젝트나 대외활동 경험
    - 단순한 '노력'보다는 복합적인 문제 해결력 강조

    활용 경험 예시
    - 협업 이슈 속에서도 프로젝트 마감일을 지켜낸 이야기
    - 예산 삭감, 제작 오류, 리소스 부족 등을 극복한 캠페인 운영

7. 함께 성장한 동료(단짝) 이야기

    핵심 내용
    - 동료와의 협업을 통해 상호 보완하며 일했던 경험
    - 마케터로서 '함께 만드는 일'에 대한 태도 강조

    활용 경험 예시
    - 디자이너 또는 개발자와 콘텐츠 기획부터 제작까지 함께했던 협업 사례
    - 인턴/신입 시절 동기와 성장 곡선을 공유하며 버틴 이야기

8. 내가 바라는 근무 환경

    핵심 내용
    - 내가 잘 성장하고, 성과를 낼 수 있는 환경은 어떤 곳인지
    - '[회사 이름 입력]'의 기업 문화/채용 공고와 연결지어 서술

    활용 경험 예시
    - 자율성과 피드백이 균형 있게 오가는 조직
    - 빠른 실행과 실험이 가능한 곳 → 콘텐츠 실험을 반복할 수 있는 곳

9. 나에게 주고 싶은 선물

    핵심 내용
    - 업무 외적이면서도 자기 동기나 정체성, 태도 등을 드러내는 질문

- 업무 외적이면서도 자기 동기나 정체성, 태도 등을 드러내는 질문
- '나'라는 사람을 인격적으로 보여 주는 포인트로 활용

활용 방향 예시
- '잠시 쉴 수 있는 여유' → 성실함의 반대면인 쉼을 생각하는 사람
- '내 이름이 새겨진 브랜드 노트' → 브랜딩에 대한 관심 암시

10. 미래의 나에게 쓰는 편지(입사 후 포부 포함)

핵심 내용
- 콘텐츠 마케터로서 어떤 역량을 더 쌓고 싶은지
- '[회사 이름 입력]'의 브랜드 혹은 캠페인 안에서 어떻게 기여하고 싶은지

활용 내용 예시
- 데이터 기반 콘텐츠 전략 기획 능력, 캠페인 운영 경험 강화 목표
- '내가 만든 콘텐츠가 브랜드를 대표하는 목소리가 되었다'는 말을 듣고 싶다는 포부

챗GPT는 강력한 자기소개서 작성 도구임이 분명합니다. 하지만 챗GPT가 써 준 내용을 그대로 붙여넣기는 하지 맙시다. 챗GPT가 아무리 똑똑하다 한들, 여러분의 경험과 생각을 완벽하게 녹여 내지 못합니다. 따라서 챗GPT의 제안은 자기소개서의 틀로 활용하고 거기에 자신만의 언어와 스토리를 담아 재창조하는 작업이 꼭 필요합니다. 나를 찾는 일인데 챗GPT에게 커리어를 맡길 수는 없으니까요.

TIP 프롬프트를 입력할 때, '너는 구체적인 직업이나 역할, 예를 들어 [구글의 채용 담당자/15년 차 헤드헌터/유명 카피라이터]의 역할을 맡아서 답변해 줘.'와 같이 페르소나를 부여하는 것을 잊지 마세요. 더 전문적이고 해당 역할에 맞는 날카로운 답변을 얻을 수 있답니다.

LESSON 67 | 챗GPT에게 모의 면접 보기

이직에 있어서 가장 어려운 관문은 면접이죠. 면접의 첫 인상이 너무나 중요한데, 평상시와 다른 모습을 보여 줘야 한다는 부담감이 밀려오기도 합니다. 직무에 대한 이해를 바탕으로 자신의 강점을 짧은 순간에 어필해야 하는 게 면접에서 제일 중요합니다. 예전에는 동료와 연습을 했다면 이제 챗GPT와 실전처럼 연습해 볼 수도 있습니다. 챗GPT를 활용한 모의 면접 진행 과정을 알아보겠습니다.

모의 면접 진행하기

프롬프트 | 프롬프트 67

[새 채팅] 을 누르고 [GPT-5] 모델을 선택합니다. 그리고 아래 [프롬프트 67]을 챗GPT에 입력합니다. [나의 주요 경력], [채용 공고 내용] 밑에 이력서와 여러분이 실제 지원할 회사의 채용 공고를 채우세요.

> 너는 최고의 커리어 컨설턴트이자 아래 회사의 면접관이야. 내가 아래 채용 공고를 바탕으로 면접을 준비하려고 해.
>
> **요청**
> - 이 직무의 핵심 역할, 필요한 주요 역량(기술적 역량, 소프트 스킬 포함), 그리고 우대 조건 등을 상세히 분석해 줘.
> - 분석 결과를 토대로 내가 어떤 부분을 집중적으로 학습하고 준비해야 할지 스터디 계획의 방향을 잡아 줘.
> - 아래 [나의 주요 경력]에 따라 5~7개 정도의 상황 기반의 질문을 해 줘. 그리고 내 답변에 대해 구체적인 피드백도 해 줘.
>
> **나의 주요 경력**
> - (주)알파커머스/퍼포먼스 마케터/3년
> - 페이스북, 구글 광고 예산 20% 절감 및 ROAS 150% 달성
> - 신규 서비스 런칭 캠페인 기획 및 실행, 3개월 만에 가입자 5만 명 확보
> - GA 기반 고객 데이터 분석 및 주간 리포트 작성, 마케팅 전략 개선에 기여

나의 주요 경력
- (주)알파커머스/퍼포먼스 마케터/3년
- 페이스북, 구글 광고 예산 20% 절감 및 ROAS 150% 달성
- 신규 서비스 런칭 캠페인 기획 및 실행, 3개월 만에 가입자 5만 명 확보
- GA 기반 고객 데이터 분석 및 주간 리포트 작성, 마케팅 전략 개선에 기여

채용 공고 내용
- 회사명: (주)넥스트커머스
- 모집 분야: 그로스 마케터(경력 3년 이상)
- 회사 소개: (주)넥스트커머스는 AI 기반 개인화 추천 솔루션을 제공하는 빠르게 성장하는 스타트업입니다. 데이터 기반의 의사결정을 중시하며, 자유로운 분위기 속에서 동료들과 함께 성장할 기회가 열려 있습니다.

주요 업무
- 데이터 분석 기반의 그로스 마이닝 전략 수립 및 실행
- A/B 테스트 설계 및 성과 측정, 개선안 도출
- 퍼포먼스 마케팅 채널 운영 및 최적화(GA, 페이스북, 인스타그램 등)
- 신규 고객 확보 및 리텐션 증대를 위한 마케팅 캠페인 기획 및 운영
- SEO/ASO 전략 수립 및 콘텐츠 마케팅 실행

자격 요건
- 학사 학위 이상
- 그로스 마케팅 또는 퍼포먼스 마케팅 경력 3년 이상
- 데이터 분석 툴(GA, Amplitude 등) 활용 능력 필수
- A/B 테스트 경험 및 성과 개선 경험

우대 사항
- AI 활용 능력
- 스타트업 근무 경험
- CRM 마케팅 경험
- 영어 커뮤니케이션 능력

좋습니다. 아래는 (주)넥스트커머스의 그로스 마케터 채용 공고를 바탕으로 한 분석과, 사용자의 경력을 반영한 면접 준비 전략입니다.

직무 분석

1. 핵심 역할(Key Responsibilities)
   - 데이터 기반 그로스 마케팅 전략 수립 및 실행
   - A/B 테스트를 통한 서비스 개선
   - 퍼포먼스 마케팅 채널 운영 및 ROAS 향상
   - 신규 고객 확보 및 리텐션 마케팅
   - SEO/ASO 최적화와 콘텐츠 마케팅

2. 필수 역량
- 기술적 역량
  - GA / Amplitude 등 분석 툴 숙련도
  - 페이스북, 인스타그램, 구글 등의 광고 채널 운영 경험
  - A/B 테스트 설계 및 결과 분석
  - SEO/ASO 전략 수립 능력
  - 데이터 기반 의사결정 능력
- 소프트 스킬
  - 논리적 사고 및 문제 해결 능력
  - 실험 기반 학습과 개선을 반복하는 자세
  - 크로스 기능 팀과의 협업 커뮤니케이션 역량
  - 빠르게 변화하는 환경에서의 적응력과 실행력

3. 우대 조건
- AI 활용 역량: 추천 알고리즘, 타겟팅 고도화에 강점
- 스타트업 경험: 멀티태스킹, 빠른 실행력
- CRM 마케팅: 리텐션 캠페인 설계
- 영어 커뮤니케이션: 글로벌 SaaS/마케팅 툴 사용 환경 고려

스터디 및 면접 준비 방향

1. 우선순위 학습 포인트

영역	학습 포인트
데이터 분석	Amplitude 실습, funnel 분석, user cohort tracking
A/B 테스트	실험 설계 (가설 설정, 샘플링, 지표 선정), 결과 해석 사례 공부
SEO/ASO	On-page/Off-page SEO, 앱스토어 키워드 전략, 메타데이터 최적화
AI 마케팅	AI 기반 추천 모델, Lookalike 타겟팅 자동화 사례 학습
CRM 마케팅	사용자 세분화, 리텐션 전략(LTV 향상), 마케팅 자동화 툴 예: Braze, Salesforce

2. 실전 준비
- 당신의 성과지표(ROAS, 전환율, CAC)를 수치 기반으로 정리
- A/B 테스트 기획 > 실행 > 해석 과정을 구체 사례 중심으로 준비
- 콘텐츠 마케팅 경험 or 전략이 부족하다면 유사 사례 학습 추천
- 상황 기반 예상 질문(STAR 방식 답변 연습용)
  - 광고 예산을 절감하면서 ROAS를 높였다고 했는데, 그 과정에서 어떤 분석과 실행을 했나요?
  - 신규 서비스 런칭 캠페인을 진행할 때, 어떤 지표를 가장 중시했고, 가입자 5만 명 확보를 위해 어떤 전략을 사용했나요?
  - 성과가 예상보다 낮았던 캠페인을 어떻게 분석하고 개선하셨나요?
  - GA를 활용해 고객 행동 데이터를 분석한 경험을 말씀해 주세요. 그 분석이 어떤 마케팅 의사 결정에 기여했나요?
  - A/B 테스트를 직접 설계하고 실행한 사례가 있다면 구체적으로 말씀해 주세요.
  - 리텐션 향상을 위한 캠페인을 직접 운영해 본 경험이 있나요? 어떻게 접근했나요?
  - AI 기술을 마케팅에 활용해 본 경험이 있으신가요? 혹은 관련 툴을 학습한 적이 있다면?

- 예시 답변 & 피드백
    Q. 광고 예산을 절감하면서 ROAS를 높인 사례를 말해 주세요.
    - 초기에는 CPA가 높은 키워드와 비효율 채널에 광고 예산이 분산되어 있었습니다. 고객 세그먼트를 GA 기반으로 다시 나눈 뒤, 고전환 유저 유입 채널에 예산을 집중 배분했습니다. 특히 페이스북에서 Lookalike Audience를 1~2%로 세분화하여 타겟팅 정밀도를 높였고, 캠페인별 CTR과 전환율을 기반으로 매주 구조를 재정비한 결과, 3개월 내 예산 20% 절감, ROAS는 1.5배 향상되었습니다.
- 피드백:
    - 강점: 수치로 성과를 명확하게 제시했고, 타겟팅 전략도 구체적임
    - 개선점: A/B 테스트 또는 실험 기반의 접근을 포함하면 더욱 좋음
      예: 어떤 버전이 더 성과가 좋았는지 비교

마무리 조언
현재 퍼포먼스 마케팅 기반 역량은 강점입니다.
보완할 점은 SEO/ASO 전략 수립, 리텐션 마케팅, AI 기반 마케팅 도구 학습입니다.
실무 사례 기반의 정리 + 최신 SaaS 마케팅 사례 학습(Amplitude, Mixpanel, Braze 등)을 병행하면 매우 유리합니다.
필요하다면 위 분석을 바탕으로 면접 스크립트, 예상 질문별 모범 답안, 또는 포트폴리오 구성 방향도 도와드릴 수 있습니다. 다음으로 무엇을 준비하고 싶으신가요?

챗GPT는 채용 공고 내용을 분석해서 필요한 역할, 주요 역량, 공부해야 할 방향 그리고 예상 질문을 제시해 줄 겁니다. 챗GPT가 분석해 준 내용을 바탕으로 면접 계획을 세우고 준비 과정에 임하면 됩니다. 어떤 경험을 더 강조하고 보완해야 할 지식이 무엇인지 방향을 잡을 수 있죠. 특히 예상 질문은 가능성이 높은 것들이므로 상황에 맞게 답변하도록 실전 감각을 키우시기 바랍니다.

면접 답변을 준비할 때, 단순히 경험을 나열하는 것을 넘어 '그래서 내가 이 회사에 어떤 기여를 할 수 있는가'를 명확하게 연결하는 연습을 해 보세요. 챗GPT에게 '내 경력과 지원하는 직무의 연관성을 분석하고, 내가 회사에 기여할 수 있는 포인트를 3가지로 요약해 줘.'라고 요청하면, 당신의 가치를 어필하는 데 큰 도움이 될 겁니다.

LESSON 68 | 아이디어 브레인스토밍하기

해결해야 할 문제는 쌓여 있는데, 머리는 작동을 멈춘 것처럼 더 이상 아이디어가 떠오르지 않을 때가 있습니다. 뭔가 좀 신박하고 기발한 방법이 필요합니다. 챗GPT는 언제라도 상상도 못한 아이디어들을 쏟아낼 준비가 되어있습니다. 꽉 막힌 문제, 해결의 실마리를 함께 찾아볼까요?

맞춤형 커리어 플랜 요청하기

프롬프트 | 프롬프트 68

[새 채팅] 을 누르고 [GPT-5] 모델을 선택합니다. 그리고 아래 [프롬프트 68]을 챗GPT에 입력합니다. [해결해야 할 문제] 밑에 여러분의 내용을 채우세요.

> 너는 틀에 박힌 생각을 깨고 창의적인 아이디어가 샘솟는 아이디어 머신이야. 우리 회사(50명 IT 스타트업)가 현재 겪고 있는 아주 골치 아픈 문제는 아래와 같아.
>
> **[해결해야 할 문제]**
> 우리는 빠르게 성장 중인 50명 규모의 IT 회사야. 그런데 최근 들어 개발팀과 마케팅팀 간의 소통이 원활하지 않고 서로의 업무를 잘 이해하지 못해서 협업에 어려움을 겪고 있어. 예를 들어 마케팅팀은 개발 일정을 고려하지 않고 무리한 프로모션을 기획하거나, 개발팀은 마케팅팀의 요구 사항을 기술적인 관점에서만 해석하여 실제 의도와 다른 결과물을 내놓는 경우가 종종 발생했어. 이것 때문에 프로젝트 일정이 늦어지거나 최종 결과물의 완성도가 떨어지는 문제가 생기고 있어서, 팀 간의 벽을 허물고 진정한 시너지를 낼 수 있는 실질적인 해결 방안이 절실해.
>
> **[요청]**
> 이 고질적인 문제를 해결하고 서로를 더 잘 이해하고 협업할 수 있도록 만드는 재미있고 효과적인 방법 10가지를 브레인스토밍 해 줘.
>
> - 너무 교과서적이거나 뻔한 아이디어(예: 정기 회의 늘리기)보다는, 약간 엉뚱하더라도 신선하거나 발상의 전환을 유도하는 아이디어를 많이 포함해 주면 좋겠어.
> - 각 아이디어는 어떤 식으로 실행하는 건지 간단한 설명과 함께 제안해 줘.

1. '역할 바꾸기 데이' – 하루 동안 서로의 업무를 체험하기
   - 실행 방법: 마케팅팀은 개발 업무를 체험하고, 개발팀은 마케팅 업무를 체험합니다.
   - 기대 효과: 역할을 바꾸어 체험함으로써 상대의 입장을 이해하고, 커뮤니케이션의 공감대를 넓힐 수 있습니다.
2. '엉뚱한 브레인스토밍 워크숍' – 서로의 영역에 터무니없는 아이디어 던지기
   - 실행 방법: 개발팀이 마케팅 캠페인 아이디어를, 마케팅팀이 기술 스택 개선 아이디어를 제시합니다. 현실성과 무관하게 '왜 그런 생각을 했는지'를 중심으로 토론합니다.
   - 기대 효과: 고정관념을 깨고, 서로의 관점을 창의적으로 받아들이는 계기를 마련할 수 있습니다.
3. '디펜드 마이 팀' 세션 – 상대 팀의 입장에서 변호하기
   - 실행 방법: 마케팅팀은 개발팀의 입장에서, 개발팀은 마케팅팀의 입장에서 문제 상황에 대한 변론을 준비합니다.
   - 기대 효과: 논리적으로 상대 팀의 입장을 이해하고 설득하게 되어, 상호 이해와 존중이 깊어집니다.
4. '일일 짝꿍 시스템' – 크로스 팀 페어링
   - 실행 방법: 주 1회, 개발자 1명과 마케터 1명이 짝을 이뤄 하루 동안 업무를 함께합니다.
   - 기대 효과: 상호 신뢰를 기반으로 한 작지만 강력한 협업 네트워크를 형성할 수 있습니다.
5. '툴 교환 체험기' – 서로가 자주 쓰는 도구 체험하기
   - 실행 방법: 마케터는 Git이나 VS Code 등 개발 도구를, 개발자는 GA나 Notion 마케팅 보드 등 마케팅 도구를 실제 사용해 보고 피드백을 나눕니다.
   - 기대 효과: 단순한 '모른다'가 아닌 '써 봤는데 이렇게 느꼈다'는 실제 경험을 바탕으로 대화할 수 있게 됩니다.
6. '투명 프로젝트 보드' – 서로의 업무 계획을 실시간 공개
   - 실행 방법: 서로의 업무 계획과 진행 상황을 '한눈에 볼 수 있는' 시각화된 보드로 공유합니다.
   - 기대 효과: 일정 충돌이나 오해를 줄이고, 사소한 진행 상황도 공유될 수 있습니다.
7. '실패 자랑 대회' – 망한 기획 vs. 엉킨 개발 이야기
   - 실행 방법: 마케팅팀과 개발팀이 각자 겪었던 실패담을 공유하고 서로 박수 쳐주는 자리입니다.
   - 기대 효과: 서로 완벽하길 기대하지 않고, 인간적인 이해와 신뢰를 쌓는 계기가 됩니다.
8. '공통 언어 카드' 만들기 – 용어 번역 사전 제작
   - 실행 방법: 각 팀에서 자주 쓰는 용어를 서로의 언어로 번역해서 카드 형태로 제작합니다.
   - 예: CI/CD = 배포 자동화 루틴, CTR = 클릭율
   - 기대 효과: 생소한 전문 용어의 장벽을 낮추고, 대화가 훨씬 부드러워집니다.
9. '무작위 피드백 박스' – 익명 피드백 교환
   - 실행 방법: 양쪽 팀에서 느낀 감정이나 피드백을 무작위로 적고 상자에 넣습니다. 주 1회 전체가 모인 자리에서 서로 익명으로 읽고 반응을 나눕니다.
   - 기대 효과: 감정의 골을 쌓기 전에 해소할 수 있으며, 솔직한 이야기를 편안하게 꺼낼 수 있는 분위기를 만듭니다.
10. '콜라보 미션 챌린지' – 함께 해야만 성공하는 게임
    - 실행 방법: 예를 들어 마케팅팀이 작성한 기획서를 바탕으로 개발팀이 아주 간단한 앱 프로토타입을 만들어 보는 미니 해커톤을 진행합니다. 반대로 개발팀이 요청서를 작성하면 마케팅팀이 캠페인 모의안을 구성합니다.
    - 기대 효과: 함께 만들어낸 '작은 결과물'을 통해 성취감과 협업 성공 경험을 쌓을 수 있습니다.

더 이상 새로운 아이디어가 떠오르지 않을 때, 혼자서 머리를 싸매고 있지 마세요. 챗GPT는 문제 상황을 이해하고, 그 해결을 위한 파격적인 아이디어들을 끊임없이 제안해 줍니다. 챗GPT가 던져 주는 영감을 바탕으로, 꽉 막혔던 문제의 돌파구를 찾으시길 바랍니다.

아이디어 발상 과정에서 중요한 것은 '완성도 높은 답'을 단번에 얻는 것이 아니라, 전혀 다른 관점을 만나 보는 것입니다. 챗GPT는 기존의 사고 틀을 벗어나도록 도와주며, 평소라면 지나쳤을 가능성이 높은 다양한 가능성을 제시합니다. 이러한 제안은 때로는 엉뚱해 보일 수도 있지만, 오히려 그 안에서 새로운 연결고리를 발견하고 신선한 발상을 끌어낼 수 있습니다.

TIP 일단 챗GPT를 활용해 가능한 많은 아이디어를 빠르게 생성한 다음, 팀원들과 함께 각 아이디어의 실현 가능성Feasibility, 기대 효과Impact, 투입 자원Effort 등을 평가하여 우선순위를 정하고 실제 추진할 아이템을 선별하는 방식으로 활용할 수 있습니다. 맨땅에서 아이디어를 내고 평가까지 하려면 오래 걸리지만, 챗GPT가 1차로 아이디어 풀을 만들어 주면 훨씬 효율적으로 최종 아이디어를 결정할 수 있습니다.

LESSON 69 성공 사례에서 전략 배우기

새로운 업무나 프로젝트가 덜컥 주어졌을 때, 설레기도 하지만, '과연 내가 이걸 잘 해낼 수 있을까?' 하는 부담감이 먼저 밀려옵니다. 이때 챗GPT를 이용하면 유사한 사업의 성공 사례나 비결을 조사하고, 여러분 사업을 어떻게 시작하면 좋을지 계획을 짤 수 있답니다. 새롭게 시작하는 업무와 프로젝트가 막막하다면, 이제 챗GPT와 함께 시작해 봅시다.

성공 전략 도출하기

프롬프트 | 프롬프트 69

[새 채팅] 을 누르고 [GPT-5] 모델을 선택합니다. 그리고 아래 [**프롬프트 69**]을 챗GPT에 입력합니다. [**해결해야 할 문제**] 밑에 여러분의 내용을 채우세요.

> 너는 신규 채널 런칭 및 B2B 콘텐츠 마케팅 분야의 베테랑 전략가야. 내가 우리 회사(B2B SaaS 스타트업)의 유튜브 채널을 담당하게 됐어. 3개월 안에 구독자 1,000명을 달성해야 해.
>
> **나의 요청**
>
> 1. 성공 사례 벤치마킹: 우리와 유사한 B2B 기업 중에서 유튜브 채널을 성공적으로 운영하는 국내외 사례를 2~3개 정도 찾아서, 각 채널이 어떤 콘텐츠를 다루고, 어떤 방식으로 채널을 성장시켰는지 그 특징과 성공 요인을 정리해 줘.
> 2. 핵심 성공 전략 도출: 위 성공 사례들이 B2B 유튜브 채널을 성장시키는 데 효과적이라고 알려진 성공 전략 또는 접근 방식을 3~5가지 정도로 정리해 줘.
> 3. '나를 위한' 실행 로드맵 제안: 위 정보들을 종합하고, 우리 회사의 현실적인 제약 조건을 고려했을 때, 목표(3개월 내 구독자 1,000명)를 달성하기 위해 지금부터 단계별로 무엇을 실행하면 좋을지 구체적인 '3개월 실행 계획(로드맵)' 초안을 제안해 줘.
>
> **추가 고려사항**
> - 답변은 최대한 최신 정보를 바탕으로 하고, 참고한 자료의 출처(URL 등)를 언급해 주면 좋겠어.
> - 거창한 계획보다는, 스타트업에서 시도해 볼 수 있는 현실적인 액션 플랜 중심으로 조언해 줘.

1. 성공 사례 벤치마킹
1) Ahrefs(SEO 툴)
- 콘텐츠 유형: SEO 및 디지털 마케팅 관련 교육 영상, 실습 튜토리얼, 업계 트렌드 분석 등
- 성장 방식: 광고 없이 유튜브와 블로그를 통해 유입을 극대화하여 ARR 400억 원 달성
- 특징: 고품질의 교육 콘텐츠를 지속적으로 제공하며, 실무자 중심의 실용적인 정보 전달에 집중

2) HubSpot(CRM/마케팅 자동화)
- 콘텐츠 유형: 엑셀, CRM, 마케팅 자동화 등 실무 팁과 교육 콘텐츠
- 성장 방식: 검색 최적화된 콘텐츠로 자연 유입을 유도하고, 블로그와 유튜브를 연계하여 체류 시간 증가 및 전환율 향상
- 특징: 초보자부터 전문가까지 아우르는 다양한 수준의 콘텐츠 제공으로 넓은 타겟층 확보

3) Gong.io(세일즈 인텔리전스)
- 콘텐츠 유형: 고객 성공 사례, 세일즈 팁, 제품 데모 등
- 성장 방식: 실제 고객 사례를 중심으로 한 스토리텔링으로 신뢰 구축 및 전환율 향상
- 특징: 구체적인 수치와 결과를 강조하여 제품의 효과를 명확히 전달

2. 핵심 성공 전략 도출
위 사례들을 분석하여 도출한 B2B 유튜브 채널 성장 전략은 다음과 같습니다.
- 실용적인 교육 콘텐츠 제공
  - 타겟 고객의 문제 해결을 위한 실무 중심의 콘텐츠 제작
  - 고객 사례 중심의 스토리텔링
  - 실제 고객의 성공 사례를 통해 신뢰도 및 전환율 향상
- 검색 최적화(SEO) 전략
  - 키워드 리서치를 기반으로 한 제목, 설명, 태그 최적화로 자연 유입 증대
  - 일관된 콘텐츠 업로드 일정 유지
  - 주 1~2회 정기적인 업로드로 구독자와의 신뢰 구축
- 채널 브랜딩 강화
  - 일관된 썸네일 디자인, 채널 아트, 소개 영상 등을 통해 브랜드 인지도 향상

3. 3개월 실행 계획(로드맵)
목표: 3개월 내 구독자 1,000명 달성
- 1개월 차: 준비 및 기초 구축
  - 타겟 고객 분석: 이상적인 고객 프로필(ICP) 정의 및 콘텐츠 니즈 파악
  - 콘텐츠 기획: 교육 콘텐츠, 고객 사례, 제품 데모 등 3가지 콘텐츠 유형으로 주제 선정
  - 채널 설정: 채널 아트, 소개 영상, 플레이리스트 구성 등 브랜딩 요소 준비
  - 파일럿 영상 제작: 3~5개의 파일럿 영상 제작 및 업로드
- 2개월 차: 콘텐츠 제작 및 홍보 강화
  - 정기 업로드: 주 1~2회 콘텐츠 업로드 일정 유지
  - SEO 최적화: 제목, 설명, 태그 등에 키워드 반영하여 검색 노출 강화
  - 홍보 활동: 블로그, 뉴스레터, 소셜 미디어 등을 통한 콘텐츠 홍보
  - 커뮤니티 참여: 관련 포럼, 커뮤니티에서 활동하며 채널 홍보 및 피드백 수집
- 3개월 차: 분석 및 최적화
  - 성과 분석: 조회수, 구독자 증가율, 시청 시간 등 주요 지표 분석
  - 콘텐츠 최적화: 성과가 좋은 콘텐츠 유형 및 주제에 집중하여 제작

- 콜라보레이션: 관련 업계 인플루언서 또는 고객과의 협업 콘텐츠 제작
- 이벤트 진행: 구독자 대상 이벤트 또는 Q&A 세션 등을 통해 참여 유도

새롭고 어려운 도전은 우리를 성장시키는 좋은 기회이지만, 동시에 실패에 대한 두려움을 안겨 주기도 합니다. 방대한 지식과 분석 능력을 갖춘 챗GPT를 활용한다면, 더 이상 '맨땅에 헤딩'하는 기분으로 혼자 싸울 필요가 없습니다.

실패에 대한 두려움은 새로운 도전을 가로막는 가장 큰 장벽 중 하나입니다. 그러나 챗GPT를 활용하면 준비 과정에서 불확실성을 상당 부분 줄일 수 있습니다. 낯선 분야에 뛰어들 때 필요한 배경지식부터, 예상되는 리스크와 대응 전략까지 빠르게 확보할 수 있죠. 이렇게 하면 막연한 불안보다는 구체적인 계획이 생기고, 시도 자체가 한결 가볍고 단단해집니다.

챗GPT가 제안해 준 전략이 좋지만 가끔은 실패하지 않는 법에도 관심을 갖는 게 좋습니다. 다른 회사들이 흔하게 저지르는 실수나 반드시 피해야 할 함정을 알려 달라고 요청하세요. 실수에도 배울 점이 있으니까요.

LESSON 70 | 문제 분석 및 해결책 찾기

과거에 발생한 동일한 문제가 현재에도 터지고 있다면, 이는 매번 똑같은 문제가 반복될 때마다 임시방편으로 '땜질'만 해 왔다는 뜻입니다. '이번에야말로 근본 원인을 찾아 해결해야지' 하고 다짐하지만, 막상 결국 또 땜질 처방으로 돌아가곤 합니다. 문제의 근원까지 속 시원하게 파헤쳐 해결하는 챗GPT 활용법을 알아보겠습니다.

복잡한 문제의 해결책 도출하기

프롬프트 | 프롬프트 70

[새 채팅] 을 누르고 **[GPT-5]** 모델을 선택합니다. 그리고 아래 **[프롬프트 70]**을 챗GPT에 입력합니다. **[문제 상황]** 밑에 여러분의 내용을 채워 주세요.

> 너는 복잡하게 얽힌 문제의 현상 너머 숨겨진 원인을 찾아내고, 이를 해결하기 위한 실질적인 솔루션을 제시하는 '문제 해결 컨설턴트'야. 우리 팀이 현재 겪고 있는 심각한 [문제 상황]은 아래와 같아.
>
> **문제 상황**
> 최근 3개월간 고객 서비스팀의 '고객 문의 답변 처리 시간'이 지속적으로 길어져(평균 24시간 초과) 고객 불만 건수가 50% 증가했어. 팀원들은 바쁘지만 상황 개선이 안 돼.
>
> **나의 요청 사항**
> 1. '5 Whys 기법'을 활용해서 이 문제의 근본 원인을 찾아가는 사고 과정을 단계별로 보여 줘. 'Why?'를 통해 문제의 뿌리에 도달하는 과정을 설명해 줘.
> 2. 위 분석 과정을 통해 최종적으로 파악된 '근본 원인'이 무엇인지 명확하게 정의해 줘.
> 3. 이 근본 원인을 해결하기 위한 구체적인 방안을 (1) 당장 시도해 볼 수 있는 '단기적인 응급 처치 방안'과 (2) 장기적으로 문제를 예방하고 시스템을 개선할 수 있는 '근본적인 예방책'으로 나누어서 각각 2~3가지씩 제안해 줘.

1. '5 Whys 기법'을 통한 단계별 원인 분석
문제: 고객 서비스팀의 문의 답변 처리 시간이 평균 24시간을 초과하여, 고객 불만이 50% 증가함
- 1st Why: 왜 답변 처리 시간이 24시간 이상 걸리는가?
  - 팀원들이 할 일이 많아 답변 우선순위가 밀리기 때문이다.
- 2nd Why: 왜 팀원들은 할 일이 많고 우선순위를 정하지 못하는가?
  - 고객 문의 외에도 반복적인 수작업, 데이터 정리, 리포트 작성 등의 업무까지 담당하고 있어 문의 처리에 집중할 시간이 부족하다.
- 3rd Why: 왜 반복적 수작업이 자동화되지 않고 팀의 리소스를 소모하는가?
  - 현재 매뉴얼 중심의 프로세스를 유지하고 있으며, 고객문의 대응 프로세스나 백오피스 시스템에 자동화 도구나 템플릿이 부재하다.
- 4th Why: 왜 자동화 도구나 시스템 개선이 도입되지 않았는가?
  - 기술 도입에 대한 우선순위가 낮았고, 팀이 주도적으로 개선을 제안하거나 협의할 수 있는 채널이나 권한이 부족했다.
- 5th Why: 왜 팀이 개선 제안이나 협의 권한을 갖고 있지 않은가?
  - 조직 구조상 고객 서비스팀은 '지원 부서'로 간주되며, 운영 효율보다는 결과 지표만을 관리하는 문화가 있었기 때문이다.

2. 최종적으로 파악된 근본 원인
고객 서비스팀의 반복적이고 비효율적인 업무 프로세스가 자동화되지 않았으며, 팀이 자체적으로 이를 개선할 수 있는 권한과 구조를 갖고 있지 않기 때문이다(즉, 단순히 바빠서가 아니라 바쁠 수밖에 없는 구조가 문제).

3. 실질적인 솔루션 제안
(1) 단기적인 응급 처치 방안 – '지금 바로 실행할 수 있는 조치'

해결책	내용
고객 문의 업무 분리/우선 배정	하루 중 특정 시간대를 '문의 처리 전담 시간'으로 확보하여 팀원이 다른 업무에 방해받지 않도록 조정
템플릿 도입 및 FAQ 자동 응답 정비	자주 묻는 질문에 대한 문장 템플릿/자동 응답봇/FAQ 링크 정리로 30% 이상의 반복 문의 자동화
단기 인력 지원 요청 또는 외주 활용	단기 계약직이나 타 팀 인력의 지원으로 급한 문의 대응량 분산

(2) 장기적인 예방책 – '재발 방지를 위한 시스템 개선'

해결책	내용
프로세스 자동화 도구 도입	반복 작업(리포트, 정리, 분류 등)에 대해 노코드 자동화 툴 예: Zapier, Make, Google Apps Script 등 적용
고객 서비스팀의 '개선 제안 권한' 확보	현장 개선 아이디어를 정기적으로 수렴하고, IT팀 또는 운영팀과 협업할 수 있는 정기 협의 구조 마련
성과지표 전환	단순 처리 속도보다는 1차 해결률, 고객 만족도, 효율성 개선 지표 등으로 성과 체계를 개편하여 팀 동기 유도

매번 똑같은 문제가 반복된다면, 이제 '왜?'라는 질문을 멈추지 말고 문제의 가장 깊숙한 곳까지 파고들어야 합니다. 챗GPT는 '5 Whys'와 같은 강력한 분석 도구를 활용하여 문제의 원인을 찾고, 그에 맞는 해결책까지 설계하도록 도와줍니다. 더 이상 '땜질'만 반복하며 시간과 에너지를 낭비하지 마세요.

문제의 뿌리를 찾는 과정은 때로는 불편하고 시간이 오래 걸리는 작업처럼 보일 수 있습니다. 하지만 근본 원인을 해결하지 않으면 같은 문제가 다른 형태로 되풀이될 뿐입니다.

챗GPT는 문제를 다각도로 바라볼 수 있도록 다양한 관점을 제시합니다. 예를 들어, 고객 불만이라는 동일한 현상도 '제품 품질'의 문제일 수도 있고, '커뮤니케이션 방식'의 문제일 수도 있습니다. 챗GPT가 제안하는 여러 해석을 검토하다 보면, 놓치고 있던 원인을 발견하고 팀 내에서 더 정교한 토론을 이어갈 수 있습니다.

> **TIP** 챗GPT가 제안한 해결책을 참고하여, 팀의 업무 프로세스 자체를 더 체계적으로 개선하는 기회로 삼으세요. 예를 들어, 지식 베이스 구축은 단순히 답변 속도만 높이는 게 아니라, 신입 교육 시간 단축, 팀 지식 자산화 등 다양한 부가 효과를 가져올 수 있습니다.

LESSON 71 발표 자신감 키우기

중요한 사안이니 반드시 구두로 보고해야 합니다. 그런데 직접 가서 말씀드릴까, 전화할까, 고민되죠. 카카오톡으로 보고하고 싶은데, 그건 예의가 아닌 것 같고요. 얼굴 보고 말하려니 입도 안 떨어지고, 전화벨이 울리는 상상만 해도 심장이 쿵쾅거립니다. 실제로 많은 직장인이 대면 보고 울렁증을 느낀다고 해요. 특히 윗사람과의 대화는 더욱 그렇죠. 이런 답답함을 속 시원하게 해결해 줄 챗GPT 활용법, 궁금하시죠? 지금부터 챗GPT를 나만의 소통 코치로 만들어서, 대면 보고 기피증을 극복하는 방법을 함께 파헤쳐 볼까요?

대면 보고 연습하기

프롬프트 | 프롬프트 71

[새 채팅]을 누르고 [GPT-5] 모델을 선택합니다. 그리고 아래 [프롬프트 71]을 챗GPT에 입력합니다. [보고 내용] 밑에 여러분의 내용을 채우세요.

> 너는 지금부터 우리 회사 마케팅팀의 '박팀장'이야. 박팀장은 평소에 매우 꼼꼼하고, 데이터 기반으로 질문하는 것을 선호하며, 핵심을 바로 파악하려고 해. 나는 내일 오후 2시에 박팀장에게 'Z세대 타겟 신규 앱 서비스 런칭 캠페인' 중간 경과를 대면으로 보고해야 해.
> 아래 [보고 내용]을 바탕으로, 내가 보고를 시작하면 박팀장 입장에서 예상되는 질문을 최소 5가지 이상 해 주고, 내 답변에 대해 날카로운 피드백을 줘. 특히, 내 설명이 불분명하거나 논리가 부족한 부분을 지적해 주고, 더 설득력 있게 전달할 수 있는 방법에 대해서도 조언해 줘.
>
> [보고 내용]
> 1. 캠페인 목표 및 현재까지의 핵심 성과 지표(예: 앱 다운로드 수, 사용자 반응, 주요 채널별 성과)
> 2. 진행 중 발견된 주요 문제점 및 이에 대한 해결 방안(구체적으로)
> 3. 향후 캠페인 추진 계획 및 예상되는 추가 지원 필요 사항
> 4. (옵션) 경쟁사 유사 캠페인 동향 및 우리 캠페인의 차별점
>
> 그리고 이제 내가 '팀장님, 어제 말씀드린 신규 앱 서비스 캠페인 중간 결과 보고드리겠습니다.'라고 말하면, 시뮬레이션을 시작해 줘.

좋습니다. 이제부터 저는 '박팀장'입니다. 매우 꼼꼼하고, 데이터 기반으로 핵심만 딱딱 짚는 스타일로 대응할게요.

자, 시작하시죠.

당신:
팀장님, 어제 말씀드린 신규 앱 서비스 캠페인 중간 결과 보고드리겠습니다.

박팀장(시뮬레이션)
1. 핵심 성과 먼저 말씀해 주세요. 현재까지 앱 다운로드 수는 얼마고, 캠페인 전환율은 몇 %인가요? 시작 대비 목표 달성률은요?
   → [질문 의도: 말로만 잘됐다고 하지 말고, 수치 기반으로 얘기해 봐. 그래야 진짜인지 판단하지.]
2. 사용자 반응이라고 하셨는데, 그건 정량 지표예요, 정성 지표예요? 예를 들면 리뷰 개수나 평점, 혹은 VOC(고객의견) 추이 같은 거 있나요?
   → [질문 의도: '반응이 좋았다'는 말이 막연함. 수치로 보여 줄 수 있는 정량 자료가 필요해요.]
3. 문제점이 있었다고 했는데, 정확히 언제 어떤 채널에서 문제가 생겼고, 그게 전반 성과에 어떤 영향을 미쳤는지 구조적으로 설명해 주세요.
   → [질문 의도: 그냥 문제 있다고 하면 책임 회피처럼 들려요. 맥락과 파급효과까지 분석했는지가 핵심이에요.]
4. 해결 방안이라고 하셨는데, 그게 그냥 임시 땜질인지 아니면 구조적인 개선안인지 구분해서 말해 주세요. 재발 방지까지 고려된 건가요?
   → [질문 의도: 문제 대응이 '당장 때우는 수준'인지, 아니면 전략적 관점에서 접근한 건지를 판단하려는 거예요.]
5. 향후 계획 말씀하셨는데, 타임라인은 구체적으로 어떻게 잡혀 있나요? 어떤 지표를 목표로 삼고 있고, 언제 어떤 액션이 들어가는 거죠?
   → [질문 의도: 앞으로 어떻게 할 건지가 뭉뚱그려져 있다면 신뢰 떨어져요. 일정과 수치 목표가 핵심이에요.]
6. 경쟁사 분석하셨다는데, 그쪽은 어떤 톤 앤 매너로 캠페인을 했고, 우리와의 명확한 차별 포인트는 뭐였나요? 사용자 입장에서 체감될 정도인가요?
   → [질문 의도: 차별화 전략을 '우리는 달라요' 수준이 아니라 구체적으로 보여 줘야 해요.]

박팀장의 피드백 예시(답변 후)
- 당신: 앱 다운로드 수는 현재까지 38,000건이고, 캠페인 시작 시점 목표 대비 76%를 달성했습니다.
- 박팀장 피드백: 다운로드 수 자체는 괜찮아 보이는데, 설치 이후 이탈률은 파악했어요? 설치만으로 성공이라고 보기엔 부족해요. 설치 후 3일 내 유지율이나 활성 사용자 수(MAU/WAU)도 같이 줘야 실질 성과로 인정할 수 있어요.
- 당신: 문제점은 인스타그램 광고에서 CTR이 낮게 나온 점인데, 크리에이티브 교체와 타깃 재설정을 통해 개선 중입니다.
- 박팀장 피드백: 지금 말로는 원인 분석이 부족해요. CTR이 낮은 게 소재 때문인지, 타겟팅 문제인지, 플랫폼 노출 알고리즘 영향인지 구분해야 개선이 효과적이에요. 그 다음 개선 이후 CTR이 얼마나 좋아졌는지도 같이 보여 줘야 신뢰가 갑니다.

설득력 있게 보고하는 팁
- 수치 감정어: '좋다'보단 '전환율 3.2% → 4.6%로 개선됨'
- 구조적 설명: 문제 발생 → 원인 분석 → 대응 조치 → 결과 → 향후 예방책 순서로
- 비교자료 적극 활용: 'A/B 테스트 결과 기존 버전보다 신규 크리에이티브가 CTR 1.8배 높음'
- 질문 예상 후 선제 대응: '많이들 궁금해 하실 수 있는 이탈률은 7일차 기준 21.3%입니다.'

필요하시면 질문에 대한 모범 답변 예시도 드릴 수 있어요.

어때요? 팀장님이 앞에 있는 것 같지 않나요? 챗GPT가 던지는 송곳 같은 질문에 답해 보세요. 가능하다면 음성 모드로 답하는 것이 더 실전처럼 느껴질 겁니다. 아무리 내용이 알차도 목소리가 희미하거나 발음이 부정확하면 신뢰감을 주기 어려워요. 특히 전화 통화나 대면 보고 시 목소리 톤이나 말투는 아주 중요합니다. 처음엔 어색하겠지만, 자주 연습하다 보면 어떤 부분을 보완해야 할지, 자료에 대해 어떻게 설명해야 할지 감이 잡힐 겁니다.

TIP 챗GPT와 대화하며 얻은 유용한 답변이나 피드백 등은 따로 저장해 두세요. 중요한 보고나 미팅 전에 한 번씩 훑어보는 것만으로도 큰 도움이 될 겁니다.

LESSON 72 | 조직 문화에 빠르게 적응하기

회사 생활하다 보면 '여기는 나와 정말 안 맞아'라고 느낄 때가 있습니다. 가부장적인 분위기, 수직적인 위계질서, 숨 막히게 만드는 온갖 필요없는 절차들, 느려 터진 의사결정까지 업무보다 이런 외적인 분위기가 이직을 선택하게 만들죠. 그렇다고 그 불만을 터뜨릴 수도 없습니다. 그저 혼자서 끙끙 앓다가 번아웃만 찾아옵니다. 이럴 때 챗GPT와 고민 상담을 해 보는 건 어떨까요? 요즘 챗GPT는 공감도 해 주고 위로도 곧잘 건넨다고 하니까요.

회사에서 겪는 힘든 일 극복하기

프롬프트 | 프롬프트 72

[새 채팅]을 누르고 [GPT-5] 모델을 선택합니다. 그리고 아래 [프롬프트 72]를 챗GPT에 입력합니다. [자신의 회사 규모/특성] 안에는 '빠르게 성장하는 스타트업', '보수적인 중견기업' 등 여러분의 회사 분위기나 문화를 채우고 [우리 회사의 조직문화 특징 및 나의 어려움] 밑에는 최대한 여러분의 사정을 구체적으로 작성합니다.

 너는 수많은 조직의 문화를 경험하고 컨설팅해 온 조직문화 전문가야. 나는 현재 [자신의 회사 규모/특성]에서 근무하고 있어. 우리 회사는 다음과 같은 조직문화적 특징 때문에 어려움을 겪고 있어.

우리 회사의 조직문화 특징 및 나의 어려움
1. 수직적 위계질서: 아이디어가 있어도 상사의 의견에 따라 쉽게 묵살되는 경우가 많고, 자유로운 의견 개진이 어려워.
2. 형식적 절차 강조: 간단한 업무 요청이나 보고도 여러 단계를 거쳐야 하고, 불필요한 문서 작업이 너무 많아.
3. 비효율적 의사결정: 중요한 결정이 신속하게 이루어지지 않고, 여러 부서와 담당자들 사이에서 책임 미루기가 반복돼.

이런 문화에 완전히 동화되기는 어렵겠지만, 스트레스를 덜 받고 조직 내에서 내 역할을 잘 해내고 싶어. 내가 이런 조직문화에 조금 더 유연하게 적응하고, 내 의견을 효과적으로 전달하며, 불필요한 에너지 소모를 줄일 수 있는 구체적이고 실천적인 전략 3가지를 제시해 줘. 각 전략을 실행할 때 주의해야 할 점도 함께 알려 주고, 너무 이상적이거나 뜬구름 잡는 조언 말고, 실제 회사 생활에서 바로 써먹을 수 있는 현실적인 팁 위주로 부탁해. 마치 옆자리 선배가 해 주는 조언처럼 친근하고 명확하게 설명해 주면 좋겠어.

너무 공감돼요. 특히 말씀하신 3가지 조직문화 '수직적 위계, 형식주의, 책임 회피'는 한국의 많은 기업, 특히 보수적 중견기업이나 전통적 조직에서 자주 마주치는 문제예요.
바로 써먹을 수 있는 실전 전략 3가지와 주의점까지 함께 정리해 볼게요.

전략 1: 직접 말하지 말고 '들어 주게 만들기', 의견은 질문으로 포장하자
- 예시 상황 적용
  - 팀 회의에서 '이렇게 해 보면 어떨까요?' 했다가 팀장이 한마디로 자르면 끝나죠.
  - 전략: 직접적인 제안보다, 질문 형태로 아이디어를 던지는 거예요.
  - 예: 혹시 이 방향은 어떤 이유에서 배제됐을까요?/예산 이슈가 아니라면 이런 방식도 시도해 볼 수 있을까요? 비슷한 사례를 봤는데, 우리도 검토해 볼 만하지 않을까요?
  - 주의점: 너무 자주 질문하면 '꼬치꼬치 캐묻는 사람'처럼 보일 수 있어요.

전략 2: '문서의 달인'이 되지 말고, '기록의 편집장'이 돼라
- 예시 상황 적용
  - 간단한 보고도 양식이 몇 개고, 매번 쓸데없는 문서가 쌓여요.
  - 전략: 불필요한 서류에 에너지를 낭비하지 말고, '최소 노력으로 인정받는 문서 작성법'을 체득하세요.
  - 예: 자주 쓰는 보고 양식은 템플릿으로 만들어두고, 최소 단어만 교체하세요./문서를 쓸 때마다 '이건 누가/왜/언제 쓸까?'를 먼저 생각하고, 그들이 보는 부분만 핵심 정리해서 작성하세요./필요하면 '문서 + 간단 요약 슬랙 DM' 조합으로 상사의 시간도 아껴 주는 포지션을 만들어 보세요.
  - 주의점: 절대 문서에 혼자 감정 싣지 말기(예: '이래서 시간이 오래 걸렸습니다…' 등)

전략 3: 결정이 느릴 땐, '선택지'를 쥐여 줘라, Yes/No 말고 A vs B
- 예시 상황 적용
  - 부서 간 의견조율이 안 되고, 결국 아무 결정도 안 내려져요.
  - 전략: 막연한 질문('이거 해도 될까요?')보다, 선택지를 정리해 보여 주는 방식이 훨씬 효과적이에요.
  - 예: 지금 2가지 방안이 있습니다. A안은 속도는 빠르지만 예산이 초과될 수 있고, B안은 예산은 맞지만 일정이 밀릴 수 있습니다. 팀장님 생각은 어떠신가요?
  - 주의점: 이미 자기가 주도하고 있는 안건에 끼어들 땐, '선택지' 제안이 간섭처럼 보일 수 있어요.

마지막 조언(옆자리 선배처럼)
회사와 싸우지 마세요. 제도는 바뀌지 않지만, 사람은 관성에 약하거든요.
감정 에너지를 덜고, 전략적으로 행동하면서 '내가 소진되지 않는 방식'을 익히는 게 핵심이에요.
불합리하다고 느끼더라도, 그걸 현명하게 돌아가는 기술로 바꾸는 순간, 진짜 실력이 됩니다.
필요하다면, 회의에서 쓸 '질문 스크립트'나 문서 템플릿도 도와드릴게요. 언제든지 편하게 말해 줘요.

이와 같이 구체적인 상황과 고민을 질문하면, 챗GPT는 의외로 깊이 있는 답변을 내놓을 겁니다. 하지만 중요한 건 챗GPT의 답변을 그대로 받아들이는 것이 아니라, '상황에 맞게 어떻게 적용할까?'를 고민하는 겁니다. 챗GPT가 제시한 전략 중 몇 가지를 실천해 보고, 그 과정에서 느낀 점을 다시 챗GPT에게 피드백해 가며 해결책을 찾아 나가는 과정이 중요한 거죠.

챗GPT의 답변은 정답지가 아니라, 실행 가능한 선택지를 넓혀 주는 출발점입니다. 따라서 중요한 것은 답변을 액면 그대로 받아들이는 것이 아니라, 지금 내 상황과 자원에 맞게 가공하고 적용하는 과정입니다. 이 과정에서 비로소 '나만의 해법'이 만들어지고, 그 결과는 단순히 문제 해결을 넘어 이후 비슷한 상황에서도 활용할 수 있는 경험적 자산이 됩니다.

> **TIP** 챗GPT에게 질문할 때, '나는 [MBTI 유형]인데, 이런 성향의 내가 이 상황에서 어떻게 대처하는 게 가장 효과적일까?'와 같이 자신의 성향을 알려 주면, 여러분에게 딱 맞는 맞춤형 조언을 얻을 수 있답니다.

LESSON 73 | 번아웃 진단 및 극복하기

회사 가는 발걸음이 천근만근 무겁게 느껴질 때가 있습니다. 예전엔 나름 재미있게 했던 일도 이젠 아무런 감흥이 없죠. 퇴근 시간만 목 빠지게 기다리게 되는 '업무 무기력증' 때문에 힘드시진 않나요? 무기력함에서 좀 벗어나고 싶다면 챗GPT와 고민 상담을 해 보면 어떨까요? 내 마음을 진단하고 다시 에너지를 채울 실마리를 챗GPT와 함께 찾아보는 방법을 알아보겠습니다.

번아웃 진단하기

프롬프트 | 프롬프트 73

[새 채팅]을 누르고 [GPT-5] 모델을 선택합니다. 그리고 아래 [프롬프트 73]를 챗GPT에 입력합니다. [현재 상태] 밑에 여러분의 내용을 채우세요.

> 너는 번아웃, 직무 스트레스, 동기 부여 문제 등을 다루는 경험 많고 따뜻한 커리어 코치 또는 심리 상담사야 아래 [현재 상태]을 주의 깊게 읽고 공감해 주면서, 현재 느끼는 업무 무기력감과 의욕 저하의 근본적인 원인이 무엇인지 찾아줘. 그리고 가능성 있는 진단을 몇 가지 해 주고, 이 상황을 극복하고 다시 일에서 활력과 의미를 찾기 위한 실천 가능한 솔루션들을 다양한 각도에서 제안해 줘.
>
> **현재 상태**
> 요즘 내가 좀 이상해. 맡은 프로젝트도 나름 잘 진행되고 있고, 팀원들과의 관계도 나쁘지 않은데, 이상하게 일에 대한 열정이나 의욕이 전혀 생기지 않아. 아침에 눈뜨면 '아, 또 회사 가야 하나…' 하는 생각에 몸이 무겁고, 출근해서도 예전처럼 일에 집중하거나 새로운 아이디어를 내는 게 너무 힘들어. 그냥 주어진 일만 겨우 처리하고 퇴근 시간만 기다리는 로봇이 된 기분이랄까? 예전엔 안 그랬는데 왜 이렇게 무기력해졌는지 잘 모르겠고, 어떻게 하면 다시 좀 즐겁게 일할 수 있을지 조언을 구하고 싶어.

> **코칭 및 조언 요청 상세**
> 1. 원인 진단: 현재 무기력함이 어디에서 비롯된 것일 가능성이 높을까? 심리적인 요인 환경적인 요인), 또는 업무 자체의 문제점 등 다양한 관점에서 가능성 있는 원인 3~5가지를 추정해 줘.
> 2. 극복 솔루션 제안: 위에서 진단된 원인들을 고려하여, 오늘 당장이라도 시도해 볼 수 있는 아주 작은 행동 변화부터 시작해서, 장기적인 관점에서 시도해 볼 만한 근본적인 해결책을 제안해 줘.
>
> **중요 당부**
> 너는 전문 의료인이나 심리 치료사는 아니므로, 너의 답변은 의학적/심리학적 진단이나 처방으로 간주하지 않을 거야. 다만 나의 상황을 객관적으로 돌아보고 해결 아이디어를 얻기 위한 참고 자료로만 활용할게.
> 나의 마음에 공감해 주면서, 내가 다시 일어설 수 있도록 현실적이고 따뜻한 조언을 부탁해.

1. 무기력의 원인 진단

요즘 느끼고 계신 무기력감과 의욕 저하는 단순한 '게으름'이나 '의지 부족' 때문이 아닐 가능성이 큽니다. 아래와 같은 복합적인 요인들이 작용하고 있을 수 있습니다.

- 일에서의 의미감 상실
  과거에는 업무에서 보람이나 재미, 성장의 손맛을 느끼셨을지 모르지만, 지금은 그 감각이 무뎌졌을 수 있습니다. 프로젝트는 순조롭게 진행되고 있고 관계도 무난하지만, '왜 이 일을 하는가'라는 내면의 동기가 흐려졌을 가능성이 있습니다.
- 누적된 피로로 인한 에너지 고갈
  당장 눈에 띄는 큰 스트레스는 없더라도, 오랜 시간 동안의 작은 스트레스(업무량, 피로, 회의, 감정노동 등)가 누적되어 에너지가 점차 소진되었을 수 있습니다.
- 지루한 루틴에서 오는 심리적 지침
  비슷한 업무 사이클을 반복하다 보면 뇌가 자극을 덜 받게 되고, 처음의 긴장감이나 성취감도 점점 둔해질 수 있습니다. 일은 잘 처리하고 계시지만, 심리적으로는 '정체된 느낌'이 드실 수 있습니다.
- 회복 없는 몰입(Pseudo Burnout)
  열심히 일하셨지만, 회복할 틈 없이 달리셨을 가능성도 있습니다. 쉬는 시간에도 일 생각을 하게 되거나 온전히 쉬지 못했다면, 심리적인 번아웃이 서서히 찾아왔을 수 있습니다.
- 내면의 욕구와 현실 사이의 간극
  스스로는 더 창의적이고 주도적인 일을 원하고 계시지만, 현재 맡은 업무나 환경이 그 욕구를 충족시키지 못하고 있을 수도 있습니다. 겉으로는 문제 없어 보여도, 내면에서는 만족감이 줄어드는 것입니다.

2. 극복 솔루션 제안

1단계: 오늘부터 실천 가능한 작고 구체적인 변화

- 아침 리셋 루틴 만들기
  출근 전 10~15분 정도는 회사 업무와 무관한 자신만의 루틴을 만들어 보세요. 가볍게 산책하기, 좋아하는 음악 듣기, 커피 내리기, 1줄 일기 쓰기 등이 좋습니다. 작은 통제권 회복이 회복의 첫걸음이 됩니다.

- 하루에 1가지 '의미 있었던 순간' 기록하기
  그날 했던 일 중 '누군가에게 도움이 되었던 일', '내가 잘했다고 느낀 일'을 짧게 메모해 보세요. 작은 자각이 업무를 기계적인 처리에서 '의미 있는 행위'로 바꿔 줄 수 있습니다.
- '열정 회복'보다 '에너지 관리'에 집중하기
  의욕이 샘솟기만을 기다리기보다, 현재의 에너지를 아끼며 전략적으로 쓰는 것이 좋습니다. 불필요한 회의 줄이기, 조용한 자리 요청하기 등도 현실적인 전략입니다.

2단계: 중기적 회복을 위한 실험과 점검
- 업무의 10%만 '내가 정하는 일'로 바꿔보기
  지시받은 일 외에 자신이 주도해 볼 수 있는 미니 프로젝트나 실험을 제안해 보세요. 스스로 방향을 정할 수 있는 영역이 생기면 통제감이 회복되고 활력이 돌아올 수 있습니다.
- 과거에 즐거움을 느꼈던 순간 되짚기
  예전에 가장 몰입하고 재미있었던 일은 무엇이었는지 떠올려 보세요. 기획, 아이디어 회의, 발표 등 특정 활동이 있다면, 그 요소를 일상에 다시 배치해 보세요.
- 신뢰할 수 있는 동료나 상사와 대화하기
  '요즘 나 좀 이상해'라는 말을 꺼내보는 것만으로도 큰 전환점이 됩니다. 감정을 표현하고, 공감받는 경험 자체가 회복의 시작이 될 수 있습니다.

3단계: 장기적인 방향 점검과 정렬
- 현재의 업무와 내가 원하는 성장 방향이 맞는지 점검하기
  지금 맡고 있는 역할이 내가 바라는 성장이나 삶의 방향과 일치하는지 점검해 보세요. 변화가 필요한 시점일 수도 있고, 더 나은 방향이 보일 수도 있습니다.
- 일에서 나를 찾기보다, 나로부터 일이 나오게 하기
  외부 기준(성과, 평가)에 의존하기보다, 내 안의 가치를 기준 삼아 일과 삶을 재정렬해 보세요. 급하게 바꾸기보다, 작은 실천과 성찰을 이어가는 과정이 중요합니다.

3. 마무리하며

지금의 무기력은 결코 나약함이나 의지 부족 때문이 아닙니다. 오히려 지금까지 열심히 잘 해 오셨기에 드디어 '돌아볼 수 있는 여유'가 생긴 것일지도 모릅니다. 이 무기력은 '잠시 멈춰도 괜찮다'는 몸과 마음의 신호일 수 있습니다.

일터에서의 무기력감과 번아웃은 개인의 나약한 문제가 아닌, 모두가 겪을 수 있는 현실적인 어려움입니다. 중요한 것은 이 감정 신호를 무시하지 않고, 스스로를 돌보고 적극적으로 해결책을 찾아 나서는 자세입니다.

TIP
챗GPT가 제안한 솔루션들을 참고하여, 나의 성향과 상황에 맞는 '무기력 극복 활동 메뉴판'을 만들어 보세요. 기분 전환이 필요할 때, 에너지가 방전됐을 때, 성취감이 필요할 때 등 상황별로 활동 목록을 만들어 두면, 직장에서 무기력해질 때 쉽게 대처할 수 있습니다.

LESSON 74 | 나만의 동기 부여 루틴 만들기

일요일 저녁만 되면 마음이 철렁 내려앉습니다. 월요일 아침 일어나는 건 고역이고, 모니터 앞에 앉을 생각만 해도 머리가 아파지죠. '나만 이런가?' 싶겠지만, 사실 우리 모두의 이야기일 겁니다. 뭔가 동기 부여가 필요한데, 뭘 해도 충전이 되지 않습니다. 내 안의 꺼져 가는 불씨를 되살리고 싶을 때, 챗GPT에게 '동기 부여 처방전'을 받아 보는 건 어떨까요?

챗GPT를 '명의'로 만드는 프롬프트의 힘

프롬프트 | 프롬프트 74

[새 채팅] 을 누르고 [GPT-5] 모델을 선택합니다. 그리고 아래 [프롬프트 74]를 챗GPT에 입력합니다.

> 너는 지금부터 번아웃 직전의 직장인을 전문으로 상담하는 심리 코치, '닥터 윤'이야. 아래 내 정보를 분석해서, 당장 내일부터 실천할 수 있고 지속가능한 '나만의 동기 부여 루틴'을 짜 줘. 절대 뜬구름 잡는 소리는 하지 말고, 아주 구체적이고 현실적인 행동 계획을 제안해 줘.
>
> **나의 현재 상태**
> - 직업: IT 회사 3년 차 기획자 '이대리'
> - 업무 스타일: 여러 프로젝트를 동시에 진행. 잦은 회의와 갑작스러운 요청으로 집중이 자주 끊김
> - 고질적인 문제: 아침에 의욕이 넘치다가도, 오후 3시만 되면 급격히 방전됨. 퇴근할 땐 뿌듯함보다 '오늘도 뭘 했는지 모르겠다'는 허무함이 큼
> - 이럴 때 동기 부여됨: 내가 한 기획으로 제품이 개선되는 걸 볼 때, 동료에게 '대리님 덕분에 일이 잘 풀렸어요'라는 말을 들을 때 / 작게라도 '해냈다'는 성취감을 느낄 때
> - 이럴 때 의욕 꺾임: 방향성 없는 회의가 길어질 때 / 의미 없는 보고서를 반복해서 만들 때
>
> **코칭 목표 및 요구사항**
> - 아침 루틴(10분): 하루의 의욕을 확실하게 켤 수 있는 시작 스위치
> - 오후 방전 방지 루틴(5분): 오후 3시의 무기력증을 이겨낼 '응급 처치'
> - 마무리 루틴(15분): 허무함 대신 성취감을 느끼며 하루를 마감하는 방법
> - 루틴의 이름은 내가 기억하기 쉽도록 재미있게 지어 줘

- 아침 루틴: 기획자 부팅 시퀀스(10분)
  '기획자도 부팅이 필요하다. 정신없는 하루, 나만의 기준으로 시작하자.'
  자리 앉자마자 핸드폰 비행기 모드로 전환
  전날 TODO 리스트에서 오늘 꼭 할 3가지 핵심 작업만 골라 메모장에 적기

- 오후 루틴: 좀비 방지 응급팩(5분)
  오후 3시, 나도 모르게 좀비가 될 때 꺼내는 회복 키트
  의자에서 일어나서 물 한 잔 마시고 3분간 걷기
  스스로에게 질문: '지금 뭐 때문에 지쳤지?'
  한 문장으로 적어서 감정 자각하기

- 마무리 루틴: 오늘도 이대리 잘 살았다 로그아웃(15분)
  허무한 퇴근 대신, 기획자의 깔끔한 마무리
  오늘 완료한 일 중 3가지 작업을 정리
  메모 앱이나 Notion에 간단히 기록
  내일 해야 할 핵심 작업 3가지 미리 초안만 적어 두기
  '이거 하자' 수준이면 충분, 정교함 불필요
  오늘을 1줄로 정리하는 '오늘의 로그' 작성
  예: '정리 기획안 공유 완료! ○○님 피드백도 받음'
  오늘의 감정을 1줄로 남기기(성취 / 아쉬움 / 나 자신 인정)
  예: '정신 없었지만 중심은 지켰다. 나 괜찮았어'

- 실천 팁
  각 루틴 시간에 맞춰 캘린더 알림 등록(이모지와 함께!)
  체크박스 트래커 만들어 한 주간 몇 번 실행했는지 기록해 보기
  목표는 '매일 100%'가 아니라, '90%만 해도 잘한 것'

이 프롬프트의 핵심은 나의 상태를 솔직하고 구체적으로 드러내는 것에 있습니다. 챗GPT는 이 정보를 바탕으로 떨어진 의욕을 분석하고 성취감을 올릴 해결책을 제안할 겁니다. 동기 부여는 외부에서 주입되는 것이 아니라, 스스로 발견하는 것입니다. 하지만 혼자서는 그 길을 찾기 막막할 때가 많죠. 이때 챗GPT를 활용해 보세요.

발표 불안증, 피드백에 대한 두려움 등 나를 가장 괴롭히는 문제 상황을 챗GPT에게 던져 주고, '세계 최고의 심리학자 5명이 누구인지 검색하고 그들의 관점에서 이 문제를 각각 분석하고 해결책을 제시해 줘.'라고 요청해 보세요. 생각지도 못한 기발한 관점의 해결책들을 얻게 될 겁니다.

 마치며

챗GPT는 여러분의 일에 날개를 달아 줍니다

책의 마지막 페이지를 닫는 독자님께, 먼저 긴 여정을 함께해 주셔서 감사하다는 말씀을 전합니다. 챗GPT라는 낯선 도구 앞에서 막막했던 첫 순간부터 수많은 예제를 거쳐 여기까지 오신 여러분의 열정과 노력에 박수를 보냅니다.

어떠셨나요? 이전과는 조금 다른 관점으로 여러분의 '일'을 바라보게 되셨나요? 이 책을 통해 '챗GPT 기능'이 아니라, 반복되는 업무와 끝없는 야근 속에서 우리가 잃어버렸던 '일의 주도권'과 '성장의 즐거움'을 되찾을 수 있다는 희망을 전하고 싶었습니다.

기억해 주세요. 챗GPT는 대답 기계가 아닙니다. 여러분의 잠재력을 비추는 거울이자, 생각 확장을 돕는 협력자입니다. 최고의 결과물은 '최고의 질문'에서 시작됩니다. 그러니 이제 두려워하지 말고 챗GPT와 대화를 시도하세요. 질문하고, 반박하고, 비판하고 때로는 더 나은 답을 요구하며 치열하게 대화하세요. 그 과정에서 여러분은 챗GPT의 사용자가 아닌, 문제의 본질을 꿰뚫는 통찰력을 얻는 사람으로 변신하게 될 것입니다.

기술은 끊임없이 진화하는 중입니다. 오늘 배운 프롬프트 엔지니어링이 내일은 구식이 될지도 모릅니다. 하지만 중요한 것은 기본과 본질입니다. '어떻게 하면 이 일을 더 잘할 수 있을까?'라는 여러분의 고민, 그 고민을 해결하기 위해 새로운 방법을 끊임없이 탐색하는 여러분의 태도야말로 그 어떤 AI도 대체할 수 없는, 오직 인간만이 보유할 수 있는 고유의 경쟁력입니다.

이제 지루한 반복 업무는 든든한 챗GPT에 맡기고, 여러분은 더 창의적이고 가치 있는 일에 집중하세요. 그렇게 한 걸음씩 나아가다 보면, 어느새 동료들의 인정을 받고 성장하는 '일잘러'의 모습과 마주하게 될 것입니다.

부디 이 책이 여러분의 책장에서 먼지만 쌓이는 '지식'이 아니라, 매일의 업무 속에서 여러분과 함께 호흡하는 '지혜'의 장이 되기를 바랍니다.

여러분의 빛나는 내일을 진심으로 응원합니다.

찾아보기

C D
CSV 파일 154
DBpia 080
draw.io 104

G H
Gamma AI 219
HLOOKUP 189

M N
Mermaid 103
MONTH 함수 160
Napkin AI 238

R S V
RFP 081
SORA 250
VLOOKUP 189

ㄱ
가독성 090
광고 카피 085
구글 스칼라 077
기대 효과 296
꺾은선 그래프 199, 235

ㄷ ㄹ
다이어그램 238
딥 워크 266
리스크 138

ㅁ
마인드맵 100, 238
마크다운 문법 103
막대그래프 199, 236
모니터링 068
문자열 제거 163

ㅂ
번아웃 309
브레인스토밍 294

ㅅ
설문조사 177
소비 습관 코치 274
순서도 238
스피치 246
실현 가능성 296

ㅇ
액션 아이템 036
엘리베이터 246
온보딩 123
원그래프 200, 236
이력서 281

ㅈ

자기소개서 285
정규 표현식 166
주간 업무 보고서 135
중복 데이터 제거 194
지식재산정보 검색 서비스 077

ㅊ ㅋ

체크리스트 259, 269
출처 102
클로바노트 107

ㅌ

투입 자원 296
트렌드 065

ㅍ

페르소나 245
프로젝트 현황판 133
피드백 179
피벗 테이블 186

ㅎ

학술연구정보서비스 080
학술자료 062
헤드헌터 289
환각 207

진솔한 서평을 올려 주세요!

이 책 또는 이미 읽은 제이펍의 책이 있다면, 장단점을 잘 보여 주는 솔직한 서평을 올려 주세요.
매월 최대 5건의 우수 서평을 선별하여 원하는 제이펍 도서를 1권씩 드립니다!

- 서평 이벤트 참여 방법
  1. 제이펍 책을 읽고 자신의 블로그나 SNS, 각 인터넷 서점 리뷰란에 서평을 올린다.
  2. 서평이 작성된 URL과 함께 review@jpub.kr로 메일을 보내 응모한다.

- 서평 당선자 발표
  매월 첫째 주 제이펍 홈페이지(www.jpub.kr)에 공지하고, 해당 당선자에게는 메일로 연락을 드립니다.
  단, 서평단에 선정되어 작성한 서평은 응모 대상에서 제외합니다.

독자 여러분의 응원과 채찍질을 받아 더 나은 책을 만들 수 있도록 도와주시기를 바랍니다.